communication

character

pressure

emotion

psychology

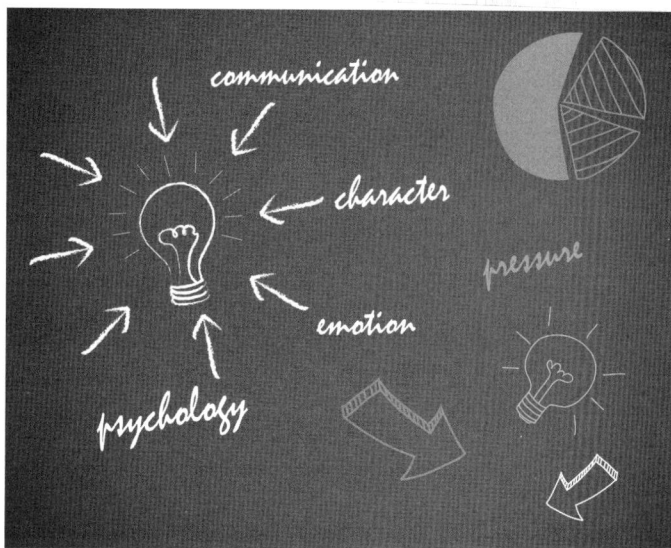

高等职业教育公共基础课系列教材

大学生心理健康

DAXUESHENG
DXINLI
JIANKANG

夏 莹 梁 杰 /主编

郑云涛 吴 悦 王 颖 /副主编

北京师范大学出版集团
BEIJING NORMAL UNIVERSITY PUBLISHING GROUP
北京师范大学出版社

图书在版编目(CIP)数据

大学生心理健康 / 夏莹,梁杰主编 .—北京:北京师范大学出版社,2018.10(2024.8 重印)

高等职业教育公共基础课系列教材

ISBN 978-7-303-24205-4

Ⅰ.①大… Ⅱ.①夏… ②梁… Ⅲ.①大学生—心理健康—健康教育—高等职业教育—教材 Ⅳ.①G444

中国版本图书馆 CIP 数据核字(2018)第 227558 号

图书意见反馈　　　zhijiao@bnupg.com
营 销 中 心 电 话　010-58802755　58800035
编 辑 部 电 话　　010-58807663

DAXUESHENG XINLI JIANKANG

出版发行:北京师范大学出版社　www.bnupg.com
　　　　　北京市西城区新街口外大街 12-3 号
　　　　　邮政编码:100088

印　　　刷:三河市兴达印务有限公司
经　　　销:全国新华书店
开　　　本:787 mm×1092 mm　1/16
印　　　张:22.25
字　　　数:459 千字
版　　　次:2018 年 10 月第 1 版
印　　　次:2024 年 8 月第 5 次印刷
定　　　价:45.00 元

策划编辑:鲁晓双　　　　　责任编辑:鲁晓双
美术编辑:焦　丽　　　　　装帧设计:焦　丽
责任校对:韩兆涛　　　　　责任印制:马　洁　赵　龙

前 言

健康是人生第一财富。大学生作为国之栋梁、未来社会的建设者和生力军，保持身体健康和心理健康尤为重要。本书是依据《教育部　卫生部　共青团中央关于进一步加强和改进大学生心理健康教育的意见》和教育部《普通高等学校学生心理健康教育课程教学基本要求》的文件精神，在对大学生心理健康状况进行多次调查研究和认真总结心理健康教育教学经验的基础上编写的。

全书以培养大学生心理素质，提高生命质量为主线，以解决大学生在个体心理发展进程中遇到的心理问题为导向，通篇贯穿"情境教学，任务驱动"的课程建设理念，在选材方面不拘泥于知识体系的完整性，而是遵循大学生身心发展规律和认知水平，紧密联系大学生生活实际。在结构设计上，全书内容分为11个模块，每一个模块在体例安排上有暖身活动、情境导入、知识链接、心理测验、心理影院、阅读经典等栏目。这些体验式教学形式，能大大提高大学生的参与性和教学的趣味性，并能提高教学效果。该书内容深入浅出，理论难度适中，实践性强，具有可操作性。本书既可以作为教师的参考书，也可以作为学生的教材。

本教材由夏莹、梁杰担任主编，负责全书的策划和统稿工作。各部分的具体分工是：夏莹、王岩——模块一，梁杰——模块二、模块十一，吴悦——模块三、模块五、模块九，魏艳——模块四、模块十一，易洋——模块六，郑云涛——模块七、模块八，王颖——模块十。

在编写本书的过程中，我们力求做到科学、创新、实用，但由于编者水平有限，书中难免存在不足之处，恳请专家、学者提出宝贵意见，以便再版时完善、提高。

《大学生心理健康》编委会

2018 年 7 月 7 日

目　录

模块一　学会适应，积极发展

进入大学后，我们可能发现，大学校园是一个不同于其他环境的特殊的地方，这是因为从中学到大学，是人生一次生活环境的大变迁。新生进入大学的第一年是非常关键的一年，没有家庭的悉心照顾，没有老师一刻不离的要求教导，生活环境、学习内容、理想目标、兴趣爱好、人际关系等方面都发生了很大的变化，现实的生活与想象中的差距等，都会让大学生面临一系列的新问题。因此，这一阶段对每一位大学生来说，既是成长道路上的新起点，又是人生道路上的重大转折点，需要我们做无数的改变以投身其中，进而获得自身最大的发展，这就是要学会适应，积极发展。心理学家们普遍认为适应和发展是人生的两大基本任务。

学习目标

1. 了解适应与发展的内涵，认识学会适应和积极发展的必要性及重要意义。
2. 初步学会制订大学生自身发展计划。
3. 感悟大学生活的美好，积极乐观地生活。

案例导入

某高职学校大一新生，入校以来，一直被寝室其他 7 名室友投诉，室友纷纷要求其搬出所居住的寝室，且投诉激烈程度随着时间的推移日益增强，辅导员老师多次调解，但没有任何效果。室友投诉的原因很简单，就是该生从不搞卫生，包括个人卫生和寝室卫生；从不洗澡，甚至不洗脸；从不洗衣服，衣服总是穿脏了放着，没有了重新穿一遍，在她身边会闻到浓浓的异味。无论寝室同学怎样劝说，她都无动于衷。在调解无果的情况下，学校请家长到学校参与调解，结果，她的妈妈一到学校，学校第一时间就发现了问题的根源所在。她妈妈不用靠近身边就能闻到一股如出一辙的味道，并且，她没觉得孩子有什么问题，在家里她们都是这么过的。学校也没有办法因其卫生习惯差，身体有异味而劝其退学，无奈之下，只能单独开辟一间寝室，让其单独居住……

分析与思考

大学生活适应的第一站就是寝室。来自不同地域，有着不同家庭背景、不同成长经历、不同生活习惯，带着个性差异的同学汇聚到同一个生活空间——寝室，冲突不可避免，适应和处理寝室关系就成为大学生适应大学生活的第一个课题。案例中的杨某某脱离了家庭的环境，开始寝室集体生活，仍然坚持自己在家中的生活方式、生活习惯，给自己和宿舍其他同学带来困扰。从心理学层面来说，新的环境和教育条件打破了我们原来的适应平衡，这就要求个体发展高一级的心理机能和个性品质，这样才能建立新的平衡，使个体在完成适应的同时自身也会得到发展。杨某某和同学们要做到的正是这点。同学们在希望杨某某尽快改变习惯，融入集体生活的同时，也要尊重、理解杨某某，也请留给她独立解决和自主成长的空间，而当她无力解决时，老师、同学要及时伸出充满爱心的援助之手。

请思考，大学生活和中学有什么不同，我们要做出怎样的改变才能适应并获得人生的发展？

小寄语

国学大师王国维总结出治学三种境界，即昨夜西风凋碧树，独上高楼，望断天涯路；衣带渐宽终不悔，为伊消得人憔悴；众里寻他千百度，那人却在灯火阑珊处。大学生在大学阶段也有三部曲：适应阶段—稳步充实—积极发展，既然是必经之路，就没有理由另辟蹊径。

任务一　适应与发展的内涵

暖身活动

面对面的介绍

活动目的

帮助陌生的同学特别是内向的、害羞的同学，尽快熟悉彼此。

活动过程

将所有人排成两个同心圆，同心圆随着歌声转动，歌声一停，面对面的两人要相互自我介绍。

注意事项

1. 学生排成相对的两个同心圆，边唱边转，内外圈的旋转方向相反。

2. 歌声告一段落时停止转动，面对面的人彼此握手寒暄并相互自我介绍。歌声再起时，活动继续进行。

活动评价

学生在活动中消除陌生感，体验被接纳的感受，建立自信，探求自身的潜能。

情境导入

某高校大一学生，其小学、中学学习成绩一直都很好，可是到了大学后，由于担任学生会干部事情增多，又参加了几个社团，每天忙忙碌碌，学习成绩下降。特别是开设的高数课程让他苦恼不已，几次考试不及格后，他痛下决心辞去了学生会干部，也退出了心爱的社团。然后他制订了学习计划，可是每次回家都要习惯地打开电脑，告诉自己："我只看几分钟，只浏览一下网页，聊天或者打一会儿游戏。"不知不觉中时间很快就过去了，然后他一看今天也就这样了，明天再开始吧。时间一长，他发现自己既没做喜欢的事情（如参加社团活动），也没把学习成绩提高上去，时间就这样蹉跎了，他一事无成，内心充满自责。

分析与思考

大学生活丰富多彩，多种多样的文体活动、社团活动为大学生开阔了视野，帮助大学生挖掘自身各方面的潜力，增加他们与他人相处的经验，并为增强自信提供了很好的外在条件。学生要劳逸结合，提高学习效率。示例中提到的学生，表面上是因为参加活动过多导致成绩下降，内心有冲突，在做了决定后又不能控制自己，内心自责不安。其实真正原因是有效时间管理和自我观念问题。那么，同学们想一下，大学的生活和中学有什么不同，你适应了吗？你每天在网络上浏览的时间是多少？你有明确的目标并为之努力吗？

"物竞天择，适者生存"，每一个人都不是单独存在的个体，要想很好地生存其中，只有学会适应环境，才能有一定的发展。

一、适应的内涵

适应是来源于生物学的一个名词，用来表示能增加有机体生存机会的那些身体和行为的改变。心理学家大体上都认为，适应就是个体对外界环境所做出的有目的的反应。例如，人眼对光等物理刺激变化的适应，人的社会行为的变化适应等。适应涉及个体通过改变自身结构或调整自身功能，对应激源所产生的反应功能，是个体对所处的环境做出判断、发挥积极能动作用，并在可能的情况下改变某些客观条件，因而适应是一个积极能动的过程。让·皮亚杰(Jean Piaget)的认知发展学说认为，适应就是生命由简单形态向复杂形态不断创造的过程，也是有机体与环境间实现各种不同形态的、向前推进的平衡过程。他认为，适应的本质在于取得机体与环境的平衡。如果机体与环境失去平衡，就需要改变行为以重建平衡。这种不断平衡—不平衡—平衡……的过程，就是适应的过程，也就是心理发展的本质和原因。由于社会在发展，环境在不断地变化，个人的心理也在变化，所以适应就成了动态平衡过程，或者是环境的变化要求个人的心理随之进行相应的改变，或者是个人的心理改变需要做出新的调整以适应相对稳定的环境。本书强调的适应主要指社会适应。社会适应一词最早是由赫伯特·斯宾塞提出的，他认为社会适应是指个体逐渐接受现有的社会道德规范与行为准则，对于环境中的社会刺激能够在规范允许的范围内做出反应的过程。

社会环境复杂多变，适应不断变化的社会环境，对每个人而言非常重要。不能与环境相适应，无法融入相应的环境，不论对个体还是群体都会产生不良的影响。近些年，植物学家对阿尔卑斯山脉的植被进行考察之后，发现了一个奇怪现象：近100年来，许多高山上的植物品种正在增加，许多山底牧场上开放的花已经开到了海拔2000米的高山雪带上，而原先雪带上的植物则超过雪带向更高处攀登。植物学家研究了相关科学文献发现，造成这种情况的主要原因是阿尔卑斯山地区的气温逐渐升高，这些适宜在低气温环境里生长的植物为了寻找适宜的温度，不得不向更高的山上"攀登"。植物学家还发现，它们的生命力要比以前还强盛得多。这是一个十分有趣的现象。许多植物对自然界都有灵敏的反应，并且不断调整自身的生存状态。例如，干旱可让植物的根深扎于泥土中，风力大的地区的植物长势更牢固。生长快的植物材质松软，生长慢的植物材质坚硬。面对不断变化的环境，植物也在变化，人的生命也必须如此，要比植物付出更多的努力，以适应不断变化的身边环境。

系统的研究发现，人对新环境的适应可分为四个阶段：首先是初期阶段，即个体知道他在新环境中应该如何行动，但在自己意识中却不承认新环境的价值，并可能拒不接受，仍然坚持原有的价值系统。就像文章开始的案例中卫生习惯极差的同学一样，她脱离了家庭的环境，开始寝室集体生活，但仍然坚持自己在家中的生活方式，不肯改变。这位同学仅仅是一直停留在适应的初期阶段，没有进一步适应而已。其次是容忍阶段，即个体和新的环境彼此对于价值系统与行为方式都表现出相互宽容的态度。比如，在大学寝室，来自各省各地区或不同民族的学生朝夕相处，生活方式和处事态度各不相同，但大家基本上都互相宽容以待，对对方表现出足够的尊重和理解。再次是接纳阶段，即在适应新的环境时也承认个体的某些价值的情况下，个体承认并接受新环境中主要的价值系统。比如，在寝室共同生活一段时间后，大家逐渐开始形成共识，并自觉地开始努力按照这些共识行为处事。最后是同化阶段，即个体与环境的价值系统完全一致。比如，在经过不断磨合以后，每个大学寝室都表现出明显的寝室文化，它被寝室的绝大多数人认可为行为标准，并被大家认真遵守和维护。

面对新的环境，不同的人表现出的适应程度不同，反应也各不相同。按照罗伯特·麦吞的学说，人的社会适应可分为五种类型。①适合型。这种类型表现为，能很好地融合到新的环境中，如鱼得水，无论行为态度都与所处环境无比契合。比如，一个无比热爱舞蹈的孩子终于考入了心仪的舞蹈学校，十分快速地适应这所学校的文化要求、生活节奏和行为态度并乐在其中。②革新型。这种类型表现为，能够很好地适应环境，并有创造性地引导和改变价值观点，号召新的环境规则被大家认同。比如，一位领导进入一个新的单位，很快被新的单位认同。同时，他通过自身的努力，提出新的制度等，从而引导整个单位改变并形成新的风气。③形式主义型。这种类型表现为，表面上融入环境中，行为处事也按照大家的规则要求，但内心并不认同整体共同的规范。比如，在我们生活的环境中，总有一些人有自己的观点，虽然态度不算积极，但做事不出格，能够遵守大众认同的规范，也能被大家认可和接受。④退缩型。这种类型表现为，害怕融入新环境或者说无法融入新的环境，从而出现逃避行为，不再尝试融入，以隔离的态度面对环境。就像有的学生，在新的环境中没有朋友，或者与人出现矛盾，自身学习成绩也不太好，老师对其反馈也较差时，出现拒绝进入学校的行为。⑤反抗型。这种类型表现为，不认同所在环境的行为价值观点，而自身的行为价值观点也不为环境所接受，表现出自身与环境的剧烈对抗和碰撞，就像每个班级里的个别刺头，总是我行我素，以一己之力用出格的行为态度对抗整体大环境。

知识链接

友谊的邻近原则实验

1950 年，著名心理学家菲斯廷格等人采用实验法探索麻省理工学院住校生友谊选择规律。研究者将 270 名大学新生随机分配到 17 个公寓中去。随后，研究者让他们列出 3 个和自己最亲近的同伴。结果发现，有 41% 的好友住在隔壁房间，有 2% 的好友相隔一个房间，16% 的好友相隔两个房间，只有 10% 的好友相隔三个房司。而实际上，相隔三个房间的距离也仅仅是 27 米，但是他们成为朋友的概率却只有隔壁房间的四分之一。可见，空间上的接近会成为产生友谊的理由。

二、发展的内涵

发展是哲学术语，指事物由小到大，由简到繁，由低级到高级，由旧物质到新物质的运动变化过程。唯物辩证法认为，物质是运动的物质，运动是物质的根本属性，而向前的、上升的、进步的运动即发展。发展的本质是新事物的产生和旧事物的灭亡，即新事物代替旧事物。

知识链接

你知道一生有多少个发展问题吗？

发展问题是每个人在一生中某个阶段应该获得的技能、知识和态度，是存在于个人需要和社会要求之间的东西。人的发展就是解决和完成这些问题的过程，人的成熟也是由完成各个发展阶段的问题而实现的。那么在人生的各个阶段，都有哪些心理发展的问题呢？

1. 幼儿期：

(1)学习走路。

(2)学习吃饭。

(3)学习说话。

(4)学习大小便的方法。

(5)懂得脾气的好坏，学习控制自己的脾气。

(6)获得生理上的安定。

(7)形成有关社会与事物的简单概念。

(8)与父母兄弟姐妹及他人建立情感。

(9)学习区分善恶。

2. 儿童期：

(1)学习一般性游戏中必要的动作技能。

(2)培养对自己身体健康的态度。

(3)和同伴建立良好关系。

(4)学习男孩或女孩角色。

(5)发展读、写、算的基础能力。

(6)发展日常生活必要的概念。

(7)发展道德性及价值判断的标准。

(8)发展人格的独立性。

(9)发展对社会和各个团体的态度。

3. 青年期：

(1)学习与同龄异性男女的交往行为。

(2)学习男性与女性的社会角色。

(3)认识自己的生理结构，以有效保护自己的身体。

(4)体验从父母或其他监护人那里独立出来的情绪及感受。

（5）有信心实现经济独立。

（6）准备选择职业。

（7）做好结婚与组织家庭的准备。

（8）发展作为一个公民的必要知识与态度。

（9）追求并实现社会性行为。

（10）学习作为行动指南的价值与伦理体系。

4．壮年初期：

（1）选择配偶。

（2）学会与配偶一起生活。

（3）生儿。

（4）育儿。

（5）管理家庭。

（6）就职。

（7）担负起公民的责任。

（8）寻找合适的社会团体。

5．中年期

（1）形成作为公民的社会责任。

（2）建立一定的经济生活水平，并且维护这种水平。

（3）帮助孩子，成为一个能被人信赖的幸福的成人。

（4）充实业余生活。

（5）接受并适应中年期生理方面的变化。

（6）照顾年老的双亲。

6．老年期：

（1）适应体力与健康方面的衰退。

（2）适应退休和收入的减少。

（3）适应配偶的死亡。

（4）与自己年龄相近的人建立快乐而亲密的关系。

（5）承担公民的社会义务。

（6）降低对物质生活满足的要求。

进入新的环境，每个人在适应的同时，也开始获得自身的发展。发展通常分为三个阶段：首先是初级阶段，在这一阶段，人们开始认识新环境，习得新环境给予的技能、知识、规范、准则、价值取向等，不断地进行微小的调整和改变，也不断规划着发展的小目标。其次是渐变发展阶段，这是一个量的积累过程，它不会让人有突然的巨大的改变，但每天都与以前的自己有微小不同的变化，而这些变化可能自己都没有发觉。最后是质变或部分质变阶段，在这一阶段，我们看到的是一个新的自己，完成自我的发展目标，与以往的自我有巨大的变化。

处于相同环境下不同的人，所取得的发展很明显是不同的；同一个人处于不同的环境中，取得的发展也是不同的，这是因为影响人的发展因素是多样的。

在人的整个发展过程中，影响因素众多，观点也众多，有代表性的观点包括两大类，即内发论与外铄论。

(一)内发论

该观点认为人类个体的心理发展完全是由个体内部所固有的自然因素预先决定的，心理发展的实质是这种自然因素按其内在的目的或方向而展现的。外部条件只能影响其内在的固有发展节律，而不能改变节律。内发论观点又称自然成熟论、生物预成论、遗传决定论等，代表人物有美国心理学家霍尔、奥地利心理学家彪勒、英国人类学家和心理学家高尔顿。

内发论强调遗传在人的发展中的决定作用，认为人的发展及其个性品质早在生殖细胞的基因中就决定了，发展只是这些内在因素的自然展开，环境与教育只是一个引发的作用。

知识链接

高尔顿曾在《天才的遗传》一书中指出："一个人的能力乃由遗传得来，其受遗传的程度如同机体的形态和组织之受遗传决定一样。"为此，他曾做了一个有趣的实验，他从英国的名人(包括政治家、法官、军官、文学家、科学家和艺术家等)中选出977人，调查他们的亲属(有血缘关系)中有多少人与他们同样著名。结果发现，他们的父子兄弟中有322人也同样出名；而另一个对照组，即所谓的一般平常人(人数相等)，他们的父子兄弟中只有1个名人。由此，他得出"名人家族中出名人的概率大大超过一般人"的结论，从而认为这就是能力受遗传决定的证据。

内发论认为心理发展与生理发展没有什么实质性的区别，心理发展是先天因素成熟的结果，内发论完全否定后天学习、经验在心理发展中的作用。这就导致了人们以生理发展曲解心理发展，这是内发论的根本错误所在，是庸俗进化论观点在心理发展问题上的一种表现。

(二)外铄论

外铄论与内发论相反，认为个体心理发展的实质是环境影响的结果，环境影响决定个体心理发展的水平与形式。这种观点又称环境决定论、外塑论或经验论等，其典型代表是美国行为主义心理学派的创始人华生、英国教育家洛克、法国唯物主义教育家爱尔维修等。

外铄论的思想从哲学上可以说是发轫于英国经验决定论者洛克的"白板说"。他认为人出生时不具备任何知识，就像一块白板，"没有特性，也没有理念"，人的"理性和认识"来自后天的经验，人的知识都是由经验得来的。他认为儿童心理发展的原因在于后天，人的心理发展的差异十分之九是由教育决定的。近代外铄论极度重视环境和教育在人的发展中的作用，忽视遗传素质和儿童的年龄特征的作用，认为人的发展完全是外界影响的被动结果，从而片面地强调和机械地看待环境的作用。外铄论把心理发展看作外界环境影响的结果，否认心理发展的内因作用。其根本错误在于否认人的主观能动性，是一种机械主义的发展观。

知识链接

外铄论最早的代表人物是行为主义的创始人、美国著名心理学家华生，他从行为主义的刺激—反应的观点出发，过分强调外显的刺激与反应之间的联结，认为提供了某一刺激（S）就可以预言有机体的反应（R）。同时，已知有机体的反应，可以推断其先行的刺激。行为主义反对研究有机体内部的心理过程。华生试图通过刺激与反应的联结，通过经典条件反射的方法来塑造儿童的行为，为此，他说："给我一打健康的婴儿，如果让我在由我所控制的环境中培养他们，不论他们的前辈的才能、爱好、倾向、能力、职业和种族情况如何，我保证能把其中任何一个人训练成我选定的任何一种专家：医生、律师、艺术家、富商，甚至乞丐和盗贼。"

（三）个体主观能动论

现代教育观认为个体发展是内因和外因交互作用的结果，即个体身体心理的水平与外界环境对个体的共同作用完成人的发展。也可以说人的发展是遗传和环境的共同作用。

在人的发展过程中，遗传与环境是互相制约、互相依存的。就像外在环境能否对个体发挥作用，能够发挥多大的作用，是以个体遗传特性为基础的。一个天生五音不全的人，无论如何教授，无论教学的教师多么出色，甚至个人无比努力，也无法成为一名出色的歌手。同时，遗传和环境之间的作用也是相互渗透、相互转化的，也可以说遗传可以影响环境，环境可以影响遗传，正如每个个体来到这个世界都带着自我的特性，同一父母的多个孩子会表现出不同的特性和气质。在遗传与环境的相互作用过程中，二者不是始终固定不变的，而是一个动态的相互作用的过程。

1. 遗传对个体发展的作用

遗传是指通过细胞染色体由祖先向后代传递的品质，亲子之间以及子代个体之间性状存在相似性，表明性状可以从亲代传递给子代。遗传表现在每个人天生具备的身心发展状况。

个体的身心发展水平制约着人发展的程度。每个个体发展都与身心发展水平相适应。比如，儿童动作的发展，以儿童机体成熟水平为基础，俗话说的"三翻六坐八爬"等就是这个道理。一个正常的1岁幼儿，你无法让他体会复杂的情感。知识的学习也必然按照个体身心成熟的规律进行有序的安排，个体在不同的年龄阶段，学习的内容、难度、知识广度等都与相应的年龄阶段相适应，才能被个体所接受。

随着现代医学技术水平的提高，身体健康状况的不断改善，人们对年龄段的划分也有新的认识。个体的身心发展阶段大致可以分为婴儿期（0～2岁），幼儿期（3～6岁），儿童期（7～12岁），少年期（13～14岁），青春期（15～17岁），青年期（18～40岁），中年期（41～65岁），老年期（65岁以上）。个体在不同的阶段身体和心理的发展都有明显的年龄特征，成长过程中个体要顺应和适度调整，顺利过渡，获得发展。

2. 环境对个体发展的作用

环境是指人类生存的空间及其中可以直接或间接影响人类生活和发展的各种自然因素。通常按照属性，环境分为自然环境和人文环境。人类生活的自然环境，按环境要素又可分为大气环境、水环境、土壤环境、地质环境和生物环境等，主要就是指地球的五大圈——大气圈、水圈、土圈、岩石圈和生物圈。人文环境是人类创造的物质的、非物质的成果的总和。物质的成果指文物古迹、绿地园林、建筑部落、器具设施等；非物质的成果指社会风俗、语言文字、文化艺术、教育法律以及各种制度等。这些成果都是人类的创造，具有文化烙印，渗透着人文精神。人文环境反映了一个民族的历史积淀，也反映了社会的历史与文化，对人的素质提高起着培育熏陶的作用。我们所要研究的主要是影响人们发展的人文环境，简要地说包括家庭、学校、社会等。

家庭是个体的启蒙教育地，它对个体身心发展的影响是不可忽视的。著名教育家福禄贝尔说过："国家的命运与其说是掌握在当权者的手中，倒不如说是掌握在母亲的手中。"个体从出生开始，在家庭中生活的时间最长，与亲人接触最多，潜移默化地受父母及身边人的影响，其生活习惯、行为态度、人生价值取向等随之发生变化。习近平总书记曾多次在不同场合强调家庭、家教、家风的作用。2015年2月17日，在春节团拜会上，习近平指出："中华民族自古以来就重视家庭，重视亲情……不论时代发生多大变化，不论生活格局发生多大变化，我们都要重视家庭建设，注重家庭，注重家教，注重家风，发扬光大中华民族传统家庭美德，促进家庭和睦，促进亲人相亲相爱，促进下一代健康成长，促进老年人老有所养，使千千万万个家庭成为国家发展、民族进步、社会和谐的重要基点。"在习近平看来，"家庭是社会的基本细胞，是人生的第一所学校"。家庭作为人生的起步地，它的教育具有启蒙性、开放性、随机性的特点。例如，父母的学历和职业、父母对子女教育的重视程度、家庭的气氛及物质条件等都影响着个体身心发展。

经典实验

哈洛的恒河猴实验

20世纪50年代末，美国威斯康星大学动物心理学家哈里·哈洛做了一系列实验。哈洛和他的同事们把一只刚出生的婴猴放进一个隔离的笼子中养育，并用两个假猴子替代真母猴。这两个假猴子分别是用铁丝和绒布做的，实验者在"铁丝母猴"胸前特别安置了一个可以提供奶水的橡皮奶头。按哈洛的说法就是"一个是柔软、温暖的母亲，一个是有着无限耐心、可以24小时提供奶水的母亲"。刚开始，婴猴多围着"铁丝母猴"，但没过几天，令人惊讶的事情就发生了：婴猴只在饥饿的时候才到"铁丝母猴"那里喝几口奶水，其他更多的时候都是与"绒布母猴"待在一起；婴猴在遭到不熟悉的物体，如一只木制的大蜘蛛的威胁时，会跑到"绒布母猴"身边并紧紧抱住它，似乎"绒布母猴"会给婴猴更多的安全感。哈洛从这个"代母养育实验"中观察到了一些问题：那些由"绒布母猴"抚养大的猴子不能和其他猴子一起玩耍，性格极其孤僻，甚至性成熟后不能进行交配。于是，哈洛对实验进行了改进，为婴猴制作了一个可以摇摆的"绒布母猴"，并保证它每天都会有一个半小时的时间和真正的猴子在一起玩耍。改进后的实验表明，这样哺育大的猴子基本上正常了。哈洛的研究给了我们有意义的启示。父母对孩子的养育不能仅仅停留在喂饱层次，要使孩子健康成长，一定要为他提供触觉、视觉、听觉等多种感觉通道的积极刺激，让孩子能够感到父母的存在，并能从他们那里得到安全感。

社会是指在特定环境下共同生活的人群，能够长久维持的、彼此不能够离开的、相依为命的一种不容易改变的结构。社会是在特定环境下形成的个体间的存在关系的总和。任何个体离开了社会都无法正常生存，社会通过行为规范（人们社会行为的规矩、社会活动的准则）、道德准则（道德的标准规范，无形的约束枷锁，它是依道德之理所遵循的标准原则）、社会舆论（相当数量的公民对某一问题的共同倾向性看法或意见）以及风土人情、传统习俗、宗教等对人产生影响。我们所要达到的发展是被社会所认可的，社会主义核心价值观要求我们达到24字的标准：富强、民主、文明、和谐、自由、平等、公正、法治、爱国、敬业、诚信、友善。社会的一切影响手段都按照这个标准，充分发挥着互补作用，影响着人的成长。

学校教育专指受教育者在各类学校内所接受的各种教育活动，是教育制度的重要组成部分。一般来说，学校教育包括学前教育、初等教育、中等教育、高等教育、职业教育和特殊教育等。

学校教育形态比较稳定。它有稳定的教育场所、稳定的教育者、稳定的教育对象和稳定的教育内容，以及稳定的教育秩序等。①学校是专门的教育机构。它受国家的委托，对新生一代进行培养和教育。它的任务就是教育人和培养人。②学校对学生实施的教育，是有计划、有目的、有组织的系统教育。从普通教育来说，小学、初中、高中均有统一的培养目标，有明确的培养任务和要求。学校所培养的人，要符合国家政治、经济和社会发展的需要，有严格的规格要求。为实现这种规格要求，学校要有一套完整的措施。例如，有统一的教学内容，有科学的教育方法，有集中的教育时间，有严格的考核办法。③学校有经过训练的专职人员。学校按编制配备的教师，是专职的教育工作人员。他们经过严格的师范训练，有符合教学要求的专业知识和技能，有教育科学知识，懂得教育规律。学校对他们还有岗位职责要求，不称职的教师要被淘汰。

当代大学教育对学生未来的影响是巨大的。目前高校具备优良的教育环境和设施，如宽敞的大楼、校舍，为学生接受优质高等教育提供了重要的物质保障；优质的教学人才为学生发展提供了智力保障，随着高校教师的学历、知识水平的提高，教师对学生知识、能力水平发挥着更为优良的指导作用；高等学校历史沉积的先进的教育理念和文化氛围，也为学生的成长提供了良好的人文素养；极富个性化的发展，有所引导而不受约束的发展环境，利于学生的成才，更有利于学生的自我教育、自我管理、自我发展；学生朝夕相处不同于家庭的生活、学习方式，既有助于个体间互助发展，也决定了大学阶段是人生观念、人生态度等形成的关键时期。每个人都要特别珍惜大学时光，珍惜人生发展的黄金阶段。

三、适应与发展的关系

适应与发展二者之间是互相影响、相辅相成的关系。适应是发展的基础，发展推进更好地适应。适应的好坏和适应的程度，决定了发展的程度。良好的适应可以帮助人们取得大的发展，反之，不良的适应或不适应，人就无法融合，无法习得发展所需要的养分。例如，一个无法适应大学生活的学生，拒绝走进寝室和课堂，那就无法获得由高水平大学师资所教授的间接经验，也无法获得群体生活中人与人交往的技能。只有适应良好，人才能安心地习得知识，增长能力。而一个人的发展程度反过来也推进更好地适应，通俗地说，就是发展的水平越好，发展的能力越强，其适应新环境的能力也随之越高。

作为新时代大学生，要深刻认识适应与发展，明确适应与发展之间相辅相成的关系，积极主动地适应新环境，在自身原有基础上得到不同程度的发展。

任务二　大学生学会适应，积极发展

暖身活动

沙漠奇案

活动目的

让学生迅速投入到活动中，集中自己的注意力，锻炼个人和团队的创造力。

活动过程

1. 由老师交代案情。

案情：一个男人在沙漠当中一丝不挂躺着，死了，周围没有痕迹。

2. 学生通过问封闭性问题的方式去判断案情的起因。

3. 老师只负责回答学生的问题，但只能说"是"或"不是"。

4. 计时间。

活动评价：

学生在提问的过程中顺着线索积极思考，培养学生的思维能力，培养团队合作意识；激发学习新课程的兴趣。

情境导入

某高校大一学生，开学初的心理筛查结果显示，该生的心理存在问题，经了解，该生患有先天性心脏病，自幼父母离异，与母亲生活，父亲再婚后对其生活不闻不问，母亲现患有癌症，该生的心理问题多由于家庭原因。一次课堂上，老师一句话让其误以为老师针对她，课下大哭不已并高喊："谁都不能说我"，并扬言死后也要报复老师。同学将事情原委告知辅导员，经过辅导员规劝和开解，该生解开了心结，但该生的心理问题依旧存在。

分析与思考

上述的案例只是大学生适应不良表现的缩影，实际生活中个体适应不良的程度也各不相同。该生的抑郁、焦虑来自生活环境转换和角色改变以及性格原因。作为大学生，要在一个全新的环境里和来自五湖四海的同学相处，学习条件和学习方式相较以前有着很大的不同。个体要做的是建立自我与所处环境之间新的平衡。在这个过程中，个体会产生一种"危机"感，但这种危机是发展意义上的危机，并不是真正的灾祸临头，它其实就是个体在发展过程中必须实现或完成的任务。

一、大学生适应不良

个人是从属于社会的，个人的发展要能适应社会的发展。大学是一个特殊的环境，大学新生在进入大学后，要完成生活适应、学习适应、人际关系适应与心理适应等过程，有些适应能力差的学生不能很好地调节自己，从而产生"适应不良综合征"。因此分析大学生适应不良的表现及原因，对于帮助他们顺利度过大学生活具有重要意义。

（一）大学生适应不良的表现

1. 对大学生活的失望感

大学新生中最为普遍的问题是入学后的失望感，它的出现几乎可以看成是必然性适应问题。其主要表现是新生带着美丽的梦想、满怀的激情、对人生的向往、对学府的膜拜以及获胜的自负来到校园，在毫无思想准备的情况下，面临实实在在的大学生活，梦幻突然破灭。大学生活不是想象的那样诗情画意，学习不是预料的那么妙趣横生，现实中的"芳草绿树""明窗净几""书山学海"，一切都褪去了梦幻的色彩，平平淡淡的真实难以被接受。新生们通常经过一个月的大学认识之后，在第二个月就会发出惊叹："这就是大学生活?!"随即便普遍产生失望和迷茫。这种不满、厌烦情绪严重阻碍了学生对大学生活的适应。

典型案例

某高校学生，该生从大一入学开始，就表现出对学校生活的强烈不适应，从心理排斥学校，认为这不是她心中理想的大学。她与同学人际关系交往不良，对于班级、学校的活动表现消极。辅导员对该生多次谈话沟通，求助学校心理专业教师，但效果都不尽如人意。辅导员通过与该生家长沟通，家长利用寒假带着该生去专业心理医院检查，确诊为轻度抑郁症，该生办理休学。

2. 自我评价失调导致的自卑感

这个问题在大学新生中比较常见。不同地方、不同学校来的莘莘学子汇聚在大学，新生们面对新的环境和新的挑战，原有的优势不复存在，不少人甚至从原来的鹤立鸡群变成平庸之辈，满怀信心和希望开始新的拼搏，但是不断遇到挫折和失败，自尊受损，导致自我评价失调，强烈的自尊转变为自卑心理。

典型案例

某高校一年级学生，考入外省一所高校，其性格较内向，从来没有住过校，从小都住在属于自己的房间里，进大学后与来自不同省份7名同学同住，在条件优裕的环境中成长的她，看不惯同寝室同学"不良"的卫生习惯，更不喜欢她们随便的作息制度，尤其不喜欢她们的高谈阔论，因此看谁都不顺眼，觉得自己高人一等。但是在后来的学习中，她发现其他同学都有很多特长，又很聪明，不用费力学习，成绩就很好，而她努力了很久，成绩也不理想，渐渐就萌生了自卑心理，觉得别人都比自己强。由于她本来就不擅长与人沟通，再加上自卑心理作祟，她以独来独往来减少与同学们的交往，时间一长，她发现寝室同学说说笑笑，进进出出都结伴而行，忽视她的存在，她觉得很孤独，曾经多次萌发过主动与她们交往的念头，可都事与愿违。她回寝室时总觉得室友们在议论她，对她评头论足，还窃窃私语，一副嘲笑、鄙视的模样，她觉得受不了了。

3. 怀旧导致的孤独感

上大学之前，好多学生基本上没有离开过家门，没有独立生活的经验，甚至在上大学之前以一切为了高考为理由，好多家长包办了应该由自己完成的事情，造成了孩子较强的依赖心理。进入大学后，一切生活的琐事学生都要自己来应对，失去了父母的照顾，又缺乏独立生活的能力，一时生活不能自理；经济上自由之后，好多学生没有计划性，对生活开销缺乏规划，经常出现"经济危机"，甚至走上"校园借贷"之路；有的同学缺乏特长，对自己没有信心，不能融入丰富多彩的校园活动；有的学生缺乏人际沟通的技巧，特别是性格内向的学生，不能主动与同学交往，甚至与同学关系不融洽，心中充满抑郁、焦虑的情绪。对新生活的不适应，使他们更加怀念过去的生活，觉得以往的生活都是美好的，以往的人和事物都是值得留恋的，从而产生孤独感。

典型案例

某高职院校新生，该生学习成绩优秀，但人际关系紧张，不仅与寝室同学相处不好，就连班上的许多同学也无法正常交往，在同学们心目中，他是一个清高、傲慢的人，实在不好接近。该生为此也很头疼，只要是他参加的活动项目，同学们似乎都有意不参加，而他本人长期坚持的做人准则就是：我行我素，万事不求人。他几乎不接受别人的帮助，也认为自己没有帮助别人的义务，他成绩好，可每当班上同学向他求教时，他要么说不知道，要么就在给别人讲完之后，将别人奚落一顿，有时还要加上一句"拜托你上课时认真听讲，下次不要再来问我这么简单的问题"。时间一长，同学们都不愿意与他交往，他的人际关系越来越差。该生也对自己的人际关系状况十分不满意，感到孤独、没有归属感，有时孤独感令他窒息，他焦虑甚至恐惧，多次萌生退学想法。

4. 目标失落导致的迷茫感

经过高考的激烈竞争，很多学生进入大学后都感到终于可以松一口气了，好好放松一下。可到了大学仍要面临繁重的功课，这让他们不知所措。以往十几年的学习就是为了考大学，且是在家长和学校的双重推动下向着这一目标冲刺，学习上带有很大被动性。进入大学后，新的目标还没有及时确立，许多大学生失去了奋斗方向和外界推力，出现了迷茫心理。迷茫时，人们不知道路在哪里，不知道该往哪个方向走，甚至不知道自己想前往何处。他们仿佛置身于迷雾之中，或像是被一张充满了不确定的大网所困住。另外，迷茫也会成为负面情绪的"导火索"，它可能引起人们的焦虑、压力，甚至带来无能为力的绝望感。

典型案例

某高校一年级新生，入校一个月后，一天打电话给辅导员，表示自己想要退学。辅导员进一步追问退学的原因——想家还是因为寝室矛盾呢？该生表示都不是，对于他来说，想要退学最大的原因就是教学方式的改变。以前在高中时，课程安排得很满，老师也盯得很紧，不时地有这个测验那个考试，不想努力都难。但是进了大学，空闲时间变多，可支配的时间也增多了。由于所学专业的特殊性，他对于学习内容感觉非常吃力，加之进入大学之后，丰富的课余生活分散了学习的精力，而该生本身自制力不强，因此，面对新的学习方式，他有些手足无措。

(二)大学生适应不良的原因

1. 渴望独立与习惯依赖的矛盾

18岁是法定成人年龄，正常年满18周岁的个体是独立行为能力个体，依法享有公民的权利和义务。18岁走入大学校园的学子们，也无比渴望作为独立个体存在，可以自主决定自己的一切。但以往生活环境中，家庭在其生活中扮演着不可缺失的角色，所有的事情都有家长亲人老师参与的痕迹，而这已经是18年来形成的生活习惯，由此就产生了渴望独立与习惯依赖的矛盾，进而影响其进入学校后的适应情况。

2. 反抗制度与自制力差的矛盾

学校有自己的规章制度，学生必须按照这些规章制度开展自己的学习和生活。作为刚刚开始决定怎样生存的大学学子们，以往一直处于高压的学习环境中，终于到了他们想象中自由而无拘无束的天地，面对规章制度，会产生强烈的反感。比如，我们这么大了为什么还要检查晚自习，还要检查寝室的卫生等。但当给予他们完全的自由时，他们又会因为无法自控而出现很多的问题，如没有了早操，会睡到中午自然醒；不用晚上按点关灯，会一夜不睡，天亮合眼；不检查卫生会天天不叠被子等。

3. 情感丰富与认识水平之间的差异

青春是美丽的，充满无限的可能性。步入大学的校门，多数大学生都会渴望情感上有巨大的收获，可以找到最适合自己的另一半，他们会因这种丰富的情感而做诸多的尝试。但刚刚踏入成人的年龄，无论是在生活的阅历还是在行为处事的方法和态度方面，他们都有很大的欠缺，这就导致他们认识水平方面的不足，进而影响其判断和行为，会错误地判断，错误地决定，错误地解决问题等，因而产生各种不适应。就像一个大一女生，在有男朋友的情况下，新结交了一个男孩，原来的男朋友带着刀子要杀了她，吓得她不得不向学校求助，好不容易在辅导员的劝说下，原来的男朋友决定和她分手，这个女生却在该男生走后，继续联系他，表示觉得他还不错，但又不与新的男朋友分手，使得原来的男朋友采取更激烈的方式恐吓她及家人，最后她没有办法，退学和家长远走他乡。

4. 期望水平与实际能力之间的差距

十年寒窗苦读，每个学子都希望为自己搏一个好前程，他们对自己未来的期望设定较高，从个人水平到社会地位，都充满了想象。而当这种对未来的想象与自身实际能力不相匹配时，矛盾就产生了。特别是一些个人成绩和能力不甚突出，但期望很高的人，矛盾越大带来的不适应也越大。从自身能力的不被认可怀才不遇，到全面的自我否定自卑自怜等，都是由此产生的负面效应。

5. 坚守规则与从众心理的矛盾

走入高等学府的学子已经具备较好的对错、是非辨别能力，他们知道什么能做，什么不能做；明确哪些合乎规则，哪些违反规则。面对不良的行为和问题，在内心深处，很多人想说不，想要坚守规则，但这需要一定的勇气和担当。许多人也想坚持，但却回避或惧怕可能由此产生的不和谐，还有的人与不良现象同流合污，融入其中，以期大家和谐。

（三）判定大学生适应的标准

判定一个个体在新的环境中是否适应，通常来自几个方面的评价。①自我的评价：自我感受愉快、平和，每天有积极向上的力量，有幸福感，有收获，个人得到很好的发展。②他人的评价：受到群体中他人的拥护，得到肯定的、客观的评价，与多数人相处良好，无激烈矛盾，无经常发生的冲突。③团体的评价：所处集体的规则制定者判定其遵守制度，践行规范，在集体中发挥积极作用，得到团体中多数人的好评。

通常个体获得了以上三方面的正向评价，就说明他在新的环境中适应良好。

二、大学阶段发展的任务

子曰："吾十有五而志于学，三十而立，四十而不惑，五十而知天命，六十而耳顺，七十而从心所欲，不逾矩。"(《论语·为政》)孔子用这么简单的话语就概括出他一生在不同阶段的成长状态，同时也道出一个道理：人的发展是一生的，成长是持续的。成长于人而言，不单单是身体的长大、生理的成熟，还应该包括认知的完善、情绪的和谐、意志的磨砺、人际关系的丰富、自我与环境的协调、价值观的确立、生命意义的追寻等在内的"全人"的成长。成长是人的各种属性平衡协调发展，趋于成熟的过程。

知识链接

埃里克森自我发展八阶段理论

1. 婴儿前期(0～1.5岁)：基本信任对不信任(怀疑)。在出生后的第一年或后来的岁月中，婴儿完全处在周围人的关爱中。婴儿是否得到了充满爱的照料，他们的需要是否得到了满足，他们的啼哭是否得到了注意，这都是他们人格发展中的第一个转折点。需要得到了满足的婴儿，会产生基本的信任感。对受到适当的爱和关注的婴儿来说，世界是美好的，人们是充满爱意的，是可以接近的。然而，这个阶段发展不好，有一些人就会在其一生中对他人都是疏远和畏缩的，不相信自己，也不相信他人、无安全感。

2. 婴儿后期(1.5～3岁)：自主性对羞愧和怀疑。1周岁以后，儿童想要知道：是谁使他们与外界联系起来？外界的哪些东西是自己能控制的？外界的什么东西控制着我？大多数儿童在这个阶段产生了"自主性"的意识。他们感到有能力，是独立的，他们有了强烈的个人操控感，有自主感的人自信能够在障碍之海顺利航行，能够应对生活中的挑战。然而，和阿德勒不赞成溺爱孩子一样，埃里克森发现，父母的过度保护会阻碍这个年龄的儿童自主性的发展。如果不允许儿童进行探索，不能获得个人控制感和对外界施加影响的认识，他们就会产生一种羞怯和怀疑的感情，对自己感到不确定，变得依赖他人。

3. 幼儿期(3～6岁)：主动性对内疚。随着儿童开始与其他儿童交往，他们面临着进入社会生活的挑战。儿童必须学会与其他人一起玩、一起做事，学会解决不可避免的冲突。儿童通过寻找游戏伙伴以及参与其他的社会性活动，主动性得到了发展。他们学习怎样设定一个目标，通过说服来处理挑战；他们发展了企图心和目的感。不能很好地发展主动性的儿童，在这个阶段会产生内疚感和退缩性，他们可能缺乏目的感，并在社会交往或其他场合很少表现出主动性。

4. 童年期(6～12岁)：勤奋对自卑。大多数儿童进入小学时，都会认为自己没有什么做不了的，但不久，他们发现自己开始与别的孩子有了竞争——为学习成绩、为得到大家的欢迎、为引起老师的注意、为体育比赛中的胜利等。他们不可避免地要将自己的聪明和能力与同龄儿童进行比较。如果儿童体验到了成功，他们的竞争意识就会不断增强，这为他们今后成为积极的、有成就的社会成员铺平了道路，但失败的体验会使儿童产生一种不适当的感情，使他们对今后的创造与生活都期望不高。正是在这个时期，在青春躁动到来之前的少年时期，他们形成了勤奋感与对自己力量和能力的信任感，也可能形成自卑感和对自己天分及能力的低评价。

5. 青少年期(12～18岁)：自我认同感对角色混乱。这个阶段存在自我同一性和角色混乱的冲突。如果这一阶段的危机成功地得到解决，个体就会形成忠诚的美德；如果危机不能成功地解决，就会形成不确定性或说是无归属感、为人冷漠、缺乏关爱的意识。

这是一个迅速发展的时期，是进入成年期的短期准备阶段。青少年时期可能是人一生中最困难的时期。以前他们只是对游乐场感兴趣，遇到的问题也很简单，现在，突然要应付生活中的重要问题了，这种跨越造成的混乱使青少年感到烦恼甚至痛苦。埃里克森清楚地看到了这几年的重要意义。年轻人开始提出这样一个重要问题："我是谁?"如果对这一问题的回答是成功的，他们的自我认同感就形成了，他们对个人价值和宗教问题能独立做出决定，理解了自己是怎样的人，接受并欣赏自己。但是，很遗憾，有许多青少年不能形成良好的自我认同感，出现了角色混乱。

6. 成年早期(18～25岁)：亲密对孤独。在这一阶段个体出现了亲密对孤独的冲突。如果这一阶段的危机成功地得到解决，个体就会形成爱的美德；如果危机不能成功地解决，个体就会形成混乱的两性关系。

弗洛伊德曾经把健康的人定义为一种充满爱而且辛勤工作的人。埃里克森赞同这个定义。但是他又指出，唯有具备牢固同一性的人才敢于涉足与另一个人相爱的情河之中。年轻人开始寻求一种特殊的关系，通过这种关系来发展他的亲密感，并在情感方面得到成长，亲密感发展的结果一般是结婚，或是对另一人的爱的承诺，但也可能有别的结局。例如，两人一起分享亲密感而不结婚，也可能与人结了婚却没有亲密感。在这一阶段没有形成有效工作与亲密能力的人，会离群索居，回避与别人亲密交往，因而就形成了孤立感。

7. 成年中期(25～50岁)：繁衍对停滞。进入成年中期，人们开始关心下一代。父母们发现，他们通过对孩子的教育，丰富了自己的生活。没有子女的成年人通过与年轻人的接触也会感到这种生活的丰富。例如，我们常常看到一些人志愿去帮助青年团体，或者照料兄弟姐妹的孩子。没有形成这种繁衍感的成年人会陷入一种停滞感当中，表现为一种空虚感和对人生目标的怀疑。我们都看到父母在抚养孩子的过程中，生活变得丰富多彩。遗憾的是，还有些父母，他们从教育孩子中很少获得快乐，而是充满了厌烦，对生活感到不满。在孩子发展中，他们不能展示自己的潜力，这对父母和孩子来说都是可悲的。

8. 成年后期(50 岁以后)：自我整合对失望。大多数人到成年后期都能保持原来的状态，但埃里克森认为，老年人还有一种危机要克服。过去的岁月和经历以及走向死亡的必然性，使老年人要么达到一种自我整合，要么产生失望感。以满足的心情回忆往事的人，将以一种完善感走完最后的发展阶段。埃里克森写道："人对唯一的一次生命，是将它作为不得不是这个样子而接受的，是将它作为必然的、不允许有其他替代物而接受的，是以人的生活是人自己的责任这样一个事实而接受的。"不能形成这种良好整合的人会落入失望的境地。他们认识到现在时间太少了，年轻人拥有的选择和机会，他们都没有了，一生已经过去，他们希望用完全不同的方式重新生活一遍，这样的人常常通过对他人的厌恶和轻蔑来表达他们的失望。生活中没有什么东西比一个老年人的失望更悲哀，也没有什么事情比一个充满完善感的老年更令人满足。

资料来源：Jerry M. Burger. 人格心理学(第六版). 陈会昌，等译. 北京：中国轻工业出版社，2004.

大学生的年龄大多是 18～22 岁，这是一个很独特的阶段——已经离开青春期，但还没有完全进入承担责任的成人世界。随着工业化、信息化进程的加深，青年人接受教育和培训的时间越来越长。这意味着青年人进入成人世界所用的时间延长了。同一性危机、代沟和同龄人压力可能是青年人中日常生活里常常遇到的问题，但是这些现象的普遍程度更多取决于我们的社会性质，而不是作为生命周期的一个环节。

大学生在这一阶段的主要任务是增强责任感和独立性，学会自己选择，学会为选择负责任，为自己未来负责任，敢于承担后果，而不是把不满意推到别人身上——在这个过程中，有的大学生不可避免地会感到孤单、焦虑、迷茫甚至痛苦，但是只要坚持走过这一过程，就会成为成熟的个体。大学生在这一阶段要勇于探索，找到生活的意义，形成自己的价值体系。迷茫是青春期的本质特征，大学生走出迷茫，始终需要的是"行动"，是投身于生活去探索、去实践。有专家讲北大四成新生得了"空心病"，共同特点是不知道自我在哪里，不知道自己想要成为什么样的人，其核心问题是"缺乏支撑其意义感和存在感的价值观"。老师和家长要帮助大学生探索，寻找生活的目的和意义感。大学这个阶段学生的主要任务是学习。学习是为即将开始的成人生活做准备，大学生要学习未来职业必需的专业知识和技能，学习建立持久亲密关系所需的心理和生活技能。

三、良性适应与发展的方法技巧

根据社会心理学的研究，一般认为，当人们处于新环境中，可能采用六种不同的适应方式，分别是文饰、认同、投射、压抑、代替和反向。这些具体的方式会在后面的教学内容中详细分析，在此不多做表述。

在几年的大学生活中，我们希望每一位学生都能用积极的态度适应环境。通过对适应良好的大学生的调查研究及访谈，我们发现良性适应有很多方法和技巧。

(一)直面新环境，敢于适应

中国有句俗话"既来之，则安之"，大学的校园，大学的时光，是大学生必须面对的挑战。大学生要以足够的信心和勇气，笑对生活的变革。大学生要学会适应生活中的生存规律，为自己获得生存的空间。适应也是挑战，迎难而上，这个过程中大学生会有一次次痛苦的蜕变，但不能气馁，不能逃避，要敢于适应新环境，战胜自己的人才是真正的强者。

(二)努力学知识，书海为伴

大学是知识的海洋，这里不仅有书本上的知识，还有技术知识、做人的知识等。学习是学生的天职，必须努力学习这些知识，养成"多读书，会读书，读好书"的习惯。古语说"腹有诗书气自华"，一生与书为伴，则一生多一良师益友。诸多的知识会开阔我们的视野，增长我们的才干，提高我们的能力，让我们内心丰富而平和。

(三)正视不平衡，无欲则刚

新的环境每天都会让我们接触不同的人，最直接的就是寝室里来自不同地域、不同家庭、不同个性的人。在融合的过程中，个体心理会出现方方面面的不平衡：有的生活条件比我好，有的个人能力比我强，有的比我帅气、漂亮等，面对这些不平衡，我们不攀比，不妒忌，学人所长，克己之短，广交朋友，所谓四海之内皆兄弟，让友情助力自身成长。有一句话说得好，"有容乃大，无欲则刚"，不应该因一时不平衡，而放弃自己做人的原则、坚守的底线。

(四)客观看自我，学会放弃

有时候，真正地认识自我是最难的，要学会客观看自我。我们要对自己有一个客观的评价，包括外表、能力、水平和发展等。客观评价自己，就是一次完善自我的过程。在客观评价自己时要学会有点幽默感。幽默感就是能笑我们自己的错误，能看出自己行为的可笑之处。这样，一方面可松弛紧张的神经，使不良情绪得到正常发泄，另一方面能减少身心的痛苦，缓解紧张的人际关系与冲突。还要学会放弃，因为适应，人的个性会收敛，性格会内敛，涵养会提高。

上海城市交响乐团和彩虹室内乐团的中国首席提琴师翁顺砚，从本科到硕士再到博士，在生物学这条路上走了整整 14 年，其实他早已察觉，人人都看好的热门专业，却未必适合自己。最终痛苦地求学 14 载后，在更多的慈善尝试和公益实践中，他最终找到了答案——"音乐，能够让人们的眼睛闪光。" 14 年的时光尚且能够放弃，更何况我们身边的小小摩擦。

(五)真心爱劳动，学会感恩

劳动是技能，劳动会增强人的责任感，磨炼人坚强的意志品质，使人受益无穷。在大多是独生子女的时代背景下，大学生的劳动技能与年龄和知识水平呈反比例增长，很多人是在进入大学校园之前的一个月突击补习，像洗衣服、缝扣子、收拾物品等。而从未做过这些的大学生，会从心理上惧怕做这些，在劳动中没有体会丝毫的乐趣。有的时间长了得过且过，寝室乱得一团糟，也自我安慰这是生活的气息。大学生应真心地热爱劳动，多学点生活中的劳动技能，如家政收纳小常识，就会发现生活中的劳动艺术化了，越整理越有心得，而看着整洁有序的环境，满满的都是幸福和快乐，怎么还会不爱劳动呢？让自己的生活井井有条，是大学生对父母、老师、学校最大的感恩。让我们在劳动中体会成长的快乐！

(六)培养新爱好，爱上运动

离开苦读十多年的枯燥的校园，来到自由的新天地，把以往没有好好挖掘的兴趣爱好都拿出来练练，以前没有兴趣爱好的，要积极投身大学丰富的社会实践和社团活动中，去开发自己的兴趣爱好，让自己紧张的生活得到放松。同时，要培养自己良好的运动习惯，加强锻炼，健全体魄，合理的锻炼非常有助于身心健康。据国家权威数据分析，青少年身体素质呈下降趋势的今天，让自己有一项喜爱的体育运动，并能持之以恒地坚持显得尤为重要。

成功的发展自我不是一蹴而就的，而是不断地由量变到质变的过程，由小的进步到大的进步，是点滴的积累过程，这就需要每个人能从自己的实际出发，不断为自己设立阶段发展目标，使之在原有基础上取得发展；需要大学生们沉下心来，静待花开，相信"青春无问东西，岁月自成芳华"。

课堂活动

设计你的未来蓝图

有一位初二学生给未来自己的一封信，无比触动人们内心，信的内容如下。

愿你

亲爱的自己：

我不知道为什么写信给你，更不知道你何时能收到这封信，在这里有些愿望寄托于你。

首先愿你平安无事地度过青春期，但别平安无事地度过青春。你不是他们口中的乖乖女，这点我比谁都清楚，你有时的果断、激动甚至有点"草莽精神"的性格，着实让我吓了一跳。

愿你的世界里天天都是好天气。即便忘了带伞也要告诉自己：宝宝今天偏要淋雨！原来驱赶阴霾的太阳是明媚的自己。

愿你的成熟不是被迫。学着笑而不语，学着承认不相信，学着接受不尽人意。我知道，你是个急性子，但请慢慢来，不着急。

愿你拥有好运气。对一切充满感激，喜欢美好，也喜欢自己。你笑起来有一颗虎牙和一个酒窝，这点很好。

愿你有盔甲也有软肋。善良得有原则，感性得有底线。对可恶的，就该连本带利地还击，凶狠之后别失礼仪：对不起弄伤了你，可我是个女孩，我必须保护好自己。

愿你不饶点滴，不饶自己。以后想有选择权的话，从现在开始好好学习。你所做的一切都不为谁，所以一切后果别找理由，独自承担。

愿你一生努力，一生被爱。在最糟糕的那天和注定的人撞个满怀。也许你20岁时会坠入爱河，但千万别淹死了，爱不到的人就别等了，千万别把尊严弄丢了，找个愿意陪你虚度光阴的一起老去吧。

愿你付出甘之如饴，所得归于欢喜。不甘平庸，是你。有人说你好强，我怎么没发现，好吧，我也并不完全了解你。只是别累着自己，哪怕收获多么丰盈。

愿你道路漫长，有的是时间发生故事。若没有人陪你颠沛流离，便以梦为马，随处可栖。因为是你，到的地方一定温暖为你。

愿你在最无趣无力的日子仍对世界保持好奇。撑不住了就先睡一觉，等等再说。还有人在爱你，你凭什么辜负他们选择放弃？

愿你有高跟鞋但穿着球鞋，愿你一辈子下来心上没有补丁，愿你的每次流泪都是喜极而泣，愿你筋疲力尽时有树可倚。愿你学会释怀后一身轻，愿你走出半生，归来仍是少年。

不觉写了这么多，希望你别让它们都变成空话。我是不是太注重"以后"了？未来是什么样的就交给未来的自己来回答吧，谁知道明天会发生什么，你知道吗？

祝：一生久安，岁月无忧！

曾经的你

2017 年 3 月 12 日

身边的榜样

王忠明，男，汉族，1997 年 9 月出生，中共预备党员。黑龙江幼儿师范高等专科学校学前教育系 2015 级学生。王忠明曾获国家励志奖学金、国家助学金、黑龙江省三好学生、第十一届全国优秀毕业论文大赛三等奖、黑龙江省高职高专技能大赛一等奖、2016 年学校"创新创业大赛"一等奖等荣誉。

以下是王忠明在 2017 年 10 月国家奖学金获得者事迹报告会上的演讲。

2015 年金秋，怀揣梦想的我，对自己说自语这是自己最后的一次机会，要想以后有自主选择生活环境的权利，就必须去努力学习。于是带着"既然选择了就注定风雨兼程"这句名言，我来到了黑龙江幼儿师范高等专科学校。

鸿鹄之志——求真"知"

胸怀大志，若成功，初必得知，抱勤为良训，洒九分汗换一分才。

孔子曰："学而不已，阖棺而止。"此话一直是我的座右铭，我常摆床头，常放心头，时刻拿来鞭策自己。尤记得，大学入学时，我就做好了学习规划，为自己确定了努力方向和目标。我认真听讲，努力学习，广泛阅读，积极探讨，第一学期虽遗憾成了第二名，但我"不坠青云之志，不改赤子之心"，决定加倍地努力学习，利用休息时间来督促自己。每天清晨起床背书，无论是夏天的炽热还是冬天的雨雪，在其他同学还沉浸在香甜的睡梦中时，我早已拿起《弟子规》走在校园的小路上；在其他同学还在享受美味的午餐、零食时，我已经在钢琴边边弹边唱，享受艺术的乐趣；在其他同学打游戏、睡觉、卧谈时，我奋笔疾书，用书法见证了一个又一个漫长的夜晚。有志者，事竟成。辛勤的耕耘必然会带来丰收的硕果。除了学习成绩蝉联班级首名外，我还获得了校级一等奖学金、国家级助学金、2016 年荣获国家励志奖学金。我还用我的行动感染和带动了其他同学，让这股向学之风、崇德之气像兰花的香气一样，蔓延到校园的每一个角落。"三更灯火五更鸡，正是男儿发奋时。黑发不知勤学早，白首方悔读书迟。"我坚信，荣誉只属于昨天，辉煌更在明日。我必将昂首阔步，大步向前。

跬步千里——重在"行"

知后必践，砥砺前行，必竭尽全力，不尽力而为。

当我还是孩提时，电影里、课本上革命先烈的英勇事迹，便使我感受到了党的神圣和伟大。那鲜艳的党旗如熊熊燃烧的烈火，温暖着我的心窝。我常常梦想着自己有一天也能站在党旗下，向党宣誓，成为一名优秀的中国共产党员。正是带着这种对党的崇高敬意，让我积极向党组织靠拢，奋勇争先，追求卓越。刚一入学，我就认真学习马列主义、毛泽东思想、邓小平理论等重要思想，老师广博的学识打开了我的视野。一种思想影响了历史，一种思想改变了世界，这就是马列主义思想。带着这种崇拜，怀着这种敬畏，我"三省吾身"，严以律己、诚以待人，向党组织递交了入党申请书。由于思想积极，表现良好，深得同学和老师的认可和信任，我被推荐为入党积极分子，更于 2016 年 10 月，被党支部吸收为预备党员，我知道自己任重且道远，所以我从来没有放弃过奋斗。我在系里任学前教育系团委副主席。因工作认真务实，为人谦虚坦诚，我先后获得"优秀学生干部""2015—2016 校级优秀三好学生""黑龙江省三好学生"，并在各项校级活动和系级活动中获得优异的成绩。我始终坚信"做好自己，一路前行"。学校让我在人生的成长道路上逐渐成熟，同时培养了我坚忍不拔、一丝不苟、认真务实的品格，使我对人生有了更加执着的追求和信心。入校以来我先后主持兰趣儿童故事大赛、兰趣童话剧大赛、2016 年艺术节闭幕式、110 年校庆及 2016 届新生童话剧展演、2016 届新生迎新晚会、2017 喜迎十九大迎新生文艺晚会等各项活动，并先后获得兰趣儿童故事大赛一等奖、兰趣童话剧大赛一等奖、2016 年 6 月创新创业大赛一等奖。

2016 年 10 月 26 日，为丰富校园文化生活，我申请创办兰叶语言与表演社团。为了同学能有更多的锻炼机会，我利用个人时间为社团服务。我曾说过："每天我找这样那样的事做，并不是因为我想要更高的荣誉，我只是想简单地做一件为校、为系、为同学有意义的事。"有人问我，是什么让我坚持。我的回答是，我必须努力，因为谁都渴望进步。

大学是人生最宝贵的阶段，所以我们一定不能虚度。2017 年 5 月，我很荣幸地代表学校参加了黑龙江省高职高专学前教师技能大赛，并荣获一等奖。天道酬勤，我付出着，也收获着。同年，在老师们的悉心指导下，我参加全国论文大赛荣获三等奖，为母校的荣誉贡献我自己的绵薄之力。

赤子之心——重"恩德"

桃李无言，下自成蹊，知行合一，明德知恩。

羊有跪乳之恩，鸦有反哺之义。动物尚且如此，更何况人乎！人一生中，要受到很多的恩惠，父母的养育之恩、朋友的关心之意、同学的进步之情，但这三年中让我最为感谢、感激、感动的，是老师们的教育之恩。我时刻告诉自己，用感恩心做人，用报恩心做事，在感恩的空气中，我对许多事情都可以平心静气；在感恩的空气中，我可以认真、务实地从最细小的一件事做起；在感恩的空气中，我自发地真正做到严于律己宽以待人；在感恩的空气中，我正视错误，帮助他人；在感恩的空气中，我不会感到自己的孤独……这一切都感恩于校领导的重视及老师的教诲。愿感恩的习惯升华我的性格，愿健康的环境收获我美丽校园的辉煌未来！

最后，我想说："拥鸿鹄之志，跬步千里，怀赤子之心，砥砺前行。"

王忠明

2017 年 10 月 12 日

① 心理测验

大学新生适应心理健康自测量表

本量表共20道题目，请在阅读每题后从答案中选择符合你实际情况的一种，在相符的答案标记上打"√"。

1. 我最怕转学或转班级，每到一个新环境，我总要经过很长一段时间才能适应。

　　A. 是　　　　　　　B. 无法肯定　　　　　　　C. 不是

2. 每到一个新的地方，我很容易同别人接近。

　　A. 是　　　　　　　B. 无法肯定　　　　　　　C. 不是

3. 在陌生人面前，我常无话可说，以致感到尴尬。

　　A. 是　　　　　　　B. 无法肯定　　　　　　　C. 不是

4. 我最喜欢学习新知识或新学科，它给我一种新鲜感，能调动我的积极性。

　　A. 是　　　　　　　B. 无法肯定　　　　　　　C. 不是

5. 每到一个新地方，我第一天总是睡不好，即使在家里，只要换一张床，有时也会失眠。

　　A. 是　　　　　　　B. 无法肯定　　　　　　　C. 不是

6. 不管生活条件有多大变化，我也能很快习惯。

　　A. 是　　　　　　　B. 无法肯定　　　　　　　C. 不是

7. 越是人多的地方，我越感到紧张。

　　A. 是　　　　　　　B. 无法肯定　　　　　　　C. 不是

8. 我的期末成绩多半不会比平时练习差。

　　A. 是　　　　　　　B. 无法肯定　　　　　　　C. 不是

9. 全班同学都看着我，我的心都快跳出来了。

　　A. 是　　　　　　　B. 无法肯定　　　　　　　C. 不是

10. 对他有看法，我仍能同他交往。

　　A. 是　　　　　　　B. 无法肯定　　　　　　　C. 不是

11. 我做事情总有些不自在。

　　A. 是　　　　　　　B. 无法肯定　　　　　　　C. 不是

12. 我很少固执己见，常常乐于采纳别人的观点。

　　A. 是　　　　　　　B. 无法肯定　　　　　　　C. 不是

13. 同别人争论时，我常常感到语塞，事后才想起该怎样反驳对方，可惜已经晚了。

　　A. 是　　　　　　　B. 无法肯定　　　　　　　C. 不是

14. 我对生活条件要求不高，即使生活条件很艰苦，我也能过得很愉快。

A. 是　　　　　　　　B. 无法肯定　　　　　　　C. 不是

15. 有时自己私下里明明把材料背得滚瓜烂熟，可在当众背的时候，还是会出差错。

A. 是　　　　　　　　B. 无法肯定　　　　　　　C. 不是

16. 在决定胜负成败的关键时刻，我虽然很紧张，但总能很快地使自己镇定下来。

A. 是　　　　　　　　B. 无法肯定　　　　　　　C. 不是

17. 我不喜欢的东西，不管怎么学也学不会。

A. 是　　　　　　　　B. 无法肯定　　　　　　　C. 不是

18. 在嘈杂混乱的环境里，我仍然能集中精力学习，并且效率较高。

A. 是　　　　　　　　B. 无法肯定　　　　　　　C. 不是

19. 我不喜欢陌生人来家里做客，每逢这种情况，我就有意回避。

A. 是　　　　　　　　B. 无法肯定　　　　　　　c. 不是

20. 我很喜欢参加社交活动，我感到这是交朋友的好机会。

A. 是　　　　　　　　B. 无法肯定　　　　　　　C. 不是

说明

1. 凡是单数题(1，3，5，7，……)，选"是"得－2分，选"无法肯定"得0分，选"不是"得2分。

2. 凡是双数题(2，4，6，8，……)，选"是"得2分，选"无法肯定"得0分，选"不是"得－2分。

3. 将各题的得分相加，即得总分。

35～40分：心理适应能力强，能较快地适应新的学习、生活环境，与人交往轻松、大方。给人印象好，无论进入什么样的环境，都能应付自如，左右逢源。

29～34分：心理适应能力良好。

17～28分：心理适应能力一般，当进入一个新的环境，经过一段时间的努力，基本上能适应。

6～16分：心理适应能力较差，依赖于较好的学习、生活环境，一旦遇到困难则易怨天尤人，甚至消沉。

5分以下：心理适应能力很差，在各种新环境中，即使经过一段相当长时间的努力，也不一定能够适应，常常困惑，因与周围事物格格不入而十分苦恼。在与他人的交往中，总是显得拘谨、羞怯、手足无措。

如果你在这个测查中得分较高，说明你的心理适应能力较强，但需保持和继续努力；如果你得分较低，也不必忧心忡忡，因为一个人的心理适应能力是随着年龄的增长、知识经验的丰富、各种能力的提高而不断增强的。只要你充满信心，刻苦学习，虚心求教，加强锻炼，你的心理适应能力就一定会增强。

心理影院

阿甘正传

阿甘正传曾获得第 67 届奥斯卡金像奖，是 1994 年由美国著名电影编剧、导演罗伯特·泽米吉斯导演，汤姆·汉克斯主演的一部经久不衰的影片。

简介：阿甘于第二次世界大战结束后不久出生在美国南方亚拉巴马州一个闭塞的小镇，他先天智商只有 75，然而他的妈妈是一个性格坚强的女性，她常常鼓励阿甘"傻人有傻福"，要他自强不息。阿甘像普通孩子一样上学，并且认识了一生的朋友和至爱珍妮，在珍妮和妈妈的爱护下，阿甘凭着上帝赐予的"飞毛腿"开始了一生不停地奔跑。

阿甘成为橄榄球巨星、越战英雄、乒乓球外交使者、亿万富翁，但是，他始终忘不了珍妮，几次匆匆的相聚和离别，更是加深了阿甘的思念。

有一天，阿甘收到珍妮的信，他们终于又要见面……

影片有个场景：阿甘在珍妮的宿舍，珍妮问他将来要成为什么样的人。阿甘愣了一下，说：我不是做我自己吗？珍妮说她想成为一个歌手，成名，阿甘还是不懂，说他只想成为他自己。阿甘虽然傻，但是他明白自己真正需要的是什么。成名，赚钱，成为一个成功的人，这些都不重要，重要的是我们要做好自己，我们为什么值得让别人尊敬？是因为我们的职业、地位，还是家产？如果这样，那人的本身才成为这些头衔的附属品，我应该成为我，而且我只想成为我，对于阿甘来说，他只想做他自己，只想爱一个女人，叫作珍妮。阿甘的生活智慧是值得借鉴的，人只有积极适应现实生活环境，顺其自热，做好自己，才会获得幸福人生。

阅读经典

追寻生命的意义

本书是著名心理学家弗兰克尔的著作。在第二次世界大战期间，由于纳粹实施了极端的反犹太主义，他的父母、妻子、哥哥、妹妹和他全部被关进了奥斯威辛集中营。他的家人除了他与妹妹幸存之外，其他人都丧命于残忍的毒气实验中。弗兰克尔经过这般惨绝人寰的苦难后，选择勇敢地展示自己的经历，并融入了学术探索，开创了意义疗法，揭示了人类绝处再生的意义，也留下了人性史上最光彩熠熠的烙印。这本书可以教会人们在面对无法承受的痛苦时，如何不放弃、坚持拯救自己的内在世界。同时，这本书也有关于每个人的存在价值、如何发挥个体之于社会的作用等多方面的思考。

1+1 参考文献

[1]谢平 . 生命的起源——进化理论之扬弃与革新[M]. 北京：科学出版社，2014.

[2][美]恩斯特·迈尔 . 进化是什么[M]. 田洺译 . 上海：上海科学技术出版社，2009.

[3]陈会昌 . 中国学前教育百科全书：心理发展卷[M]. 沈阳：沈阳出版社，1995.

[4]李鑫生，蒋宝德 . 人类学辞典 . 北京：北京华艺出版社，1990.

[5][苏联]达维久克 . 应用社会学词典[M]. 于显洋，等译 . 哈尔滨：黑龙江人民出版社，1988.

[6]全国十二所重点师范大学 . 教育学基础[M]. 北京：教育科学出版社，2013.

[7]张汉芳，金琼 . 大学生心理健康[M]. 广州：世界图书出版广东有限公司，2014.

模块二　心理健康综述

健康是快乐人生的基础，是生活幸福和事业成功的前提，有健康就有希望。正如古希腊哲学家赫拉克利特所说，如果没有健康，智慧就难以表现，文化就无从施展，力量就不能战斗，财富将变成废物，知识也无法利用。健康是人生的首要财富。世界卫生组织（WHO）前总干事马勒博士的一句话很好地诠释了健康的重要性：健康不代表一切，但失去了健康，便失去了一切。

大学阶段是人生发展的重要阶段，个体要独立完成许多重大的人生课题，如个性完善、学业发展、交友恋爱、求职择业等，而这些课题的完成与大学生的身心健康和发展有着密切的关系。随着社会的发展，人们生活水平的提高，人们越来越认识到心理健康可以提高生命质量，提升生活的品位，帮助个体增强主观幸福感。因此，拥有健康的心理是大学生未来幸福生活的关键因素。

学习目标

1. 认识心理学，正确理解健康、心理健康概念。
2. 初步掌握评价自身心理健康水平的能力。
3. 感悟心理健康的重要，激发学习兴趣。

案例导入

2010 年 4 月，西安音乐学院药家鑫将张妙撞倒并连刺数刀导致张妙死亡。

2013 年 4 月，上海复旦大学医学院研究生黄洋被宿舍同学林森浩投毒后死亡。

2016 年 3 月 7 日，在四川师范大学，因生活琐事，滕刚将同乡室友卢海清杀害，对他连砍 50 多刀，身首异处。

他杀事件令人毛骨悚然，自杀事件也令人唏嘘感叹。自杀是校园常见的恶性事件。在网上，2017 年被某些人称为大学生"自杀"年。北京某高校为了防止学生跳楼，把阳台都封了，即使是二楼。

王某，男，20 岁，汽检专业三年级学生。自述情绪起伏变化大。高兴的时候特别"high"，然后莫名情绪又可以一下子落到"冰点"，觉得自己有问题。分性格内向，有心事从不对别人讲，包括父母。他小学时期就住校，在体校学习摔跤，学习不好；青春期因生活琐事，经常发脾气，看谁都不顺眼，易激惹；因与异性关系问题与其他班学生发生肢体冲突，事后懊恼得睡不好觉。他与女友交往 5 个月，分手后，6 天瘦了 6 千克，痛苦得难以自拔，萌生退学的想法。

分析与思考

这些令人扼腕的事件在让我们唏嘘的同时，也让我们不禁问这些学生出了什么问题？对于杀人者，我们在进行谴责和法律惩罚的同时，是不是更要反思我们的教育，关注他们的心理健康和心理冲突的分析。你可能会说，我既不会杀人也不会自杀，但这是否意味着你的心理就健康，你的生活就积极幸福呢？

案例中的王某因不会调节负性情绪而烦恼，又因自我意识较强过多关注自己情绪而产生迷惘，从而对负性情绪起到了强化的作用。青春期的学生对爱的探索具有尝试性和短暂性特点，这时他们考虑的是我和谁在一起更能享受快乐时光，因此学生在交往中过多追求心理体验、情感需求，不考虑后果或考虑很少。他们在交往中情感投入过多，遇到挫折或冲突，或盲目冲动或优柔寡断，往往受伤害较深，需要长时间的调试才能恢复常态。

小寄语

马斯洛曾说过："你的心若改变，态度则会改变，态度改变则习惯改变，习惯改变则性格改变，性格改变则人生改变。"正所谓性格决定命运，只有正确地认识自己，了解自己的性格潜质，激发个性优势，控制性格弱点，才能发现自身独有的天赋和优势，塑造健全的性格，进而掌握命运的钥匙，实现卓越的人生目标。

任务一　走近心理学

暖身活动

拍 7 令

活动目的

学生迅速投入到活动中，集中注意力；培养契约精神，体验责任感。

活动过程

从 1～99 报数，当有人数到含有"7"的数字或"7"的倍数时，不许报数，要拍下一个人的后脑勺，下一个人继续报数。如果有人报错数或拍错人则受到惩罚（惩罚的方式是大家事先认可的，如真心话大冒险等）。

活动评价

通过活动引导学生集中注意力；由学生制定游戏的规则，引导学生积极参与并承担责任。

情境导入

刘老师是某高职院校新聘请来的心理辅导老师，刚开始上心理健康教育课，她就遇到了一个让她困惑不已的问题，那就是学生一听说她是教心理课的老师，还在学校做心理咨询，就会问她："心理学老师啊，那您猜猜我现在在想什么？""心理咨询都是给有病的人做咨询的吧？""老师你会催眠和解梦吗？"听着学生不知从哪儿得来的对心理学的预设的偏见认识，老师也很茫然。该如何跟学生解释呢？心理学是研究什么的？心理学与我们的生活有怎样的密切关系？

分析与思考

"心理学"这门学科对许多人来说充满了神秘感和诱惑力。当没有学过甚至没有接触过心理学的人听说你曾学习过心理学或者你是一位心理学专业人士时，多数人会相当敬畏地问："你知道我现在在想什么吗？"实际上，这反映了人们对心理学的一种朴实的认识：心理学是一门研究并能时刻知晓他人心理的学问。心理学真的能使我们具有超凡的透视人心理的本事与力量吗？对这一问题的回答实际上就是对心理学基本性质的回答。通过本章的学习，我们可以得出满意的答案。下面让我们走近心理学这门学科，了解什么是心理学，它与我们的生活有哪些关联。

一、什么是心理学

(一)心理

人们常常提起"心理"一词，那么什么是心理呢？心理是大脑对客观物质世界的主观反映。它是通过感觉、知觉、记忆、想象、思维、情感和意志等多种多样的形式表现出来的。

1. 心理是脑的机能

脑是心理活动的器官，人的精神、情感都是由大脑活动产生的。在古代，人们一直认为心理活动是由心脏产生的。孟子曰："心之官则思。"后来随着生理学、医学的不断发展，人们逐渐认识到，心理是大脑的功能，是物质世界发展到高级阶段的产物。心理现象是随着神经系统的产生而出现的，又是随着神经系统的进化不断发展和完善的。

知识链接

盖奇事件

25 岁的菲尼斯·盖奇在美国佛蒙特州铁路建设工地工作，他负责爆破岩石。1848 年 9 月 13 日，正当盖奇用一根铁撬棍把甘油炸药填塞到孔中的时候，一颗火星意外地点燃了炸药。当时他的头正歪向一边，提前引爆的甘油炸药将他手中的铁撬棍从他的左颧骨下方穿入头部，然后从眉骨上方穿出。这根铁撬棍长约 1.1 米，重 5.04 千克，一端直径为 3.18 厘米，另一端直径为 0.64 厘米。当他被铁撬棍击中后，尽管颅骨的左前部几乎完全被损毁了，但他并未失去知觉。在一位年轻的外科医生哈罗的精心治疗下，盖奇在 10 周后出院了。此后，他的身体逐渐恢复，又可以工作了。盖奇的幸存是一个奇迹，他仍然可以说话、走路，严重的脑损伤似乎对他没有什么影响。但不久以后，人们发现盖奇的脾气与从前大不相同了。他本是一个非常有能力、高效率的领班，思维机敏、灵活，对人和气、彬彬有礼。但这次事故以后，他的行为和性格发生了巨大改变。他变得粗俗无礼，对事情缺乏耐心，既顽固、任性，又反复无常、优柔寡断。他似乎总是无法计划和安排自己将要做的事情。正如他的朋友们所说，"他不再是盖奇了"。出院后的盖奇已无法胜任原来的工作。他后来在一家出租马车行工作，负责赶马车和管理马匹。几年以后，他的健康状况开始恶化。1860 年 2 月，癫痫发作，他于同年 5 月 21 日去世。现在，他的头骨保存在哈佛大学的医学博物馆。

盖奇事件发生以后，脑与人格的关系引起了科学家密切的关注。通过对脑损伤病人的研究以及大量的动物实验，人们对脑与人格的关系已经有了越来越多的了解。

2. 心理是现实的反映

心理活动的最初和最终都是一种应激。刺激的形成源于客观现实。客观现实是指不依赖于人的主观意识而存在的自然环境和社会环境。健全的大脑为心理现象的产生提供了物质基础，客观现实才是心理的源泉和内容。离开客观现实，心理就变成无源之水，无本之木。

知识链接

狼孩

1920 年 10 月，一位叫辛格的印度传教士在加尔各答的丛林中发现了两只狼哺育的裸体女孩。大的女孩约 8 岁，小的 1 岁半左右。据推测，她们是在半岁左右时被母狼带到洞里去的。辛格给她们起了名字，大的叫卡玛拉（Kamala）、小的叫阿玛拉（Amala）。

这两个狼孩虽然长得与人一样，但一切生活习惯都同野兽一样，不会用双脚站立，只能用四肢走路。她们害怕光和水，昼伏夜出，夜视力非常好。她们完全不懂语言，也不发出人类的音节，夜里会发出非人非兽的尖锐的怪声。她们不会用手拿东西，喝水和狼一样用舌头舔，热的时候张着嘴，伸出舌头来，和狗一样喘气。她们不肯洗澡，也不肯穿衣服，并随地便溺。她们被领进孤儿院后，辛格夫妇异常爱护她们，耐心抚养和教育她们。总的说来，小的阿玛拉的发展比大的卡玛拉的发展快些。进了孤儿院两个月后，当她渴时，她开始会说"bhoo（水，孟加拉语）"，并且较早对别的孩子的活动表现出兴趣。遗憾的是，阿玛拉进院不到一年，便死了。辛格博士下了很大功夫使卡玛拉"恢复人性"，但进展非常缓慢。进院后 16 个多月卡玛拉才会用膝盖走路，两年后，卡玛拉终于学会了直立，但需要有人扶着，但她直到死还没真正学会说话。在她生命的最后三年中，卡玛拉喜欢并开始适应人类社会了。她能照料孤儿院的幼小儿童。她会为跑腿受到表扬而高兴，为自己想做的事情（如解纽扣）做不好而哭泣。这些行为表明，卡玛拉正在改变野孩的习性，显示出获得了人的情感和需要。但在智力上，在刚被发现时候，她的智力只相当于六个月的婴儿；快到 15 岁的时候，相当于两岁婴儿；卡玛拉 17 岁那年死于伤寒热病，智力只相当于三四岁的孩子的水平。

在大脑结构上，这个狼孩和同龄人没多大差别。只是因为狼孩长期脱离人类社会，不具备人的心理活动，失去作为人的情感，也不具备正常人的生活习性和技能，大脑的功能得不到开发，智力也就低下。最后，也因为不习惯人类社会的生活而早逝。所以，只有大脑这个物质基础，离开客观现实也不会有正常的心理。

3. 心理是客观现实的主观映象

人脑对客观现实的反映是主观能动的过程。人脑在反映客观现实的时候受个体知识、经验、性格、人生观等的制约，所以同一物质不同人的反应是不同的，如沙漠中的半瓶水，乐观的人看到还有半瓶，悲观的人看到只有半瓶。所以主观映象不是机械的、照镜子似的反映，而是个体能动的反映。主观能动的反映，使人们不仅能认识外部现象，还能认识到事物的本质和事物之间的内在联系，并用这种认识来指导人的实践活动，改造客观世界。

心理是大脑对客观现实的能动的反映。产生心理现象的器官是大脑，心理是脑的机能。

小故事

你是哪只狐狸

有一群狐狸都看到了一串在高架子上的葡萄。

第一只狐狸：跳了几下摘不到，从附近找来一个梯子，爬上去满载而归，非常高兴。

第二只狐狸：跳了很多次仍吃不到，找遍四周，没有任何工具可以利用，笑了笑说："这葡萄一定特别酸！"

第三只狐狸：高喊着"下定决心、不怕万难，吃不到葡萄死不瞑目"的口号，一次又一次跳个没完，累死在葡萄架下。

第四只狐狸：因为吃不到葡萄整天闷闷不乐，抑郁成疾，不治而亡。

第五只狐狸：心想，连个葡萄都吃不到，活着还有什么意义，于是找个树藤上吊了。

第六只狐狸：吃不到葡萄就破口大骂，被路人一棒子了却了性命。

第七只狐狸：抱着"我得不到的东西，绝不让别人得到"的心理，一把火把葡萄园烧了，遭到其他狐狸的共同围剿。

思考问题：面对同样的情境为什么不同的狐狸会有不同的反应？是什么决定了狐狸的命运？

(二)心理学

从历史上看，人们对心理学的研究一个逐步发展、演变的过程。心理学的英文写法为"psychology"，它是由两个古希腊文字"psyche"和"logos"组成的。"psyche"的含义是"心灵""灵魂"；"logos"的含义是"陈述"或"解说"，合起来可以解释为"对心灵或灵魂的研究"。这可以说是哲学心理学时期对心理学最早的界定。心理学源于哲学，从哲学心理学发展到科学心理学，经过了一段过渡时期。随着自然科学的发展，实验方法对心理学家们产生很大的启示。1879年，冯特在德国莱比锡大学建立世界上第一个心理学实验室，标志着心理学成为一门独立的学科。心理学的研究对象和内容几经演变，经由构造主义心理学的"直接经验"(亦称"意识")，行为主义心理学的"行为"，到认知心理学的"大脑的信息加工"，直到20世纪中期才达成将"人的行为和心理活动"确定为心理学研究对象的共识。因此，我们把心理学界定为：研究人的心理现象及其规律的科学。

人的心理现象很复杂，也很丰富。哪些现象属于心理活动的范围呢？例如，我们可以感知光亮和颜色，可以感知声音的强弱、高低、节奏和旋律，可以想象文学作品，会记忆和遗忘。再如，我们可以有喜怒哀乐，不同的人会有不同的性格，有的人会心理异常或变态等，这些都是心理现象。科学的心理学不能只限于描述心理事实，而应从对现象的描述过渡到对现象的说明，即要求揭示这些现象所遵循的规律，这是对心理现象进行科学研究的更深入的一步，也是最主要的一步。它包括两大方面。一方面，心理学是研究各种心理现象的发生、发展、相互联系以及表现出的特性和作用等。以智力现象为例，在我们对智力这一心理事实有所认识的基础上，我们便要进一步探明：智力在全部人口中的分布情况怎样？人的智力差异主要表现在哪些方面？智力在个体身上一般是如何发展的？其发展曲线呈何状态？智力的发展主要受哪些因素的影响？智力与非智力因素之间的关系如何？儿童、青少年智力发展的特点是什么？这些都是心理学要研究的。另一方面，心理学是研究心理现象所赖以发生和表现的机制。它包括心理机制和生理机制两个层面。前者研究心理现象所涉及的心理结构组成成分的相互关系的变化。后者研究心理现象背后所涉及的生理或生化成分的相互关系和变化。

二、心理科学与我们的生活

心理学也许是现代生活中人们广泛涉及的主题，因为，人的生活主要是由人的心理与行为支撑起来的。无论生活中的衣食住行，还是工作中的为人处世，都离不开心理学，都需要心理学知识。心理学所涉及的内容渗透于各个领域。例如，关于世界，婴儿知道些什么？记忆的加工过程是怎样的，存储在大脑的什么地方？怎样能提高学习效率？家长怎样管教调皮的孩子？领导是怎样起作用的？企业怎样选拔具有胜任特质的人？人的感知、态度、情感、认知以及人际互动如何影响他们的消费行为？广告是怎样起作用的？这些与心理学有关的问题，我们还可以举出许多。总之，心理学渗透在人类活动的任何一个领域，它是一门与人类幸福密切相关的科学。为此，心理学家进行各种基础研究，目的是描述这些发生的事情，并尝试解释它们，揭示心理活动的规律，预测和控制心理活动的方向，以达到提高人类生活质量的最终目的。因此，学习心理学，普及心理学的基本知识，对各行各业有重要的实践意义。目前在教育、医疗卫生、商业、国防和科学研究等领域中，心理学正在发挥着日益重要的作用，从而引起了人们的高度重视并受到人们普遍欢迎。下面简单介绍心理学的有关应用范围及其价值。

(一)心理学在教育领域的应用

教育工作以培养人为对象，心理学是教育理论的基础。发展心理学和教育心理学为素质教育的实现提供理论依据。心理学用于教育，形成教育心理学。心理测量学用于教育评估和考试改革。心理测量学在教育领域应用，一方面以量化手段，在客观化、科学化方面提高了教育评价的质量。另一方面，20世纪80年代心理测量学开始研究教育考试，提出高考改革，推动了教育改革工作，取得重大成绩；90年代后期又为贯彻因材施教原则，编制了升学指导测验，被沿用至今，并影响到人力资源领域，意义深远。教育心理学主要研究在教学和教育过程中，学生掌握知识和技能，形成良好道德品质的规律，并根据学生的个别差异，全面贯彻"因材施教"的原则，尽量避免操之过急，脱离实际的做法，在提高教育质量上下功夫。心理学为培养人、教育人提供了科学依据，它是教育科学的理论基础之一。因此，为了提高教学质量，教师必须掌握认识过程的规律和不同年龄学生的心理特征，才能合理地组织好教学，并使学生最大限度地掌握知识技能，发展各种认识能力。

经典实验

罗森塔尔实验

1960 年，哈佛大学的罗森塔尔博士曾在加州一所学校做过一个著名的实验。新学期，校长对两位教师说："根据过去三四年来的教学表现，你们是本校最好的教师。为了奖励你们，今年学校特地挑选了一些最聪明的学生给你们教。记住，这些学生的智商比同龄的孩子都要高。"校长再三叮咛：要像平常一样教他们，不要让孩子或家长知道他们是被特意挑选出来的。这两位教师非常高兴，更加努力教学了。我们来看一下结果：一年之后，这两个班级的学生成绩是全校中最优秀的，甚至比其他班学生的分数高出好几倍。知道结果后，校长不好意思地告诉这两位教师真相：他们所教的这些学生智商并不比别的学生高。随后，校长又告诉他们另一个真相：他们两个也不是本校最好的教师，而是在教师中随机抽出来的。正是学校对教师的期待，教师对学生的期待，才使教师和学生都产生了一种努力改变自我、完善自我的进步动力。这种企盼将美好的愿望变成现实，在心理学上被称为"期待效应"。它表明：每一个人都有可能成功，但是能不能成功，取决于周围的人能不能像对待成功人士那样爱他、期望他、教育他。

(二)心理学用于企业管理

管理心理学是指运用心理学的一般规律去解决管理过程中人的心理问题，并使之在管理领域具体化。它主要研究一定组织中人的心理和行为规律，从而提高管理者预测、引导、控制人的心理和行为的能力，以更为有效地实现组织目标。要管理好现代企业，必须拓展新视角——高度重视心理科学在企业管理中的作用。例如，调动所在单位员工的积极性是管理中的一个重要问题。作为管理者不能事必躬亲，而应把全体员工的积极性调动起来，使之各尽其责，创造性地完成本职工作，这样才能有效地实现组织目标。而要调动员工积极性，就要运用心理学的一般规律，具体分析一定组织中人的需要和动机，分析产生积极行为的一般心理过程，研究哪些因素最能在员工心理上起到激励作用，如何保持和加强员工的积极行为等。这些就是管理心理学所要研究的问题。

经典实验

霍桑实验

位于芝加哥郊外的西方电器公司霍桑工厂，尽管具有较完善的娱乐设施、医疗制度和养老金制度，但工人们依然愤愤不平，而且生产效率也很低。为了探求原因，西方电器公司邀请哈佛大学心理学专家梅奥和罗特利斯伯格等来厂进行研究和实验，这就是著名的"霍桑实验"。实验人员对 2 万名左右的职工进行了访谈，访谈开始了解和研究职工对公司领导、保险计划、升级、工资、报酬等方面的意见和态度。员工开始自由地谈论起公司和管理人员的事情。但他们不是按照研究者事先拟好的提问表来回答问题，而是谈些他们认为更重要的问题。谈话以后，虽然工作条件还没有改变，工资也维持原状，但心里却觉得各种情况都改善了。访谈计划实验的结果使企业管理当局认识到必须对工厂管理人员进行训练，使他们能更好地倾听和了解工人的个人情绪和实际问题。梅奥认为，工作条件、工资报酬并不是决定生产效率高低的首要因素，首要因素是工人的士气，而工人的士气又同满足率有关。工人的满足率越高，生产效率就越高。新型的管理者的管理能力在于提高职工的满足度，以鼓舞职工的士气，提高劳动生产率。

(三)心理学用于环境研究

对生活环境，心理学家越来越多地考虑环境对人类心理与行为的影响。人口过快增长所引发的人口爆炸，人们对资源的过分消耗所引发的资源枯竭与环境污染等问题都引起了心理学家的关注。人类必须改变自己的行为方式，以保护我们所赖以生存的环境。

知识链接

拥挤导致行为失常

1962 年，约翰·卡尔霍恩用白鼠做了一个经典的实验来研究高密度环境对社会行为的影响。卡尔霍恩将 40 只白鼠(通过几年的观察研究者发现这个实验装置只能容纳这个数量)投入一间 10×14 英尺(约 3.05 米×4.27 米)的空间里，实验空间被分成四个部分或围圈，它们之间有通道可让白鼠从圈 1 到圈 2，从圈 2 到圈 3，从圈 3 再到圈 4，但圈 1 和圈 4 之间无法直接相通。因此这是一个带有尽头的围圈。白鼠被放进观察室允许其自由繁殖，直到数量增至原来的两倍，达到 80 只。然后剩下的工作就是要对这些处于拥挤环境中的动物观察一段时间，并记录它们的行为，观察持续了 16 个月。结果卡尔·霍恩发现了非常有意思的现象：因为圈 1、圈 4 有进出口，所以通过争斗取得胜利的雄鼠为了捍卫领土守在出口处，防止其他雄鼠进入，但它并不孤独，因为在四个围圈中的雌鼠分布是均匀的，也就是霸占圈 1、圈 4 的雄鼠拥有 8 到 12 只的雌鼠。在这个圈中，雄鼠负责警戒，雌鼠基本上起着母亲的作用，它们建筑舒适的窝，养育和保护后代。换句话说，在首末圈生活的白鼠基本正常。

其余约 60 只的白鼠挤在中间两个围圈中，因为圈 2、圈 3 中有食物和水，因此它们发生接触的机会较多。一种行为现象出现了，卡尔霍恩称之为"行为沦丧"，即白鼠们出现了一些极端的病理性的行为：攻击、服从、性越轨，有的甚至以同类为食。幼鼠的死亡率也很高，被遗弃，随后被成年鼠吃掉。

当然卡尔·霍恩对动物的研究不能直接应用于人类，但是它发人深省并具有历史意义。它启发后续社会科学家们在探索、完善人口密度和拥挤的影响研究上做出不懈努力。

(四)心理测量用于人事管理、工业或组织心理学

社会在变化和发展，心理测量这门学科本身也在发展，心理测验作为这门学科的重要工具，越来越为社会需要和重视。社会的存在和发展离不开各类组织，每类组织都要面临人事管理问题，人事管理又离不开对人的评价和选拔，作为评价和选拔的工具——心理测验就不能缺少。这种工具本身的发展会越来越适应人事管理的各种需要，这是历史经验和现实实践都已证明了的。

标准化的心理测验在组织人事管理中有着广泛的应用。就以心理测验在两次世界大战期间用于美军官兵选拔和安置为例，可窥见一斑。在第一次世界大战时期，美军面临在短期内对大量人员进行分类和训练的巨大任务，而采用了心理测验使任务得以圆满完成；在第二次世界大战时期，专家们又创造了以心理测验为主的多种多样的方法，用以挑选专门从事特种军事任务的人员、衡量部队的士气和评价军事教育计划的成败等。正因为如此，从某种意义上说，心理测验给美军带来了两次世界大战的胜利。现在在美军中，对心理测验的看法就不像第一次世界大战那样了，大多数军队领导人认为心理测验应用于美军人事管理是有效的。的确，据两位美国学者 1946 年的研究表明，在心理测验上每花 1 美元，就可节省飞行员训练费 1000 美元。心理测验不只在军队这类组织中应用得有成效，在其他组织也是同样的，如用于高校的智能测验(SAT)和研究生资格考试(GRE)，用于体育的神经类型及气质测验、人格测验(如 16PF，MMPI，CIP)，应用于评价中心的组织管理人员的评价和选拔，应用于工业组织中的职业测验(机械理解测验、职业兴趣测验、多种能力测验等)。由此可见，心理测验已触及社会各个组织和各个角落。当前在美国，心理测验用于人事管理的一个最大特点是联邦政府的加入，从政府机构组织到地方私有企业，都运用了这种选拔人才的技术

手段。据统计，在近 280 万名工作在联邦政府企业组织的雇员中，90％的雇员是通过这种选人制度被选拔的。企业对员工的选拔，采用结构化面试的方法（按照规定的程序，使用相同的问题提问和追问，根据事先确定的标准评定应聘者），实现"以人为本，人职匹配"，使每个人发挥潜能，做好工作，同时自身得到发展，心情舒畅。多种方法结合运用，使测评更加全面和客观，结果更加可靠和有效。现代科技手段的应用正快速发展，企事业单位的招聘、选拔、提升等为心理学服务社会开辟了广阔天地。近年来，企业中员工帮助计划（EAP）的推行初见成效，发展前景更加乐观。

任务二   健康与心理健康

暖身活动

我的人生五样

活动过程

在我们的生命中需要许多东西，有许多想要的东西，就像在自选超市中，我们拿着购物篮什么都想装进来。但是，现在，你要在这琳琅满目的东西中，只能选择在你生命中对你最重要的五样东西。这五样东西，可以是实在的物体，如食物、水或钱；也可以是人或动物，如父母、朋友、兄弟姐妹、宠物等；也可以是精神的追求，如宗教或理想；也可以是爱好和习惯，如旅游、音乐或吃素；也可以是抽象的事物，如理想和信念；也可以是具体的物品，如一个瓷瓶或一组邮票。总之，你要把你生命中、内心中最珍贵、最重要的五样东西找出来，然后把它写在纸上。

第一步：

请在白纸上端中间郑重地写下你的名字。

请写下你生命中最重要的五样东西。

请你拿起笔，在你的人生五样中去掉一个。

命运是残酷的，它又在向你发起挑战，你必须在剩下的四样中再划掉一样。

命运又在捉弄你，你又遇到了人生的重大变故，在剩下的三样最珍贵的东西中，还得去掉一样。

最后从你仅剩的两个挚爱中再涂掉一个！

你的纸上只剩下了一样东西，这就是你最宝贵的东西。

第二步：

按照涂掉的先后顺序给你的人生五样重新排序，好好记住这个顺序吧，它们就是你的人生优先排序。

第三步:

学生谈感悟。

第四步:

请每位学生按照你的人生优先排序,大声说出自己的人生五样,同时认真倾听别人的人生五样。

第五步:

找出多数同学均认可的人生五样。

老师引领学生共同分析这五样东西。

第六步:

思考谈感悟

(1)这是你生命中最重要的五样东西,这五样中你们现在拥有着哪些东西?

(2)你是怎样珍惜和享受着它?

(3)现在还没有的东西怎样才能拥有并享受它?

活动评价

这五方面正是我们心理课上要解决的问题。亲情、友情、爱情是人际方面的问题;健康包括身体健康、心理健康和道德健康(重点谈一谈心理健康的重要性);如何与同学相处,如何与异性同学相处,如何与父母相处;事业、财富是职业方面的能力,同时包括如何认识自我,接纳、肯定和欣赏自我,开发自身潜能,懂得学习方法,懂得勤奋学习,踏实做事,完善个性,做好情绪管理。可见,生命中的这五样东西要想拥有、珍惜和享受它们,首要的一点是心理健康。让我们师生共同努力,在这短短的45分钟里收获更多我们想要的东西。

情境导入

某高职院校大一新生,新学期开学后学校组织新生参加军训,因为第一次离开父母,非常想家,到晚上该生感到肚子疼,辅导员联系其家长将其接回家。开学一个月左右,该生回家跟父母说寝室一同学不拘小节,随便乱用他的东西,晚上打电话声音特别大,影响他睡眠,自己非常焦虑,要求调换寝室。辅导员了解了情况,给该生调了寝室。但该生觉得新寝室人际关系淡漠,寝室同学自私,自己没有朋友,在学校很孤独,所以害怕上学,找各种理由不愿意上学。

分析与思考

该生的问题主要表现在其适应不良的社会交往行为上。该生因为军训肚子痛回家,错过了和同学融合的最佳时期。上学后又频繁调换寝室也导致不能和寝室同学建立亲密关系,从而产生孤独感,对学校恐惧,这是客观原因。该生个性上敏感、多疑、以自我为中心,不擅长交往,这是主观原因。无论是恐惧、退缩的行为倾向还是人际关系的紧张，都是其不良的社会适应模式直接导致的。而这一不良行为模式，是在其成长经历的背景下和个性特点的基础上不断习得和形成的。这其中无论是情绪的变化，还是行为的异常，也都同样存在着个体社会认知的偏差和一些不合理因素，再加上教养方式和学校教育环境中不利因素的加重和催化，如果不及时采用操作性、目标性、时效性很强的行为治疗和认知行为治疗方法加以调整，该生将陷入恶性循环的怪圈，这极易导致不良个性的形成，也极易发展为更严重的心理障碍，影响其健康发展。

请思考，该生是健康的人吗？如果不调整发展下去你猜想会是什么样？

一、科学的健康观

20 世纪末，世界上数位诺贝尔奖获得者齐聚一堂讨论 21 世纪什么最重要。最后一致认为，追求健康是 21 世纪的主要趋势。然而很多人对健康的理解很偏狭，几乎停留在对生理健康的理解和关注上。事实上，对健康的概念较为完整的认识应该包括生理学、心理学和社会学三个维度。

那么什么是健康？怎样才能健康？对于这个问题，人的认识是在逐渐改变中趋向全面和科学的。

古代人对健康的认识是模糊的，认为生命和健康是由神灵或者上帝、佛祖、菩萨等主宰的，人们只能求神灵保佑，用祈祷实现健康。

15 世纪后，随着科学技术的发展，工业革命的兴起，哲学上机械唯物主义思想的出现，人们认为身体也好似一部机器，健康就是身体各个部件运转正常，疾病则是身体上的某部分的"零件"发生了故障，要健康就得换掉失灵的部件。

19 世纪后，随着科学技术水平的提高，科学家们先后发现了 20～30 种细菌，由此人们开始意识到疾病是生物因素引起的，健康就是身体没有疾病，是人体—自然环境—生物病因三者之间的平衡，要维护健康，防治疾病，就要通过预防接种、杀菌灭虫和抗菌药物来消灭生物性病原体。

20 世纪 50 年代以后，人们逐渐认识到疾病与健康受多种因素影响。20 世纪 70 年代，美国学者提出健康的"生物—心理—社会医学模式"，开始从人的生物、心理、社会的整体因素中去研究健康与环境的关系，更全面、深刻地认识疾病与健康的本质，认识到健康就是人与生物、心理、社会环境之间的平衡。

健康的定义也随着认识的深入而不断完善。1948 年，《世界卫生组织宪章》将健康定义为：健康是身体、心理和社会方面的完善状态，而不仅仅是没有疾病。1989 年，世界卫生组织将健康的概念扩充为：健康应包括生理、心理、社会适应和道德品质的良好状态。可以看出，这个定义比较全面地概括了"健康"的含义，它提示人们，健康不仅仅是生理的健康，也包括心理的健康，同时还包括社会适应良好，品德优良。

知识链接

健康的标准

1. 有充沛的精力，能从容不迫地担负日常生活和繁重的工作，而且不感到过分紧张疲劳。

2. 处事乐观，态度积极，乐于承担责任，大事小事都不挑剔。

3. 善于休息，睡眠好。

4. 应变能力强，能适应外界环境的各种变化。

5. 能够抵抗一般性感冒和传染病。

6. 体重适当，身体匀称，站立时，头、肩、臂位置协调。

7. 眼睛明亮，反应敏捷，眼睑不易发炎。

8. 牙齿清洁，无龋齿，不疼痛，牙龈颜色正常，无出血现象。

9. 头发有光泽，无头屑。

10. 肌肉结实，皮肤弹性好。

二、心理健康新概念

在我们的生活中，学生自杀、谋杀的现象屡见不鲜，一则则报道令人不寒而栗。学习困难、网瘾、手机依赖、不良的亲子关系等各种原因导致的情绪问题、行为问题屡见不鲜，学生的心理健康状况堪忧。那么，你的心理健康吗？对于这个问题，你肯定很难回答，因为在回答这个问题之前，我们首先要知道什么是心理健康，心理健康的标准是什么。

随着时代的发展、社会的进步，人们也逐渐认识到，良好的心理健康状态是非常重要的。迄今为止，关于心理健康还没有一个统一的概念，国内外学者都认同心理健康标准的复杂性，既有文化差异，也有个体差异。关于心理健康的定义，不同时代、不同国家的学者从自己的学术研究领域出发，提出了不同的定义，尚无一致的解释。

心理学家英格里希（H. B. English）指出："心理健康是指一种持续的心理状态，当事者在这种状态下，能良好地适应，具有生命的活力，而且能充分发挥其身心的潜能。这是一种积极的状态，不仅是免于心理疾病而已。"

精神病学家梅尼格尔（K. Menniger）认为，心理健康是指人们对于环境及相互间具有最高效率及快乐的适应情况。心理健康者应能保持稳定的情绪、敏锐的观察力和愉快的心态。

社会工作者波孟（W. Bochm）指出："心理健康是合乎一定标准的社会行为，一方面能为社会所接受，另一方面能为自身带来快乐。"

　　国际心理卫生大会于 1946 年提出：心理健康是指在身体、智能以及情感上能保持同他人的心理不相矛盾，并将个人心境发展成为最佳的状态。从广义上讲，心理健康是一种持续高效而满意的心理状态；从狭义上讲，心理健康是知、情、意、行的统一，是人格完善协调、社会适应良好。

　　正确理解心理健康的含义要注意以下几点。①心理健康是一种连续或交叉的状态。在许多情况下，异常心理与正常心理、变态心理与常态心理之间没有绝对的界限，只有程度的差异。也就是说，心理健康与不健康之间并不是非此即彼的两个极端，没有截然的分界点，而是一个渐进的、连续化的过程。在这两个端点之间有一个很大的空间：既非健康又非疾病。人们将这一状态称为亚健康状态，或者"第三状态"。从心理健康的角度来看，处于第三状态的人，虽然没有明显的精神疾病与心理障碍，但处于一种心理的非健康状态。就大学生而言，患有明显心理疾病的人，毕竟为数不多，然而可以毫不夸张地说，几乎每一位学生都曾被第三状态困扰过。张玲老师总结困扰大学生的第三状态为：无聊无为、胆怯退缩、自卑逃避、封闭压抑、麻木迟钝（不会内疚和不懂感激）、幼稚依赖、优柔寡断、虚荣矫饰、偏激固执、任性刁蛮、委屈感与牢骚、悔恨、犯罪感与自责、仇恨与敌意、自我失败主义等。亚健康状态虽然没有明显的病态，但却严重影响人的生活质量：浪费精力，将精力引向非建设性的渠道，降低人际吸引力，毁坏人的自我感受，降低人的自我满足感，束缚人的创造性。所以，无论是身体健康还是心理健康，都不仅仅是没有疾病，还要超越第三状态，即亚健康状态。因此，对于大多数学生而言，在人生的发展过程中遇到心理问题是正常的，学习心理健康课程提高心理保健意识，运用心理学知识自我调整，促进人的成长与完善。②心理健康是一个相对概念。心理健康的理解可以有三个不同的层次。最低层次克服心理疾病；中间层次超越第三状态；理想层次自我实现。所以，心理健康不是指某种固定的状态，而是富有弹性伸缩的一个状态，是个体所能达到的最佳状态，并非完美境界。心理健康与不健康的心理和行为表现不能等同。心理不健康是指一种持续的不良状态。偶尔出现一些不健康的心理和行为并不等于心理不健康，更不等于已患有心理疾病。人的心理健康与人们所处的时代、环境、年龄、文化背景等各方面的因素有关，所以不能仅仅以一种行为或者一个偶然的事件来判断他人或自己的心理是否健康。一般心理学者多主张以个体行为的适应情况作为鉴别心理健康的标准，而不是以个别症状之有无作为依据。如何辨别正常与异常，学者柯永河认为："心理健康者是指适应行为多而不适应行为少，心理不健康者是指适应行为少而不适应行为多。"黄坚厚总结了心理健康的五个不同考察角度：统计数字、社会规范、个人痛苦、接受治疗、心理测试。可见，正常与异常、健康与不健康，都是相对的，其间并无明显界限，判断标准也是多维度的。③心理健康的状态是动态的、可逆的。心理健康的状态不是固定不变的，而是一个动态发展的过程。心理健康的水平随着个人的成长、经验的积累、环境的改变及自我保健意识的发展而不断发展变化。人的发展过程中如果不注意心理保健，经常出现不良的心理状态，那么心理健康水平就会下降，甚至出现心理变态和患上心理疾病。反过来，如果心理有了困扰或出现失衡，及时自我调整和寻求心理咨询的帮助，能帮助我们逐步解除烦恼、恢复愉快的心情。

心理健康的标准是一种理想尺度，它不仅为人们提供了衡量心理是否健康的标准，而且为人们指明了提高心理健康水平的努力方向。每一个人在自己现有的基础上不断努力，都可以追求心理健康发展的更高层次，并发挥自己的潜能。

知识链接

马斯洛的自我实现：心理健康的理想状态

美国心理学大师马斯洛在研究了许多历史上伟人的共同的人格特质之后，更详细地描绘出了自我实现者（成长者）。对自我实现者的观察结果可以归纳为以下16条。

1. 对现实的更有效的洞察力和更加适意的关系，他们能够把握生活的本来面目，而不会被一些无关紧要的事物所迷惑。

2. 接受性。更能接受自我、他人与自然，他们悦纳一切，更少防御性和罪恶感。

3. 自发性、坦率、自然。

4. 以问题为中心。

5. 超然独立的特性，离群独处的需要，对于文化与环境的独立性。

6. 自主、意志，积极的行动者。

7. 更清新的鉴赏，情绪反应的丰富性。

8. 高峰体验。

9. 社会感情：与人类一体的感情。哪怕他愚蠢、软弱甚至卑鄙，他都能得到宽恕。

10. 改善了的人际关系，自我实现者比其他人具有更深刻和深厚的人际关系。

11. 更民主的性格结构。

12. 区分手段与目的、善与恶。

13. 富于哲理的、善意的幽默感。

14. 创造力。

15. 对文化适应性的抵抗。

16. 不完美性，自我实现者也有缺陷。

三、心理健康水平等级划分

人的心理健康是一种高效而满意的、持续的、积极的心理状态，可分为四个等级水平：健康状态、不良状态、心理障碍、心理疾病。

(一)健康状态

个体的心理在健康状态下，其心情愉悦，适应能力较强，人际关系和谐，情绪调节能力较强。除此之外，它还具有以下特点。第一，个体不觉得痛苦，即在单位时间内，其快乐的感觉多于痛苦的感觉。第二，他人没有感觉到异常，即个体的心理活动与周围环境相协调，无格格不入的现象。第三，社会功能良好，即个体能胜任家庭和社会角色，能在一般社会环境下充分发挥自身能力，实现自我价值。

(二)不良状态

个体的心理处在健康状态与疾病状态之间为不良状态，又称第三状态。这种状态常被视为正常人群组中的一种亚健康状态，通常是由个人心理素质、生活事件、身体不良状况等因素引起的。心理的不良状态主要表现为以下几方面的特点。第一，持续时间短暂，一般在一周以内便得到缓解和恢复。第二，损害轻微，对个体的社会功能影响比较小，能完成正常的工作学习任务，生活正常，只是愉快感小于痛苦感，他们常用的词语为"很累""没劲""不高兴"。第三，个体能自行调整，其具体方式一般是参加休闲娱乐活动，以转移注意力。

(三)心理障碍

因自身因素或者外界因素的影响，个体心理状态的某一方面出现超前、停滞、延迟、退缩或偏离，这就是心理障碍。心理障碍主要表现为以下几方面的特点。第一，不协调性。个体心理活动的外在表现与其生理年龄不相符合，或反应方式异于常人。第二，针对性。个体只有面对特定的障碍对象时才有强烈的心理反应，当转向非障碍对象时则归为正常。第三，损害较大。此状态影响个体社会功能的正常发挥，它可能使个体无法按常人标准完成某项任务，自我调整无法从根本上解决问题，需要心理医生的帮助。

(四)心理疾病

因自身因素及外界因素的影响，个体产生强烈的心理反应，而且通常会伴随明显的躯体症状和不适感，这就是心理疾病。心理疾病主要表现为以下几方面的特点。第一，出现强烈的心理反应，如思维判断失误，记忆力下降，产生空白感、强烈自卑感及痛苦感，情绪低落或忧郁，没有精力等。第二，躯体感觉到明显的不适，通常出现中枢控制系统功能失调，从而影响消化系统、心血管系统、内分泌系统，引发食欲不振、心慌、头晕、生理周期改变等症状。第三，损害很大。心理疾病患者不能或勉强能发挥其社会功能，但是缺乏轻松、愉快的体验，有强烈的痛苦感。第四，需要心理医生的帮助。通过自我调整和非心理科专业医生的治疗，心理疾病患者无法从根本上得到恢复，必须要有专业医生的参与。心理医生对此类患者的治疗一般采用心理治疗和药物治疗相结合的综合治疗手段。

任务三　大学生心理健康与维护

暖身活动

囊中失物

活动目的

展现大学生活中的健康与不健康状况，让成员加深对健康概念的理解。

活动过程

1. 每个小组自由选择一种自己喜欢的颜色作为自己小组的标志颜色。同时每组分配有绿、灰、黑三种颜色的球(布或塑料的软球)一只，分别代表健康、亚健康和不健康。

2. 组长从装有三色球的盒子中随机取一只球迅速随意地抛向组内成员，被击中的成员必须举一例说明击中自己的球的颜色所代表的健康含义的实例。例如，被黑色球击中就举一例说明什么是疾病状态。回答正确则组员应给予掌声鼓励，完毕，继续抛球。

3. 生活展现：回顾自己过去的生活，尤其是已度过的大学生活，将自己观察体会到的自己或同伴的某一具体的健康或不健康状况表演出来(可以请助手帮忙)。

4. 讨论分享：从中看到了什么？感受到了什么？对心理健康的内涵明白了多少？

活动评价

学生在活动中深刻理解了健康、心理健康的内涵；感受到疾病给身心带来的痛苦，认识到学习心理健康知识可以"助人"和"自助"。受到掌声鼓励的学生体验到被接纳的成就感、幸福感。

情境导入

某高职学校二年级学生，是个"漂亮"的小伙子。之所以用漂亮这个词来形容他，是因为该生在生活中表现出女性化，走路姿势摇摆，留着长指甲，涂指甲油，爱化妆，特别爱照镜子，笑的时候总是捂着嘴。经常有学生说：老师，他变态，您给他瞧瞧。

分析与思考

案例中的学生喜欢像女生一样，真的是变态吗？当我们说一个人心理正常与异常、变态与常态的时候，我们是否知道心理健康的标准是什么？心理健康是否像身体健康那样有明确的标准或者绝对的界限呢？

一、大学生的心理特点与心理冲突

大学生处在18～25岁这个年龄段，这个年龄阶段正是2000年以来学界关注很多的人生发展阶段。它被称为"成年初显期"，字面意思解读为"正在形成的成年期"。它是一个人从十几岁到二十多岁的发展阶段，对于大部分年轻人来说，这个阶段正是许多重要的改变发生的时期，处于这个年龄阶段的人面临着许多独特的处境和挑战。频繁的变化、对人生可能性的探索是这个阶段最显著的特征。心理学家凯尼斯顿（Keniston）这样描述这段时间：这个阶段的年轻人身上，始终存在一种"自我和社会之间的张力"，以及"对于被完全社会化的拒绝"。大学生已经处于青年期，甚至接近成年，因此其生理发展也接近成熟，而在心理方面则表现出以下几方面的特点。

（一）大学生自我意识增强但发展不成熟

自我意识包括自我认识、自我体验、自我控制等。大学生正处于自我意识发展的关键时期，既有分化、矛盾，又有统一，他们通过与他人比较、与过去的我以及理想的我进行比较的方式进行自我认识，这样得出的自我评价比中学时代客观实际，具有较高的客观性、连续性、稳定性，但也会出现"自我认同危机"，无法全面地认识自我，不知道自己是怎样的一个人，将来从事什么行业，不能确定自己的价值和生活方向。自我控制的水平明显提高，但有时容易冲动。

（二）大学生智力发展呈现"量"和"质"的发展态势

智力测验表明，个体的智力分数随着年龄的增长而上升，发展到20岁以后才停止。所以，在"量"方面，大学生智力发展正处于黄金时期，基本上达到了巅峰的状态；在"质"方面的发展，随着实践经验的丰富和知识的积累，大学生的辩证逻辑思维迅速发展，观察力、记忆力、想象力和思维能力比中学时都有了明显的发展，可以说是"质"的飞跃。其思维的独立性、批判性、灵活性、敏锐性也发展迅速，并且思维中出现了更多的创造性成分，但这种发展是不平衡的，思维的广泛性、深刻性发展较慢，因此他们有时在看问题时显得理性不足，往往把问题看得过于简单，而陷入想当然的境地。

（三）大学生情绪情感复杂矛盾

大学生情绪情感的复杂矛盾主要表现为以下两方面。第一，大学生情绪呈现出两极性和矛盾性。当情绪高涨时，大学生总能自信满满，认为自己可以克服任何困难；当情绪低落时，大学生就会觉得任何事情都不顺意，觉得自己特别无能，对生活也没有了兴致。第二，友情与爱情成为大学生情感的重要内容。一方面，大学生渴望友情，通常比其他年龄阶段或其他领域、阶层的青年要强烈很多；另一方面，大学生也很渴望爱情，渴望与异性交往。

（四）大学生意志发展不稳定

与中学生相比，大学生的意志得到了很大的发展，但仍表现出不稳定的特点，意志行动易受情绪的影响，主要表现为以下两点。第一，大学生做事的目的性加强，能够克服困难，自觉性也因此得到明显的提高。第二，多数大学生办事、行动果断，喜欢自己做决定，但在行动中往往缺乏毅力和恒心。

（五）大学生性心理不断发展

大学生随着性生理的成熟，其性心理也开始得到不断发展，主要表现为以下两方面的特点。第一，性意识的强烈性及隐蔽性。大学生渴求性知识，爱慕异性，但表现得比较隐蔽，因此其性意识的表现形式也多种多样，如性兴趣、性幻想、性好感、爱慕异性、恋爱等。第二，性心理失衡。这一时期男女的交往极其敏感，容易冲动，容易表现为激情，但是又受性道德、校纪校规的约束容易产生性心理失衡，容易出现性认知偏差、性欲困扰、性焦虑等心理问题，这些会影响大学生的正常学习和生活。

青年期是人的一生中心理发展变化最激烈的时期，个体在这一时期面临着一系列生理、心理、社会方面的适应课题。处在这一特定发展阶段的大学生，由于心理发展不成熟，情绪不稳定，很容易出现心理冲突，如理想和现实的冲突、自尊与自卑的冲突、情绪与理智的冲突、独立与依赖的冲突、性心理和性生理冲突等。矛盾时有发生，个体极易适应不良，冲突不及时解决容易出现心理障碍，因此大学生要注意心理调适。

知识链接

5·25大学生心理健康日

2000年，由北京师范大学心理系团总支、学生会倡议，随后十多所高校响应，并经有关部门批准，确定5月25日为"北京大学生心理健康日"。"5·25"是"我爱我"的谐音，对此，发起人的解释是：爱自己才能更好地爱他人。2004 年，团中央学校部、全国学联共同决定将 5 月 25 日定为全国大学生心理健康日。把这样一个意义重大的节日定在 5 月 25 日，是用心挑选的。首先，5 月 4 日是青年节，长期以来，5 月被人们赋予了和年轻人一样的活力和激情。作为新一代的年轻人。首选的活动当然是在 5 月。其次，鉴于大学生缺乏对心理健康知识的了解，由此产生缺乏对自己心理问题的认识，所以，心理健康日活动就是要提倡大学生爱自己，珍爱自己的生命，把握自己的机会，为自己创造更好的成才之路，并由珍爱自己发展到关爱他人，关爱社会。

二、大学生的心理健康标准

大学生作为一个特殊群体，个体的生理发展已接近完成，已具备了成年人的体格及生理功能，但其心理尚未成熟。对大学生而言，所面临的一个重要任务就是促使心理成熟，以便成为一个心理健康的成年人。我国多数学者认为大学生心理健康的标准如下。

(一)智力正常

智力以思维为核心，包括观察力、记忆力、思维力、想象力和认识力等。智力正常是大学生学习、生活与工作的基本心理条件，也是适应周围环境变化所必需的心理保证，因此衡量时关键在于是否正常地、充分地发挥了效能，即有强烈的求知欲，乐于学习，能够积极参与学习活动。

(二)情绪适度

心理健康能协调与控制自己的情绪，他们绝大多数人情绪稳定，心情愉快。愉快情绪多于负性情绪，乐观开朗，富有朝气，对生活充满希望；情绪较稳定，善于控制与调节自己的情绪，既能克制又能合理宣泄，适当地表达情绪；情绪反应与环境相适应。

知识链接

认识情商

1995 年，美国《时代周刊》公布了一项较新的心理学研究成果——情绪智力比智商更重要，与事业成功的关系更密切。

情绪智力是美国耶鲁大学沙洛维教授和新罕布什尔大学梅耶教授提出来的。他们认为，情绪智力是检测自己或别人情感的一种能力，并对它进行辨别，用这种信息去指导人的思维和行动。

情绪智力包括情绪的知觉、评估和表达能力；思维过程中的情绪促进能力；理解、分析情绪，获得情绪知识的能力；对情绪进行成熟调节的能力。一言以蔽之：情绪智力就是情绪的自我认知、表达、理解，调节他人情绪和与他人相处、合作的能力。

1. 评价与表达功能。情绪智力首先表现为对自己和他人情绪的识别、评价和表达。这种能力使人们相互理解，和谐相处，建立起良好的人际关系，对人类的生存和发展起促进作用。

2. 调节功能。识别自我情绪。个体可以通过认知和行为策略有效地自我调整，以摆脱焦虑、忧郁、烦躁等不良情绪；同时，在觉察和理解他人情绪的基础上，通过认知活动或行为策略有效地调节和改变他人的情绪反应。这是情绪智力的集中体现。

3. 解决问题的能力。暂时的情绪波动可以帮助我们思考未来，考虑各种可能的结果，影响认知操作的效果；帮助我们打破思维定式，激发灵感，创造性地解决问题。

4. 动力作用。情绪能激发动机来完成复杂的智力活动。例如，把情境(如临近的考试或面试等)带来的焦虑转化为促使个体进入全面准备过程的动力。高情绪智力可以充分发挥情绪在解决问题中的积极作用。

(三)意志健全

健全的意志是心理健康的表现。意志品质特征表现在四个方面：自觉性、果断性、坚韧性和自制力。意志健全的人在这四方面会表现出较高的水准，但是每一个方面的属性都不能太强或太弱，否则将表现为不良的意志品质。意志健全的大学生表现为在各种活动中都有自觉的目的性，能适时地做出决定并运用切实有效的方式解决所遇到的问题；在困难和挫折面前，能采取合理的反应方式，能在行动中控制情绪和言行，而不是行动盲目、畏惧困难、顽固执拗。

经典实验

延迟满足

20世纪60年代，心理学教授沃尔特·米歇尔设计了一个著名的"延迟满足"实验：研究人员把一些4岁左右的孩子带到一间陈设简陋的房子，即每个人单独待在只有一张桌子和一把椅子的小房间里，然后给他们每人一颗非常好吃的软糖，同时告诉他们，如果马上吃软糖，只能吃一颗；如果等研究员回来后再吃，还可以奖励一颗软糖，也就是说，总共可以吃到两颗软糖；孩子们还可以按响桌子上的铃，研究员听到铃声会马上回来。对这些孩子来说，实验的过程非常难熬。结果，大多数孩子坚持不到 3 分钟就放弃了。有的孩子急不可待，甚至没有按铃直接就把糖吃掉了，有一些盯着桌上的糖，半分钟后按了铃；而另一些孩子则耐住性子、闭上眼睛或头枕双臂做睡觉状，也有的孩子用自言自语或唱歌来转移注意消磨时光以克制自己的欲望，差不多坚持了有 15 分钟的时间，从而获得了更丰厚的报酬。

心理学家继续跟踪研究参加这个实验的孩子们，一直到他们高中毕业。跟踪研究的结果显示：那些能等待并最后吃到两颗软糖的孩子，在青少年时期，仍能等待机遇而不急于求成，他们具有一种为了更大更远的目标而暂时牺牲眼前利益的能力，即自控能力。而那些急不可待只吃一颗软糖的孩子，在青少年时期，则表现得比较固执、虚荣或优柔寡断，当欲望产生的时候，他们无法控制自己，一定要马上满足欲望，否则就无法静下心来继续做后面的事情。换句话说，能等待的那些孩子的成功率远远高于那些不能等待的孩子。

(四)人格完整

人格指的是个体比较稳定的心理特征的总和。人格完整就是指有健全统一的人格，即个人的所想、所说、所做都是协调一致的。一是人格结构的各要素完整统一；具有正确的自我意识，不产生自我同一性混乱，以积极进取的人生观作为人格的核心，并以此为中心把自己的需要、目标和行动统一起来。

知识链接

本我、自我与超我

1923 年，心理动力学理论的鼻祖弗洛伊德提出了人格结构理论，他将人格分为三个部分，即本我、自我与超我，以解释意识和潜意识的形成和相互关系。具体而言：

本我(id)是在潜意识形态下的思想，是人最为原始的、满足本能冲动的欲望，如饥饿、生气、性欲等。本我为与生俱来的，亦为人格结构的基础，日后自我及超我即以本我为基础而发展。本我位于人格结构的最底层，是由先天的本能、欲望所组成的能量系统，包括各种生理需要。本我具有很强的原始冲动力量，弗洛伊德称其为力比多。本我是无意识、非理性、非社会化和混乱无序的。本我只遵循一个原则——享乐原则(pleasure principle)，意为追求个体的生物性需求，如食物的饱足与性欲的满足，以及避免痛苦。

自我(ego)是人格的心理组成部分，是从本我中逐渐分化出来的，位于人格结构的中间层。其作用主要是调节本我与超我之间的矛盾，它一方面调节着本我，一方面又受制于超我。它遵循现实原则，以合理的方式来满足本我的要求。这里，现实原则暂时中止了快乐原则。由此，个体学会区分心灵中的思想与围绕着个体的外在世界的思想。自我在自身和其环境中进行调节。弗洛伊德认为自我是人格的执行者。

超我(superego)是人格结构中的管制者，由完美原则支配，属于人格结构中的道德部分。其位于人格结构的最高层，是道德化的自我，由社会规范、伦理道德、价值观念内化而来，其形成是社会化的结果。超我遵循道德原则，它有三个作用：一是抑制本我的冲动，二是对自我进行监控，三是追求完善的境界。

本我、自我、超我构成了完整的人格。人的一切心理活动都可以从它们之间的联系中得到合理的解释，自我是永久存在的，而超我和本我又几乎是永久对立的，为了协调本我和超我之间的矛盾，自我需要进行调节。若个人承受的来自本我、超我和外界压力过大而产生焦虑时，自我就会启动防御机制。防御机制有压抑、否认、退行、抵消、投射、升华等。

(五)自我意识明确

自我意识是个体对自己的认识和评价，它反映了个人对自己的态度。自我评价是自我意识的核心。心理健康的人总体上有积极肯定的自我观念，能在认识自己的基础上，愉快地接受现实自我，并努力发展完善理想自我；能根据自己的认识和评价来控制和调节自己的行为，使个体和环境保持平衡。

知识链接

心理的力量

著名的英国心理学家哈德飞在《力量心理学》里曾做过这样一个实验——心理对生理的影响。他请来3个人，要他们在三种不同的情况下，尽全力抓紧握力器。

在一般清醒的状态下，他们的平均握力是101磅(约45.81千克)。

第二次实验时将他们催眠，对他们说他们非常虚弱。实验的结果是，他们的握力只有29磅(约13.15千克)，还不到他们正常握力的三分之一。

然后，哈德飞再让这3人做第三次实验。在催眠之后，对他们说他们非常强壮，结果他们的握力平均达到142磅(约64.41千克)。当他们在思想里很肯定自己有力量之后，他们的力量几乎增加了50%。

这就是令人难以置信的心理的力量。坚信自己能够成功，是取得成功的绝对条件。如果认为自己是个失败者，那么一开始就失去了任何成功的机会。普莱斯科特·雷奇认为，如果在几千名学生因改变自我意识，进而改变了成绩的实验中，引导学生改变自我定义，他们的学习能力也会改变。这种理论已得到验证。在心灵的眼睛前面长期而稳定地放一幅自我肖像，人就会越来越与它相近。自己把自己生动地想象成胜利者，将带来无法估计的成功。

（六）适应社会

个体与客观现实环境保持良好秩序，客观观察以取得正确认识，以有效的办法应对环境中的各种困难，不退缩，还要根据环境的特点和自我意识的情况努力进行协调，或改革环境适应个体需要，改造自我适应环境。

（七）人际关系和谐

良好而深厚的人际关系，是事业成功与生活幸福的前提。其表现为：乐于与人交往，既有广泛而深厚的人际关系，又有知心朋友；在交往中保持独立而完整的人格，有自知之明，不卑不亢；能客观评价别人和自己，善取人之长补己之短，宽以待人，乐于助人，积极的交往态度多于消极态度，交往动机端正。

经典实验

对婚姻不忠定律

美国社会心理学家阿伦森与林德请了许多被试分四组来参加一项实验，其中一位被试实际上是研究者的助手，亦即假被试，研究者安排这名假被试担当这些被试们的临时负责人。在每次实验的休息时间，这名助手都会离开被试们，到研究主持者的办公室向其汇报情况，其中会谈到对其他被试的印象和评价，被试们的休息室与研究主持者的办公室只有一墙之隔，虽然两人压低声音谈话，但是实验以巧妙的安排，让被试们每次都能清楚地听到别人怎样评价自己。

具体有四种情境：肯定——让第一组被试始终得到好的评价：假被试从一开始就用欣赏的语气说他们如何好，他如何喜欢他们；否定——对于第二组被试，假被试从始至终都对他们持否定态度；提高——对第三组，前几次评价是否定的，后几次则由否定逐渐转向肯定；降低——对第四组，前几次评价是肯定的，后几次则从肯定逐渐转向否定。

然后，研究者问所有被试有多大程度上喜欢这个助手。让被试们在从－10到＋10的量表上作答，结果发现，喜欢程度的平均分：第一组的得分是＋6.42，第二组为＋2.52，第三组为＋7.67，第四组为＋0.87。

这一实验最重要的贡献，就是揭示了人际吸引中的"增减原则"。这些数据说明，人们对原来否定自己而最终变得肯定自己的对象喜欢程度最高，明显高于一直肯定自己的交往对象；而对于从肯定到否定变化的交往对象喜欢程度最低，大大低于一直否定自己的交往对象。也就是说，在人际关系中，我们最喜欢的是喜欢我们的水平不断增加的人，而最厌恶的是喜欢我们的水平不断减少的人。

（八）心理行为符合其年龄与性别特征

一般说来，一个人的年龄特征、性别特征与人的心理行为表现是一致的。如果一个人的心理行为严重偏离自己的年龄和性别特征，意味着心理发育有问题，可能是不健康的。例如，我们在商场里看到一个三岁的孩子，因为妈妈不给买冰激凌而大哭大闹，在地上打滚，这是正常的，但是一个十八岁的大男生这样做，我们就会觉得有问题。所以心理行为模式要符合年龄特征。大学生是处于特定年龄阶段的特殊群体，应具有与年龄和角色相应的心理行为。

三、增进大学生心理健康的主要途径

大学生心理问题产生的原因是多方面的，有生理因素、心理因素和社会因素，这些因素常常交织在一起互相联系、互相影响、互相作用。因此从多种渠道入手保持和维护大学生心理健康，建立学校心理健康服务体系势在必行。

（一）目标体系

心理健康服务体系的目标是教育各方协同合作来促进全体学生的发展，预防心理疾病，解决个体心理困扰和障碍，满足职业需求和个人健康成长的需要，最终促进社会和谐。大学生作为一个同质的群体，在成长过程中总有一些共性的问题需要面对、解决，譬如人际交往、恋爱与情感、人生规划等。建设心理健康服务教学体系是对学生进行心理知识普及、提升自我意识水平、促进人格完善以及了解自我身心发展规律的有效途径，起到预防疾病的作用。大学生处在人生发展中身心急速变化的时期，每个学生都是性格各异的个体，所以学校提供个性化的服务使他们了解个人的人格特征，针对性地解决个人成长中遇到的问题，对于有心理问题的学生进行心理咨询与辅导，从而促进大学生完善自我。

知识链接

心理咨询的基本要素

心理咨询至今尚无统一的定义，对其内涵和外延的界定往往因理论流派及职业特点等因素的差异而不同，但各内涵却有着共同之处。

1. 心理咨询的对象。来访者是有一些心理问题或在发展过程中需要得到帮助的人。

2. 心理咨询建立在建设性的人际关系基础上。这种人际关系表现在咨询师与来访者应当是平等的关系，是以来访者需要得到帮助、主动来访为前提的，在特定地点和时间内建立的具有隐蔽性和保密性的特殊的人际关系，是帮助来访者解决问题，而不是代替他解决问题。

3.心理咨询是专业人员运用专业技能的过程。心理咨询是以会谈的形式进行的，包含对求助者关注、倾听，对来访者问题的分析与评估，咨询师用各种心理咨询技术，如行为矫正、心理分析等技能帮助来访者，是在心理学有关原理、技术的指导下进行的活动。

4.心理咨询是一个过程。心理咨询往往不是一次会谈就能解决问题。它需要了解来访者的各种信息，不断沟通交流，确定咨询方案，开展心理咨询。

5.心理咨询有自己独特的目标。心理咨询要助人自助，要引导来访者学习新的行为，以便更好地适应社会的发展，充分发挥自身的潜能。

(二)运行体系

心理健康服务的核心体系是运行体系。教学是实施心理健康服务的主要途径，课程是实施心理健康服务的有效载体。心理健康课程和职业生涯规划课程，可以帮助学生学会目标管理、时间管理和情绪管理，使其形成积极、乐观、向上的心态。心理健康课程可以使学生了解心理健康基本知识和心理健康问题的成因，掌握心理问题调适的方法以及完善心理健康的水平，促进学生以科学的态度对待和重视心理健康。学校是实施系统化教育的场所，学校要以学生为本，营造良好的育人氛围，实现全员育人、全程育人的任务；家庭对学生人格培养和良好习惯的养成具有不可替代的作用；而学生在社会中培养自己的抗挫折能力，因此，促进学生心理健康发展，必须家庭、学校和社区协同活动，建立一个动态交流机制。

知识链接

原生家庭对我们有哪些影响？

美国著名"家庭治疗大师"萨提亚认为：一个人和他的原生家庭有着千丝万缕的联系，而这种联系有可能影响他的一生。什么叫作原生家庭？我们大部分人一生至少有两个家庭。一个是从小长大，有父母和兄弟姐妹的家；另一个是我们成人后，进入婚姻生活所建立的家。我们把自己从小成长的这个家叫作原生家庭。有的人可能因为从小在不同的家庭被不同的人照料，而拥有不止一个原生家庭。原生家庭对个人的影响非常大，它塑造着我们的个性，影响着我们的人格成长、亲密关系、情绪互动，我们甚至在恋爱婚姻中也在不知不觉中受原生家庭的影响。美国最负盛名的心理治疗机构门宁格基金会(Menninger Foundation)提出一个"90与10的原则"，意思就是说，在引发当下人际、情绪问题的诸种因素中，大概只有10%跟现在的事件有关，90%可能跟一个人的原生家庭和成长经历有关。所以当一个人在人际关系和亲密关系中遇到瓶颈的时候，如果能够回去探索原生家庭中未处理的情绪经验与心理需求，将对于化解当前的人际难题有极大的助益。

(三)保障体系

保障体系是心理健康服务体系得以运行的前提。建立保障体系首先要建立健全的规章制度。为此，我们要构建院、系、辅导员、学生、寝室心理委员五级心理健康教育的工作网络，动员师生积极参与；坚持实行心理专任教师值班工作制，固定每周某个时间段为面对面咨询时间，建立新生心理普查制度，建立心理档案，掌握心理动态，完善"普查—筛选—追访—干预—跟踪"一体化工作机制；建立信息沟通制度，每月例会报告给各专业书记、辅导员和学生处，半年上报给主管领导，一年上报总院，加强信息沟通，做到及时发现问题并妥善处理问题。此外，学校要制定各种规章制度，保证心理工作的规范性。

保障心理健康服务体系运行必须加大资源建设。资源建设包括硬件建设和经费投入。学校设立心理健康教育专项经费由心理健康工作委员会负责，以确保专款专用，形成合理的、保障性的经费投入机制。加大经费投入，用来完善基础设施建设，改善工作条件。

为了协调全校的心理健康教育工作，可以成立学校心理健康工作委员会或领导小组，由分管德育工作的校长或党委书记挂帅，以各系、学生处、团委和心理咨询中心负责人为成员，起到统筹、协调、指导和保障的作用。在领导机构下设工作机构，组织执行全校的心理健康教育和咨询服务工作，具体包括开设心理健康课程、心理辅导、个别咨询、个案讨论，指导学科教学渗透、严重心理问题个案转介服务等功能。心理健康教育是一项科学性、专业性较强的工作，必须由具备较强专业能力的专职教师承担，对专职咨询师也要进行专业培训和督导，打造一支以专职咨询师为骨干，班主任和心理老师共同参与的心理健康服务的师资队伍。

大学生是富有理想和朝气、文化层次较高的青年群体，他们的心理健康状况应引起关注。可以肯定，随着社会的发展与进步，心理健康服务在人们生活中的地位和作用将越来越突出，心理健康服务体系也会在社会变革中进一步发展和完善。

① 心理测验

心理健康状况自测

下面列出了有些人可能会有的问题，请仔细阅读每一条，然后根据最近一星期以来自己的实际感觉，选择最符合你的一种情况，填在后面测验答卷表(见表2-1)中相应题号的评分栏中。其中"没有"记1分，"较轻"记2分，"中等"记3分，"较重"记4分，"严重"记5分。

1. 头痛。

2. 神经过敏，心中不踏实。

3. 头脑中有不必要的想法或字句盘旋。

4. 头昏或昏倒。

5. 对异性的兴趣减退。

6. 对旁人求全责备。

7. 感到别人能控制你的思想。

8. 责怪别人制造麻烦。

9. 忘性大。

10. 担心自己的衣饰的整齐及仪态的端正。

11. 容易烦恼和激动。

12. 胸痛。

13. 害怕空旷的场所或街道。

14. 感到自己的精力下降，活动减慢。

15. 想结束自己的生命。

16. 听到旁人听不到的声音。

17. 发抖。

18. 感到大多数人都不可信任。

19. 胃口不好。

20. 容易哭泣。

21. 同异性相处时感到害羞、不自在。

22. 感到受骗、中了圈套或有人想抓住你。

23. 无缘无故地突然感到害怕。

24. 自己不能控制地大发脾气。

25. 怕单独出门。

26. 经常责怪自己。

27. 腰痛。

28. 感到难以完成任务。

29. 感到孤独。

30. 感到苦闷。

31. 过分担忧。

32. 对事物不感兴趣。

33. 感到害怕。

34. 你的感情容易受到伤害。

35. 旁人能知道您私下的想法。

36. 感到别人不理解你、不同情你。

37. 感到人们对你不友好、不喜欢你。

38. 做事必须做得很慢，以保证做得正确。

39. 心跳得很厉害。

40. 恶心或胃部不舒服。

41. 感到比不上他人。

42. 肌肉酸痛。

43. 感到有人在监视你、谈论你。

44. 难以入睡。

45. 做事必须反复检查。

46. 难以做出决定。

47. 怕乘电车、公共汽车、地铁或火车之类的。

48. 呼吸有困难。

49. 一阵阵发冷或发热。

50. 因为感到害怕而避开某些东西、场合或活动。

51. 脑子变空了。

52. 身体发麻或刺痛。

53. 喉咙有梗塞感。

54. 感到前途没有希望。

55. 不能集中注意力。

56. 感到身体某一部分软弱无力。

57. 感到紧张或容易紧张。

58. 感到手或脚发重。

59. 想到死亡的事。

60. 吃得太多。

61. 当别人看着你或谈论你时感到不自在。

62. 有些不属于自己的想法。

63. 有想打人或伤害他人的冲动。

64. 醒得太早。

65. 必须反复洗手、点数目或触摸某些东西。

66. 睡得不稳、不深。

67. 有想摔坏或破坏东西的冲动。

68. 有一些别人没有的想法或念头。

69. 感到对别人神经过敏。

70. 在商店或电影院等人多的地方感到不自在。

71. 感到做任何事情都很困难。

72. 一阵阵恐惧或惊慌。

73. 感到在公共场合吃东西很不舒服。

74. 经常与人争论。

75. 单独一人时神经很紧张。

76. 感到别人对你的成绩没有做出恰当的评价。

77. 即使和别人在一起也感到孤单。

78. 感到坐立不安、心神不定。

79. 感到自己没有什么价值。

80. 感到熟悉的东西变成陌生或不像是真的了。

81. 大叫或摔东西。

82. 害怕会在公共场合昏倒。

83. 感到别人想占你的便宜。

84. 为一些有关"性"的想法而苦恼。

85. 你认为应该因为自己的过错而受到惩罚。

86. 感到要赶快把事情做完。

87. 感到自己的身体有严重问题。

88. 从未感到和其他人很亲近。

89. 感到自己有罪。

90. 感到自己的脑子有毛病。

表 2-1   SCL-90 测验结果处理

因子	因子含义	项目	T 分＝项目总分/项目数	T 分
F1	躯体化	1、4、12、27、40、42、48、49、52、53、56、58	/12	
F2	强迫	3、9、10、28、38、45、46、51、55、65	/10	
F3	人际关系	6、21、34、36、37、41、61、61、69、73	/9	
F4	抑郁	5、14、15、20、22、26、29、30、31、32、54、71、79	/13	
F5	焦虑	2、17、23、33、39、57、72、78、80、86	/10	
F6	敌对性	11、24、63、67、74、81	/6	
F7	恐怖	13、25、47、50、70、75、82	/7	
F8	偏执	8、18、43、68、76、83	/6	
F9	精神病性	7、16、35、62、77、84、85、87、88、90	/10	
F10	睡眠及饮食	19、44、59、60、64、66、89	/7	

测试说明：这是一份运用较普遍的心理健康测验量表。统计指标为两项：总均分和因子均分，表示被测者自我感觉的水平。若 T 分＞3，便认为该因子症状已达中等以上严重程度。一般需要关注的是分数的对比意义，特别注意一些极端分数。另外"15、59、89"三项也需特别关注，它们可综合反映自杀倾向。

心理影院

肖申克的救赎

"生命可以归结为一种简单的选择，或忙于真正的生活，或一步一步走向死亡。"这是美国影片《肖申克的救赎》中的一句话，看过这部电影的人不会忘记这句话。故事发生在 1947 年，银行家安迪，在一个失意的深夜，被当作杀害妻子与情夫的凶手送上法庭。妻子的不忠、律师的奸诈、法官的误判、狱警的凶暴、典狱长的贪心与卑鄙，将正处而立之年的安迪一下子从人生的巅峰推向了世间地狱。他被判无期徒刑，送进了这座名为肖申克的监狱。在目睹了狱中腐败之后，他自知难以讨回清白，只有越狱才是生路。于是他开始暗中实施自己的计划，他结识了专在狱中从事黑市交易的罪犯雷，并从雷那里弄来《圣经》和一些最不起眼的小东西。同时，他坚持近十年接连不断地书信上访，为监狱建立了全美最好的监狱图书馆。他还无私地辅导众多犯人获得了同等学力，使他们可以在狱中继续学习，为日后重获自由、踏上社会打下基础。

安迪在众狱友的心中是一种尊严的象征，他的才能、智力和人格魅力使他赢得了雷真诚的友情。而他在金融方面的专业知识又使他成为众狱警的得力帮手，甚至成为典狱长的私人财务助理。如此的待遇让安迪的越狱计划有了实现的可能。表面看来，他已对那堵高墙由憎恨转变为处之泰然，但是对自由的渴望仍促使他朝着心中的希望和目标推进。而关于其罪行的真相，似乎更使这一切朝前推进了一步……

这是一部充满人情味和温馨感觉的牢狱题材影片。影片触及的是人类永恒的主题和当下不可回避的困境。电影的结构比原小说更精彩，台词比原小说更有节奏感，更加值得推敲锤炼，也更有深意，人物形象比原小说更鲜活有力。导演以丰富、机巧的艺术文本，将自由精神高扬在天地之间。《肖申克的救赎》其实是对自我的一种救赎。斯蒂芬·金这位悬疑大师也只是想通过这样的方式告诉人们，追求自我的人生并非只是一个梦想，而在于自己怎么去做。不管结果怎么样，这个过程很重要。

阅读经典

心理学与生活

它是好多心理学教师的专业性用书，但是它并不是晦涩难懂的教科书。它用通俗的语言把心理学理论与知识和人们的日常生活与工作联系在一起，让你更好地了解生活、了解自己。

正如作者所言，"心理学是一门与人类幸福密切相关的科学"，它贴近生活，深入实践的独特风格同样也是一般大众了解心理学，更好地理解人性和提高自身全面素质的好读物。

作者形象地将使用本书学习心理学比喻成一次"智慧的旅行"，那么就请同学们开启你的智慧之旅吧！

参考文献

[1][美]罗杰·霍克. 改变心理学的40项研究[M]. 北京：人民邮电出版社，2010.

[2]张玲. 当代学校心理健康指导[M]. 北京：教育科学出版社，2007.

[3]乔玲，王学. 心理健康[M]. 天津：天津大学出版社，2011.

[4]张姝. 心理健康[M]. 成都：电子科技大学出版社，2009.

[5]樊富珉. 大学生心理健康与发展[M]. 北京：清华大学出版社，1997.

[6]欧晓霞，曲振国. 大学生心理健康[M]. 北京：清华大学出版社，2006.

[7]汪小容. 大学生心理健康和谐与发展[M]. 北京：北京理工大学出版社，2016.

[8]卢勤. 大学生心理健康理论与实践[M]. 成都：四川大学出版社，2010.

[9]张玉芝，周兰芳. 大学生心理健康[M]. 北京：北京理工大学出版社，2017.

[10][美]黄维仁. 亲在人生路上：原生家庭三堂课[M]. 北京：中国轻工业出版社，2017.

[11]张昕. 心理测验在组织人事管理中的应用[J]. 管理世界，1987(2).

模块三　认识自我

我是谁？我从哪里来？我要去向何处？每个人都会思考这三个与我们自身息息相关的哲学问题，却没有人能够完全想清楚。在 2000 年前，古希腊传说中德菲尔城的阿波罗神庙墙上写下过两句影响后世的箴言，其中一句就是：认识你自己（γνωθι σεαυτόν）。了解自己，认识自己，接纳自己是贯穿于我们一生的重要议题。认识了自己，才知晓未来的方向，接纳了自己，才能更好地欣赏他人。

学习目标

1. 理解自我意识的内涵、结构，了解自我意识的发展过程。
2. 初步学会对自我意识的有关问题做出相应的调整。
3. 在理论知识的学习和教师的引导下，体会认识自己，接纳自我的过程。

案例导入

想要做律师的口吃小孩

美国总统林肯天生说话口吃，自从立志要做律师之后，他深深了解了口才的重要性，从此每天到海边对着大海练习演讲。经过千万遍的练习，林肯不仅成为一位名声斐然的律师，而且踏入政界，成为一位令人敬仰的美国总统。现在大家提到林肯，只记得他口若悬河的葛底斯堡演说，却绝少有人记得他曾口吃。不断的努力使林肯得到绝佳的口才。同样的道理，只有经过不断历练和努力才能成就伟大而卓越的自己。

小寄语

其实每个人都有自己的可贵之处，只要能够不断努力，相信自己、认识自己，控制与塑造自我，那么在不断前进的过程中，你会逐渐发现一个成功的自己。

任务一 了解自我意识

暖身活动

一分钟内拍手

活动工具/材料

粉笔 铅笔 纸张 手表

活动过程

1. 在活动之前让学生预想自己在一分钟内能拍几次手，并把自己想的数字写在黑板或纸上。

2. 在班里找一个人负责计时，并宣布何时开始拍手。

3. 从计时开始，学生开始尽全力去拍手，看自己能在一分钟内拍几次。

4. 时间结束后让学生记录自己现实中拍手的次数。

小组讨论

对比自己设想的一分钟拍手次数与现实次数的差异。回想其他自己原本以为做不了的，却在尝试之后发现完全可以胜任的事情，并跟同学分享。

活动评价

在这个活动中，大部分学生设想的次数往往小于现实的次数，而活动的目的就是让学生重新认识自己的潜能。

情境导入

某大一新生，从小就厌烦上课听讲这种"规矩"的事情，只要坐在教室里，不管老师讲的什么，他都想睡觉，或者走神、看手机。别人听得一会儿笑，一会儿激烈讨论，在他看来好像自己从来都是"局外人"一样。课堂作业也无法独立完成，也不愿意完成，他认为这些事情太烦人，自己太受束缚，为什么总要按照老师和家长要求的去做，为什么总要和大家保持一致？为什么自己的选择总被批评？他渴望自由，想要自己能够掌控自己的时间和生活，而不是总被老师或家长限制着。他喜欢玩网游，不喜欢上学，但是父母非要他来上学，他觉得父母很不可理喻。有时他会去骑自行车做一些惊险刺激的动作，有时他会逃课跟社会上的"大哥、大姐"一起出去做些刺激的事情。但是父母总是阻止他和社会上的这些"大哥、大姐"接触。他不想被老师、家长管着，似乎挣脱束缚是他唯一的渴望。有一次自己玩车，把手臂摔断了，当时他完全不知道怎么办，只能打电话给父母，后来被父母关在家里休学一个多月，不能出门；还有一次他在外面玩的时候，把别人撞伤了，要赔很多钱，他还是只能找父母来帮忙赔钱、道歉，处理后续事情，自己什么都做不了。有时候他会觉得自己很没用，总是闯祸，遇到事情他又很束手无策。现在家长和老师都对他很失望，也很少管他了，一起玩的"哥哥、姐姐"也都是他们下班有空的时候才能跟他一起玩，他自己也感觉很孤独，就像断了线的风筝，有种抓不住摸不着、很失落的感觉。

分析与思考

独立自我与依赖无助的冲突，是处在青少年阶段的学生常见的心理特征之一，处在该阶段的学生，既想要被身边人认可，不想被管束，渴望自主独立，同时又害怕孤独，依赖性强，缺乏独自面对和解决事情的能力，对自己的认识和未来发展感到迷茫。大学生处在青少年阶段的尾声，在解决好以上矛盾的同时，他们面临的更重要的问题是认识自己，为自己走向社会寻找奋斗的目标和动力。你是否也一样渴望挣脱家长和老师的束缚？你渴望的独立生活是什么样的呢？为了实现你渴望的生活，你需要做些什么？

一、自我意识的定义

每个人在成长的过程中，都会思考"我是谁"这个简单而深刻的哲学问题。"我是谁？"其实这个问题包括了很多方面，比如"我跟别人有什么不一样""我是什么样的人，我的长相、性格、身份、能力怎么样""我做过什么，我能做什么，我想做什么""我有什么价值"等，这些都是自我意识的一部分，是我们成长为一个社会人的必经之路，也可能是伴随我们一生的迷思。

意识是人在社会实践中产生的，是借助语言对客观世界的高级反映形式，只有具有心理发展最高级阶段的动物——人，才拥有意识。与动物相比，人能够意识到事物的本质与事物之间的内在联系，这就构成了人与动物在思维上的本质区别。正是有了这个区别，人才拥有完整而深刻的自我意识。当然，也有少数几种动物拥有自我意识，但是在很浅显的层面。我们在后面的知识拓展部分中会讲到。

自我是指一个具体的人的存在，自我分为主格的我（比如英语中的"I"），和宾格的我（如英语中的"me"），那么，主格"我"对宾格"我"的意识，就是自我意识的过程，其中主格"我"是自我意识过程的承担者，而宾格"我"是自我意识所反映和描述的对象。法国哲学家笛卡儿首先提出"我思故我在"的观点，他还提出"用心灵的眼睛去注意自身"的精辟论断，揭示了自我意识的内涵与发现自我意识的途径。

自我意识（self-consciousness）是人的意识的一个方面，是指人的主体对于自己以及自己周围事物的关系的认识，尤其是人我关系的认识，即一个人对自己本身的意识，是人对自己存在的觉察，包括前面提到的我们自身的生理特征(身高，体重，长相，身材等)，心理特征(性格，能力，气质，兴趣爱好，特长，处事方式等)以及社会身份特征(包括自身的家庭背景，收入，父母的职业和社会地位，自己将从事的职业和社会价值等)。人并不是生来就有自我意识的，而是在出生后，与他人接触的社会化过程中形成的。

在很大程度上，一个人的个性发展与社会性发展相互影响。例如，我们通常会通过与他人的比较来选择自己的发展道路。然而，与哪些人比较，与哪些人进行交流，对哪些人感兴趣则是由我们的自我意识来决定的；我们看待别人的方式，以及我们在与他人比较和相处的过程中，是关心他人，是自卑还是自信，还是恐惧被挑剔，都与我们的自我意识息息相关。如果我们认为自己强大、有力量，就会更多地照顾和关心他人，如果我们认为自己很糟糕、总是被人嫌弃，就会在交往中充满敌意和恐惧，表现为异常敏感，容易与他人发生冲突。同样，如果我们认为自己能够成功，有能力和潜力做出很了不起的事情，就会在遇到困难的时候不气馁，不懈怠，努力想办法冲过屏障；反之，如果我们认为自己很笨，没有能力克服困难，那么在遇到困难的时候，我们就会打退堂鼓，轻易放弃，最终与成功擦肩而过。

当然，对自己的认识也与父母早期的教养，以及父母对我们自身的态度，父母对自己的态度，有着极其密切的关系。我们对自身的认识是与父母对孩子的认识相类似的，或者说是受到强烈影响的。

正如成功学的创始人拿破仑·希尔所说，"成功产生于那些有了成功意识的人身上。失败根源于那些不自觉地让自己产生失败意识的人身上"。一切卓越的人物都是先具有了积极的、追求成功的自我意识才走向成功和卓越的。

二、自我意识的结构

自我意识是一个多维度、多层次的复杂心理系统。同样从知、情、意三个方面来划分，可将自我意识分为三个方面，即自我认识、自我体验和自我控制。三个方面相辅相成、不可分割，形成了完整的自我意识。

(一)自我认识

自我认识是指，主格"我"对宾格"我"的各方面的认识，是自我意识在认识方面的表现，包括个体对于自身的生理方面、心理方面、社会方面的认识。这种认识不仅是对自我的感受、感觉，还包括对自我的观察与发现，对自己的观点和信念，以及对自我的评价与考量。其中，自我评价是权重最大的一个方面。

☑ 典型案例

全球第一超模，竟是光头、雀斑女孩？

前段时间，英国模特领域标杆的网站——models.com，评选出了年度模特大奖。照片中光头、猫眼、皮肤黝黑，还有着几乎覆盖全脸的雀斑，身高只有173cm的英国女模阿德沃·阿博(Adwoa Aboah)，将"2017年度超模"称号收入囊中，被评为最值得关注的新一代。

阿德沃，1992年出生于英国伦敦，父母都是时尚界的名人。从小到大，阿德沃都活在一种极度自卑中。她满脸雀斑，黑白混血的肤色，并因此受尽嘲笑。而她与那个时尚界无比出名的家族，似乎格格不入。渐渐地，她向着坏孩子方向发展，13岁时，阿德沃开始尝试用毒品麻痹自己，直到大学毕业被父母送到了戒毒中心。2009年，阿德沃从戒毒中心出来后，开始涉足模特行业。可这里的姑娘各个都拥有大长腿、无瑕的皮肤。面对刁钻的批评，自卑的阿德沃患上了抑郁症，也再次染上毒品，比第一次更严重。即便后来模特事业有所起色，登上时尚大刊、出镜大牌广告，也没能让阿德沃感觉好受一点。她说："出现在大刊里一点也不能让我心里好过……我觉得如果你不喜欢自己的肤色，那就算别人再夸你美、再多的工作找上门来，也无济于事。"长期受抑郁症困扰，她始终无法接纳自己，觉得自己的出生就是一个悲剧。2014年，阿德沃决定通过大量服用毒品，结束自己的生命。幸亏家人及时发现，把她救了回来。在昏迷了整整四天之后，她从戒毒中心被转移到精神病治疗中心，在那里待了一个月，进行康复治疗。

幸运的是，经过坚持不懈的精神治疗，还有家人的陪伴，阿德沃最终从那段极其阴暗的时期走了出来。真正改变她的，不是外在的任何东西，而是她对自己的接纳。当朋友用修图软件把她脸上的雀斑都去掉了，她这才恍然大悟："它们如此重要，就是我的一部分，如果没有它们，我就不是我了。"跳出"自己就是难看"的视角，她开始重新认识自己，那些看起来是缺陷的雀斑，恰恰让她变得与众不同。于是她不再痛苦纠结，不再掩饰瑕疵。脸上有雀斑，就光明正大地露出来，让它们成为最鲜明的特色。生活重回正轨之后，她再度回归模特事业。用一支卡文克莱(CalvinKlein)全球广告赢得关注，并以自己高识别度的长相打开了时尚圈的新天地。而当阿德沃从内心接纳自己后，全世界似乎也对她敞开了大门。她成为无数大牌的签约代言人，世界顶级的T台也欢迎她来走秀。

分析与思考

自我认识主要解决的是"我是一个什么样的人"的问题，是影响学生身心健康的重要因素之一。正如上面案例中的阿德沃，因为对自己的长相和身材没有正确客观的认识，否定自我存在的价值，甚至想到了要用伤害和结束自己生命的方式来应对这种痛苦的自卑体验。可见，良好而客观的自我认识是多么重要。大学生可以通过多与他人交流，了解他人对自己的评价。当个体发现自己对自己的评价与社会对自己的评价相一致时，个体就会有安全感，并对自己充满信心。

(二)自我体验

自我体验是自我意识在情感方面的表现，是主格"我"对宾格"我"所持有的一些主观感受和态度，如自尊、自爱、自信、自卑、自豪、责任感、成就感等，都是自我体验所包含的内容。其中，自尊是自我体验中非常核心的部分，内在自我强大的人不容易受到外界的影响，他们能够相信自己、爱自己，对他人也能够更有责任感和更多的关心；相反，如果一个人的内在自我很弱小且不稳定，就会出现过分自卑或者盲目自大的现象，其自尊就容易受伤，表现出一些攻击或者过激的行为来保持或维护自尊，或者需要用过分的优越感来维持自己虚高的自尊，又或者对自己失去信心，遇到困难容易轻易放弃，在这个过程中影响到人际关系和个人的发展。

(三)自我控制

自我控制是自我意识在个人意志方面的体现。这主要包括个体对自身的行为的觉察和控制，如自律、自控、独立自主、自我监督、自我教育等。其中自我控制与自我教育是较难也是较为核心的部分。意志力与自我意识中的自我调控部分密切相关。一个人意志力的高低决定了人的成就、社会行为、道德品质等多个方面。大学生若想成为更优秀、更杰出、更有成就的人，必定要拥有强大的意志力，不断地进行自我教育，做到自控自律。大学生活与高中生活不同，少了父母与老师的督促与监控，自律与自学成了良好大学生活的决定性因素。能够保持良好作息，坚持健身运动，安排好时间，不断学习的学生才能够在短暂而珍贵的大学时光中，把握住机会，赢得竞争。

🗒 典型案例

断箭

春秋战国时代，一位父亲和他的儿子出征打仗。父亲已做了将军，儿子还只是马前卒。号角吹响了，战鼓擂响了，父亲庄严地托起一个箭囊，里面插着一支箭。父亲郑重地对儿子说："这是家传之箭，带在身边，力量无穷，但千万不可以抽出来。"

那是一个极其精美的箭囊，厚牛皮打制，镶着幽幽泛光的铜边儿，再看露出的箭尾，一眼便能认定是用上等的孔雀羽毛制作的。儿子喜上眉梢，贪婪地推想箭杆、箭头的模样，耳旁仿佛箭嗖地掠过，接着敌方的主帅应声中箭而死。

果然，带着箭的儿子英勇非凡，所向披靡。当鸣金收兵的号角吹响时，儿子再也禁不住得胜的豪气，完全背弃了父亲的叮嘱，强烈的欲望驱使着他当即就将箭拔出，试图看个究竟。骤然间他惊呆了。

一支断箭，箭囊里装着一支折断的箭。

我一直带着一支断箭打仗！儿子吓出了一身冷汗，仿佛顷刻间失去支柱，他的意志坍塌了。

结果，儿子在接下来的战斗中惨死于乱军之中。

拂开蒙蒙的硝烟，父亲拣起那支断箭，沉重地感叹道："不相信自己的意志，永远也做不成将军。"

分析与思考

能够控制自己不做自己不该做的事情，比起盲目自信，是更加强大有力的一种表现。自我控制就是自身意志力的体现。很多人认为，我们被动地做老师和家长安排的事情，只是因为我现在没有能力，当我可以超过他们的时候，自然就可以做他们不让我做的事情。殊不知，无论我们能力高下，发展好坏，能够始终坚守住自己的承诺和信念，严格自律，也是我们良好自我意识中极其重要而可贵的一部分。

三、自我意识包含的内容

(一)对生理方面的自我意识

人从婴儿时期就已经开始有了自我意识的觉醒。但此时的自我意识主要集中在对自身身体、相貌等物理形态方面的觉察。婴儿慢慢地可以区分：他的手，他的脚，他的身体。看到镜子里面的自己之后，他可以认出，镜子里面的人是自己。随着年龄的逐渐增长，自我意识不断增强。自己感觉到自己的身体，能控制自己的运动；意识到身体的舒适与疼痛，才能远离伤害，及时医治病痛；意识自己的相貌，才能学会穿衣打扮，管理自己留给他人的印象。

(二)对心理活动的自我意识

所谓心理自我，就是个人对自己心理的意识，包括个人对自己的性格、智力、态度、信念、理想和行为等的意识。也可以说是对自己头脑中的活动过程的知晓，其中包括元认知。比如，成年人知道自己在某件事上情绪过激了，能够进行自我反省，就说明他能够意识到自己的心理活动和状态。再比如，年幼的儿童在学习诗词的时候，不能知道自己是否明白了或者记住了，说明他们还未达到认知并体验自己内心活动的水平。

(三)对社会关系与社会地位的自我意识

社会自我是由我们所认为的自己与他人的关系，他人对自己的看法，以及我们对自身在社会中的价值的认识。社会自我的认识包括对自身优点和缺点、实力和短板的认识，也包括对自己身份、职业在社会中的重要性以及被人尊重的程度等内容的理解。社会心理学家库利（C. H. Cooley）提出的镜中我：自我是一面镜子，它从别人那里反映自己的行为，自我是经历无数次他人评价而形成的社会产物。后来，社会学家乔治·米德更完善了这个观点，认为我们的自我概念并不是指实际上别人如何评价我们，而重点在于我们内心觉得别人怎么评价我们。例如，我们前面提到的社会关系、社会价值等，其本身并不构成自我意识，而是如何看待自身的社会关系与社会价值。例如，名模阿德沃·阿博，她出生于时尚界名人世家，各种资源不断地涌向她，别人对她充满了羡慕与仰望，而她却认为自己是家族的污点和耻辱，无法接受自己的雀斑，对自己的看法非常自卑。那么她的自我意识就是低价值的，而非别人眼中的羡慕。自我意识进而影响着她的行为，如用毒品麻醉自己甚至自杀。可见，一个人的自我意识不能简单地从外在物质和身份去判断，而是要看他自己是如何看待与自身有关的这一切的。

知识链接

聚光灯效应

聚光灯效应是季洛维奇和佐夫斯基于 1999 年提出的概念。聚光灯在我们的意识中比在现实中更为闪亮地照耀着我们。用在人身上，就是指我们倾向于高估我们的行为、外貌和情感在他人眼中的显著性。

聚光灯效应（spot light effects）是心理学上的专业术语，指不经意地把自己的问题放到无限大。英国心理专家艾玛·库克撰文称，有两种情况最容易遭遇"聚光灯效应"。第一，在重大聚会之前，一个人会想象很多消极的、令自己尴尬的场景。第二，把自己的思想蜷缩在内心，而不是真实地观察外在的环境。就好像有一只聚光灯照在你头上，所有的眼睛都在盯着你。

比如，你自信地去参加一次聚会，衣装整洁，精神焕发，只是微风稍稍弄乱了你的头发。正当你打算推门而入时，门口的一面镜子让你惊骇不已——你感觉衣服邋遢零乱、头发简直就是鸟窝。突然之间，似乎所有的眼睛都在盯着你看，所有的窃窃私语都在谈论你的"倒霉样儿"。你紧张不安，虽然事实并不是这样的——这就是心理学中所说的聚光灯效应。

任务二　大学生自我意识发展的特征与问题

暖身活动

我是谁

活动材料

每位学生一张 A4 纸。

活动准备

学生两两分组，一人为甲，一人为乙（同位进行）。

活动过程

1. 甲先向乙介绍"自己是一个什么样的人"（自己的性格特点；待人接物能力；意志力等与别人有何不同或有何独特之处），乙则在 A4 纸上记下甲所说之特质，历时五分钟。

2. 自我介绍者，在说了一个缺点之后，就必须说一个优点。

3. 五分钟后，甲乙角色互换，由乙向甲自我介绍五分钟，而甲做记录。

4. 五分钟后，教师请甲乙两人取回对方记录的纸张，在背面的右上角签上自己的名字。然后彼此分享做此活动的心得或感受，并交流：认识自己的过程中，发现自己的优点和缺点哪个更容易？

两人之中须有一人负责整理讨论结果，并在班级内交流。

活动评价

每个人绽放的光芒是不一样的，因为我们拥有不同的特质，能够正确认识评价自己、接纳自己的人，就可以在学习生活中扬长避短，发挥出自己的最大潜能，并逐步迈向成功的彼岸。

情境导入

小武来自云南农村，今年大二，父亲常年在外务工，母亲在家与爷爷奶奶一起生活。家境一般。经过高中三年的努力学习，她最终考上北京的高职学校。她性格开朗，朋友很多。小武也经常与朋友一起出去玩，说说笑笑，做些疯狂又激动人心的事情。但从大二开始，她就明显会有一种感觉，那是一种疯狂地玩耍过后深夜里独自一人的孤独。孤独时，她总会思考：在大学我得到了什么？还有很多的东西要学，我都学会了吗？大家都在说考各种证件，我到底要不要考？我天天这么玩，成绩只能达到勉强不挂科，毕业了怎么办？我能找到合适的工作吗？我的理想是什么？哪个理想是我可以实现的？

她不断地问自己，希望能够给自己一个完美的答案。她总觉得有很多事要去做，做完后又不知道为什么要做，也总希望自己忙起来，一旦闲下来，感觉心就会慌。"自己是什么类型的性格""自己擅长什么""现在的专业是不是自己喜欢的""未来自己应该怎样选择"，这些问题伴随着对未来的迷茫，渐渐如潮水一般向她袭来，一次，同学聚会说起对以后生活的憧憬，很多同学都说了自己的兴趣爱好，家里人对自己有什么安排，以后可以做什么，而小武却什么也说不出来，她找到了老师，想跟老师聊聊自己的未来何去何从。

分析与思考

一个人随着年龄不断增长，能够做什么，适合做什么，能够为社会做出什么贡献，这是每个大学生都要面对的问题。而对自我的探索和了解才能够真正帮助学生解答这个问题。通过心理学游戏等方式，对自我的人格特征，自我的兴趣爱好，自己的优点和缺点，自己的理想与自我期待等方面进行探索。

有人把青春时期称作"第二次诞生"或"疾风怒涛"的时期。大学生时期的学生，伴随着自我意识的第二次飞跃与觉醒，使他们产生对自我前所未有的关注，也使其心理世界变得动荡不安。对自我的接纳与排斥，理想自我与现实自我的统一与分离，自尊的感受与维护，以及由此而产生的希望与失望、信任与怀疑、喜悦与忧伤、成功与失败等诸多复杂的情感体验，心理矛盾与冲突的不断出现与整合，构成了其自我意识成长的主旋律。思考一下，你有过类似的困惑和迷茫吗？你觉得自己是什么性格？有哪些优势和劣势？你擅长和适合做哪些事情？

一、自我意识的形成与发展

心理学研究表明，个体自我意识从发生、发展到相对稳定和成熟，大约需要20年。个体自我意识的发展经历两次飞跃：第一次飞跃在1～3岁，是以儿童学会用"我"来指代自己为重要特点；第二次飞跃在初中阶段。

自我意识的第一次飞跃在个体1～3岁，这一阶段被称作自我中心期。刚出生的婴儿是没有自我意识的，他们甚至无法意识到自己与外界事物的区别。婴儿经常吸吮自己的手指，而且津津有味，因为他们还把母亲当作自己的一部分。这时的他们尚且生活在主体与客体尚未分化的状态之中。8个月左右时，婴儿的生理自我意识开始萌生，这是自我意识的最初形态。1岁左右，婴儿开始能够把自己的动作和动作的对象区别开来，能够初步地意识到自己是动作的主体。1岁以后，儿童逐渐认识自己的身体，开始意识到自己身体的感觉，但还只是把自己当作客体来认识。2岁左右，儿童逐步学会用"我"来代表自己。3岁左右，儿童的自我意识呈现新的发展，主要表现为：第一人称"我"的使用频率提高，许多事情都要求"我自己来"，即开始有自立的要求；出现羞愧感和疑虑感，做错事时，他们会感到羞愧；碰到问题或矛盾时，他们会感到疑虑；产生占有欲和嫉妒感。当他看到自己喜欢的东西(如食物、玩具、衣物等)时，就想独自占有，不愿与他人(尤其是同龄人)共享。应该说3岁儿童的自我意识已经有了一定的发展，但其行为的中心仍然是自我，他们按照自己的想法去解释外部世界，并把自己的想法、情感投射到外界事物上去。

自我意识的第二次飞跃在青春期阶段，青春期孩子首先在生理上就会发生一系列的变化，身高、体重迅速增长，脑、心、肺等功能增强，第二性征发育。伴随着生理上的变化，其心理上也迅速成长，表现为自我意识增强，想要独立和被尊重，遇事想要自己做决定，但其能力和经验还不足，在实际问题上，又没有足够的力量去承担责任，有时会推卸责任。其情绪特点表现为明显的两极性(如强烈与温和、外露与含蓄、稳定与冲动、自尊与自卑)。这个时期的他们还不太善于用自己的视角去解释事物、认识社会，更多的是参考甚至模拟成人的相关观点来认识社会。

从青春期开始到成年的大约10年时间里，个体的自我意识开始迅速发展，并逐渐趋向成熟。他们逐步获得心理自我，关注自己的心理活动，不再简单地认同别人的观点，而是有自己独特的见解。自我意识是人格发展的核心要素，在自我认知、自我体验与自我控制三者相互影响、相互作用的过程中，自我意识逐步成熟，其间会经历分化—矛盾—整合的过程。

经典实验

镜像实验

镜像实验是一个著名的实验。实验时，心理学家把婴儿放在镜子前，然后观察婴儿照镜子时的表现。如果婴儿能够认出镜中的人是自己，说明他具有自我意识；如果婴儿认为，镜中的人是另一个孩子，就说明他缺乏自我意识。为了清楚地把这两种情况区分出来，心理学家又想出了"捉弄"婴儿的新方法，即当婴儿睡觉时，在他们鼻子或额头上抹些口红或者胭脂。当婴儿醒来后，再把他们放到镜子前面。路易斯和布鲁克斯用9～24个月大的婴儿做了这个实验。结果是：有一些15个月的婴儿，就会摸自己被抹了胭脂的鼻子；而大部分婴儿要在21个月以后才出现这种行为。由此，两位心理学家得出结论，婴儿的自我意识，大约在1岁8个月时形成。在实际生活中，婴儿一般也正是在这个年龄开始用语言来描述自己和他人，如宝宝、爸爸、妈妈。随着年龄的增长、生活经验的积累以及与同伴、或他人的相互作用，婴幼儿的自我评价逐渐提高，变得较为独立、客观。

(一)自我意识的发展规律

大学生是心理自我迅速发展的时期，其过程为自我意识的分化、矛盾与整合的不断循环，每次循环则意味着崭新的更统一完善的自我意识的形成，这样一次次的循环促使了自我同一性的形成。

(二)大学生自我意识的分化

自我意识分化是这一时期的自我意识的重要现象之一，表现为笼统一分为二的我：主体"我"和客体"我"，也称作理想自我与现实自我。主体"我"是自我意识的主体，处于观察者的地位，是理想自我；客体"我"是自我意识的对象，处于被观察的地位，是现实自我。

理想自我是指一个人想要达到的完美形象。理想自我可能是符合客观现实的，积极、美好的形象(如想成为研究生物领域的科学家，想成为英勇的人民警察，想成为为大家治病的医生等，这些是可实现的)；也可能是违背客观现实要求的，消极的、虚构的形象(如想成为电影超级英雄中的"蜘蛛侠"，想拥有可以控制电能或者水能的超能力者等，这些是电影或者游戏中虚构和想象的形象，但如果学生将其当作自己的理想自我则是脱离现实的)。正确客观的理想自我有利于发挥大学生的积极、主动性，也有利于其在现实生活中建立自信，提高自我效能感，努力将理想自我变成现实。如果理想自我与客观现实的要求相悖，就会导致个体产生猎奇、虚荣、失落、自卑等不正常的心理和行为。

现实自我是自己对当前所达到的实际情况的意识，即对自己目前实际情况的看法。如"我是个好学生""我是个诚实的人"等，有的可能是符合实际的；有的可能是不符合实际的，有的全面、清晰、具体；有的可能片面、模糊、笼统。

(三)大学生自我意识的矛盾

大学生自我意识分化的同时，必然会导致自我意识的矛盾。作为主体"我"的观察者，在观察和评价客体"我"的被观察者时，会不断发现现实自我存在许多不合乎理想自我要求的情况。因此，产生了主体"我"和客体"我"，理想自我和现实自我的矛盾斗争，并导致了大学生的内心冲突和心理矛盾，甚至产生了很大的内心痛苦和强烈的不安感。

这种自我意识的矛盾，让大学生对自我的评价和态度也时常处在矛盾和波动的状态。有时他们能客观评价自己，有时又会过高或者过低地评价自己：过高评价自己的时候，觉得自己这也行，那也好，很成熟，很独立；过低评价自己的时候又会对自己很不满，认为自己什么都做不好，很幼稚。这是大学生迅速走向成熟而又未完全真正成熟的集中表现，也是发展过程的正常现象。只有通过自我意识不断的分化、矛盾与斗争，逐渐在新的水平上达到自我意识的统一，才能逐渐走向自我意识的真正成熟。

（四）大学生自我意识的统一

自我意识的统一是指自我意识的方方面面在新的水平和方向上的协调一致。如主体"我"和客体"我"的协调一致，自我认识、自我体验和自我调控的协调一致，自我与外部世界的协调一致，它们集中体现在理想自我和现实自我的统一上。

良好的自我统一是指大学生的理想自我比较正确，既符合社会要求，又符合自己的实际。对自己当前的实际情况的认识比较全面、客观。积极的自我统一是激励大学生进行自我实现的强大动力。不良的自我统一，是指大学生的理想自我与现实自我不一致，或理想自我不符合社会要求、不符合自己的实际，片面而不客观，容易使学生产生悲观、失望、抑郁；或产生盲目自信、骄傲自大等消极情绪。

消除自我矛盾获得自我统一大致有三个途径：一是坚持理想自我，努力改善现实自我，使之逐渐接近理想自我；二是修正理想自我中某些不切实际的过高标准，同时努力提高现实自我，使理想自我与现实自我的差距逐步接近；三是放弃理想自我，迁就现实自我。

（五）大学生自我意识的转化与稳定

大学生自我意识的统一并不是一蹴而就的，而是经过了分化到矛盾再到分化到矛盾反复的过程。每一次的统一都表示自我意识在质上的转化，标志着新水平的自我意识的诞生。无论是积极的自我统一还是消极的自我统一，都会使原有的自我意识发生较大的转化。积极统一使自我意识进一步向健康的、更高水平的方面转化。消极的统一则向相反的方向转化。自我统一后的新的自我的形成，在一定程度上意味着个人的人格的逐步成熟和稳定。

大学生正处于自我意识的显著分化和统一的特殊阶段。入学一年级的学生具有一定的依赖性与盲目性，大学二年级的学生理想成分较多，容易想入非非，大学三年级的学生就显得沉着稳定了。正是由于这种矛盾转化，使得大学生自我意识发生了明显的飞跃，个体之间出现了差异，自我意识也逐渐趋向成熟。

二、大学生自我意识冲突的特点及归类

学生自我意识冲突的特点归纳起来主要表现在以下几个方面。

（一）理想自我与现实自我的矛盾

正如前文所述，由于大学生的生活范围相对狭窄，社会交往比较单一，缺乏社会阅历，对自我认识的参照点较少，局限性较大，不能很好地将理想与现实结合起

来，因而对理想自我的渴望与对现实自我的不满构成了这一时期大学生自我意识发展的重要组成部分。

(二)渴望交往与心灵闭锁的矛盾

大学生一方面非常在意他人对自己的看法和评价，在交往中有较强的戒备心，会把自己内心的感受隐藏起来，难以敞开心扉交谈和吐露心声；另一方面他们也迫切需要爱与友谊，渴望理解，渴望着交往与分享，渴望着自我价值得到实现，希望成为群体中受尊敬与受欢迎的人。

(三)独立性与依附性的矛盾

大学时期是学生独立意识迅速发展的时期，生理与心理的成熟促使他们渴望独立，渴望按照自己的意志与信念去面对生活和学习。但由于刚步入社会，还非常缺乏社会经验，在遇到一些紧急事件或者应付不来时，他们又容易回归过去凡事都依赖父母的模式，希望老师、父母或身边同学能够帮助自己或者替自己做决定。

(四)强烈的求知欲与理解力不足的矛盾

上了大学之后，大学生接触到丰富而多样的知识和信息，令人眼花缭乱，有些知识的理解和掌握需要丰富的经验和知识底蕴，由于大学生知识及能力的局限，辨别能力不强，有时分不清哪些是积极有益的，哪些是消极有害的，容易一知半解，贪多嚼不烂。

(五)广泛的兴趣与职业定向的矛盾

大学中有各种各样的社团、兴趣小组，学生可以凭借自己的兴趣参与活动，较之于中学时代，大学生有了更大的自主权，也能够在这些活动中得到锻炼和成长，即使这些活动与其专业往往不尽相同。未来究竟何去何从，究竟要选择专业还是兴趣，成了大学生的主要困惑之一。

(六)追求上进与自我消沉的矛盾

许多大学生都有较强的上进心，他们希望通过努力来实现自身价值，但在积极努力的同时，困难、挫折也在所难免。此时许多大学生常常会出现情绪波动，在困难面前望而生畏、消极退缩。虽然退缩但又不甘放弃，心中依然想追求、想奋进，内心极为矛盾，困惑、烦躁、不安、焦虑也由此产生。

三、大学生自我意识发展中的常见问题与自我调适

(一)自尊心过于敏感

自尊是个体基于自我评价产生和形成的一种自重、自爱、自我尊重，并要求受到他人、集体和社会尊重的情感体验。正常的自尊心使人相信自己的力量，相信能够通过努力以达到自己预期的目标；但当一个人过于自卑或者自负的时候，其自尊心会处在极其敏感的状态，常常觉得自己不如别人，担心别人看不起自己，会对他人有可能损害自己自尊的行为和评价异常在意。进而可能会通过一些过激的行为表现来作为补偿。以下是两个自尊心过于敏感而产生的虚荣心和爱面子，以及无法承认自己不足的两个例子。

典型案例

无法承认和接纳自己的错误和不足

某大二男生，进入大学起就担任所在班级的班长，同时还参加了学校的五六个社团，并在其中一些社团担任重要职务，为此他有着极大的优越感，认为这是个人能力强的表现。可进入二年级以后，随着课业的加重，他渐渐感到力不从心，学习成绩下降。另外，不管是在班上还是在社团，总有人不愿听他的"指挥"，总有人跟他唱对台戏，人际关系非常不好。他虽然感到非常苦恼，但他并不认为这是他的问题。他经常对老师说："我知道自己是一个很优秀的人，我的智商和情商都很高。跟那样一些人是无法沟通的，他们甚至都不会理解我的想法……"老师劝解他，让他放下一些社团工作，这样才能有更多的精力投入到学习中去，同时也希望他试着跟同学友好相处。可是他却认为老师也不理解他，因为自己太优秀了，所以身边根本就没有可以跟他沟通的人。

当遇到问题时，不愿接受和承认是自己的错误和原因，也是自尊心脆弱的典型表现。因为内心深处自卑和对自我的否定，使他在现实层面已经无法面对自己任何的不足，不然会产生有如被毁灭一般的打击。这种状况的学生往往内心认为，我一切的努力，就是要证明自己是可以的，是足够好的，但如果真的有事情证明自己其实是不够完美的，他会认为自己一切努力都白费了，自己其实是更没有价值的存在。这种是较为极端的思想。咨询师在面对这种案例时，需要让其明白，每个人都会有错误和缺点，就算他有缺点或者会做错事，也不代表他就糟糕透顶。咨询师可以通过合理认知情绪疗法排除和纠正其不合理信念。

(二)过分独立与逆反

叛逆是青春期的独立宣言，表现为很多事不愿服从家长或老师的安排，想要自己做主。这是自我意识发展的必经阶段。正像小鸟翅膀长硬了要展翅飞翔一样，叛逆是成长的一种心理需要，只有在独立的实践活动中才能获得更多切身的经验和体会。这一阶段的大学生往往不愿被拘束在教室里，而是更愿意自己去玩，去闯，去经历。如果是出于学习和实践的角度，这么做是无可厚非并且是值得鼓励的，因为很多时候如果不是自己为事情负责，是很难真正对事情的过程留下深刻印象或学到东西的，俗话说，吃一堑长一智，只有自己真正面对或者遇到了的困难才会被我们写进记忆中去。

但也有不少学生是仅仅为了叛逆而叛逆的，可能在他们的选择中，逃课和走出校门并不是为了经历和学习更多的实践经验，而是为了摆脱父母和老师的管束。这种类型的学生属于过分独立与逆反之列。他们把独立理解为"凡事自己来，万事不求人"，不需要别人的帮助或没有任何依赖他人的需要，表现为拒绝成人的任何积极建议，排斥成人的善意劝告，我行我素，甚至以逆反行为对待家长和老师，一切都反其道而行之。

典型案例

某大三学生，家庭条件十分优越，成长过程也是一帆风顺，凡事都不用自己操心，父母总会很好地为他安排好一切，小到穿衣吃饭，大到择校就业。眼看到了三年级面临毕业了，身边的许多同学都在为找到一份好工作而奔波，而父母早早为他安排好了一切，可此时他却觉得缺了点什么。看到同学天天早出晚归，虽然充满了疲惫，但那却是一种自己努力后的充实与喜悦，他突然觉得从小到大他就像一只生活在黄金鸟笼中的金丝雀，从来都没有过属于自己的天空。于是他告诉父母，从现在开始自己的一切都不用他们操心。他放弃了父母费尽心思给他联系的好工作，拒绝父母经济上的帮助，不听父母老师的劝解，执意要到深山里面去工作，他认为只有这样才能活出真正的自我。可是到了工作单位以后，因为从小娇生惯养，缺乏必要的自理能力，也不懂得该怎样跟同事相处，他为此感到非常苦恼。

逆反心理的出现是大学生批评精神、独立意识增强的标志，但是如果不加以正确引导就会有很大的消极作用。往往过分追求自由和独立的学生背后，也有过分干涉、过分严厉或宠溺的家庭环境。如果家长宠溺孩子，事事都为孩子操办好，会让孩子有被挤占空间的窒息感，不仅会削弱孩子解决问题和面对挫折的能力，也会让孩子觉得自己被控制、被禁锢；如果家长过分严厉，惩罚过度严重，则会让孩子失去信心，无法迈出自己的脚步，他们为了彻底摆脱家庭严厉打压的环境，让叛逆作为被打压的补偿，而表现得更突出、更极端。

当然，除了家庭原因，学生的朋辈关系也很重要。学生往往会向同学模仿学习。因此，学生要学会明辨是非，对于他人的建议要客观分析，取其精华去其糟粕，不要一味排斥。要学会理解他人，理性控制自己的情绪，不意气用事，对自己负责任。学会与人沟通，用发展性的眼光看待问题。

(三)过分追求完美

追求美好、优秀是每个人都会有的愿望。但如果追求得过分完美，或者因为不完美就接受不了，那就是问题所在了。通常表现为两种情况：一是对自己有过高的不切实际的要求，脱离了自己的实际状况，这很容易使自己"完美"的期望受挫，出现不良的情绪体验。二是对于自己的"不完美"之处过分地关注与在意，乃至将人人都会遇到的问题归结为自己"不完美"的表现，会严重地干扰自己的情绪，挫伤自信心，造成自我认识的歪曲。三是对自己的苛求，不允许自己出现一丝的差错，担心自己因差错而遭到别人的蔑视，毁灭自我完美的形象。这类人在生活中表现为极力减少社交行为，害怕暴露自身的缺点，而且在交往时经常扮演被动者的角色，因担心被别人看透而感觉不自在。

典型案例

某大二女生，从小就非常爱干净，总是把自己的活动区域收拾得一尘不染。可是在集体生活，不同的人有不同的生活习惯，她不喜欢别人把东西乱扔，不能容忍吃东西前不洗手，不允许别人随便坐在她的床上……最初大家都还迁就她，可久而久之，大家都觉得她规矩太多，真是麻烦，渐渐对她的那些"规矩"视而不见。她觉得非常难受，但是又拿大家没有办法，甚至不想回寝室。

追求完美其实有利有弊，一方面能够帮助有能力的学生变得更优秀更卓越，但同时也会让无法做到完美的学生感到挫败和崩溃。面对这种情况，学生一定要改变不合理信念，改变那种"只要有瑕疵就糟糕至极，自己的形象就完全毁了，或者就活不下去了的极端想法"，在现有的时间、精力、智力水平以及物质基础的前提下，客观估计和分析可达到的程度，也可用系统脱敏疗法，让其想象或直接表达如果没有做好的后果，通过建立新的认知观念，以及做错了也不会有太严重的影响的新体验，逐渐缓解过分追求完美主义的观念。

(四)自我中心

独生子女时代，父母所有的关注和爱都集中在孩子身上，大学生容易以自我为中心。尤其是当学生们离开家庭的照料，独自一人来到大学环境中，独自面对生活的时候，自我中心的特质会更明显地表现出来，冲突在所难免。自我中心者的表现是只会从自我的角度进行思维，只注意自己的心理需要，不会心理换位，站在他人的位置来思考问题，不会察觉他人的需要与体验。过分以自我为中心的人，往往想问题和做事情都从"我"出发，不能进行客观的思考和分析，颐指气使，盛气凌人，唯我独尊。人都是需要温暖和关心的，如果总是剥夺他人，而无法为他人做点什么的人，往往不能赢得别人的好感和信任，其人际关系也会频频出问题。

典型案例

某大一男生，爱好音乐，平时跟寝室同学关系都相处得不错，但自从最近迷上弹吉他后就出现了很多问题。寝室是集体生活区域，他兴趣来了就弹个没完没了，也不管寝室的其他同学是否要学习或是休息。不仅如此，他还常常邀请其他吉他爱好者来寝室合奏并美其名曰"音乐欣赏"，寝室其他同学苦不堪言。好言相劝之下他不听，最后闹得大打出手。

如何克服过度的自我中心呢？笔者有三点建议。第一，与他人平等相处，尊重他人，虚心听取和接受别人的意见；第二，要学会站在他人的角度上思考问题，即换位思考，理解其他人为什么要这样做以及这样做时他人的感受；第三，在自我探索的过程中，少一点焦虑，不要担心被反驳和批判，实事求是、恰如其分地评价自己，既不要自吹自擂，也不要妄自菲薄；第四，走出自己的小圈子，多参加社会活动，多接触不同的人，了解不同人的需要和生活。

大学生在自我意识发展过程中出现的种种偏差都是正常而普遍的，绝非学生一人的错误，是其心理发展尚未成熟的表现。面对这样一些偏差，我们要学会适当地调整，才能促进自我意识的统一，促进自我心理的发展和成熟。

知识链接

大学生自我同一性的建立

艾里克森认为，青年期的发展课题是自我同一性的确立。自我同一性，也称为自我认同，是指个体寻求内在合一及连续性的能力。大学生由于身心两方面发生的重大变化，他们开始关注自我，思考关于"自我"的问题。自我同一性是大学生寻求自我了解与自我追寻的必然历程，对大学生人生价值的选择、理想信念的树立有着积极意义。如果大学生不能确立良好的自我认同，就会对社会的主导价值表示怀疑，极易造成生活没有重心、摇摆不定。大学生存在六个方面的自我认同问题：一是我现在想要什么？二是我有何身体特征？三是父母如何期望我？四是以往成败经验如何？五是现在有何问题？六是希望将来何去何从？对这六个方面问题的回答，可归为"我是谁?"与"我将走向何方?"两大问题。如果回答得好,大学生就能够适应与化解危机,达到自我同一性;否则,容易出现自我同一性危机。

一是可能形成前瞻性的时间观与混淆的时间观。大学生对时间的认同是自我认同中非常重要的部分。有的大学生没有认识到时间的不可挽回;有的为了避开成长的压力,希望时间过去,面临的困境也随之而去;有的希望时间停滞不前,依旧沉浸在少年时代中,不去主动承担责任,拒绝成长,造成不成熟的自我认同。

二是自我肯定与自我怀疑。有的大学生过分看重别人对自己外表的看法,有的则对一切抱有漠不关心的态度。自我认同的人能够有效地统合自我与他人的信息,达到自我认识和他人评价的统一。

三是大学生的职业生涯规划与职业预期是学生的重要归宿,也是一个非常实际的问题。大学生职业生涯确立与肯定自己的能力,对大学生坚持学习并充分发挥自己的潜能十分重要。许多有才能的大学生由于缺乏毅力而无所建树;也有的大学生沉溺于网络游戏不能自拔,荒废了学业。

四是性别角色认同与两性混淆。大学生应当对社会性别角色及其责任有所认同,接受自己的性别表现。另外,与同性或异性相处都感到自在,否则易陷入两性危机中。

五是服从与领导。大学生既要发展自己作为团体领导者的能力,又要具备团队精神与合作精神。当作为领导时,能够适当地运用权力;当作为成员时,不盲目服从而又能归属于团队。

六是价值观形成。价值观的确立是自我同一性的最高境界,也是自我同一性最为重要的任务。

任务三 大学生自我意识的完善

暖身活动

自我规划表

活动过程

请结合自身情况与反思,认真填写自我规划表格。

自我理想与目标 (希望自己大学毕业后做什么?成为一个怎样的人?)	
兴趣发展 (实现目标的话需要培养和发展哪些兴趣,通过什么途径来完成?)	

续表

知识技能储备 (要实现目标的话，需要掌握哪些知识、技能，通过什么途径来完成？)	
能力培养 (有哪些能力是自己可以提高的？通过什么途径去提高？)	
习惯或个性优化 (哪些行为或习惯是可以改善的？哪些个性可以优化，分别通过什么途径去优化？)	
其他	

资料来源：朱育红，潘力军，王爱丽. 大学生心理健康教育课堂互动手册[M]. 上海：华东理工大学出版社，2015.

情境导入

小伊从小就是个内向的男生，不善交际和表达。现实生活中，他每次跟女生说话都会脸红，上课回答问题或者上台发言总是不敢开口。他很多次在心里抱怨自己懦弱不争气，他希望自己是风流倜傥，能够站在台上滔滔不绝演讲的帅气男生。由于所学专业的关系，他毕业之后的工作是销售，是需要每天都跟客户说很多话的。于是，他决定去餐厅打工，一方面可以通过和顾客交流，锻炼自己的表达和沟通能力；另一方面，也能够为自己赚点生活费。于是他开始寻找餐厅的兼职机会，面试了几家公司之后，他在一家餐厅开始了打工的生活。打工的地点到学校有一个半小时的路程，他每周三乘地铁去餐厅打工，在点菜和推销菜品的过程中，他渐渐克服了无法开口的障碍，能够积极、有目的、有重点地跟客户沟通，菜品推销业绩也是店里最棒的。后来通过偶然的一次机会，他报名参加了学校组织的模拟销售比赛，经过老师的指导，与师兄师姐的沟通以及平时不断的练习，小伊最终闯进国家级比赛，并拿了二等奖，为学校争得了荣誉。从此之后，小伊自信心大大增强了。在面试中也能够大胆表现自己，展示自己优秀的一面，实习期便被高端品牌大公司录取。

分析与思考

大学生正处在建立自我同一性的阶段，而自我同一性的建立和形成需要经过自我分化、矛盾、统一的不断循环的过程，才能使自我更加坚定而巩固，进而让一个人在现实生活中的行为和态度与自我意识相互统一。而这其中的关键在于，要区分什么是现实自我，什么是理想自我；并且当发现了现实自我与理想自我的差距之后，如何将二者进行统一。这就需要学生多向老师、家长以及学长、学姐们沟通与学习，在对自己不满和困惑的时候，根据长辈的引导，不断在生活中寻找统一与协调理想与现实的差距的方法，逐渐实现自我意识的内化与统一。

思考你心目中理想的自己是什么样的？和现实中的你是否存在差异？哪里存在差异？如果想要实现心目中理想的形象，生活中有哪些可以锻炼的机会和途径？

一、培养正确的自我意识

正如本章开头所说，古希腊哲学家曾在雅典神庙前的柱子上刻下上古谏言——"认识你自己"。认识自己是很不容易的事情，但从自我意识已经觉醒了的大学时期开始，我们就必须踏上认识自己的漫长道路。美国社会学家柯里说过，如果一个人只看到自己的优点，就会产生盲目乐观的情绪，自以为是，因而不能处理好人际关系，进而在事业上遭遇挫折；相反，如果一个人只看到自己的不足，认为自己处处低人一等，就会丧失信心，从而自甘平庸。全面客观地认识自己能够帮助我们在生活上更幸福，事业上更成功，与人相处上更具亲和力；帮助我们更好地面对生活中遇到的困难，更有力量和勇气去迎接新的挑战。

有人提出健全的自我意识有如下标准。

一是自我意识健全的人，应该是一个有自知之明的人，既知道自己的优势，也知道自己的劣势，能正确评价自我和发展自我。

二是自我意识健全的人，应该是自我认识、自我体验和自我控制协调一致的人。

三是自我意识健全的人，应该是自我肯定的、独立的，并与外界保持一致的人。

四是自我意识健全的人，应该是理想自我与现实自我统一的人，有积极的目标意识和内省意识，积极进取、永无止境的人。

如何才能全面而正确地认识自我呢？正确的认识了自我之后要怎么办呢？我们总结归纳为以下几点建议。

(一)学会了解和分析自我

所谓"当局者迷，旁观者清"，了解自己看似是一件很简单的事，实则并不容易做到。我们可以给自己列一张清单，对自己的情况加以细分，从自己的生理特征(身高、体重、外貌等)认识自己。也可以通过完成十个"我是"的造句，来尽可能多地形容和描述自己，要忠实于自己的内心。同时我们也可以通过询问他人对自己的看法，来从更丰富的视角客观地认识自己。请大家帮助分析，这些澄清的过程也是自我认识不断深化的过程。

(二)积极参加社会实践活动，与他人交往

一个人的能力是有限的，甚至在认识自己的这件事上也是一样。个体想要超出自身来认识自我，必须通过与外界接触，与他人相处来进行。深刻的自我认识是以深刻地认识和理解他人、社会为前提的，大学生应该积极投身于认识世界、改造世界的社会实践活动中去，在社会交往的过程中，充分地表现和展示自我，发现自己的优势和不足；在不断丰富自己的社会经验、社交经验的过程中，更全面而深刻地认识自我。参加活动是一种社会实践，是将理想自我与现实自我相结合和相统一的重要途径。多参加活动不仅能够帮助学生认识自己的能力水平、性格特征、兴趣爱好、特长优势等，更能够帮助其进行自我同一性的建立，让理想不再空洞，而是更加稳健、脚踏实地。

(三)通过与他人的比较来认识自我

小学、中学、大学，整个学生时代都有与他人比较的氛围。因此这也是大学生普遍遇到的情况。同辈比较是大学生们最在乎的事之一，因此在与他人比较的过程中会对大学生的自我认识产生极其重要的影响。在比较的过程中，学生可以找到自己的定位，发现和认识自己的性格与特征。与他人比较，最重要的是要选定恰当的参照系，同时还要学会用发展的眼光、辩证的方法去看待自己和他人，比较的视野越广阔、方法越科学，自我的位置就定得越恰当。当个体的自我认识与他人的评价相矛盾时，就应该进行自我观察、自我分析、自我矫正，看到自己的优点与不足，做到取长补短。

(四)通过经常的自省和自我评价来认识自我

有句话说，最大的敌人其实是自己。自己与自己最具有可比性。不断地对自己的成长和变化进行反思和觉察也是认识自我的重要途径。大学生已具备了一定的自我反思和自我批评能力，在自我意识的培养中，要结合他人的评价不断地对自己的心理活动进行反思、分析，勇于解剖自己，敢于批评自己，在自我解剖和自我批评中加深对自己的认识，在自省中发现自己的缺点与不足，以便有的放矢地进行自我调整。通常来说，一个人的情绪体验或者关系模式都会不断重复。在自我观察和反省的过程中，人们就可以通过这种反复体验到的情感，更直观和全面地认识自己，同时也能够在发现自己的问题后，及时做出改变。

(五)通过自己的成就和实现的目标来认识自我

一个人所做出成就的价值有时直接标志着自身的价值，社会衡量一个人的价值主要是通过其成就来判断的。不断地总结自己所完成的事情，看到事情的效果和价

值，能够切实地让个体体会到自己的价值感，稳定和巩固甚至提高个体的自尊水平。同样，根据自己在何事上有所成就，在哪些方面有所成就，能够更加直观地看到自身的优缺点，更加明确自身的发展方向，更有目的性的去发展自己的潜能，塑造自己的未来。

知识链接

乔韩窗口理论

乔韩窗口理论是指美国心理学家约瑟夫·勒夫特(Joseph Luft)和哈林顿·英厄姆(Harrington Ingham)提出的关于自我认识的窗口理论。他们认为人对自己的认识是一个不断探索的过程。

因为每个人的自我都有四部分：公开的自我，也就是透明真实的自我，这部分自己很了解，别人也很了解；盲目的自我，别人看得很清楚，自己却不了解；秘密的自我，是自己了解但别人不了解的部分；未知的自我，是别人和自己都不了解的潜在部分。如图 3-1 所示。通过与他人分享秘密的自我，通过他人的反馈减少盲目的自我，通过专家咨询和运用科学心理测验或其他契机激发未知的自我，这样，人对自己的了解就会更多、更客观。

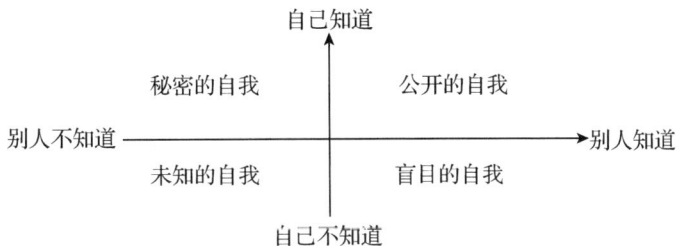

图 3-1 乔韩窗口理论

二、积极地悦纳自我

自我接纳是心理健康的重要前提之一，也是与认识自我相互促进、相辅相成的事情。在我们认识了自己的性格特征，自己的优点和缺点，自己的情感体验和关系模式，以及自己的兴趣爱好、能力特点与不足之后，要如何面对认识到的这一切呢？我们需要做的是接纳，不单单是接受和承认这样的自己，更重要的是愉快和欣喜地接受和爱着这样的自己。悦纳自我就是对自己的本来面目持认可、肯定的态度，即真正了解、正确评价、乐于接受并喜欢自己。

(一)不断发现和记住自己的优点

受传统文化的影响(比如谦虚是美德),我们总会认为自己做得好的事情不值一提,甚至有时自己的成绩被人赞美了反而让自己不知所措。长此以往,我们通常会忽视了自己的成就和优点,而放大了自己的缺点和不足。甚至让自己长期处在自卑和自责中。因此,放下这样的观念,看看自己的优点和成绩,数数自己的优秀之处,你会发现其实自己真的很不错,把这些记下来。当你累了,闲了,就坐下来看看,你会逐渐发现自己的存在其实也是一件很美好的事情。

(二)允许自己有缺点

很多人都会认为一旦自己有缺点,就糟糕至极,如果被别人看到了自己的缺点,一切就毁了,觉得无地自容。为了避免让别人看到自己的缺点,可能会推卸责任;为了避免让自己看到自己的缺点,甚至不愿接受和承认自己所犯的错误,或者同样会把自己的错误归咎于他人。这就引发了很多矛盾和不健康的问题。俗话说,"金无足赤,人无完人",人有缺点是正常的,没有缺点才不正常。做错事情是每个人在所难免的。因此,当你做错了事情,或者发现自己有缺点的时候,欣然接受并努力改正即可,大不必为了强烈的羞耻感又伤害他人或者推卸责任。

(三)接受不能改变的,相信可以改变的

每个人都会面对一些无法改变的不足,比如长得不够好看,个子不够高等。面对这些部分,我们只能接受。但同时我们身上也有很多部分是可以通过后天的努力来完善和塑造的,比如写作能力,演讲能力等。还有一些未知的事情,比如是否会碰见意中人,是否能在事业上有所成就,等等,我们也都应该抱有积极的信念,努力通过各种途径为实现目标而奋斗。有热情、有激情地活着,乐观地面对遇到的种种难题。生活中的每一分每一秒都是我们生命的组成部分,对生活的热爱就是对自己的爱与珍惜。在一定程度上,相信自己对自身命运的掌控能力,也是悦纳自我和积极、健康面对生活的基础。

美国心理学家马斯洛对健康的快乐人做了这样的定义:"他们较少焦虑与仇视,较少需要别人的赞美与感情。他们具有真正的心理自由。他们超然于物外,泰然自若地保持平衡。他们对个人不幸也不像一般人那样反应强烈。他们具有集中注意的能力和不在乎外在环境的能力,表现出熟睡的本能和不受干扰的食欲,面对难题而谈笑风生。"即不以物喜,不以己悲,不怨天尤人,从容、坦然地面对一切。无条件接纳自己,并且不以自己是否做错事而改变,接受自己的全部,无论优点还是缺点、成功还是失败,喜欢自己,欣赏自己,肯定自己的价值,承认人是有个体差异的,允许自己某些方面不如别人。体会自我的独特性,并在此基础上体验自我的价值感、

幸福感、愉快感与满足感，真正地了解和审视自己，客观地评价自己，乐于承认自己的能力，让自己充满自信。

三、科学地塑造自我，提高自控能力

大学阶段是独立面对社会的转折期，进入大学之后学生们都需要独自安排和管理自己的大学生活，安排好自己的时间。而这一切的独立自主行为都要依赖于自我监督和控制。这是大学与中小学最大的区别之一。同时对于学生的成长，也是最重要的阶段和历练。如何能够提高自控能力，如何能够科学的塑造自己成了关键问题。

(一)确立正确的行动目标

目标和规划是发展的前提，曾有研究发现，有目标的人能够比没有目标的人更容易有所成就。同样，反过来也一样，想要有所成就，就必须有目标和长远规划。因此，确立正确的行动目标和规划，是成功地塑造自己的第一步。正确的目标能够诱发人的动机，强化人的行为，并促使其指向预定的方向。大学生设立目标时应该按照社会的需要和个人的特点来设定，立足于现实，符合个人特质和长处，选择适合自己的人生道路，尽自己最大的努力，充分体现自己的人生价值，同时还要把握好正确的价值取向，将自我实现同社会需要和人类文明的进步结合起来，激发自己最大的潜能。

(二)提高自我控制能力

自我控制是个体意志力的体现。自我调控是个体主动定向、改造自我的过程，也是通过主动改变"现实自我"以达到"理想自我"的过程。自控能力在很大程度上也反映和影响着学生的自信与自尊。能够长久坚持一件事情，或者能够在自己的计划和控制之下成功完成某项任务，对于一个人的自信水平将有着相当大的提升。其实学生可以从小事做起，比如如果做不到每天早起，可以选择每天背一个英语单词，或者每天写一篇日记等简单易行的事情，长此以往当你能够坚持一段时间，就自然会提升对自己的信心和勇气。这也有助于大学生培养顽强的意志，和不达目的誓不罢休的决心。

(三)塑造健全的人格

人格是长期的，多方面的，以及复杂的心理结构。当一个人能够做到悦纳自我，为自己寻找合适的目标和长远的计划，并且坚持实施的时候，健全的人格自然会逐渐形成。人格不仅是人的心理面貌的集中反映，而且是人的心理行为的基础。大学生要培养积极、和谐、健全的人格，促进自我意识的健康发展。

知识链接

神奇的效应——自我实现的预言

"自我实现预言"指的是直接或间接导致预言本身实现的一种预测。换句话说，积极的或者消极的预言，强烈坚持的信念，或者错觉（被宣称是真实的，其实是错误的），都可能足以影响到人们，使人们的反应最终会导致先前错误的预言实现。

在罗森塔尔的经典实验之后，在近40年的后续研究中，心理学家在不同的环境中无数次证明这一理论的有效性。这一理论也被称为自我实验的预言。它的广泛应用性也使得这一理论成为心理学最重要的理论之一。

罗伯特·默顿由图式进一步提出了自我预言的实现理论，指能够使自己的预期成真的预言。许多研究已经发现图式越强大越发达，我们越会把更多的注意力放在与这些图式相符的信息和特征上。同时，我们的心智会自动过滤那些与图式不一致的特征和信息，在通过把更多注意力放在符合既定图式的信息上，图式的正确性也得到了确认（尽管我们不得不过滤很多不支持图示的信息来达到这种确认）。

选择性筛选导致自我实现预言通过另一种方式实现。因为图式包括对于某种经历的预期，我们会无意识地塑造我们的行为以符合预期。简言之，我们的期待会使我们将注意力关注在我们所期待的事情以及实现期待的方法上，从而促使我们内心的想法最终成为现实。

心理训练营

萨提亚冥想训练：接受自己

我做我自己，我接受我真实的样子。

我接受我的每一个感觉，不管是好的是坏的。

我开始学会爱自己。

我不再批判自己做得好不好。

我不再处处与别人计较。

我不再活得那么辛苦。

我做真实的我自己。

我不再为别人而活。

我不再为面子而活。

我做我自己的主人。

我乐于助人。

我满意我自己。

我接受丰足与爱。

我接受我还有情绪。

我接受我还有愤怒。

我接受我还有怨尤。

我接受我还无法做到无条件接受。

一个人，爱一个人。

我接受我还无法原谅某一个人。

但是我正在努力学习爱。

爱已经起步了。

我活出我自己。

我是最特殊的人。

我是世界上最独特的人。

我是最真诚的人。

我可以做自己。

我爱我自己。

我是最善良的人。

我乐于分享。

我努力于敞开我的心。

我对一切事情表达感谢。

我接受爱，我值得被爱。

我可以享受生命。

我值得享受丰足与爱。

世界上(指现象界)没有十全十美的人，完美的人并不存在。

我爱此时此刻的我自己，我爱每一部分的我自己，包括我的光明面与黑暗面。

我接受我的残忍邪恶，我也接受我的良善美好。

我接受失败沮丧的我自己，我也接受成功荣耀的我自己。

我接受过得不好的我自己，我也接受过得很好的我自己。

我释放我的旧伤，我不再惩罚自己。

我不再自我贬抑，我不再批判自己。

我可以在人前表现我的脆弱。

我不需要扮演完美。

我的未来是安全的。

我是安全的。

我是可以放轻松的。

我可以信任生命。

我让自己成为接受的、开放的。

我不必和别人比较。

我可以做自己。

我接受这样的我。

我接受所有对我有益的事物。

我释放对自己创造力的怀疑和局限。

从现在开始，我可以展现了不起的创造力、行动力和实现力！

我与生命本源的爱是一体的，

我是一个永恒的生命体，

为了学习爱与宽恕来到人间。

我是丰足、开放、慷慨、慈爱的。

我乐于分享，我喜欢奉献。

我接受现在的我自己，我接受这样的我自己。

我值得被爱。

我接受并感谢我生命中的所有过程。

1 心理测验

艾里克森自我同一性测试

计分方法：

1分完全不符合(小于1%)

2分基本不符合(大于1%小于2%之间)

3 分常常符合（大于 2％小于 99％之间）

4 分完全符合（100％）

在题的后面填上适合自己的 1，2，3，4 分数。

1. 我不知道自己是怎样的人。

2. 别人总是改变他们对我的看法。

3. 我知道自己应该怎样生活。

4. 我不能肯定某些东西在道义上是否正确。

5. 大多数人对我是哪类人的看法一致。

6. 我感到自己的生活方式适合我。

7. 我的价值为他人所承认。

8. 当周围没有熟人时我感到能更好地成为我自己。

9. 我感到自己生活中所做的事并不真正值得。

10. 我感到我对我生活的集体适应良好。

11. 我为自己成为这样的人感到骄傲。

12. 人们对我的看法与我对自己的看法差别很大。

13. 我感到被忽略。

14. 人们好像不接纳我。

15. 我改变了自己想要从生活中得到什么的想法。

16. 我不太清楚别人怎么看我

17. 我对我自己的感觉改变了。

18. 我感到自己是为了功利的考虑而行动或做事情。

19. 我为自己是生活于其中的社会的一分子而感到骄傲。

1、2、4、8、9、12、13、14、15、16、17、18 题反向计分。比如，记 1 分时，按记 4 分算，记 3 分按记 2 分算。共十九题。

结果分析：

小于 49 分：为人格发展不成熟

49～63 分：人格发展很好

大于 63 分：的人格发展优秀

心理影院

当幸福来敲门

已近而立之年的克里斯·加德纳（威尔·史密斯饰演），早已经厌烦了作为一个普普通通的医疗器械推销员的职业。如今，他面临着来自家庭、社会等多方面的压力。况且，从他自己内心出发，克里斯·加德纳也不甘心这样庸碌一生而终。

于是，克里斯•加德纳终于不顾妻子的反对，在这一年下定了转行的决心。投入到奉献颇高却也回报不菲的股票行业。并准备凭借自己的灵活头脑大展拳脚。然而，瞬息万变的股票业的风险岂是经验单薄的克里斯•加德纳可以应付的。他的成功梦很快就遭受了沉重的打击——多年来积累的家底被迅速耗尽，连自己的房子也被银行抵押，伤心的妻子琳达（珊迪•纽顿饰演）更是甩手离去。留下加德纳只有五岁的儿子克里斯托弗（杰登•史密斯饰演）与其共同艰难度日。除了可爱的小儿子之外，加德纳一无所有。从此，小克里斯托弗便跟着爸爸开始了颠沛流离的漂泊生活。最潦倒时，父子俩甚至要跑到火车站的澡堂里挨过漫长的黑夜。但如此惨淡的磨难却从未摧毁父子间的亲情与他们的信念，在小儿子的不断鼓励下，加德纳愈发地坚强起来，并迸发出了惊人的斗志，最终成功通过层层面试，进入了一家收入颇丰的名企。

该电影描述了主人公在穷困潦倒、绝望无助中，依然继续自己的坚持自己的信念，并且不气馁地奋斗，最终克服了重重阻碍，取得成功的例子。这是一部非常励志的影片，激动人心。

阅读经典

一个人的朝圣

哈罗德•弗莱，六十岁，在酿酒厂干了四十年销售代表后默默退休，没有升迁，既无朋友，也无敌人，退休时公司甚至连欢送会都没开。他跟隔阂很深的妻子住在英国的乡间，生活平静，夫妻疏离，日复一日。

一天早晨，他收到一封信，来自二十年未见的老友奎妮。她患了癌症，写信告别。震惊、悲痛之下，哈罗德写了回信，在寄出的路上，他由奎妮想到了自己的人生，然而在他决定将那封信投递出去时，他都去想，再等一等，等到下一个邮筒我一定把信投出，就这样经过了一个又一个邮筒，越走越远，最后，他从英国最西南一路走到了最东北，横跨整个英格兰。87 天，627 英里（1 英里约 1.6 千米），只凭一个信念：只要他走，老友就会活下去！

这是哈罗德千里跋涉的故事。从他脚步迈开的那一刻起，与他六百多英里旅程并行的，是他穿越时光隧道的另一场旅行。一路上经历了死亡的恐惧，被嘲笑和不信任，严重的自我怀疑与身体的崩溃。但最终他走到了，并且他给老朋友的一句话，竟然真的令其坚信着他的到来并等待着他。虽然他的老朋友奎妮由于病痛的折磨已经变得面目全非，但也奇迹般地等到了哈罗德的探访。这本书给人以绝望中有希望的感觉，能够令人在自我怀疑与艰难的坚持中，获得更多的信心和能量。

1+1 参考文献

[1]郑予捷，吴亚梅，成敏．大学生心理健康教育［M］．北京：中国铁道出版社，2013.

[2]［美］艾瑞里．怪诞行为学 2：非理性的积极力量［M］．北京：中信出版社，2010.

[3]［美］戴维·迈尔斯．社会心理学［M］．北京：人民邮电出版社，2006.

[4]俞国良．社会心理学［M］．北京：北京师范大学出版社，2011.

模块四　学会学习

学习是人类生存和发展的需要，所谓"三人行必有我师焉""活到老学到老"，无论是什么年龄，处在何种境地，我们都需要通过学习来成长和发展。作为一名大学生，我们更加需要学习，而且要保持高度的热情，善于钻研，高效率地学习，未来在社会上充分发挥和运用所学到的知识，体现自我价值，为社会、为国家创造更高的利益。

学习目标

1. 了解大学生学习的特点以及大学生学习心理的特点。
2. 培养良好的学习方法，提升自主学习的能力。

案例导入

某高校大一学生，入学时表现并不突出，但在一次班级活动被老师发现了他的认真和踏实，通过沟通，老师发现他有一定的想法和能力，随后推荐其进入学院社团。在社团中，该生能很好地完成常规工作，但创新方面表现并不出色，其成绩在同年级中排名中等。期末评优选拔，他私底下得知自己被提名，他很兴奋并认为一定能够获得相应奖项，但最终公示的名单中并没有他的名字。他内心感到很失落，觉得自己的付出没有得到回报，评选不公平等，随后辞去社团工作，在课堂上习难老师，甚至出现迟到、旷课的行为。辅导员老师得知情况后，找到学校的心理咨询老师，经过了解得知：该生认为自己在社团是为学校工作，为老师工作，为社长工作，没有工资，也没有评上优秀，什么也没有得到，所以认为继续在社团工作没意思，不值得。此外他还很满意自己的成绩，老师在课堂上强调重点知识，他认为老师讲课啰嗦，当老师提问时，他却不能很准确地对答，在他不认同老师教学策略的情况下，先是用迟到来表达不满的情绪，后来干脆旷课，导致成绩直线下降。

分析与思考

大学学习区别于中学学习，大学生不仅要掌握扎实的专业理论知识，还要学会将专业知识运用到实际操作中。大学阶段，除了学科知识外，大学生还需要锻炼自身的综合能力，其中最重要的就是个人创新能力的挖掘和发展。无论是学习动机还是个人成长动机，都应该建立在自我发展的内部动机之上，而不是由外部动机驱使。

作为一名大学生，你是否认为或者曾经认为自己是为了父母、老师而学习？你在日常生活中应用过所学的知识吗？你当前存在学习压力吗？

小寄语

联合国教科文组织干事伊琳娜·博科娃指出，学习知识是养育下一代以及创造更好生活的根本方式，终身学习要成为我们建设包容型的知识社会的核心，也要成为2015年后全球发展的核心。世界正在飞速发展，正如《学习的革命》所提出的，我们正经历一场改变我们生活、交流、思维和发展方式的革命，这场革命使得我们今天知道的东西，到明天就会过时，如果我们停止学习，就会停滞不前。学会学习关乎年青一代的成长、关乎国家民族的发展，每个人都需要具备学会学习的本领。关于学习，美国学者托夫勒指出，未来的文盲不再是目不识丁的人，而是没有学会学习的人。

任务一　认识学习

暖身活动

找一找隐藏的图片

活动目的

学生迅速投入到活动中，集中注意力；完成任务，了解自己的思维类型。

活动过程

请在下面较复杂的图形(见图 4-1)中用铅笔勾画出镶嵌或隐藏在其中的简单图形。如果你能排除背景因素的干扰从复杂图形中迅速地、容易地找到指定的简单图形者为场独立型，而完成该项任务较为困难者为场依存型。

场独立型和场依存型的学生有各自的优势和劣势，在学习过程中要根据自己的情况进行调整(见表 4-1)。

活动评价

激发学生的好奇心，使学生进一步了解自己。

简单图形

图 4-1 镶嵌图形测验

表 4-1 场独立型与场依存型

学习者类型	优势	劣势	注意事项	学习建议
场独立型	善于从整体中分析出各个元素，喜欢个人独立学习，不太容易受外界的影响，对于他人的评价有自己的看法，不受外界环境的干扰。	倾向于冲动、冒险，容易过分主观。	应注意把老师、家长等的要求与自己的想法相协调，使自己的做法与外界相辅相成。	在面对问题时要具体分析，对于不需要过多思考的问题，要努力从整体上把握，锻炼直觉能力，注意与他人交流观点和看法，并认真考虑他人的意见和建议，不要断然拒绝。
场依存型	善于把握整体，善于学习系统化、条理化的材料，喜欢与同伴在一起讨论或进行协作学习，注意环境的要求，很容易适应环境，受大家的欢迎。	表现为谨慎，不愿意冒险，但当受到批评时，很容易受影响，学习的积极性下降，容易受外界环境的干扰，学习欠主动，受外在学习动机的支配。	应注意不要轻易受他人的影响，当他人提出批评时，应注意分析原因，并考虑自己应该怎样努力，而不能因此气馁。	对于需要进一步分析的问题，要思考解题的思路、过程和策略，逐步发展逻辑分析能力，在听到他人的要求、意见、建议和疑问时，要加以分析，提出自己的判断，培养和提高自己的批判思维能力。

情境导入

沫沫是某高职学生，他性格内向，平常少言寡语，同学关系一般，他的生活是三点一线：教室—食堂—宿舍。上课的时候他不好好听课，学不会的时候干脆趴在桌子上睡觉。据了解，沫沫每天回宿舍后玩手机游戏到深夜甚至是凌晨，一学期下来专业知识掌握得根本不扎实，考试还挂了两科。辅导员老师找到沫沫谈学习的问题，可是沫沫根本心不在焉，一点儿也不重视老师的谈话，整个过程中只是低着头，时不时地回应"知道了""好的""我下次改正……"沫沫貌似在"聆听"，实则想着赶紧谈完了事，他还要回宿舍打游戏呢。

分析与思考

从本案例不难看出沫沫对待学习的态度非常冷漠，对学习完全没有兴趣，也不知道怎么去学习，更加没有学习目标，当一天和尚撞一天钟，得过且过。这样的学生往往让家长和老师都感到无比无奈和失落。而今天我们所要学习的知识，就是要告诉大家什么是学习，为什么要学习，怎样去学习。

一、学习的含义

说到学习，它是一项普遍存在的重要活动，每个人无时无刻不在进行着学习，如孩童时期的模仿性学习，学生时期的知识性学习，成人时期的社会性学习等。而我们每个人的学习能力、意志力等方面不甚相同，所以每个人的学习结果会存在很大的差别。

学习，是指通过阅读、听讲、思考、研究、实践等途径获得知识或技能的过程。学习分为狭义与广义两种：狭义的学习指通过阅读、听讲、研究、观察、理解、探索、实验、实践等手段获得知识或技能的过程，是一种可以使个体得到持续变化（知识和技能、方法和过程、情感与价值的改善和升华）的行为方式。例如，学生通过学校教育获得知识的过程就是狭义的学习。广义的学习是指人在生活过程中，通过获得经验而产生的行为或行为潜在的相对持久的行为方式。

学习是一种创造性的高级活动。简单说人类学习是为了创造个人价值和社会价值。学习能开拓思维，提高精神生活，让人们活在一个更自由的世界里。它是一种有意识的行为，是能动的认识世界和改造世界的过程。

学习通常具有稳定性，通过学习引起的行为变化是相对稳定和持久的，如学习到的知识、技能等。

心理学家一般把学习定义为个体后天与环境接触，获得经验而产生行为变化的过程。在心理学领域，不同的心理学家对学习和学习过程有不同的理解。

①学习是通过试误而形成刺激与反应之间的联结(桑代克)。

②学习是条件作用，包括经典条件作用(巴甫洛夫)和操作条件作用(斯金纳)。

③学习是指通过观察模仿示范者的行为而习得新的行为(班杜拉)。

④学习是对情景中各种关系的顿悟而形成完形(苛勒)。

⑤学习是对符号意义的认识而形成认知地图(托尔曼)。

⑥学习是学习者主动形成认知的过程(布鲁纳)。

⑦学习是人的自我实现，是为了成为一个完美的人(马斯洛)。

一般地说，学生的学习是指在教育情境中和在教师的指导下，主要凭借着间接经验而产生的比较持久的能力或倾向的变化过程。大学生的学习则是指在教师有目的、有计划的指导下，个体积极主动掌握知识、技能和形成高尚思想品德的过程。

人从出生到死亡学习从未间断，从牙牙学语开始慢慢通过学习了解这个世界。学习作为一种获取知识和交流情感的方式，已经成为人们日常生活中不可缺少的一项重要的内容，尤其是在 21 世纪这个知识经济时代，自主学习已是人们不断满足自身需要、充实原有知识结构，获取有价值信息，并最终取得成功的法宝。

知识链接

巴甫洛夫经典条件反射实验

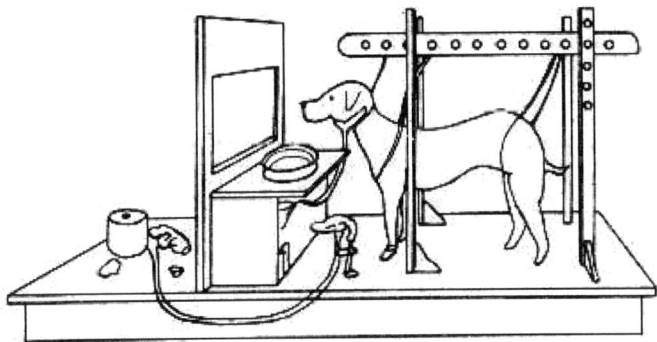

图 4-2　经典条件反射的实验情境(巴甫洛夫，1902)

在巴甫洛夫的实验中，研究者每次给狗喂食的同时摇铃。当狗见到食物时，自然会分泌唾液(见图 4-2)。但巴甫洛夫发现，狗在听到铃声时即使没有食物，也会分泌唾液。这种现象被称为经典条件反射。

无条件刺激反应＝见到食物流唾液。

条件刺激反应＝听到声音流唾液。

经典条件反射(又称巴甫洛夫条件反射)，是指一个刺激和另一个带有奖赏或惩罚的无条件刺激多次联结，可使个体学会在单独呈现这一刺激时，也能引发类似无条件反应的条件反应。经典条件反射具有获得、消退、恢复、泛化四个特征，它与操作性条件反射既有区别，又有相似之处。

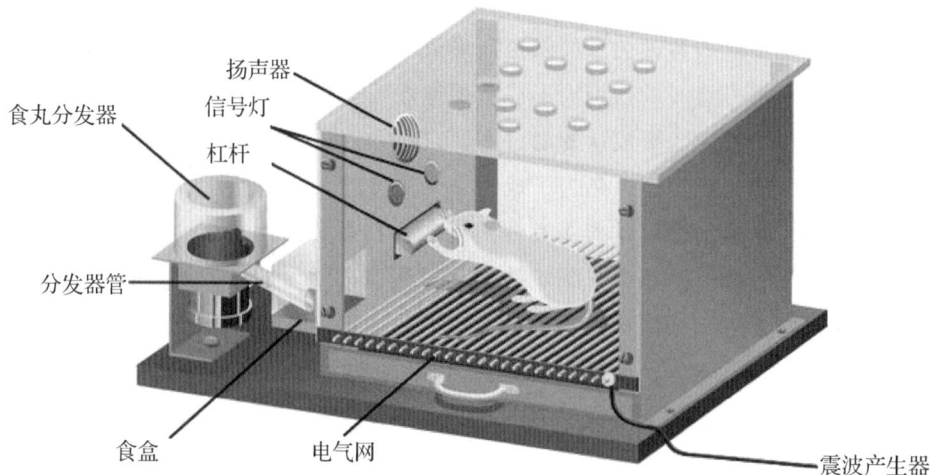

图 4-3 斯金纳箱(斯金纳，1929)

斯金纳的操作性条件反射实验发生在试验箱里(见图 4-3)。动物在箱内可自由活动，压杠杆或啄键时，就会有一团食物掉进箱子下方的食盒中，动物就能吃到食物。箱外有一装置记录动物的动作。斯金纳的实验与巴甫洛夫的条件反射实验的不同在于：动物的反应不是由已知的某种刺激物引起的，操作性行为(压杠杆或啄键)是获得强化刺激(食物)的手段；实验的目的是有效地控制有机体的行为。

操作性条件反射的特点是：强化刺激既不与反应同时发生，也不先于反应，而是随着反应发生。有机体必须先做出所希望的反应，然后得到"报酬"，即强化刺激，使这种反应得到强化。学习的本质不是刺激的替代，而是反应的改变。

二、大学生学习的特点

(一)学习内容的专业性

各类高等学校或中等专业学校根据社会专业分工的需要设立相应的学业类别，根据国家建设需要和学校性质设置各种专业，各专业都有独立的教学计划，以实现专业的培养目标和要求。大学学习实际上是一种专业性的学习，学习的内容是围绕专业方向和需要而展开的。大学期间的课程通常只是确定一个大致的专业方向，重要的是大学生要在专业基础上广阔地拓展自己的知识面。

(二)学习途径的多元化

大学学习不仅仅是通过课堂上理论知识学习的途径来成长和发展，还需要通过实践来辅助和加强学习，如大学生会用一部分时间在图书馆阅读相关专业书籍，根据所学专业对应的行业进行社会调查，在专业的实训基地模拟实践操作等。大学其实是为了我们能更好地适应社会发展而创造的舞台，在这个舞台上，我们不能单一地学习理论知识，还要掌握必要的专业技能。作为大学生，我们首先要将本专业学深学精，其次是能将专业知识应用于实际，最后是在此基础上进行创新。而要达到这样的水平，在学习本专业的同时，大学生可广泛涉猎各学科领域，形成最佳的知识结构。

大学学习是多层面、多角度的，大学生在学习过程中可以通过各种不同的途径和渠道吸收知识，也可以靠广泛的学习兴趣去探求、获得课程之外的知识。上课时间之外，学生有较多时间自由支配，可以在学校为他们提供的各种条件下进行广泛的学习。比如，大学生可以参加学术报告、知识讲座、专题讨论、社会调查，也可以参观访问、查阅图书馆的文献资料等。众多形式为大学生从不同层次、不同角度学习知识创造了条件，同时大学生在学习活动中可以发展自己的兴趣，为完善知识结构提供良好的学习途径。

(三)学习过程的自觉性和主动性

学生在中学时期都习惯于完成老师布置的各类作业，在应试教育模式下，学生完成老师布置的学习任务后，基本也没有时间去自由学习。而到了大学时期，教育模式发生改变，课堂学习和自我学习两种模式相结合，老师在课堂给学生讲知识点和学习的方法，而对教学目标所要求内容的掌握及应用是由学生课后完成的。这样的教学模式需要大学生有更高的自觉性。离开了老师的检查和监督，大学生必须培养自我控制能力、制订学习计划的能力和执行学习计划的能力，合理安排作息时间，以健康发展的状态保证学业目标的顺利完成。

主动性是指大学生在学习过程中能充分发挥主观能动作用。自觉、积极、主动地学习是大学学习活动的核心。随着社会的不断进步和发展，以及高等教育体制改革的不断深化和完善，社会对未来人才素质的要求越来越高，这就要求大学生在德、智、体、美、劳各个方面都要全面发展，必须积极主动地安排好自己各方面的学习计划。如果还采用被动学习的学习方法，显然不适合大学的学习要求，因此，培养和提高主动学习的能力，是大学生必须完成的一项重要任务。在大学里，教师不会规定学生该用什么方法去进行课内学习、课外阅读，往往直接提出学习的目标和要求，至于用什么方法，由学生自主选择。一般来说，大学的学习已不再靠硬记的功夫去背诵教师整理过的一些东西，而是靠自己整理、消化课内外的知识。这个过程就是学习主动性的体现。

(四)学习发展的创新性

创新性是指表现在学习过程中的创新意识和初步的创造性活动。爱因斯坦说过："高校教育必须重视培养学生具备会思考、探索问题的本领。"大学学习具有研究和探索的性质，这不仅表现在大学生要完成的学业论文和毕业设计上，而且表现在所学的课程内容上。大学生的学习不但要掌握知识，而且要掌握科学知识的形成过程、科学的研究方法，了解各学科存在的问题及其解决的可能性。大学生由于抽象思维能力的发展，在大学这种充满学术研究气氛的特殊环境的影响下，渐渐萌生一种重新组合已学知识，以新的角度解释已学知识的创新冲动。但现在还有一些大学生创新意识不强，科研能力较差，消极地应付作业和毕业设计。列夫·托尔斯泰曾说过："如果学生在学校里进行学习的结果是使自己什么也不会创造，那么他一生将永远是模仿和抄袭。"

大学里的人才不计其数，他们中有很多人具有较强的理论知识的学习能力，但将理论知识应用于实践的能力未能得到很好的激发，进而对学习发展的创新性产生了一定的阻碍。在大学阶段，老师已经不再针对既定的概念和结论进行教学，在课堂上会介绍各种理论学派的争论、最新的学术动态、最新的科研成果等，鼓励大学生自主探索学习，拓展学习领域，整合各类知识，从新的角度解释已有的现象以及发明创造新的技术和事物。

课堂活动

创新思维训练

活动1：要求学生用六根火柴搭成四个等边三角形。

活动2：下图是由九个点排列成的正方形，每边都是等距的三点，活动要求学生不停笔地画连续而不重复的四条直线，把九个点都包括进去。

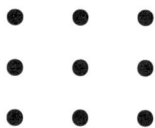

● ● ●

● ● ●

● ● ●

请学生思考我们为什么解决起来很困难？我们受到哪些思维困扰？

哈佛大学心理学家埃伦·兰格提出"潜念"这一概念，它是人们对既有原理、规则、制度的遵守，经常表现为思维定式、刻板印象、无意识行为等特点。一旦人们就某事件形成了某种看法后，一般不会再去反思业已形成的"潜念"的合理性，"潜念"这一心理学术语可以很好地解释影响创新思维的问题。

三、大学生常见的学习问题

(一)学习动机水平不当

学习动机是激发个体进行学习活动、维持已经引起的学习活动，并引导行为朝向一定的学习目标的内部驱动力。学生的学习行为是由学习动机引起并受其调节和支配的。学习动机决定学习方向、学习进程和学习效果，它是学习活动中最现实、最活跃的成分，是推进学生自主学习的动力。在进入大学之前，大家的学习目标都很明确，那就是考上心仪的大学，因此每个人都努力学习，为攀上高峰而奋斗拼搏。但是上了大学以后，好像那根紧绷的琴弦突然松懈了下来。初入大学的部分学生，进入到新的环境，在适应过程中容易迷茫，失去内驱力，没有明确的方向，不愿意学习，甚至厌倦学习，失去学习动机。也有一部分学生，他们有着强烈的斗志，任何事情都要拔尖儿，一旦不能取得理想的成绩，就会出现强烈的不满意，发牢骚，心理受到严重的打击，不能接受现实。接下来我们主要介绍动机缺乏和动机过强的具体表现。

1. 学习动机缺乏

学习动机缺乏的学生首先表现为懒惰，出勤率下降，不能完成学习任务，不愿意动脑筋，通常还为自己的懒惰行为找借口；其次是分心，做事、学习都不能专心，总是拖拉、散漫，兴趣易转移，对社团和班级活动总是感到无聊，觉得这些活动没意思，也锻炼不出什么能力，慢慢就不再参加集体活动了；最后是独立性差，没有明确的学习目标，对待学习的态度总是心不在焉，学习行为往往表现出从众和依附性，极少有独立性和创造性。

2. 学习动机过强

学习动机过强容易让学生忽略学习本身，外部过强的奖惩诱因以及内部过高的抱负和理想充斥着大学生们的思想，这看似是勇敢向上的，实则没有做到真实地对待学习，往往这种急功近利的状况，更加不能使大学生平静、踏实的学习。过度的学习或不当的学习方法，无法让大学生进行高效率的学习，甚至会产生疲劳感，更加不能进入到学习的最佳状态。

经典实验

伯奈的实验

伯奈曾做过这样一个实验：将黑猩猩关在笼子里，笼外挂有香蕉，笼内放着棍棒。平时猩猩是会用棍棒取香蕉的，而做实验用的黑猩猩饥饿状态不一，以进食后

2、6、12、24、36、48 小时不等。实验证明，饥饿时间短，取食动机弱的黑猩猩，很容易被无关刺激干扰而完不成取食的任务；饥饿时间长，取食动机强的黑猩猩，往往专注于食物而不顾及棍棒，也难以完成任务；只有取食动机属于中等强度的黑猩猩，活动效率最高，表现最灵活。根据实验结果，请思考：动机的强度与解决问题之间的关系是什么？

综上，动机缺乏和动机过强对大学生学习都存在不利的影响，我们应正确分析大学生学习的特点和要求，培养与保持对所学专业的兴趣。要了解这一学科的社会意义和专业意义，带着问题去学习，抓住本学科中一些没有定论的、有争议的问题，广泛搜集资料，通过独立思考，激发学习动机。要以通过抓住学习的本质来调整学习动机，一味地以学习之名来学习，无法达到真正意义上的学习。

典型案例

学习动机不当

学生自述 1：我是一位来自山区，家庭经济困难的大学生，学业成绩一直非常优异。上大学后，我忽然感到心中茫然，学习没有动力，生活没有目标，有时候想到辍学在家的妹妹和年迈的父母，我也恨自己不争气，可我的确找不到奋斗的目标与学习的动力，学习上得过且过，生活上马马虎虎，漫无目的，上课打不起精神，我不是因为喜欢上网而荒废了学业，而是因为实在没劲才去上网聊天打游戏，我如何才能摆脱这种状态？

学生自述 2：我今年已经大三了，一直优秀的我一向对自己要求很高，当然这也与家庭的期望有关，父母都是具有高级职称的知识分子，在他们的言传身教下，我从小就知道努力与奋斗。在大学，我进行了认真细致的生涯设计，一步一个脚印向前走，成绩要拔尖儿，大学二年级通过国家英语六级考试和托福考试，为将来出国留学做好准备；大学三年级入党，不断加强自身的思想修养，增强政治素质；与此同时锻炼自己在各方面的能力。于是，在大学时期，我像一只陀螺飞速运转着，珍惜大学的分分秒秒，因为我相信：付出总有回报。但我忽然发现自己离目标越来越远，我忽然怀疑起自己的学习能力，我感到自己在学习上的优势正在消失，甚至多年积累的自信也受到挑战，对未来，我忽然担心起来，我该怎么办？

分析与思考

从上面两位学生的自述可以看出：他们二人都因为学习动机不当而产生心理上的困惑。不同的是，前者是因为学习动机不足，后者是由成就动机过强造成的。是什么原因造成大学生的学习动机不当呢？

第一，学习动机不足的原因分析。学习动机不足的主要原因是学习动机不正确，社会责任感不强，价值观念不强，学习态度不端正，学习毅力不强，对专业不感兴趣，对自我的学业期望不足，学业自我效能感低。

第二，学习动机过强的原因分析。个体学业期望过高，自尊心强，对自己的学习能力缺乏恰当的估计，因而造成学业自我效能感下降，心理压力增大；渴望学业成功而又担心学业失败，受表面的学业动机的驱使，渴望外在的奖励与肯定，特别是由于学业优秀带来的心理满足使学生更看重自己的学业优势，因而造成学习强度过大，引起心理疲劳。

那么，大学生要怎样进行自我调节呢？

第一，学习动机不足的自我调节。一是大学生要正确认识学习的价值与大学的目标，重新规划学业与人生；二是调整心态，以积极的心态对待学习，特别是学习中遇到的挫折与困难，用自身的意志战胜惰性；三是改进学习方法，提高学习效率与学业自我效能感，提高学业的自我价值与社会价值。

第二，学习动机过强的自我调节。一是大学生要正确认识自己的潜质，制订恰当的学业目标与学业期望，调整成就动机，与此同时，脚踏实地，循序渐进，不好高骛远；二是将表面的学习动机转化为深层学习动机，淡化外在奖励特别是学业成就的诱因，正确对待荣誉与学业成绩；三是端正学习态度，树立远大理想，保持旺盛的学习热情，坚持不懈，便会取得预期效果。

知识链接

德西效应

心理学家德西在 1971 年做过一个专门的实验：让一些学生解答妙趣横生的智力难题。开始，实验者对所有学生都不奖励。接着实验者把学生分成两组，其中一组学生每解答完一道智力难题就给予一定的奖励；另一组学生不给任何奖励。然后在两组学生的休息或自己活动时间里，实验者观察发现，尽管奖励组学生在有奖励时解题十分努力，但在自由活动时却只有少数人在继续自觉地解答题目。无奖励组的学生有更多的人热衷于尚未解出的智力难题。实验的结果显示了一个明显的趋势：奖励组的学生在自由活动时对解答难题的兴趣减少，而无奖励刺激的学生对解答难题的兴趣比有奖励刺激的学生更浓厚。可见在某些情况下，当外加奖励和内感报酬兼得时，不但不会增强学习动机，反而会降低后继的学习积极性。这种心理现象被称为德西效应。"德西效应"给老师以极大的启迪——当学生尚没有形成自发的内在学习动机时，老师应从外界给以激励刺激，以推动学生的学习活动，这种奖励是必要的和有效的。但是，如果学习活动本身已经使学生感到很有兴趣，此时再给学生奖励不仅显得多此一举，还有可能适得其反。一味奖励会使学生把奖励看成学习的目的，导致学习目标的转移，而只专注于当前的名次和奖赏物。因此，作为教师，要特别注意正确使用奖励的方法而不滥用奖励，要避免"德西效应"。

(二)学习压力

压力无处不在，学习也亦如此，尤其是初入大学的学生，面对学习模式的改变，在适应过程中难免会出现压力。当然大部分学生通过自己的调节和适应，都能顺利战胜压力，然而不免有个别学生会因此而畏惧退缩。那么学习的压力从何而来呢?

1. 个人方面

大学生带着美好的憧憬来到大学校园，但发现大学和原来想象的不一样。生活起居没有了父母的照顾与关怀，学习没有了老师的检查与督促，这样的生活看上去很自由，但大学生的内心不免会感到孤独与失落。大学的学科性、专业性很强，学习的知识都是以前没有接触过的，有些大学生学起来比较困难，再观察身边的同学，觉得他们每天的生活都很丰富，过得轻松自在，不自觉间自我的压力越来越大。

2. 家庭方面

"望子成龙，望女成凤"，自己的孩子终于考上了大学，父母不甚欢喜。他们认为孩子在大学校园一定过得很好，终于摆脱了曾经的"管束"，所以除了电话里的嘘寒问暖，根本不了解孩子在大学校园的生活，对孩子的关心流于表层。大学阶段的学生正处于青春期到成年期的过渡时期，有一定的独立性，但尚不够成熟和稳定，外表看起来坚强，内心其实很需要支持和鼓励。而大学生对父母往往报喜不报忧，隐藏自己的情绪和在大学生活中遇到的困难，无形中产生了压力。

3. 社会方面

当前社会各领域都处在一个快速发展时期，各行各业对劳动人员有着更高的标准和要求，面对未来的就业压力，有些大学生没有信心，也提不起劲儿去学习。

(三)考试焦虑

考试焦虑是指因考试压力过大而引发的系列异常生理心理现象，包括考前焦虑、临场焦虑(晕考)及考后焦虑。心理学认为，心理紧张水平与活动效果呈倒"U"型曲线关系。心理紧张水平过低和过高，都会影响成绩。适度的心理紧张，可以使人的心理状态对考试发挥有种激励作用，产生良好的活动效果。但过度的心理紧张容易导致考试焦虑，影响考场表现，并波及身心健康。

知识链接

耶克斯—多德森定律

心理学家耶克斯(R. M. Yerkes)与多德森(J. D. Dodson)经实验研究归纳出一种法则，用来解释动机水平、工作难度与效率水平三者之间的关系。根据耶克斯—多德森定律：动机水平与学习效率的关系呈倒"U"型曲线，即中等程度的动机水平学习效率最佳。同时，动机的最佳水平随任务的性质不同而不同，对于简单作业，要取得最佳成绩就要有较高的动机水平；而对于难度较大的作业，较低强度的动机才是最佳的(见图 4-4)。

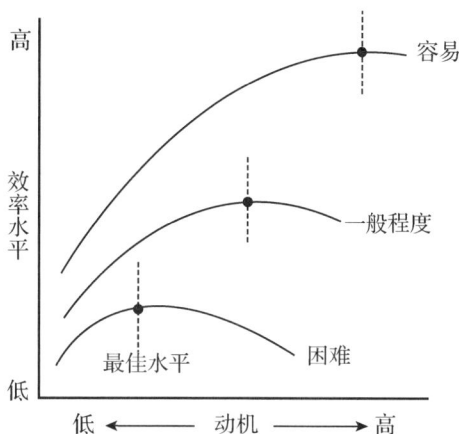

图 4-4 耶克斯—多德森定律图

很显然，能够灵活调整自己动机强度的人就成功了一半。因为在现实环境中，没有一个人总是在执行固定难度的任务，而是总会遇到不同性质的任务，显而易见，只有能够根据任务难度调整自己的动机的人才能够取得较好的成绩。这需要做到以下几点：①准确地评价任务的难度；②确定合理的目标和期望。

典型案例

考前莫名腹泻，考后不治而愈

当安然的父母带着女儿到处治疗她拉肚子的病时，母亲怎么也不会想到，这其实是安然心理焦虑的一种躯体化反应。17 岁的安然(化名)是一位漂亮的高三女孩，从外表上根本看不出有紧张和焦虑的症状。升入高中以来，安然的学习成绩一直都排在班里前几名，老师和家长都对她寄予厚望。安然不仅学习好，是班里的学习委员，而且人又长得漂亮秀气，人缘特别好，一直是父母和老师的骄傲。进入高三，学习开始紧张起来，学校的各种考试也接连不断，第一学期期中考试开始前的两三天，安然开始莫名其妙地拉肚子，差点耽误了考试。也因为这个原因，考试成绩并不理想，父母和老师都安慰她，只当是意外。没想到这之后只要每逢考试安然就会拉肚子，后来居然逐渐发展到即使单元测验也会如此，而只要考试一结束，拉肚子的病又不治而愈。就这样反反复复，学习成绩因此大受影响，最差的时候甚至考到了班里的二十多名。妈妈非常着急，带着安然到医院反复检查，但怎么也查不出毛病来。

分析与思考

安然一考试就拉肚子，反复检查的结果是哪里也没有毛病，可以初步推断，安然拉肚子的根源不是消化道出了问题。安然的学习成绩一直在班级排前几位，老师和家长都对她寄予厚望，可以想到，安然是老师和家长的宠儿，平时一定得到了他们更多的关注。由于从小到现在她一直生活在赞扬声中，这无形中给她增加了非常大的心理压力，而高考即将来临，使这种压力达到了极限，面对越来越多的考试，她担心自己考不好，让老师、家长失望，在她的潜意识中产生了逃避的反应，最终导致考试焦虑，进而引起了消化系统功能紊乱——拉肚子。不是自己没有进步，是拉肚子影响了考试成绩，这样的事实，一方面，使得安然在心理上觉得容易向老师和家长交代，另一方面，在老师和家长面前，安然仍然能够保持好学生的形象，从而得到他们更多的关注。其实，安然潜意识里是用拉肚子的方式逃避考试，从而逃避失败的可能，表面上看这是她自信心不足的表现，其实她是无意识地选择了一条可以保护自己自尊和维护自己形象的途径，而这样的选择在意识层面连她自己都不十分清楚。

典型案例

全家得了考试焦虑症

一名家长来电反映，孩子原来读小学的时候，成绩一直是名列前茅的，别人都很羡慕我们。可是自从考上市重点中学以来，他的状况就越来越糟了——成绩不断下滑，脾气也越来越坏，就像完全变了一个人似的。最初发现他的改变是初一期末考英语的时候。那天孩子回家后，嘴里反复念叨着"考砸了"，我和他爸爸询问他，他却冲我们大喊大叫，很激动的样子。后来成绩出来，他考得挺好的，我们就安慰他不必太紧张，可是从那以后，他每次都很害怕考英语，到后来就发展到考什么怕什么，每次考试前，他都要给自己订一个根本就完成不了的计划，然后就无休止地担心学不完怎么办，甚至有时候紧张到哭出来，整晚整晚睡不着。最近他才告诉我，每次考试的时候，他总要上好几趟厕所，而且头脑一片空白，本来会做的题也做不出来了。每次考完试回家，他都要大发一通脾气，说什么再也没脸去学校了。我们急得团团转，但又不知道怎么办才好，感觉整个家庭都好像得了考试焦虑症。

分析与思考

这位家长说得很好："整个家庭都好像得了考试焦虑症"——事实上情绪是会传染的。表面上看，父母的焦虑是由孩子引起的，但深究下去，我们却往往发现，恰恰是父母的焦虑引起了孩子的焦虑。比如，父母把自己对生活的不满和未实现的愿望寄托到孩子身上，对孩子期望过高，过度关注孩子的学习成绩，过度强调他人的评价等，都会影响孩子的学习心态，导致孩子无法平静面对考试得失，进而出现各种症状反应。因此，我们很想告诉每一位家长，想要缓解孩子的焦虑，请先缓解自己的焦虑，无论这种焦虑是来自人际关系、职业发展还是社会竞争。从这位家长的叙述来看，她的孩子确实有典型的考试焦虑症，包括考前、考时和考后的焦虑症状。考试焦虑症除了可能是父母情绪的连锁反应以外，通常的原因还包括：以前的失败经验、偷懒的欲望、自信心不足、争强好胜、知识储备不够、缺乏应试训练等。所以，父母可以从各个方面入手，帮助孩子一起找到原因，各个击破。

课堂活动

用正念来缓解学习焦虑

正念是一种起源于佛教冥想的放松技巧，它在缓解焦虑和集中注意力方面尤其有效。我们常常花费大量的时间去担心未来或是为昨日烦恼，以至于忘了去享受现在。正念鼓励我们关注现在而不允许我们的头脑被那些没有帮助的想法困扰。按照以下步骤进行正念训练，有助于缓解我们的学习焦虑。

步骤1：坐在或躺在某个你觉得舒适的地方。

步骤2：注意你身体的每一部分——把注意力放在每一个你能感受到的感官上——从你的脚趾开始，到你的腿、你的胃、你的胸、你的肩膀、你的脖子和你的头，温柔地放松每一个你注意到的绷紧的地方。

步骤3：做一个长长的、深深的呼吸。

如果这样做了一遍，你还是感到焦虑不安，可以再重复几遍，直到自己内心感觉平静为止。

任务二　大学生有效的学习方法

暖身活动

心理学家的"买马实验"

活动目的

学生迅速投入到活动中，集中注意力；通过思维训练了解自己，提高自己。

活动过程

问题A：有一个人用60美元买了一匹马，以70美元卖了出去，然后，他又以80美元买回来，再以90美元卖出去，他一共赚了多少钱？

问题B：有一个人用60美元买了一匹马，以70美元卖了出去，然后，他用80美元买了一匹黑马，以90美元卖出去，他一共赚了多少钱？

活动评价

这是心理学家梅尔和伯克曾经做过的一个实验。实验结果表明，对问题 A 的回答，正确率不到 40%，而对问题 B 的回答正确率 100%。你是否答对了呢？其实，这两个问题在算术上完全相同，但在问题 A 中许多人的思维不独立，纠缠于一些无关的运算步骤，往往使问题复杂化，因而增加了错误。

情境导入

王楠是个非常上进的学生，上学从未缺过勤，上课认真听讲，笔记也记得全，放学后去图书馆看书，晚饭后还去自习室，室友们说他是个学习的"疯子"，然而就这样的"疯子"，成绩排名仅仅够得上中等。王楠非常苦恼，自己这么认真，这么多时间都在学习，为什么成绩总是不能得优等呢？

分析与思考

王楠的学习态度是值得我们大家学习的，他把大部分的时间都花在学习上，但并未见成效，问题出在哪里呢？不难看出这是学习方法和策略使用不当。①王楠在时间分配上过于偏重学习，反而导致学习效率低；②王楠将知识机械性地输入大脑，没有灵活理解和运用，这样的知识只能是"匆匆过客"，并不能被真实掌握。所以关于学习，我们既要有态度，还要有方法。针对每个学生个体，要发现和找到适合自己的学习方法来高效学习。

一、学习风格的了解

奥本海默说过："对现在和未来，方法比事实更重要。"有效的学习依赖于你对自己学习潜能的认识，并采取有针对性的措施激发它。学习风格即人们进行思维、信息处理和如何学习的独特方式。每个人都有自己的学习风格。甚至有专家认为，一个人能学到多少就要看他的学习实践是否与他的个人学习风格相匹配。大学的学习多是自主学习，大学生对自己学习风格的了解能帮助他们提高学习效率，取得事半功倍的效果。不同的专家学者对学习风格有不同的分类。在荣格看来，人的差异植根于两种基本的认知功能：感知（我们如何获取信息）与判断（我们如何加工信息）。我们以两种方式感知信息：具体的感官或抽象的直觉。我们也以两种方式判断信息：逻辑思考或主观感受。将这四种基本功能搭配，就产生四种可能的组合，形成四种不同的学习风格。哈维·席尔瓦在他的《多元智能与学习风格》一书中，将这四种不同的学习风格分为掌握型、理解型、人际型和自我表达型四类。

第一，掌握型学习者。他们的基本特点是现实的、实践的、注重实务的。他们追求效益与结果，偏重行动而不是语言、理论。他们会满腔热情地投入到实际的、符合逻辑的、有用的事物中。他们的学习方法是喜欢以有组织、有效率的方式完成任务。他们偏好动手操作的或技术性的学习，更多地关注事而不是观念或人。他们热爱工作，喜欢忙碌，需要及时反馈。他们宁可做事也不愿意坐下来听别人聊天。他们需要维持活跃、有事可做的状态，需要看到努力后得到的具体成果，需要对工作的掌控权。

第二，理解型学习者。他们的基本特点是理论的、知性的、知识导向的。他们喜欢智力挑战和独立思考问题。他们对观念感到好奇，具有耐心，喜欢复杂问题，关心长期效应。他们喜欢采取有逻辑的、有组织的、系统的方法进行学习，喜欢将人与事纳入组织与结构。在着手工作之前，他们会花时间制订计划，组织观念，决定需要的资源。

第三，自我表达型学习者。他们的基本特点是好奇、富有洞察力和想象力。他们敢于梦想，相信自己的价值，对各种可能性持开放心态，不断寻求新的不同寻常的方式表达自己。他们的学习方法是渴望探索观念，提出新的问题解决方法，讨论道德两难问题。他们的兴趣经常变化、难以预测，但是他们喜欢允许运用他们的想象力，并采用与众不同的方法的活动。常规的机械的工作使他们厌烦，他们需要开放型的问题，如"如果……会怎样？"

第四，人际型学习者。他们的基本特点是社交的、友善的、人际取向的。他们对人的感受，无论是对自己的还是他人的感受，都很敏感。他们偏重于学习那些能够直接影响人的生活的事物，而不是那些与个人无关的事实或理论。他们的学习方法是采取一种个人化的方式进行学习。当他们将情感投入到要求他们做的事情中时，他们做得最好。他们倾向于自发性，常常依据冲动与感觉行事。他们对人感兴趣，喜欢倾听和谈论人的感受。他们喜欢帮助别人，并需要别人认可他们的付出。

对照上述四种学习风格的类型，你可以想想，你属于哪一种学习风格，你所采用的学习方法是否契合你的学习风格？

学习方法是通过学习实践而总结出的快速掌握知识的方法。因其与学习掌握知识的效率有关，越来越受到人们的重视。学习方法既有共性，又具有个性和多样性，因此并没有统一的规定。个人条件不同，选取的方法也不同。大学生在吸取、借鉴别人有效的方法基础上要注重摸索一套适合自己的学习策略和方法。有一些方法是共性的，可对一些学习者产生启发和借鉴作用，如科学复习法（及时复习、分散复习、尝试回忆）、大声思维训练法、笔记法（建立答错笔记）、反思训练等。同时，任何学习方法都需要注意学习的作息时间安排，确保好的休息质量，才能有更好的学习效率。

二、学习方法的培养

(一)做好切实可行的计划

作为一名大学生，应该为自己的大学生涯制订一个整体计划，设定阶段性(周、月、学期、学年)目标，以完成阶段性目标为导向，达到预期甚至超越最终目标。当然在制订计划的时候，大学生要全面考虑各方面的成长与进步，不能仅限于知识和技能，还要兼顾娱乐、休息以及为人处世等方面。

当然制订的计划要有可行性，即不能凭着一腔热情而脱离实际，目标太高，压力过大，就不能达到预期效果。每一个计划执行结束或者执行到一个阶段，应当回顾一下效果如何。如果效果不好，要试着找找原因，进行必要的调整。

(二)学会时间管理的技巧

时间管理并不是第一时间把所有事情做完，而是更有效地运用时间。正如华罗庚先生"沏茶"的例子，如何在最短的时间完成这件事，需要我们能更合理安排做事的顺序。

首先学会列出事项的清单，然后立刻行动，在遇到困难时应想办法解决，或者求助他人。当然，我们在执行"清单"时，要根据实际情况分出哪些是重要的，哪些是着急的，哪些是较复杂的，等等，要给当前处理的事情按照优先等级排个序。如果你发现自己每一天都处在应对一些突发困扰和迫不及待要解决的问题之中，就表示你的时间管理并不理想。

我们还要学会"捍卫时间"，每天至少要有半小时到一小时的"不被干扰"时间。假如你能有一个小时完全不受任何人干扰，能够做自己想做的事情，这一个小时可能抵一天的学习效率。

知识链接

时间管理四象限

时间"四象限"法是美国的管理学家科维提出的一个时间管理的理论，他把工作按照重要和紧急两个不同的维度进行了划分，基本上可以分为四个"象限"：既紧急又重要、重要但不紧急、紧急但不重要、既不紧急也不重要。

第一象限

这个象限包含的是一些紧急而重要的事情，这一类的事情具有时间的紧迫性和影响的重要性，无法回避也不能拖延，必须首先处理，如重大项目的谈判、重要的

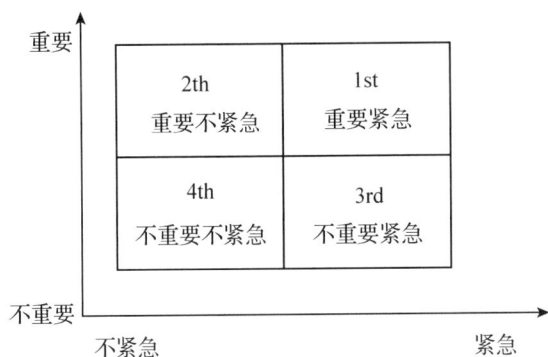

图 4-5 时间管理四象限

会议工作等。

第二象限

第二象限不同于第一象限,第二象限的事情不具有时间上的紧迫性,但是,它具有重大的影响,对于个人或者企业的存在和发展以及周围环境的建立维护,都具有重大的意义,如参加培训、升本考试。

第三象限

第三象限包含的事情是那些紧急但不重要的事情,这些事情很紧急但并不重要,因此这一象限的事情具有很大的欺骗性。很多人认识上有误区,认为紧急的事情都显得重要,实际上,像无谓的电话、附和别人期望的事、打麻将三缺一等事情都并不重要。这些不重要的事情往往因为它紧急,就会占据人们很多宝贵时间。

第四象限

第四象限的事情大多是些琐碎的杂事,没有时间的紧迫性,没有任何的重要性。发呆、上网、闲聊、游逛,这是无所事事的人的生活方式。

时间管理理论的一个重要观念是应有重点地把主要的精力和时间集中地放在处理那些重要但不紧急的工作上,这样可以做到未雨绸缪,防患于未然。一个好的方法是建立预约。建立了预约,自己的时间才不会被别人所占据,从而有效地开展工作。

执行策略

马上做:如果你总是有紧急又重要的事情要做,说明你在时间管理上存在问题,请设法减少它。

计划做:尽可能地把时间花在重要但不紧急(第二象限)的事情上,这样才能减少第一象限的工作量。

授权做:对于紧急但不重要的事情的处理原则是授权,让别人去做。

减少做:不重要也不紧急的事情尽量少做。

(三)养成自主学习的习惯

大学之前的学习基本都是老师和家长安排的，学生基本上没有多余的时间进行自我安排，久而久之，就容易养成被动学习的习惯。然而进入到大学阶段，教学模式随之改变，很多学生一下子放松下来，一段时期过后，对于学习开始产生懈怠。所以大学生应注重培养自主学习的习惯，掌握必要的学习技能。

知识链接

21 天效应——习惯的养成

在行为心理学中，我们一般认为，一个人的新习惯或新理念的形成并得以巩固至少需要 21 天的现象，称之为 21 天效应。这是说，一个人的动作或想法，如果重复 21 天就会变成习惯。

习惯的形成大致分为三个阶段。

第一阶段：1～7 天。此阶段个体表现为"刻意，不自然"，需要十分刻意地提醒自己。

第二阶段：7～21 天。此阶段个体表现为"刻意，自然"，但还需要意识控制。

第三阶段：21～90 天。此阶段个体表现为"不经意，自然"，无须意识控制。

为什么会发生 21 天效应呢？其主要原因是什么？影响它的因素有哪些？据研究发现，影响 21 天效应的主要因素有以下方面。

1. 旧习惯、旧理念对新习惯、新理念形成一定的干扰。新旧习惯、理念在形式上有很大的相似性，但其中某些因素都要求相反的内容时，就会发生干扰。例如，教书育人与导学育人两者具有很大的相似性，都是要求教师做出育人的理念与行为，但教书与导学的育人手段有较大差异，甚至有本质差异，因此，要形成导学育人的新理念与习惯常会受到教书育人的影响和干扰。实践表明，旧习惯、旧理念越是巩固，新习惯、新理念的形成就越容易受到干扰。因此，在旧习惯、旧理念干扰下学习一种新习惯或新理念，就会时常出现某些顽固性的错误。这些错误来自旧习惯、旧理念中的成分。可见，一个新理念或新习惯的形成需要 21 天(或重复 21 次)，是与旧习惯、旧理念的干扰有密切关系的，这也可以说是产生 21 天效应的主要影响因素。

2. 理念与习惯的形成需要一个过程。美国凯尔曼(1961)的研究认为新理念的形成和习惯的培养需经三个阶段。第一阶段，顺从，即表面接纳新理念或开始新习惯，并且在外显行为上表现出尽量与新的要求一样，而在实质上未发生任何变化。此时，个体最易受到外部奖励和惩罚的影响，因为顺从可获得奖励，不顺从就会遭到惩罚。可见，新理念、新习惯的形成一开始多数是受外在压力影响的，自发的改变是极为少见的。第二阶段，认同。认同是主动接纳新理念、新习惯，比顺从更深入一层，因此，此时意识成分更加浓厚，不再是被动的和无奈的，而是主动地、有意识地加以变化，使自己尽可能接近新理念、新习惯。第三阶段，内化。此时新理念、新习惯已完全融于自身之中，彻底发挥其作用。一般而言，这三个阶段对于非特异的理念、习惯的形成只需21天，这是大量实验与实践的结果。

3. 新理念、新习惯的形成需要不断地重复，即使简单地不断重复也是十分有效的。21天效应不是说一个新理念、新习惯只要经过21天便可形成，而是21天中这一新理念、新习惯要不断地重复才能产生效应。当然，这里所讲的21天是对新理念、新习惯的中等强度而言的，强度低的、简单的新理念和新习惯的形成可能快一些，强度大的、复杂的新理念和新习惯可能形成得慢一些，这些都有待于进一步深入研究。新理念、新习惯的性质对形成的时间也可能会有影响。但目前尚不知影响有多大，也需深入探讨。

此外，旧理念、旧习惯的改变或消退是否也如同新理念、新习惯的形成呢？其机理是否一致？我们尚不得知。但有一点是明确的，如果这一旧理念、旧习惯需改变成新理念、新习惯，那它们就是同步的，不破不立。也就是说，旧理念、旧习惯的改变或消退同样需要21天才会产生效应。

(四)多渠道学习

课堂上学真知。课堂是获取知识的基本渠道，大学生一定要认真对待老师的课堂教学和对学习方法的指导。在学习和运用知识的过程中，大学生要多参与讨论沟通，多向老师、同学请教。学校为大学生的学习提供了非常好的环境，校园里有藏书丰富的图书馆，有设备先进的实验室，有丰富多彩的课外研究活动。学生除了在图书馆查阅资料、听各种学术讲座和报告、参加学生社团活动外，还可以走出校门做社会调查，通过各种渠道广泛学习其他领域知识，开拓自己的思维。

三、学习能力的培养

(一)自学能力

所谓自学能力，就是不依赖教师和家长，通过独立学习、钻研而获取知识的能力。要培养自学能力，首先要对自己有信心，其次是要有良好的学习动机和稳定的情绪。大学生要提高独立的思考能力，找到适合自己的学习方法。

在大学，你会发现自己真正想学的东西并不局限于专业课程，还有很多好东西会吸引你的眼球。如果你的自学能力太差，是很难在有限的时间里掌握你想要学习的东西的，所以，早早地训练自己的阅读和自学能力，到了大学才能很好地发展，成为全面型的人才。

另外大学生还要重视个人发展空间，大学里自学的时间很多，需要加强自觉的能力，懂得自己适当安排时间，有效地学习。由于自学的能力强了，大学生处事的能力也会随之增强。

(二)记忆能力

记忆是大脑系统活动的过程，一般可分为识记、保持和重现三个阶段。识记，就是通过感觉器官将外界信息记忆在大脑里；保持，是将识记下来的信息，短期或长期储存在大脑里，使其暂时不被遗忘或者许久不遗忘；重现，包括两种情况，凡是识记过的事物，当其重新出现在自己面前时，有一种似曾相识的熟悉之感，甚至能明确地把它辨认出来，称作再认；凡是识记过的事物不在自己面前，仍能将它表现出来，称作再现。因此，重现就是指在人们需要时，能把已识记过的材料从大脑里提取出来的过程。

根据记忆内容的变化，记忆的类型有：形象记忆、抽象记忆、情绪记忆和动作记忆。①形象记忆型以事物的具体形象为主要的记忆类型。②抽象记忆也称词语逻辑记忆。它是以文字、概念、逻辑关系为主要对象的抽象化的记忆类型，如"哲学""市场经济""自由主义"等词语文字，整段整篇的理论性文章，一些学科的定义、公式等。③情绪记忆，情绪、情感是指客观事物是否符合人的需要而产生的态度体验。这种体验是深刻的、自发的、情不自禁的，所以记忆的内容可以深刻而牢固地保持在大脑中。④动作记忆是以各种动作、姿势、习惯和技能为主的记忆。动作记忆是培养各种技能的基础。

按心理活动是否带有意志性和目的性来进行分类，可以将记忆分为无意记忆和有意记忆(其中的"意"，心理学上的解释是指"意识"，意识问题很复杂，我们在这里将其解释为"意志性"和"目的性"，仅为了掌握)。①无意记忆的四个特征：一是没有任何记忆的目的、要求；二是没有做出任何记忆的意志努力；三是没有采取任何的记忆方法；四是记忆的自发性，并带有片面性。②有意记忆也具有四个特征：一是有预定的记忆目的和要求；二是需要做出记忆的意志努力；三是需要运用一定的记忆方法；四是具有自控性和创造性。

无意记忆和有意记忆是相辅相成的，并在一定的条件下可以相互转化。也就是说，无意记忆可以向有意记忆转化，有意记忆也可以向无意记忆转化。转化的条件包括：第一，实践或认识任务的需要是两者相互转化的根本条件。第二，信息强度的变化是转化的重要条件。第三，人的主观处于何种状态是转化的重要条件。第四，所掌握的记忆技能的熟练程度是转化的必要条件。第五，精神高度集中，然后思想放松，常常是有意记忆向无意记忆转化的有利时机。

记忆能力的培养有很多方法，如理解性记忆，即建立旧知识和新知识的联系，也就是我们常说的"温故而知新"，还有整体记忆和分段记忆、多种感官参与记忆、多读多背记忆法等。态度端正并积极地思维，还要对自己的记忆力抱有信心，只有这样才能充分调动脑细胞，再难的知识也能记得住、记得久。那么具体的记忆方法有哪些呢？

1. 形象记忆法

小学生擅长具体形象记忆。直观、形象的东西，尤其是视觉图像，容易给人留下深刻的印象。因此，如果能将所要记忆的一些抽象的东西尽可能地与具体形象的东西结合起来，在形象的基础上进行记忆，记忆就会很快。

2. 精选记忆法

"牵牛要牵牛鼻子"，记忆也是一样。记忆要选择知识的"牛鼻子"，选择重点知识来记忆，如果什么都记，就很可能什么都记不住。

3. 联想记忆法

当一种事物和另一种事物类似时，往往会从这一事物引起对另一事物的联想，而把联想运用于记忆过程中，即把记忆的材料与自己体验过的事物联结起来，记忆效果就好。

4. 分类记忆法

如果所要记忆的材料内容较多，可以试着将需要记忆的内容按一定的要求进行分类，实际上分类本身就是一个理解的过程和记忆的过程。

5. 口诀记忆法

人的记忆是以"组块"为单位的，口诀记忆法可以缩小记忆材料的绝对数量。把记忆材料分组，按照组块来记忆，可以加大信息容量，增强趣味性，不但可减轻大脑负担，而且记得牢，避免遗漏。

6. 限时记忆法

在规定的时间里去背诵一些数字、人名、单词等，可以锻炼博闻识记的能力。

经典实验

艾宾浩斯遗忘曲线

记忆曾被认为是不能用实验研究的高级心理过程，为了客观、可量化地研究记忆，艾宾浩斯首先要找到适合研究记忆的记忆材料。他认为，如果用散文或诗词作为记忆材料，实验过程会受到污染，因为每个人的文化背景和知识经验不同，而且被试容易把意义或联想与词形成联系，影响实验结果。因此，他在实验中使用了无意义音节。无意义音节是由两个辅音加一个元音构成，如 ceg，dax 或 bok 等。无意义音节不代表任何意思，也不容易形成联想。艾宾浩斯以自己为被试，采用死记硬背的学习方法，通过机械复述来识记。例如，他把 13 个无意义音节按照一定顺序排列，通过不断重复的学习来记忆，直到他能按正确的顺序背诵出所有无意义音节。过一段时间(可能是十几分钟、几十分钟、几小时、几天甚至一个月)，他再重复学习之前的无意义音节，直至完全能够背诵。与第一次比较所学的遍数，就能计算记忆的保存量。例如，第一次学习用了 12 遍，而一段时间之后重学用了 9 遍，那么在那段过去的时间里的保存成绩为 25%(12 遍－9 遍＝3 遍，3 遍÷12 遍＝25%)。相反，同时期的遗忘量为 75%。

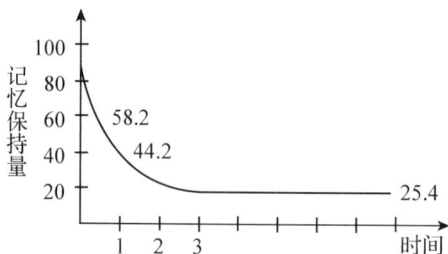

图 4-6　艾宾浩斯遗忘曲线

艾宾浩斯通过此种方法，发现了遗忘曲线(the curve of forgetting，见图 4-6)，揭示出遗忘的规律是先快后慢，在学习后的半小时内就会忘掉近一半，一个星期后保存量仅为百分之三十左右，之后遗忘速度缓慢，一个月的保存量与一个星期的保存量相当。它的纵坐标代表保持量，横坐标代表时间。曲线表明了遗忘发展的一条规律：遗忘进程是不均衡的，在识记的最初遗忘很快，以后逐渐缓慢，到了相当的时间，几乎就不再遗忘了，也就是遗忘的发展是"先快后慢"。

人体大脑对新事物遗忘的循序渐进的直观描述，人们可以从遗忘曲线中掌握遗忘规律并加以利用，从而提升自我记忆能力。该曲线对人类记忆认知研究产生了重大影响。

知识链接

关于"创克"效应

所谓"创克"指的是 chunk，即组块，是心理学家 Mill 从信息加工的角度提出的。当外界信息通过感官进入记忆系统中的短时贮存系统时，大脑就对信息进行有意识的处理。实验表明：短时记忆贮存系统一般接收 7±2 个组块。这个神奇的"创克"既可以是单个字，也可以是词、词组，甚至是句。此后心理学家通过实验得出结论：改变组块的容量可以增加记忆容量。如果出示一些无关的汉字，学生能记住五六个字，如果对汉字加以重组并形成词，那么学生可以记住五六个词，其中汉字的字数更多了。这就是"创克"效应。也就是在教学中，通过组块可以使学生在课堂上记住更多的知识内容。因此，在语文教学中，教师要根据学生已有的知识结构，引导学生对需要记忆的信息进行分类组合；或者把信息组合成学生熟悉的较大组块，或者把信息进行等级分类组成有意义的组块。有心理学家指出，在人的记忆过程中，对材料的分类、组成是很重要的一个步骤。人的经验是分类保持的，唤起过去的经验（回忆）也要借助于经验的类别的范畴。

（三）观察能力

观察是人们有目的、有计划、比较持久地对某种对象的知觉过程。简单地说，观，就是"看"；察，就是"分析"，是通过我们的眼睛来认识事物，联想问题，发现规律。观察能力不是先天的，而是通过后天的努力来培养提高的。

（四）创新能力

创新能力是个体运用已有的基础知识和可以利用的材料，并掌握相关学科的前沿知识，产生某种新颖、独特、有社会价值或个人价值的思想、观点、方法和产品的能力。例如，哥白尼、牛顿、马克思、爱因斯坦等人能引起人类思想史、科学史的革命。爱迪生有那么多项专利，是因为他能发人之所未发，也就是说他具有创造性的思维能力。创新能力由创新意识、创新思维、创新技能三大要素构成，它是创新人才的智慧资源，也是创新学研究的一个重要问题。

（五）知识运用能力

知识的最大作用并不在于本身，而是在于如何将其运用于科学实践中。学习是需要持续的，知识是需要应用的。学习是一种技能，要经过不断的打磨，知识的应用也需要打磨而获得升华。

知识链接

拖延症

现如今，"拖延症"这个词已经不再冷僻，它是国际心理学在最近一二十年时间里热衷于研究的课题之一。该词的英文拼写是"procrastination"，源于拉丁文，字面意思是"推迟到明天做"。拖延症是指自我调节失败，在能够预料后果有害的情况下，仍然把计划要做的事情往后推迟的一种行为。

拖延是一种普遍存在的现象，一项针对大学生的调查显示，大约 75% 的大学生认为自己有时拖延，50% 认为自己一直拖延。《中国青年报》社会调查中心也曾做过这样一项有趣的调查，它通过网易新闻中心和民意中国网召集了 2250 人，展开对"拖延症"这一话题的调查。而结果显示，有 72.8% 的被调查者坦白自己在工作上确实有"拖延症"，并且认为在自己身边大多数人也都有拖延症。在这个数据中，有14％的人认为自己的拖延症已经十分严重，有41.5％的人觉得自己的症状"比较明显"，但是还不太严重。而这些数据已经足够说明，拖延症不仅会影响我们的工作效率，还会对个体的身心健康带来消极影响，如出现强烈的自责情绪、负罪感，不断的自我否定、贬低，并伴有焦虑症、抑郁症等心理疾病，一旦出现这种状态，需要引起重视。

在现实生活中我们也不难看到这样的现象。教师将一个任务布置给学生时，就确定了一个完成这个作业的最晚时限。然而，一开始，很多学生都不将任务放在心上，总是将工作一拖再拖。等到时限将近，大家才发现工作只完成了一点点，或者还没有开始动，于是就只能焦急地加班加点，甚至通宵达旦。而这样导致的结果是，作业完成的质量不尽如人意，甚至连如期完成任务都成了问题。因此拖延表面是一种推迟的行为，在这个词语背后涉及了对失败的恐惧、对完美主义的追求、优柔寡断、对工作和自我的观念等一系列心理问题的庞大课题。

心理学研究者有三个标准来界定拖延症。

第一，这种行为会阻碍你达到预期目标，它是没有必要的，仅仅拖延完成事务。

第二，拖延经常为患者带来压力、负罪感、降低效率、恐慌，以及其他人对自己不能完成任务，不能尽责的不良评价。

第三，拖延会恶性循环，导致进一步的拖延行为。

对个人来说，轻微程度的拖延是正常的，当其开始阻碍你的正常工作，你就需要认真对待它了。慢性或长期的拖延行为，暗示着潜在的心理及生理紊乱。

针对拖延症，以下措施可以帮助我们调整和改善。

1. 分清事情的轻重缓急。

每个人的时间都是有限的，所以千万不要让不重要的事情占据我们太多的时间。这时，要想克服拖延症，最需要的就是先分清楚每件事情的重要性，然后对它们进行排序，我们要把最好的精力用在最需要完成的事情上。可能这其中也会有很多干扰，但是我们一定要理清自己的思路，规划好自己的行动。

2. 改变认识，丢掉完美主义。

拖延与一些认知心理呈负相关，我们可以通过一些方法来改变这些不正确的认知，如运用积极暗示、增加成功体验和放大优点等方法获取自信；改变完美主义，分析完成任务带来的益处。

3. 积极情绪和调节动机。

我们可以通过适当休息、转移注意力、适当的放松娱乐等来转换心情，获得暂时的积极情绪，不能逃避现实，忽视长远利益和问题的根本。在动机方面，任务性质中的任务厌恶影响拖延，所以我们需要将厌恶的任务转换为喜欢的任务或附加一些奖励。

4. 规定好时间按时完成计划，增强自我效能感。

增强自我效能感可以在很大程度上预防拖延的发生，我们要在任务完成过程中对自己进行自我管理，积极监控自己的行为并评估干预期。

5. 发挥群体的作用，互相监督。

群体可以为成员提供一种充满理解、关爱、信任的特殊情境，这种环境的变化必将引起个体行为的改变。拖延是可以相互传染的，同样，不拖延也是可以相互传染的。不同的拖延症患者通过组织约束自己的行为也为他人提供经验并相互监督。当然你也可以从你们寝室的同学开始，互相督促，戒掉"拖延症"。

课堂活动

走出"舒服圈"

活动目的

1. 体验改变习惯的困难及改变习惯的反应。

2. 让学生意识到要不断挑战自己，走出自己的舒服圈，改变自己是可能的。

活动过程

1. 老师向学生介绍舒服圈的含义。

心理学中的一个概念叫作"舒服圈"，意思是所有人都活在一个无形的分界线里，在这个"舒服圈"里有自己熟悉的环境，与认识的人相处，做自己会做的事。总而言之，在分界线内的我们感到很舒服。反之，当走出分界线时，我们就会感到不舒服，很自然地想要退回到分界线内。这个分界线内的部分就是一个"舒服圈"。

2. 老师邀请学生自然地十指交叉相扣约 5 秒。

3. 老师再邀请各学生以左右手的大拇指前后相反的位置卜指交叉相扣约 5 秒，感受和之前动作不同的地方。

4. 恢复垂手状态，老师再邀请各学生随自己的习惯自然地绕手。

5. 老师再邀请各学生以相反方向绕手，感受和之前动作不同的地方。

6. 恢复垂手状态，老师向学生提问：第二次的十指相扣和绕手有什么感觉？为什么会有这种感觉？我们可能改变习惯吗？什么因素可协助改变？

在生活学习中，有哪些情况要求我们打破自身的"舒服圈"？我们的"舒服圈"是如何产生的，如何拓展我们的"舒服圈"？

延伸训练

人的成长就是一个不断走出"舒服圈"，挑战自我的过程，下面提供的是拓展个人"舒服圈"的延伸训练。

如果自己不擅长人际交往，可以尝试多和陌生人打招呼和聊天，如假装问去某个地方怎么走，你会发现与陌生人交往并不是一件难事。

放学回家时换一条路走，或换乘另外一辆公交车，虽然可能会费一些时间，但往往会有一些意想不到的发现，说不定会发现更近的路线。

过去你只读小说、只听流行歌曲、只欣赏水彩画，没关系，从现在开始，你也读哲学、听古典音乐、欣赏雕塑，从个人兴趣这样的小地方先着手，挑战自己过去不接触的东西，让生活多一点弹性。

尝试一些从前不敢尝试的"新"事物或"新"活动(这个"新"是相对自己而言的，尽管别人可能已经觉得不再时髦)；如平时不敢吃辣，今日不妨尝点辣的，说不定你开始喜欢这种味道；穿一些色彩、风格和你平日不同的衣服，说不定它会给你带来一种新的感觉和情绪。

活动评价

每个人可能都有惰性，都有自己的"舒服圈"。在"舒服圈"里待久了，人就缺少了进取心，就会变得停滞不前。而一个人成长的快慢，关键是看他是否愿意冒一些风险，尝试去做自己没做过或不拿手的事。从自己的"舒服圈"中走出来，进而从这些成功或失败的经验中成长进步。尤其是在今天变化快速、竞争激烈的社会里，不尝试的危险比尝试的风险大许多。如果你也想让自己拥有多姿多彩的人生，请走出自己的舒服圈，不要做一位拒绝冒险和成长的人。

心理测验

大学生学习动机问卷

本问卷的目的在于了解当代在校大学生的学习动机，一定程度上给教师的教学和高等教育的改革提供参考。希望您详阅每一题后能根据自己的真实看法逐一填写。对于您所填本问卷的答案无好坏对错之分，且问卷所得的结果只做团体性的分析，不做任何个别呈现。

备注：

1. 此调查中的"学习"主要指在校专业知识的学习。

2. 数字 1～5 代表不同的符合程度等级。

1——完全不符合，表示该句描述完全不符合您的实际情况。

2——比较不符合，表示该句描述比较不符合您的实际情况。

3——不清楚，表示您无法确定该句描述是否符合您的实际情况。

4——比较符合，表示该句描述比较符合您的实际情况。

5——完全符合，表示该句完全符合您的实际情况。

请在符合您的实际情况的选项上打钩。

性别：_____   年龄：_____   专业：_____

年级：_____   居住地：(1. 城市   2. 农村)

父亲文化程度：（1. 初中以下　2. 高中　3. 大专以上）

母亲文化程度：（1. 初中以下　2. 高中　3. 大专以上）

1. 学习上碰到不懂的地方，你会废寝忘食地钻研，直到弄清楚为止。

　　　　　　　　　　　　　　　　　　　　　　　　　1　2　3　4　5

2. 如果你遇到"希望工程"的资助，你会比以前更刻苦学习。

　　　　　　　　　　　　　　　　　　　　　　　　　1　2　3　4　5

3. 专心学习的时候，你不会在意周围发生的事。　　　1　2　3　4　5

4. 你认为父母把希望寄托于你，学习不好难报养育之恩。

　　　　　　　　　　　　　　　　　　　　　　　　　1　2　3　4　5

5. 如果没有人督促，你依然会主动学习。　　　　　　1　2　3　4　5

6. 你会为了吸引异性而更加努力地学习。　　　　　　1　2　3　4　5

7. 除了专业课，你还自学其他专业课的知识。　　　　1　2　3　4　5

8. 你认为评奖学金、三好学生等会让你更乐于学习。　1　2　3　4　5

9. 放寒暑假时，你总是制订一个学习计划。　　　　　1　2　3　4　5

10. 学习好可以得到别人的重视。　　　　　　　　　　1　2　3　4　5

11. 对书上的题，不是老师留的作业，也乐于完成。　1　2　3　4　5

12. 好好学习才可能找一份好工作。　　　　　　　　　1　2　3　4　5

13. 你经常阅读与学习有关的参考书和课外读物。　　1　2　3　4　5

14. 考试成绩不好时，你就不想好好学习了。　　　　1　2　3　4　5

15. 你经常做到课前预习，课后复习。　　　　　　　　1　2　3　4　5

16. 你认为有了文凭就会受人尊敬。　　　　　　　　　1　2　3　4　5

17. 你有使用字典等工具书的习惯。　　　　　　　　　1　2　3　4　5

18. 要达到一定的社会成就就要好好学习。　　　　　　1　2　3　4　5

19. 试卷和作业发下来后，你会认真研究为何出错。　1　2　3　4　5

20. 你会为了进入更高一级的院校继续深造而更加努力学习。

　　　　　　　　　　　　　　　　　　　　　　　　　1　2　3　4　5

21. 你只在喜欢的科目上狠下功夫，而对不喜欢的科目放任自流。

　　　　　　　　　　　　　　　　　　　　　　　　　1　2　3　4　5

22. 你认为读大学是为了培养自己的社会竞争能力。　1　2　3　4　5

23. 你花在课外读物上的时间比花在教科书上的要多。　1　2　3　4　5

24. 你想提高学习成绩来超过你的同学。　　　　　　　1　2　3　4　5

25. 为了实现一个大目标，你会给自己制订循序渐进的小目标。

　　　　　　　　　　　　　　　　　　　　　　　　　1　2　3　4　5

26. 学习好是建立未来美满家庭的保证。　　　　　　　1　2　3　4　5

27. 当你读书时，你很容易提起精神来。　　　　　　　1　2　3　4　5

28. 你会为了争取在校期间入党而努力学习。	1	2	3	4	5
29. 你总是把当天的问题弄懂。	1	2	3	4	5
30. 你认为学习好是报答别人的最好方式。	1	2	3	4	5

评分标准

1. 每一题中你打钩的数字即为你每一题的得分，如选1(完全不符合)，则得1分，选3(不清楚)得3分，选5(完全符合)得5分，以此类推。

2. 总分在30～90为学习动机较弱，91～120为一般，121～150为较强。

3. 标号为奇数的题目(1、3、5、……27、29)为内部学习动机，奇数题得分在15～45为内部学习动机较弱，46～60为内部学习动机一般，61～75为较强。

4. 标号为偶数的题目(2、4、6、……28、30)为外部学习动机，偶数题得分在15～45为外部学习动机较弱，46～60为外部学习动机一般，61～75为较强。

资料来源：张大均，吴明霞．大学生心理健康[M]．北京：清华大学出版社，2007.

心理影院

阿基拉和拼字比赛

聪明活泼的11岁女孩阿基拉·安德森(柯克·帕尔莫饰演)并不是一个乖巧听话的学生，平日里经常逃课和毫无目的地做些怪事，老师对她没有太多的办法。因为五年前丧父的噩耗已经将她完整家庭里幸福的气氛彻底打破。她与母亲坦娅(安吉拉·贝塞特饰演)的相处也不如从前那样温馨、融洽。父亲生前给她留下的最深刻的印象也只是他们常在一起玩的一种拼字游戏。然而，就是这淡淡的记忆，令小阿基拉对拼字游戏产生了浓厚的兴趣，并且神奇地拥有了极高的拼字游戏的天分。也正是这一特长，可以令她忘却一切生活和学习中的苦恼，并有着高人一等的优越感。而且，性格内向的阿基拉也渐渐开始参加各种拼字游戏的比赛，并逐渐在这一领域崭露头角。然而，孤独支撑家庭的母亲却对女儿的这点特长表示了极大的反感，并处处阻挠阿基拉去参加拼字比赛。但个性很强的阿基拉还是冲破母亲的束缚，大胆地参加了重要的拼字比赛，并成功得到了参加国家级拼字大赛的机会。参加正式比赛之前，阿基拉得到了一位身份颇显神秘的教授(劳伦斯·费斯伯尼饰演)以及众多好友邻居们的鼎力相助。随着拼字比赛的继续进行，阿基拉优秀的拼字天分和后天不懈的努力得到了充分的发挥，优异的比赛成绩也随之而来，邻居好友们也为她感到欣慰和骄傲，这当中还有一直默默在为她祝福的母亲。所有人都亲眼看见了这个天赋异禀且勇敢无畏的小女孩的成长过程。

阅读经典

拖延心理学

本书的作者是简·博克和莱诺拉·袁。本书为我们提供了达成目标、管理时间、谋求支持和处理压力等一系列方案来克服拖延问题，书中提供的方案极为实用并经受过实践的检验。本书还考虑到工作和生活节奏不断加快的当代文化诉求，以及诸如注意力缺失紊乱症、执行功能障碍症等神经认知问题对拖延的影响。这本书为生活和工作在拖延者身边的人群提供了不少实用性建议。

1+1 参考文献

[1]卢勤，周宏，邵昌玉．大学生心理健康理论与实践[M]．成都：四川大学出版社，2010．

[2][美]哈维·席尔瓦，理查德·斯特朗，马修·佩里尼．多元智能与学习风格[M]．张玲，译．北京：教育科学出版社，2003．

[3]王小明．学习心理学[M]．北京：中国轻工业出版社，2009．

[4]朱育红，潘立军，王爱丽．心理健康教育课堂互动手册[M]．上海：华东理工大学出版社，2015．

[5]南岳，陈德奎．新编大学生心理健康教程[M]．上海：上海交通大学出版社，2016．

[6]津巴多．心理学与生活[M]．王垒，等译．北京：人民邮电出版社，2003．

[7]文启智．哈佛凌晨四点半[M]．北京：中华工商联合出版社，2017．

模块五　人际关系

早在春秋战国时期，我国的智者们就曾说过"三人行，必有我师焉""己所不欲，勿施于人""厚德载物，海纳百川"等有关如何与他人交往的名言警句，流传后世。可见，与他人相处是极其重要且令人深思的事情。能够在与他人相处的过程中，学会欣赏他人，体谅与理解他人，相互包容和接纳，是建立和维持良好人际关系的重要因素。俗话说，"三个臭皮匠，顶个诸葛亮"，一个人的力量是有限的，而团结起来就会使人们变得强大。虽然时代在变迁，但人与人关系的重要性却一直未减。本模块就让我们走进人际交往的话题，共同探讨和学习如何与他人相处。

学习目标

1. 了解人际交往的重要意义，人际交往的原则，以及人际交往包含的内容。

2. 掌握大学生建立良好人际关系的方法与技巧，以及倾听与沟通的策略，学会包容与接纳，理解与谦让，欣赏与真诚。

3. 感悟人际交往的重要性与美好之处。

案例导入

2017 年 1 月，朋友圈被一段"学生打架"的视频刷屏：宿舍内，一名身穿校服的男孩多次殴打另外一名男孩，而宿舍内其他学生一直旁观没有上前劝阻。

记者对这一事件进行了调查。该视频中的两个学生因打游戏抢手机而引发了激烈的冲突。

事情发生在一间有四张高低床的宿舍内。视频一开始，学生 B 坐在下铺，双手拿着手机在摆弄。

"你摔谁呢？你摔谁呢？……"过道站着的身穿校服的学生 A 嚷着，接着伸脚踹 B，又一脚踢到了 B 的头上。B 一直没有还手，双手仍然捧着手机。A 又朝 B 的头部打了一拳，跟着拽住 B 的衣领一把将其拽下床。这时 B 带着哭腔回了一句"我摔我自己"。但 A 不依不饶，将 B 的头摁到地上，之后一脚踹在 B 的腰部，紧接着又拽着 B 的头部，用腿将 B 的头部往床沿上顶。

B 的情绪激动起来："你打吧，你打死我吧！"紧接着，B 自己用力将脑袋磕向床沿，接着又挥拳猛击床沿……

A 仍然不依不饶，双手撑在上铺床沿，悬空飞起一脚，踢在 B 的头部，又拽着 B 的头部将其推向房门，并将 B 顶在房门上质问"你摔谁呢？"B 说："我没摔你，我还要打排位。"

A 在打人过程中质问 B："我把你当朋友，我要手机时你什么态度？"

B 回应："我也把你当朋友，我要打排位，我就差 5 分。"

通过两名学生的对话，疑为学生 B 在玩手机打游戏排位，学生 A 抢手机，学生 B 不满摔了手机，因此激怒了学生 A，这才动手打人。

（半岛晨报，2017.1.4）

分析与思考

两人本是朋友，却因打游戏抢手机这样的小事大打出手，给彼此身体和心灵上都留下了深深的伤痕。照常理来说，朋友或者室友之间发生冲突在所难免，如果彼此退让、相互包容，双方都不会受到太大影响。但在该案例中，正是因为两人都不顾对方感受，以自我为中心，为了自己的一时之快蛮横对待他人，相互不仅不退让、不妥协，更是用十分极端和暴力的方式来激化矛盾，才使事情发展到如此境地。本身可大可小的事情，却被闹到大打出手，不可开交。请思考，我们怎样才能与他人和谐相处？

小寄语

通过这一模块的学习，希望大学生能够在与他人相处的过程中学会如何处理类似的问题，如何避免或减少这类问题的发生，学会包容与接纳，理解与谦让，欣赏与真诚。

任务一　人际交往概述及意义

暖身活动

抓手指——捉逃串联

活动过程

1. 学生围成一圈，教师站中间。每个学生左手手心朝下，右手仅伸出食指朝上，接触自己右手边队友的左手。

2. 教师念一段故事，请学生听到"乌鸦"时迅速用左手抓握左边同学的食指，同时将自己顶在相邻右边同学掌心的食指逃脱，防止被自己右手边的人抓住。

3. 教师邀请所有人按以上规则做好准备。

4. 教师讲述故事。

乌鸦和乌龟

森林里有一座小小的城堡，里面住着可怕的巫婆和她的仆人乌鸦。有一天，天上飘来一片片乌云，转眼间天就乌黑了，什么也看不见，不一会儿就下起了大雨。在狂风暴雨中，巫婆听到有人在敲门，开门一看，原来是一只乌龟，还有一只乌贼。他们请求巫婆让他们进屋，巫婆同意了，可是乌鸦不同意，他和乌龟是多年的宿敌。雨越下越大，大家也越吵越凶，乌贼指着乌云对巫婆说："雨这么大，乌鸦却不让我们进去，我和乌龟都会生病的，再不开门，我一定会让你的城堡变得乌烟瘴气。"最后，巫婆还是没有给他们开门。不久，雨停了，太阳出来了，乌云也散了，巫婆和乌鸦这才打开门，看见乌龟已经冻得缩成了一团。

5. 教师提问。

(1)哪些同学是既抓住了别人的手同时自己又逃脱了？

(2)哪些同学抓住了别人的手？

(3)哪些同学逃脱了对方的手掌？

活动评价

1. 专注地听别人说话才能听得清楚，行动才能果断、敏捷。

2. 过分担心失败反而更容易做错。

3. 有些学生很容易受旁边同学的影响，所以做判断时保持独立清醒的头脑也是重要的。

活动过程中学生可能有身体扭动，所以尽量避免周围有尖锐物体，如桌角。

活动中，我们同时扮演了捉与逃两种角色。与朋友相处时，我们也在同时扮演着两种角色——既是倾听者，又是叙述者；既是助人者，也是受助者；既是评价者，也是被评价者；既是信息的传递者，也是信息的接收者。学会同时扮演好两种角色，有助于我们在人际交往中协调与处理关系。

情境导入

丘吉尔和弗莱明的故事

弗莱明是苏格兰一个穷苦的农民。有一天，他救起一个掉到深水沟里的孩子。第二天，弗莱明家门口驶来了一辆豪华的马车，从马车上走下一位气质高雅的绅士。见到弗莱明，绅士说："我是昨天被你救起的孩子的父亲，我今天特地过来向你表示感谢。"弗莱明回答："我不能因救起你的孩子就接受报酬。"

正在两人说话之际，弗莱明的儿子从外面回来了。绅士问道："他是你的儿子吗？"弗莱明不无自豪地回答："是。"绅士说："我们订立一个协议，我带走你的儿子，并让他接受最好的教育，如果这个孩子能像你一样真诚，那他将来一定会成为让你自豪的人。"弗莱明答应签下这个协议。数年后，他的儿子从圣玛利亚医学院毕业，发明了抗菌药物盘尼西林，一举成为天下闻名的弗莱明·亚历山大爵士。

有一年，绅士的儿子，也就是被弗莱明从深沟里救起来的那个孩子染上了肺炎，是谁将他从死亡的边缘拽了回来？是盘尼西林。那个气质高雅的绅士是谁呢？他是第二次世界大战前英国上议院议员老丘吉尔。绅士的儿子是谁呢？他是第二次世界大战时期英国著名首相丘吉尔。

分析与思考

帮助别人有时候就是在帮助自己。曾经发生过这样一个故事，在一场激烈的战斗中，上尉忽然发现一架敌机向阵地俯冲下来。照常理，上尉发现敌机俯冲时会毫不犹豫地卧倒。可上尉并没有立刻卧倒，他发现离他四五米处有一个小战士还站在那儿。他顾不上多想，一个鱼跃飞身将小战士紧紧地压在了身下。紧接着一声巨响，飞溅起来的泥土纷纷落在他们的身上。上尉拍拍身上的尘土，回头一看，顿时惊呆了——刚才自己所处的那个位置被炸成了一个大坑。

上尉在帮助别人的同时也帮助了自己。在前进的道路上，搬开别人脚下的绊脚石，有时恰恰是为自己铺路。为别人尽最大的力量，最后就是为自己尽最大的力量。有人这样说，天堂和地狱的区别就在于，地狱的人们都很自私，不愿为他人付出，结果谁都得不到自己想要的，而天堂的人愿意为了满足别人的愿望而相互付出，最终都得到了满足。如果我们能够相互体谅，为他人考虑和付出，我们的生活将如天堂一般美好。

请思考，是什么促使了弗莱明的儿子接受良好的教育？请同学之间讨论自己身边发生的，帮助别人的行为也帮助了自己的事例。

一、人际交往的概念

人际交往指的是人们之间的信息沟通和物品交换的过程。从静态角度看，人际交往指的是人们之间已经形成的某种特定关系，即通常所说的人际关系。人类社会的存在和发展离不开人际交往。从动态角度看，人际交往是指人们通过各种手段进行联系和接触，使人与人之间产生相互影响和相互作用的行为过程。大学生的人际交往是指大学生之间、大学生与其他社会群体之间进行联系和接触，并产生相互影响和相互作用的行为过程。

在社会生活中，每个人都不可避免要与他人交往。有人估计，每个人每天除睡眠以外，其余 70% 的时间是在进行人际交往。正是人与人之间的交往，构成了我们社会的稳定性，让人类社会不仅是众多个体的简单相加，而是更能够焕发活力与生命力。同时，与他人交往也为我们自身的发展提供了机会和途径。

二、人际交往的意义

经典实验

感觉剥夺实验

1954 年，加拿大麦克吉尔大学的心理学家首先进行了"感觉剥夺"实验。该实验以每天 20 美元的报酬（在当时是很高的金额）招募了一批学生作为被试。

实验内容是这样的：为了制造出极端的孤独状态，实验者将被试关在有隔音装置的小房间里，让他们戴上半透明的保护镜以尽量减少视觉刺激；用空气调节器发出的单调声音限制其听觉；让他们戴上木棉手套，并在其袖口处套了一个长长的圆筒；腿脚用夹板固定，限制其触觉；为了限制各种触觉刺激，又在其头部垫上了一个气泡胶枕。除了进餐和排泄的时间以外，实验者要求被试 24 小时都躺在床上。这样就营造了所有感觉都被剥夺的状态。实验结果显示，尽管报酬很高，却几乎没有人能在这项孤独测试中忍耐三天以上。最初的 8 个小时还可以支撑，之后，被试就吹起了口哨或者自言自语，有点烦躁不安了。在这种状态下，实验结束后让被试做一些简单的事情也会频频出错，精神也集中不起来。一些被试还产生了病理心理现象：出现错觉、幻觉；注意力涣散，思维迟钝；紧张、焦虑、恐惧等，实验结束后需要数天时间才能回到原来的正常状态。有被试描述感觉剥夺持续数日后的感觉，他们说自己会产生一些幻觉，如看见大队花果鼠行进的情景，或者听到有音乐传来等。到第 4 天时，被试会出现双手发抖，不能笔直走路，应答速度迟缓，以及对疼痛敏感等症状。

其实，人的成长成熟都是建立在与外界环境广泛接触的基础之上的。我们生活在形形色色的关系中，尤其是人际关系。虽然人际关系不同于社会关系，但它是社会关系的一部分，而且人的成长、发展、成功、幸福都与人际关系紧密相连。感觉剥夺实验说明了人是无法脱离社会和人际关系独自存在的。戴尔·卡耐基曾说过："一个人的成功，只有 15% 是由于他的专业技术，而 85% 要靠人际关系和他的待人处事能力。"此话说明了人际交往的重要性。那么对于大学生来讲，人际交往的重要意义具体包括哪些方面呢？

（一）人际交往是获取信息的重要途径

人际交往是交流信息、获取知识的重要途径。大学生在人际交往过程中可以互通信息，这有利于启迪思维、开阔视野，同时也节省了很多自己去找信息的时间。

良好的人际关系可以为个体提供更多的信息、更多的帮助和更多的心理支持，从而使人更易获得成功。美国有学者发现个人"智慧""专门技术"和"经验"只占成功因素的15％，其余85％取决于良好的人际关系。哈佛大学就业指导小组调查的结果也证实：数千名被解雇的男女中，人际关系不好的比不称职的高出两倍。

(二)人际交往影响身心健康

良好的人际关系和正常的人际交往对于每个人来说，都是一种极大的精神鼓舞，它能够培养人的自尊心和自信心，增强人适应社会的能力，有助于形成积极的人生观，促使身心正常地发展。心理学家发现，在心理门诊的就诊人员中，人际关系紧张、不能与人良好相处的人占就诊人数的80％以上。实践证明，人际关系紧张的大学生会显示出压抑、敏感、不与人合作的特点。由于他们难以化解心理矛盾，经常心情不好，容易形成精神和心理上的巨大压力，严重影响自己的身心健康。具有良好人际关系的学生，大都能保持乐观开朗的性格，能够正确认识各种现实问题，化解各种矛盾。所以，人际交往可以满足大学生对友谊、安全等各种需要，促进其身心健康。正因为如此，心理学家把良好的人际关系列为心理健康的标准之一。

(三)人际交往促进自我意识的发展和完善

自我意识中的自我评价部分，在很大程度上依赖于他人对自己的看法与态度。当一个人不与他人交往，往往容易产生偏激和极端的想法，从而产生不正确的自我意识。如果一个人经常与他人交往，在沟通与交流的过程中，就能够不断地确认他人对自己的评价，修正原先对自己不全面、不客观的认识，逐渐完善和发展出客观而全面的自我意识。一般来讲，交往面越宽，交往程度越深，认识就越深刻。

(四)人际交往促进个体社会化适应

人际交往是社会化的起点。积极的人际交往有助于我们保持与社会的联系，主动承担社会责任，这是大学生走向社会的必经之路。同时社会的发展也离不开我们与他人之间的相互协作，当然也就离不开良好的人际关系了。

三、人际关系的特征

(一)人际关系实际上是心理关系

人的关系可以分为社会关系和心理关系两大类，其中社会关系是社会角色之间的关系，是不以人的意志为转移的客观关系；而人际关系的实质是心理的关系。例如，同一个班的两个同学，从社会关系来讲是同班同学，但如果两人没有实际的交往与互动，没有心理关系上的张力，就不能算是人际关系。

(二)人际关系以人们的需要为基础

需要是建立人际关系的驱动力量，如果交往双方的心理需要能够得到一定程度的满足，就会产生喜欢、亲近的情绪反应，心理距离就会缩短；反之，就会越来越疏远，甚至产生负面情绪反应。因此，人际需要必然存在于人际关系中，是人际关系的重要特征。

(三)人际关系以感情为纽带

人际关系总会有鲜明的情绪与情感色彩。人们相处中呈现出来的喜欢与亲近，疏远与冷漠的情绪状态是人际关系好坏的基本评价指标。人际关系所具有的这种情绪性，使人与人之间的心理距离成为可以直接观察的心理关系。

(四)人际关系以人际交往为手段

良好的人际关系要借助于人际交往，通过增进相互了解、促进沟通，缩短心理距离。其中交往的频率、相互需要的程度以及价值观与世界观相似的程度等，往往会影响到人际关系的密切性。交往和互动的频率越高，人际关系就越近。

课堂活动

寻找重要感

活动过程

1. 请思考以下问题。

(1)你最喜欢和谁在一起？

(2)你觉得谁最好沟通？

(3)你最喜欢和什么人共事？

(4)有开心的事，你最希望和谁分享？

(5)当你有不开心或郁闷的事时，你希望有一个什么样的倾听者？

(6)当对方说话内容很多，或者由于情绪激动等原因，语言表达有些零散甚至混乱，你都能耐心地听完他的叙述，并且给出一定的建议和安慰吗？

2. 通过以上问题的思考，你的脑海里可能已经浮现出一个或者几个朋友的形象，请进一步思考为什么你最喜欢和他/她在一起，为什么你感觉他/她最好沟通，为什么你愿意与他/她分享？

3. 人的一辈子一直都在寻找重要感，如果你想要寻找的是敌人，凡事都要超越他们；如果你想要寻觅的是朋友，就让他们来超越你。每个人找一个同伴，在接下来的 2 分钟里，讨论任何想要讨论的东西。但是，有一条规则：不能够用"我"这个字。

4. 请讨论以下问题。

(1)有多少人能够在这 2 分钟之内持续不用"我"字而一直进行交谈？

(2)为什么我们中间有这么多人觉得在交谈中避免(过多)使用"我"字会有困难？

(3)当你和一个每句话都以"我"开头的人交谈(或倾听他的讲话)时，你的感觉怎样？

(4)我们如何调整与他人的交流方式，从而能更好地关注他人？

(5)如果你在交谈中没有用到"我"字，那么你通常是用什么样的方法做到的？当你处在你平时的工作环境或社交场合中，你能更熟练地使用刚才的方法吗？

活动评价

1. 每当你要做一项重要的决定时，试着去问三个人以上的意见，不论你的决定如何，至少你让对方觉得他很重要。

2. 记下一些重要的日子：朋友的生日或某些具有特别意义的日子，并亲自提笔写一张短笺或一封信给对方。

任务二　大学生人际交往的特点及常见问题

暖身活动

心有灵犀——你演我猜

活动过程

每个小组派出 2 名学生，一人比画一人猜，每组限时 2 分钟。

猜词过程中，比画的人不能说出词中包含的任何字，不能描述某个字的读音、写法，否则该词作废。猜的人不可以看屏幕，否则减掉一分。台下的学生不能提醒。猜不出可以喊"过"，每轮只能喊"过"1 次。以猜中词的数量决定最终胜负。

活动评价

活动说明了在人际交往中肢体语言对于信息传递的重要性。肢体语言能够迅速传递信息，能够在人际过程中帮助我们更好地实现相互沟通和彼此的理解。肢体语言的识别是人际沟通和信息传递中的重要环节，有助于人际关系的建立和保持。

情境导入

小惠是某大学一年级的学生，家庭经济条件较好，父母关系和谐，对她疼爱有加，凡事都顺从她的意愿，这使她养成了强烈的依赖性。高中的时候，小惠对同学和朋友全心付出，同学和朋友也对她关爱有加，所以小惠也没刻意关注她自己的人际关系。上大学以后，小惠希望与寝室同学和睦相处，对别人有求必应，同时也渴望别人的关注和帮助。别人要求她做某件事情，如果她拒绝了，就会觉得别人会因此不再关心和帮助她了，甚至会指责她。比如，室友 A 让小惠陪她出去逛街，小惠其实想留在宿舍看书，完成上课的作业，但是又怕拒绝了室友 A 就会影响她们之间的关系，所以就勉强自己，答应陪 A 去了，事后却熬夜写作业。而舍友 B 和 C 想让小惠打开水的时候帮她们也打一壶，小惠心里不情愿，但是她害怕拒绝了室友的要求之后，她们会认为自己不好相处，日后跟自己疏远，所以还是硬着头皮答应了，但内心感到非常委屈。小惠虽然知道这种担忧实在没有必要，但却摆脱不了。这些想法使小惠承受了巨大的心理压力，试图逃避寝室"复杂"的人际关系。她不是躲在图书馆看书，就是去上自习，早出晚归，总是尽量避免和室友们的相处，她感到内心很累，很孤独。

分析与思考

大学新生入学之后普遍存在这种现象。尤其是从小比较听话的学生，在独自面对学校生活时，很可能习惯性地用顺从的方式来面对人际交往，不敢拒绝也不敢为自己争辩，于是迷失在对身边人的各种要求和话语中，他们为难、痛苦，却不知如何打破这种局势。确实，人是相互的，你可以依照对方对你的态度来决定做到哪一步。但如果你确实有情急的原因，直接说出原因，拒绝也是一种解决之道——相信自己有说出自身需求的权利，找到客观的理由或自身原因，委婉拒绝即可，不用担心害怕得罪人。况且别人要求你帮忙的事情本身就是你的分外之事，你可以视自身的情况来决定是否要帮助对方，此时答应或拒绝都是你的权利。

请思考，小惠孤独又为难的原因是什么？在你的生活中，拒绝朋友提出的要求，你会有什么感觉？你认为怎样的方式拒绝是最恰当的？

一、大学生人际交往的特点

人际关系对于大学生而言是极其重要的一部分，大学生通过交往、沟通可以实现情感的交流，寻求他人的理解和相互帮助，建立友谊，切磋学问，探讨人生。良好的人际关系可以帮助大学生发展全面而客观的自我意识，树立正确的人生观、价值观，建立丰富而稳固的社会支持资源。同时，良好的人际关系也影响着他们的身心健康。大学生的人际关系除具有人际关系的一般属性外，还有其自身的特点。

(一)与他人交往愿望强烈

随着生活环境的变化和知识的积累，大学生的视野变得更加开阔，由于学习压力变小，精力也更加充沛。再加上随着年龄的增长，大学生的成人感和独立意识有所增强，更加注重自身社会角色与自我形象是否符合社会和他人的期待，这就需要通过与他人交往才能够了解和完善。据有关材料表明，有 90％左右的大学生希望自己有良好的人际关系和人际环境，希望通过交往获得同学的认可、接受、尊重和信任。因此，他们普遍表现出比以往更加强烈的交往愿望，非常渴望在大学期间建立良好的人际关系，以满足人际交往的愿望。

(二)重义轻利，情感色彩浓厚

都说"学生时代的感情是最单纯的"，确实，大学生的人际关系比较注重情感需求，他们的交往动机中功利性少，情感色彩更浓。在一项关于大学生交朋友的起因调查中，有 51％的大学生认为交朋友是因为谈得来，42％的人认为是因为有感情，只有 5％的人认为是因为用得着。他们之间的交往很少从对方的家庭背景、经济条件、学习成绩等方面来考虑，比较真诚、自然、少世故，他们十分注重感情的交流和心灵深处的共鸣。这也使他们的交往带有定向化特征，情感倾向性明显，愿意与自己喜爱的人交往；对讨厌的人避而远之，甚至横眉冷对。这种交往既能够消除孤独感，也能够满足大学生在大学期间对友谊和爱情的需求。

(三)交往的平等性要求

大学生处在自我意识的第二次飞跃阶段，独立和自尊的要求日益增强，产生了强烈的"成人感"，所以在对父母、长辈以及同学之间的交往中，对自主和平等的关系要求越来越高，他们既对他人平等相待，又希望他人对自己也一视同仁。独立性能够帮助大学生在交往过程中巩固和发展自我价值感。他们喜欢通过交流来探讨共同感兴趣的问题，十分重视自己的意见和主张，喜欢有主见地评价社会事物。但它也有弊端。例如，近些年来，有些大学生与老师或长辈相处时，会出现傲慢无礼、不尊敬长辈的现象。这是大学老师迫切需要关注的问题，有些大学生过分讲求平等，将老师的管教曲解为恶意打压、不平等对待学生，进而表现出敌对情绪，甚至通过过激行为进行反抗和攻击老师，严重破坏师生关系，也使自己在班里处于不利的位置。这种情况需要学生转变观念，重新理解和认识人际交往平等性的内涵和意义。

(四)交往内容的丰富性和复杂性提高

大学不同于高中，大学生获取信息的渠道广泛，尤其是在互联网越来越发达的今天，大学生可以通过多种多样的方式来认识新的朋友，交流不同领域的问题。他们的人际交往的内容不仅仅局限于交流感情、寻求友谊、寻觅爱情，还涉及专业和衣、食、住、行、工作等方面。随着通信网络的发展和交通的发达，大学生的人际关系不再局限于同一所学校，同一个城市，人际交往的频率加大，交往的对象大幅增加，人际关系由单一化向多样化转变，复杂性也随之增强。大学生花在互联网和社交方面的时间相对更多，其好处是为学生提供了更广阔的选择空间，但同时也令很多学生感到眼花缭乱，迷茫不前。

二、人际关系中的心理效应

（一）首因效应和近因效应

首因效应是指在系列呈现的信息中，首先呈现的信息比后来呈现的信息在印象形成中有更大的权重，更容易给人留下深刻的印象（在人际关系中，首因效应也被称作第一印象）。而近因效应是指，在印象形成过程中，原来的印象逐渐淡忘，同时又不断有引人注意的新信息引入，此时新近获得的信息作用就会产生较大影响。

经典实验

美国心理学家卢钦斯使用两段文字作为实验材料研究了首因效应和近因效应。他编写的文字材料主要是描写一个名叫吉姆的男孩的生活片段：第一段文字将吉姆描写成热情并外向的人，另一段文字则把他描写成冷淡而内向的人。例如，第一段中说吉姆与朋友一起上学，走在洒满阳光的马路上，与店铺里的熟人说话，与新结识的女孩子打招呼等；第二段中说吉姆放学后一个人步行回家，他走在马路的背阴一侧，他没有与新近结识的女孩子打招呼等。在实验中，卢钦斯把两段文字加以组合：

第一组，描写吉姆热情外向的文字先出现，冷淡内向的文字后出现。

第二组，描写吉姆冷淡内向的文字先出现，热情外向的文字后出现。

第三组，只显示描写吉姆热情外向的文字。

第四组，只显示描写吉姆冷淡内向的文字。

卢钦斯让四组被试分别阅读一组文字材料，然后回答"吉姆是一个什么样的人？"结果发现，第一组被试中有78%的人认为吉姆是友好的，第二组中只有18%的被试认为吉姆是友好的，第三组中认为吉姆是友好的被试有95%，第四组只有3%的被试认为吉姆是友好的。

该项研究结果表明，信息呈现的顺序会对社会认知产生影响。

（二）晕轮效应

晕轮效应是指将认知和评价对象某些方面的特点放大，从而取代或影响了对其整个人的评价，或者说通过一些表面看到的好的或不好的特性，来推断一个人其他方面的好坏，也就是我们经常说的"一好百好，一坏百坏"。我们的生活中充斥着晕轮效应的影响。比如，某个明星通过宣传、参演正面角色的电影或电视剧、参加积极有意义的公益活动等，再加上漂亮的外表，让人们对他/她产生崇拜，从而引起追星风潮就是依赖于这种晕轮效应，也称光环效应。我们平时所说的"爱屋及乌""情人眼里出西施"等也是晕轮效应的一种表现。

心理学家戴恩做过一个这样的实验。他让被试看一些照片，照片上的人有的很有魅力，有的无魅力，有的中等，然后让被试根据照片评定这些人的人格特征。结果表明，被试对有魅力的人比对无魅力的人赋予更多理想的人格特征，如和蔼、沉着、好交际等。

知识链接

1950 年，凯利（H. Kelley）利用心理学课堂，把 55 名学生分为两组，分别向学生介绍新聘任的教师。两组学生得到的介绍资料仅有一词之差：甲组的学生被告知，这位教师是"热情的"；乙组的学生被告知，这位教师是"冷漠的"。学生们看完这份资料以后，新教师来课堂授课，并分别领导两组学生进行 20 分钟的讨论。下课后，实验者让每个学生填写一份问卷，说明自己对新教师的印象。结果发现，两组学生对新教师的印象有显著的不同。一个组的印象是：有同情心，会体贴人，有社会能力，富有幽默感，性情善良等；另一组的印象则相反，认为该教师严厉、专横等。也就说，两组同学对该教师的印象都有自己的推断成分夹在其中，由热情的特点推出一系列优点，或者由冷漠的特点推出一系列与冷漠有关的其他缺点。凯利的这个实验证明，晕轮效应是主观推断泛化、扩张的结果。这种认知错觉会导致"以偏概全"、认知不准确、使个人的优缺点被夸大，处理不好必然会影响到人际关系的融洽。

有时候晕轮效应会对人际关系产生积极作用。比如，你对人诚恳，那么即便你能力较差，别人对你也会非常信任，因为对方只看见你的诚恳。但同时，这也成了晕轮效应的弊端，即容易使人们蒙蔽双眼，以偏概全，我们看到的晕轮效应中的人往往缺乏真实性，我们自身头脑中虚构和想象部分相对更多。比如，明星们其实和平常人一样，有优点有缺点，也会有自私或不顾他人感受的时候，但其表现在大众面前的部分都是经过精心筛选和修饰的，因此会让人们以偏概全地认为，他们是完美的，没有瑕疵的。

在大学生生活中也随处可见这种效应。例如，班里的某些学生可能因为长相出众而被众人追捧，以至于大学毕业之后的很多年里，他们都是很多学生心中最美的存在。又或者，班里有个同学被老师或同学排斥，同学们都说那位同学不好的地方，以至于在你心里那位同学就是一个祸害，处处都是缺点。这是负面晕轮效应的典型例子。

当然我们也可以在人际交往中利用晕轮效应来进行自己的印象管理。比如，优化自己的言谈举止，培养良好的外在形象等，以便在交往中获得更大的成功。

（三）刻板印象效应

刻板印象是指我们用某些人的特定印象来代替和评价其全部。换言之，人们会习惯性地把人进行机械的归类，把不同的个体简单武断地归为某一类人，并简单而片面地将这一类人都一概化地描述。比如，有人失恋了之后，就根据自己的个人经验，认为所有的女生都是拜金的，或认为所有理工科的男生都是思维刻板僵化的。刻板印象也就是指我们对于某一特定群体所持有的普遍信念，人们不仅对接触过的人会产生刻板印象，还会根据一些不是十分真实的间接资料对未接触过的人产生刻板印象。例如，一般人对北方人的印象是憨厚、直爽，对南方人的印象则是聪明、灵活。

刻板印象可能是积极的，也可能是消极的，当刻板印象过度概括或明显不对的时候就会出问题，请看下面的例子。

卡茨和布雷利（1933 年）调查了美国 100 名白人大学生对某些种族群体的刻板印象，发现他们大多认为黑人有迷信、懒惰、无忧无虑等品质，德国人有科学头脑、勤奋和呆板等品质。

蒙罗（Munro，1997）的一项研究中，研究者把学生分为对同性恋者有高低偏见的两组。随后每个学生都读了两篇有关同性恋研究的文章，其中一个结论和刻板印象一致，即同性恋被认为与性行为有关；另一组结论是二者没有关系。让这些有高低偏见的学生在评价每项研究的质量时，高偏见组的学生更多地采用了认为同性恋和性行为有关的那项研究的信息。

在与人交往时，若是将人简单地归为一类，然后，再将这一类人的所有特点赋予到每个人身上，这样往往就会出现认知偏差。个体是千差万别的，而社会刻板印象实际上是我们在交往时，没有把认知对象作为个体去认识，而是作为某类人来加以认知。在实际交往过程中，应当注意具体分析每个人的具体情况，不能用已经定型的观念分析具体的人。在人际交往中我们必须克服上述心理偏见，始终相信世界上没有完全相同的两片树叶。

（四）投射效应

投射效应是用我们自己的一些想法和认识来理解别人的心理，就是我们说的"以己之心，度人之腹"。比如，善良的人会认为别人也善良，经常算计他人的人会以为别人也在算计他。

投射效应带来的副作用，可能会破坏自己与他人的关系。克服这种心理倾向的关键是认清别人与自己的差异，也需要客观地认识自己，既要接受自己，又要不断完善自己。

小故事

东坡与佛印的故事

宋朝的大文学家苏东坡有个好朋友是位高僧，名字叫佛印。两人经常一起参禅、打坐。佛印老实，总被苏东坡欺负。

一天，苏东坡突发奇想，要开开这位好朋友的玩笑。他问佛印："在你眼中，我像什么啊？"佛印说："在我眼中，居士像佛祖。"苏东坡又问："那你知道在我眼中你像什么吗？"佛印回答："我不知道。"苏东坡说："在我眼中，你像一堆牛屎。"

苏东坡得意扬扬地回到家中，把这件事说给了他的才女妹妹苏小妹。

苏小妹听了皱皱眉，对哥哥说："一个人心里有佛，他看别的东西就都有佛的影子。一个人要是心里装着牛屎，什么东西在他眼中都像牛屎。禅师心净，大哥心秽也。"

所谓"心中有佛，所见皆佛"，简言之就是，心中有爱，眼中的万物万事都是美好的。这里的"爱"是一种"大爱"，是一颗仁义、慈爱、善良、诚恳、感恩、包容之心。

心中常怀这种大爱，眼中所见即光明；若心中始终充斥着贪婪、怨恨、嫉妒、厌恶等负面情绪，眼里看到的任何事、任何人也都是消极阴暗的。诚然，生活中我们会看到、遇到各种各样的阴暗面，但若能保持心中的一块净地，就算偶尔有一些消极情绪，最终也能察觉内心最深处的"佛"。

投射效应时常表现为，我们看到的世界往往是我们想看到的，或者我们预期会看到的东西，客观的世界透过我们自己内心的滤镜，被看到的样子都多了一层特别的色彩——这就是我们投射的视角。任何事物都不止一面。至于我们会看到哪一面，与我们的内心所想有关。我们担心被他人嫌弃，内心就会对这件事有关的他人行为更加敏感，于是看到的就是他人嫌弃自己的行为；我们欣赏他人，认为他人一定有自己可以学习的优点，那么我们的关注点就在他人的长处上，于是看到的就更多是别人的优点和可贵之处。

三、大学生常见的人际关系问题及调适

大学生在人际交往中，总会伴随着各种各样的问题。这些问题在学生时期较容易出现，但其实在生活中也普遍存在。问题有大有小，程度较深的问题可能严重影响学生的学习和生活，乃至未来的成长和发展。因此，大学生要了解人际交往的心理障碍，以及相应的调适策略，发现并及时解决问题，对于问题较严重的情况，可

找心理老师或者其他途径进行求助，尽早解开心结，才能让人际交往有效而健康的进行。

(一)害羞与社交回避

1. 害羞与社交回避的表现形式

通常有社交回避和害羞表现的学生，其表现形式可分为三类。

第一类是过分在意自我形象与他人评价，过分追求完美的学生。这类学生对自己苛求，不允许自己出现一丝差错，担心自己因差错而遭到别人的蔑视，毁灭自我完美的形象，在生活中表现为极力减少社交行为，害怕暴露自身的缺点，而且在交往时经常扮演被动者的角色，因担忧被别人看透而感觉不自在。

第二类是自卑心理较严重，自我接纳度较低的学生。这类学生在人际交往中自卑，认为自己不如别人，任何互动都会使其认为自己低人一等，因而尽可能减少或不参与社交活动，通过减少与他人的互动来实现自我保护，甚至较为严重的学生认为自己是祸害，不愿给他人添麻烦。

第三类是有恐惧心理的学生。这类学生与人交往时，会感到紧张、害怕，以至于手足无措，语无伦次，严重的甚至害怕见人，这就是恐惧心理。有的学生只要在公共场合就怕，有的学生只是在与异性交往中感到不自在，会面红耳赤、语无伦次，甚至仓皇逃离现场。这可能是因为羞怯引起的交往障碍，学生觉得自己总是无法融入别人热闹的交谈和活动中，也可能是由于失败的交往经历在其心理上造成了打击和痛苦，慢慢形成了恐惧心理。久而久之，他们与同学间的关系就更加疏远了。

大学生的社交需要是非常强烈的，由于自卑和害怕他人评价而回避或减少社交的行为，其实也是对学生心理需要的一种剥夺，会令其感到不被满足而感到痛苦。

典型案例

某学院二年级学生，20岁。该生自述从小性格内向，不善言辞甚至笨嘴拙舌，平时几乎不开口说话，怕说错话得罪人，甚至有时候别人问他话也经常不回答。他在大学期间朋友特别少，只跟同宿舍的个别同学接触较多，到大二了，自己班上的同学却只认识一半，他内心感到非常孤独、苦闷，觉得自己就像行尸走肉，不知道活着有什么意义。

某高职学校学生，男，21岁。该生平时说话很小声，周围的人几乎听不清楚。他一说话就脸红，感到很不自在，好像怕别人看出他的心事，所以从不主动与别人交往，有时候甚至同寝室的同学叫他，他也假装没有听见。晚上大家聊天，他从不搭话。他之所以这样，是因为从小父母离异，随母亲生活，家庭条件又不好。他认为自己处处不如别人，害怕别人了解到自己的真实情况而嘲笑自己，所以就怕与别人交往。

2. 害羞与社交回避的调入调适策略

如果害怕出错或者恐惧他人的负面评价，那么你可以选择事先做好充分的准备。俗话说，"有备无患"。在担心的事情上，做好应对的策略和准备，当真的发生时便可以从容应对，大大降低恐惧感。如果只是一想到人际交往就恐惧，也没有提前准备，那么只能一次次地被恐惧打败。另外，怯懦的同学首先应敢于展示真实的自我，在日常生活中，也应学会在允许的情况下直截了当地表达自己的情绪，不要过于压抑。在交往的过程中，多分析自己的有利方面，进行积极的心理暗示，如"我行""我能成功""我能超过他人"等，从而增加自信。

小故事

有一天，一群动物聚在一起，决定成立一所学校，希望通过训练使自己成为一个全才。他们设计了一系列课程，包括奔跑、游泳、飞翔和攀登。所有的动物都报了名，选修了所有的课程。最后的结果是，小白兔在奔跑方面，名列前茅，但是一到游泳课就浑身发抖；小鸭子在游泳方面成绩优异，飞翔还差强人意，但奔跑与攀登的成绩却糟糕透顶；小麻雀在飞翔方面轻松愉快，但就是不能正常地奔跑，尤其是碰到水就几乎精神崩溃；至于小松鼠，爬树的本领高人一等，奔跑的成绩也不错，但在飞翔与游泳课中，成绩一塌糊涂。大家越学越迷茫，越学越痛苦，终于确定，停止盲目学习别人，好好发挥自己的长处。他们不再抱怨自己，羡慕别人，因此，森林里又恢复了往日的活泼和快乐。

有自卑心理的学生在与人交往中，首先应当消除"不如人"的消极暗示，相信自己其实也有过人之处，有意识地多想自己的长处，而不是总拿自己的短处和别人的长处比。可以制订一些简单易行的目标，让自己在不断地实现目标和成功的体验中，逐渐增加信心，通过积极的、成功的交往来克服自卑心理。

自卑或恐惧心理的背后包含着对极端完美主义的追求。因此过于追求完美的学生，也应当更注重自我接纳，排除不完美就糟糕透顶的不合理信念。

(二)嫉妒

1. 嫉妒的表现形式

嫉妒是无法接受别人比自己更好、更优秀的不健康心理，是心理结构中"理想自我"过于膨胀的具体表现。

同辈之间相互比较是在所难免的。但是有人看见别人比自己更优秀更好的时候，是欣赏和赞美的，愿意向其学习，做朋友。而嫉妒者则看不惯别人比自己更优秀，对他人的成绩和进步心怀不满，不服气，想要通过各种伤害他人的方式，让别人变得没有自己优秀，或者不择手段，不计后果地排斥那些比自己更优秀的同学；同时对别人的失败和不幸表现为幸灾乐祸，不给对方同情和安慰。例如，有的人喜欢打听、传播、干预他人的私事，随意贬低他人，严重的还会造谣中伤他人。同时，他们还会因自卑而对比自己强的人敌视。与嫉妒者交往随时都会有遭受其伤害的危险，所以同学们都会避而远之。

嫉妒者在心理上承认自己比别人弱，但外表上又不服输，常因一点小事与别人争论不休，甚至寻衅闹事或采取一些不道德的行为攻击别人。常言道："独木不成林，万木才成春。"嫉妒者只有在自己鹤立鸡群的时候，才感到安全，殊不知，正是因为其内心缺乏对自身的接纳和认可，才导致在行为需要上填补这样一个内心的缺憾。嫉妒心理不仅会严重影响大学生良好人际关系的建立，而且对嫉妒者本身也会带来痛苦，严重者会影响自己的身心健康。

2. 嫉妒的调适策略

要克服嫉妒心理，首先，要纠正认识上的偏差，认识到更优秀的同学并不是自己的威胁者，而是自己学习的对象；如果优秀和进步的人是你的朋友或者兄弟姐妹，那么你应该为他们而感到高兴，如果你对他们产生嫉妒和怨恨，则是将原本亲近或者可以成为朋友的人推开了。其次，要善于用自己的长处与他人相比较，并发挥自己的长处，这样有助于自信心的提高。最后，要充实自我，提高修养，提高对自己的认识和接纳，当一个人的内心真的接纳了自己，才能够有位置接纳和欣赏身边的人。

（三）猜疑

1. 猜疑的表现形式

猜疑心理是在人际交往中根据自己的主观推测而产生的不信任别人的情绪体验。这是一种心理失衡的表现。有猜疑心理的人看到别人说话会捕风捉影，节外生枝，认为别人在说自己。其结果只能是自寻烦恼，害人害己。对别人的言行和态度十分敏感。本部分的课堂活动中，有对他人的"坏人期待"，说的就是类似的现象，即在互动和人际交往的过程中，将他人的行为向负面的方向理解，并回应以敌对或伤害的行为。

人与人之间的信任是需要慢慢培养和维护的，而猜疑只会逐渐消磨关系中的信任，以至于将身边人都推向远处。过于敏感的猜疑非常不利于人际关系的建立，它不仅使大学生之间关系松散，产生裂痕，甚至会使大学生发展为偏执或出现强迫心理问题，成为大学生进行正常交往的障碍。

2. 猜疑的调适策略

首先，大学生需要更深入地与他人接触和交往，当出现猜疑念头时，要主动与你所猜疑的对象多交流，弄清情况。如果你的猜疑得到证实，应以诚恳的态度，鼓足勇气找对方坦诚地交换意见；如果你的猜疑没有得到证实，就应该尽快否定和排除自己的猜疑，暗示自己在类似的情况下不要想太多。其次，大学生要知人知己，更全面和深刻地了解自己和他人，才能够把握他人对人际交往的普遍态度，就不会因为一句话或者一件事就陷入敌对和完全失去信任的境地。在交往中正确认识他人，保持自己心胸坦荡。猜疑心有时是在相互不了解的条件下产生的，所以要多沟通信息。同时，由于人会对负面的信息更敏感，你也可以有意识地把更多的精力放在积极的事情上，多关注对他人和对自己好的、积极的态度，来平衡这个偏差。做到"兼听则明，偏信则暗"。

课堂活动

不同的期待导致不同的关系——对话的角色扮演

活动目的

当面对同一件事的时候，当事人对于对方的假设与期待不同，做出的反应也会不同，这个反应就会表现在动作或语言中，对方就会对该动作或语言做出相应的回应，从而形成了人际互动和态度、情感传递的过程。本活动需要同学们在角色扮演的过程中，体会这个过程的奇妙之处。

故事背景

下面是小胖同学在求职的过程中遇到的一件事。小胖的同学上午去了某家公司面试，小胖下午也要去这里面试。上午面试的过程中，小胖的同学了解到，这家公司对员工的身材要求较高，体重超过 75 千克的女生很可能不会被聘用，而小胖的体重超过了 75 千克。两位同学都没有告诉小胖。当小胖下午去面试，得知了此消息之后，她向两位同学询问他们没有告诉自己的原因。下面两段对话是小胖怀着不同的猜想来进行提问的，结果截然不同。

活动过程

在阅读故事背景之后，老师可以多请几对同学分别扮演两种期待下的对话。在扮演的过程中，要求学生尽可能地将小胖的想法，情绪，动作，以及语气表达出来；扮演同学 A、B 的学生也尽可能体会听了小胖的问话之后的感受和反应。

坏人期待

小胖：人家面试条件说不要体重超过 75 千克的，你明明知道，为什么不告诉我。

同学 A：我……

小胖：你是不是想让我当众出丑？你故意的吧，你以为你瘦一点了不起了是吗？就可以随意戏弄别人吗？太恶心了，太阴损了！品质败坏！

同学 A：我就是想你当众出丑怎么了，死胖子。

好人期待

小胖：我刚去面试，他们说不要体重 75 千克以上的，你明明知道，是不是故意没有告诉我的。

同学 B：我……

小胖：你是不是怕直接跟我说伤了我的自尊心？

同学 B：是啊，我想着你其实也没有超过多少，你其他方面都那么好，说不定他们没有那么严格，或许就能通融一下呢，对你来说这是一次机会啊。

活动讨论

请参与角色扮演的学生分享自己的体会。

1. 扮演小胖的学生，对同学有了一个好人期待和坏人期待的时候，分别是什么样的心情，对对方分别怀有怎样的情绪。

2. 扮演同学 A、B 的学生，在听到小胖的问话之后，分别有怎样的情绪反应。

3. 在扮演了两种对话之后，在不同期待的对比之下，学生有什么体会。

活动评价

如果你心里有一面照亮邪恶的镜子，那么你看到的也是邪恶。

如果你心里有一面照亮善良的镜子，那么你看到的也会是善良。

（四）自我中心

1. 自我中心的表现形式

自我中心的人表现为凡事都只考虑自己的感受，他人都是为了满足自己的需要而存在的，但自我中心的人却无法理解和体谅他人的感受。他们处处唯我独尊，甚至贬低别人、嘲笑别人，听不进别人的意见，只关心自己的利益得失。自我中心是人际交往中的一种严重的心理障碍，对于人际交往的危害很大。

典型案例

某高职院校大一女生，看起来非常活泼开朗，认识人很多。但其实和她关系较深入的同寝室的同学却感到非常苦恼。她平时总花朋友的钱，而且大手大脚，从没有想过要还。在她出去玩的时候，必须让室友陪着一起，她想买什么东西，室友必须陪她一起买。在寝室她想吃什么、喝什么都是直接嚷嚷，要室友把自己的吃的给她拿过去。和男生视频或聊天的时候，她会不打招呼地把室友的隐私以及恋爱情况直接讲给男生，有时候甚至当着室友的面就那么说。室友很生气，而她却回应说："难道不是那样吗？"除此之外，她还经常在寝室拍室友的照片，甚至是室友穿得比较少或者不雅观的动作，她都拍了下来，直接发给男生或者发到其他群里，根本没有告知当事人。她的室友了解到之后非常气愤，要求她删除或撤回照片，但她却拒绝这么做。

平时她又会在公共场合说很多贬损朋友的话，还专门给朋友听，朋友不想听了，或者生气了，她自己却很委屈，质问朋友说："我怎么着你了？"在恋爱中也有类似的情况，她会让对方不舒服之后，对方生气，她又觉得很委屈，开始哭，并且找人诉说。有一次在她寝室哭的时候，室友想安慰她，却换来她对室友隐私的一句深深地刺伤。

这么一来，她身边仅有的一两个深交的朋友也都很不愿意跟她一起玩了，但朋友却又担心与她闹僵的话，她会到处乱说朋友的坏话，让不知情的同学误解，迟迟不知如何摆脱这种令人无法忍受的关系。

有些大学生只顾自己的感受，却不愿付出和关心他人。他们常以自我为中心，不会表达感谢，但却很会说伤害别人的话，使对方感到难堪、恼怒。他们就像是一个无底洞，别人为其付出多少都不够，而对别人只有剥夺和伤害，甚至是不尊重。人都希望得到温暖和关心，如果只有剥夺和伤害，身边人都不会好受。

2. 自我中心的调适策略

大学生要克服自我中心，首先，要理解平等和尊重的意义，学会换位思考，把自己放在他人的位置上去体会别人的感受；其次，要多与他人交流，在沟通中，了解和认识自己，虚心听取和接受别人的意见；最后，要达到接纳和宽容他人的目标。但其实想要接纳他人，要先学会接纳自己，当一个人开始审视自己的时候，会发现其实自己有很多优点和不足，当你能够慢慢面对各种不足并努力改正的时候，就能够逐渐接纳自己，在此基础上才能对他人有同理心，很多问题也就慢慢解决了。

经典实验

囚徒困境

一个经典的囚徒困境描述如下。警方逮捕甲、乙两名犯罪嫌疑人，但没有足够证据指控二人有罪。于是警方分开囚禁犯罪嫌疑人，分别和二人见面，并向双方提供以下选择：认罪并作证检控对方(相关术语称"背叛"对方)或是保持沉默(相关术语称"合作")。

若一人选择背叛，而对方选择合作，则背叛者将即时获释，合作者将判监10年。若二人都选择合作，则二人同样判监半年。若二人互相背叛，则二人同样判监2年。

我们可以用一张表格来表述：

	甲沉默(合作)	甲认罪(背叛)
乙沉默(合作)	二人同服刑半年	甲获释；乙服刑10年
乙认罪(背叛)	甲服刑10年；乙获释	二人同服刑2年

如果你是其中之一，只考虑尽量使自己服刑年份最小化的话，你会怎么选？我相信大部分人会选择"背叛"。确实有太多理由让人选择背叛了，如有人坚信对方会背叛，而不愿意选择合作而服刑 10 年，所以选择背叛而服刑 2 年。但是我们还需要考虑另一种情况，就是乙坚信甲不会背叛他，那么乙应该选择什么？乙选择背叛就能立即获释，而选择合作还需要服刑半年，对乙来说选择背叛是优于选择合作的，那么我们称背叛是乙的"优势策略"。无论是实验的事实还是简单的分析，都告诉我们背叛是每个人的最佳选择。所以最终两个人都会选择背叛，而同服刑 2 年，这就是囚徒困境的结果。

任务三　如何建立良好的人际关系

暖身活动

哑巴传鸡毛信

活动过程

1. 老师将全班学生分为若干小组，6～8 人一组，排成一列站在讲台上，后一人背对着前一人站立，第一位学生与老师最近，最后一位学生与老师相隔最远。第一位学生背对着老师。

2. 老师先将鸡毛信上的内容出示给全班学生，但参与活动的学生都已背过身，看不到信上的内容，未参与活动的学生不得出声告知。

3. 老师拍拍第一位学生的后背，第一位学生转身面对老师，老师再将鸡毛信上的内容展示给第一位学生看，第一位学生理解之后，经过短暂的思考，转身，拍拍第二位学生的后背，第二位学生转身面对第一位学生，第一位学生将鸡毛信上的内容用肢体语言传递给第二位学生，直到第二位学生认为自己理解了鸡毛信的内容点头为止，第二位学生再转身，拍拍第三位学生，让第三位学生转身……以此类推，直至最后一位学生了解到鸡毛信的内容为止。

4. 最后一位学生大声将自己理解到的鸡毛信上的内容告诉全班学生，其表达与最初鸡毛信上的内容最为吻合的一组获胜。

5. 如果有几组都说准确了，可按照用时长短来进行排名。

活动评价

该活动说明了在人际交往中肢体语言对于信息传递的重要性，用最短的时间通过肢体语言迅速传递和准确理解他人的意思，能够在人际过程中帮助我们更好地实现相互沟通和彼此的理解，肢体语言的识别是人际沟通和信息传递中的重要环节，有助于人际关系的建立和保持。

情境导入

那是一个圣诞节，一个美国男人为了和家人团聚，兴冲冲从异地乘飞机往家赶。一路上幻想着团聚的喜悦情景。突然这架飞机在空中遭遇猛烈的暴风雨，飞机脱离航线，上下左右颠簸，随时有坠毁的可能。空姐脸色煞白，惊恐万分地叮嘱乘客写好遗嘱放进一个特制的口袋。飞机上所有人都在祈祷，在这万分危急的时刻，飞机在驾驶员的冷静驾驶下终于平安着陆，于是大家都松了口气。

这个美国男人回到家后异常兴奋，不停地向妻子描述飞机上遇到的险情，并且满屋子转着、叫着、喊着……然而，他的妻子正和孩子兴致勃勃分享着节日的愉悦，对他经历的惊险没有丝毫兴趣，男人叫喊了一阵，却发现没有人听他倾诉，他死里逃生的巨大喜悦与被冷落的心情形成强烈的反差，在他妻子去准备蛋糕的时候，这个美国男人却爬到阁楼上，用上吊这种古老的方式结束了从险情中捡回的宝贵生命。

分析与思考

孤独是每个人都畏惧而难以承受的，然而倾听和理解可以消除人们的孤独，让人感到有人能够和自己站在一起。一个善于倾听的人能够给他人带去超乎想象的温暖和关怀，夫妻之间如此，亲朋好友之间更是这样。懂得倾听，不仅是关爱、理解，更是调节双方关系的润滑剂，每个人在痛苦和喜悦后都有一份渴望，那就是对人倾诉，希望倾听者能给予理解与赞同，如若身边没有人倾听，就像故事中的男主人公，可能会导致悲剧的发生。

请思考，男人为什么会在死里逃生之后自杀？你能够认真倾听身边的人吗？哪些时候你做到了，哪些时候没有做到，分别有什么结果？通过什么方法可以改善你的倾听能力？

一、人际交往的原则

马克思曾经说过："真正的友谊需要用忠诚去播种，用热情去灌溉，用原则去培养，用谅解去护理。"要建立良好的人际关系，在人际交往中需要遵循以下原则。

(一)平等原则

这里的平等是指人与人在交往中人格的平等。大学生来自全国各地，虽然有着不同的家庭出身、经济状况和个人能力等，但并无高低贵贱之分，在交往时应该做到平等待人，绝不可"另眼相看"，也不能将自己的意愿强加于人。在人际交往中既不趾高气扬，盛气凌人，也不低人一等、自我封闭，以积极的心态构建良好的人际关系。

(二)宽容原则

所谓宽容，是指人与人在交往过程中，要心胸开阔，多从他人角度考虑，相互体谅彼此的不容易。如果一个人把目光放在他人是如何不容易的这个方面，就更能够做到宽容，如果总是在意自己的得失，那只会激化矛盾。"金无足赤，人无完人"，每个人都有自己的个性和生活习惯，要保持同学之间融洽的关系，必须学会相互欣赏，相互包容，求同存异。俗话说"严于律己，宽以待人"，每个人都有缺点，只有相互包容，相互体谅，才能够建立良好而长久的关系。

(三)信用原则

信用是指人与人之间的承诺，这是影响关系质量的重要因素。一个人讲不讲信用，代表着一个人值不值得信任，只有讲信用的人才能够有建立更深刻、更长远关系的前提。与讲信用的人进行交往，就会消除人们的担心、焦虑和怀疑，产生交往的安全感，而一个不讲信用的人很难赢得别人的信任，也不会有良好的人际关系。

(四)互利原则

礼尚往来是中国文化中的礼节，在人际交往中也一样适用。人们在交往过程中，交往双方都得到好处和利益，心理上获得满足，人际关系才能维持和发展。如果一方总是付出而另一方总是索取，这样的关系是维系不久的。互利原则也是相互体谅的一种表现，可以加强双方的情感交流。但需要注意的是，该原则是建立在真诚的基础上的，切忌将此发展成斤斤计较的功利原则，如"我今天帮助你，你明天必须报答我"或"我不图别人的好处，但我也决不白施予人"。利益化的思想只会将珍贵的感情转化为利益，而使感情逐渐消磨殆尽。

(五)适度原则

雅典神庙前的石碑上，除了"认识自己"之外，另一句话就是"凡事勿过度"，无论怎样亲密的关系，也需要适度。朋友之间相处有一个心理学的现象叫作"刺猬法则"，是说冬天里很冷，两只刺猬如果都自己待着就会冻死，但是如果他们抱在一起虽然暖和但却会被彼此的刺扎到，扎到就会痛，自然又分开，这么来来回回几次，他们终于能够找到一个合适的距离，能够让彼此既能够相互取暖，又不会被刺扎到。我们在与他人相处的时候，也一定要注意适度原则，尤其是与他人隐私有关的事情要非常注意和小心。

知识链接

信任实验

美国学者保罗·扎克常常在催产素作用研究中使用实验经济学的一个经典研究工具：信任博弈。以下介绍了信任博弈实验是如何操作的。

参与者(通常一次为 16 人)被分成 A、B 两组。所有人被告知他们的账户上均有象征性的 10 美元。随后，计算机向 A 组参与者发出提示，询问他们是否愿意将 10 美元的一部分或全部转账给随机挑选出的 B 组的一位匿名成员。

规则为无论 A 组成员转账多少，这笔钱到 B 组成员账户后都会变为原价值的三倍。90％的 A 组成员(信任者)都会给 B 组成员(接受者)转一些钱。

计算机会询问每位 B 组成员是否愿意将价值变为原先三倍的奖金回赠一部分给对应的 A 组成员。实验研究的问题是：A 组成员是否信任 B 组成员会做出回报？(记住，这是在匿名条件下进行的。因此，没人会知道某位 B 组成员是否留下了所有钱。)

收到钱的 B 组成员中有 95％的人会回赠一部分。最终，那些决定信任伙伴并将一部分钱转账的 A 组成员们平均有 14 美元，B 组成员则平均有 17 美元。

在博弈开始前和结束后，扎克及其同事均抽取了所有参与者的血样。他们发现，感到被信任时，参与者的催产素会增加。A 组成员送来的钱越多，相应的 B 组成员体内的催产素水平就越高；后者回赠给前者的钱也就越多。

在我们的血液和大脑中，催产素似乎是一剂灵丹妙药，它不仅能让我们与关系亲密的人建立起相互信任的感情，而且能在商业活动、政治乃至整个社会建立起信任的纽带。

催产素主要是作为一种雌性生殖激素而为人所知，它可以在女性生产时控制宫缩。妈妈们哺乳时对宝宝安宁、专注地照料也与催产素有关。此外，新婚之夜人体也会释放大量催产素，因为它能在做爱、按摩甚至拥抱时让男女双方都产生一种暖融融的感觉。他在我们的人际关系中起到了一种促进人们彼此接纳，相互付出，使人们感受到关系中的温暖的重要作用。

资料来源：选自保罗·J. 扎克的新书《道德的分子》(*The Moral Molecule*)，企鹅集团美国公司[Penguin Group(USA)]旗下 Dutton 出版社出版。

二、建立良好人际关系的规律和途径

(一)人际吸引的法则

人与人交往的过程中，有很多规律可循，如果把握好这些规律和技巧，我们就能够更好地建立和管理自己与他人之间的关系，拥有更健康的人际生活。

1. 第一印象

正如首因效应中所说的，人际交往中，第一次见面会在他人心中留下非常深刻的影响，这就是第一印象。它在人脑中留下的深刻烙印不会轻易消除，会影响以后与他人的交往和对他人的认识，即所谓的"先入为主"。我们在初次见面的时候，可以注意以下几点。

首先，初次见面前，最好检查一下自己的外表，包括头发是否整齐，服饰是否整洁得体等。在交往中，要运用好自己的体态语言，注意行为举止。握手轻飘无力，目光偏离，听人说话时注意力分散等，都会影响别人对你的第一印象。

其次，初次见面时应表现出热情、友好，对别人感兴趣。不论交往对象的地位如何，都应诚恳而坦率地平等相待，做到不卑不亢。并且，一般来说，人们喜欢那些喜欢自己的人。

再次，初次见面时应表现出自信，要做到自信、乐观、热情大方。自信更容易激发别人与你继续交流的兴趣。如果萎靡不振、无精打采、装腔作势，则会让人感到你缺乏交往诚意，敷衍对方。相反，乐观开朗的性格和朴素大方的举止会使人愿意与你交流。

最后，言语措辞恰当。一个人的言语谈吐能反映一个人的内在修养，我们在言谈中不可显得无知和粗俗。

2. 接近

我们选择朋友（或喜欢的人）时更多基于接近原则。例如，人们住得越近就越容易成为朋友，很多姻缘也并非"天注定"的，大多是在学校、商店、图书馆或自习室中产生的。人们在空间距离上的接近能够提高人们接触的频率，其接触频率越高，交往关系可能越密切。许多实验研究表明，人们常被能够经常接触到的人所吸引，在友谊中，经常会有"远亲不如近邻""远水解不了近渴"的现象，而在爱情中也经常会出现"青梅竹马"的现象，如每个人都会对自己的同桌印象深刻，这都是空间距离接近的原因。不仅如此，在当前的网络信息化时代中，频繁地接触也可能在聊天室、手机或电子邮件中得以实现，这大大缩短了实际的空间距离，人与人之间更容易建立关系。

3. 外表吸引力

这里所说的外表吸引力法则其实跟之前讲到的晕轮效应的内涵相似，即人们会把"美貌"等好印象扩大到不相关的人格特征上，以为那些外表有吸引力的人一定也具有高尚的品格，而且聪明、热情、机智、心理健康和善于交际。外表吸引力指一个人容貌上的美的程度，这里美的标准是由所处的文化决定的。其实，外在的美与内在的品质之间并没有必然的关联，但不论对于男性还是女性，外表具有吸引力总是一种优点。研究证明，女性容貌的美丽程度与约会的频率有很强的联系，但男性的容貌与约会频率关系不大。需要说明的是，外表吸引力只是在人们最初的相互熟悉阶段作用较大，而在以后的阶段中，最终的影响因素是人格特质。

4. 才能

才能是一个人拥有的知识和表现出的能力水平或技能的熟练程度，一般而言，我们总是被有天分或有才能的人所吸引。

经典实验

吸引力实验

大学生们要通过听磁带选出一位智力竞赛主持人，磁带共有 4 盒，实际都是一个人录的音。在其中两盒磁带中，两位"候选人"都显得非常聪明，另外两盒磁带中的两位"候选人"表现得能力一般。此外，在一位"聪明候选人"和一位"一般候选人"的录音中，被试能够听到候选人在讲话时笨拙地把咖啡洒到自己身上的声音，最后的评价结果是，"聪明而笨拙"的候选人被评为是最受欢迎者，"一般而笨拙"的候选人被评为最不受欢迎者。

我们可以大胆地推测，聪明不完美的学生比聪明而完美的学生更有吸引力，人们对那些有才能但不完美的人情有独钟，可能因为有一些小毛病才让周围人觉得更真实，更有人情味，当然，如果你觉得自己的才能还没有达到足以吸引别人的程度，那还等什么，赶快行动吧。

5. 相似性和互补性

"物以类聚，人以群分"很好地说明了人际交往中相似性的重要性。相似性使得双方在交往过程中意见容易沟通，减少误会，得到相互肯定，从而形成良好的人际关系。良好人际关系的形成取决于交往双方彼此需要的程度，所以互补性也是影响人际关系的因素之一。交往双方可以取长补短、各得其所来建立良好的人际关系。通常背景、年龄、兴趣、态度、信仰等方面相似的人成为朋友的概率会更大。

经典实验

社会心理学家埃姆伦等人对近 1000 名与大学生年龄相仿的人进行了调查。他们发现，人们渴望相似伴侣的愿望远远强于渴望漂亮伴侣的愿望；外表漂亮的人也寻求外表漂亮的伴侣；有钱的人也想找到有钱的伴侣；家庭定向的人当然也渴望有一个以家庭为定向的伴侣。

6. 自我表露

既然相似可以促使人们走到一起，那么人们如何得知他们相似呢？要成为朋友，你必须与别人分享自己的思想和情感，把自我展示给他人，这种展示的过程称为自我表露，是与他人发展亲密关系的一项基本技能，随着朋友间的交谈，他们相互喜欢，自我表露也逐渐加深。有些人认为在生人面前"少说为佳"，实际上我们要视当前关系和社会情境而定，只要符合当前关系的期待和当下的社会情境，在一定范围内的自我表露是可以接受的，并且往往适度的自我表露可以导致相互表露。

(二)人际沟通的技巧

有人将沟通的过程画成了一幅图(见图 5-1)。即当发起者想要开始一段沟通的时候，首先要将自己想要传达的信息进行编码，也就是用语言或其他方式将自己的意思组织起来，然后通过直接表达或者互联网等其他媒介传递给他人，而作为信息的接受者，在接收到这段语言之后，需要对该信息进行解码。也就是用自己的大脑和知识体系对其进行理解，最终理解了发起者传达的这段信息。这就意味着信息传递成功了，当接受者在理解信息之后，再将自己对于该信息的理解和回应反馈给发起者，就构成了一个沟通单元。通常一个完整的沟通过程可能包含很多个沟通单元。沟通是人际交往至关重要的环节，那么在沟通过程中我们需要注意什么呢？我们列出了以下几点。

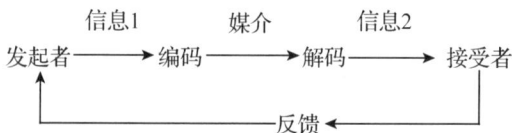

信息1　　　　媒介　　　　信息2

发起者 ——→ 编码 ——→ 解码 ——→ 接受者

反馈 ←

图 5-1　沟通的过程

1. 倾听的重要性

倾听可以让人们彼此增进理解，开启信任之门，因而善于倾听有时比自己讲话更重要。认真倾听不仅能够表达对他人的尊重，更能够促进彼此的关系。只有倾听了他人说话的内容之后，我们才能够相互理解，以达到更深刻的交流和互动。有人说，上帝给我们两只耳朵一个嘴巴，本来就是让我们少说多听的。善于倾听要做到：在倾听对方讲话时，要专注，并不时进行目光接触；适时给对方以反馈，做积极的听众；不要轻易打断他人的谈话。

典型案例

从前有一个暴发户到庙里请大师教他修身养性之道。到达庙里以后，大师安排他到亭子里喝茶。结果这个暴发户就滔滔不绝地讲他是如何暴发的，暴发之前如何贫穷，暴发后又是如何救济别人的。大师一直倒茶。等到茶水流得满地都是，他问大师在干什么。大师说："你都已经被自我灌满了，哪里用得着我给你讲道呢？你还是走吧。"这个人明白了大师的意思，立刻闭上了他的嘴巴。

课堂活动

我说你画——学会沟通

活动目的

让学生体验有效的信息沟通要素，包括准确表达、用心聆听、思考质疑、澄清确定等。

时间：10~15分钟。

道具：两张样图，每人一张16开白纸和笔。

活动过程

第一轮请一名志愿者上台担任"传达者"，其余人员都作为"倾听者"，"传达者"看样图一两分钟，背对全体"倾听者"，下达画图指令。"倾听者"们根据"传达者"的指令画出样图上的图形，"倾听者"不许提问。根据"倾听者"的图，"传达者"和"倾听者"谈自己的感受。第二轮再请一位志愿者上台，看着样图二，面对"倾听者"们传达画图指令，其中允许"倾听者"不断提问，看看这一轮的结果如何。请"传达者"和"倾听者"谈自己的感受，并比较两轮结果的差异。

注意事项

1. 第一轮与第二轮两张样图构成基本图形一致，但有细微差别。

2. 两轮中的"传达者"可以为同一人，也可以为不同人。

3. 邀请"倾听者"谈感受时要选择有代表性的，如画得较准确的和特别离谱的，这样便于分析造成不同结果的多种因素，从而找到改进的途径。

2. 语言的艺术

在用语言进行表达和沟通的时候，我们要注意把握说话的分寸，尽量以准确、简练、幽默为标准来表达想说的意思。说话要注意语气、语调等，多用谦语和敬语，避免伤害别人，批评和赞扬别人要讲究方式和措辞。具体来说，语言的艺术包括以下几点。

(1)拥有同理心

同理心是理解别人情感的有效方式。当我们能够表达出我们的同理心时，与我们沟通的人就会感到我们是理解他的，会得到一种安全感，更加开放自己，使双方沟通得以提升，问题得以解决。同理心与对他人的关心和关注有很大关系。心理学家研究表明，当人们专心观察时，他们能看出别人高兴、悲伤、愤怒、痛苦等情感状态的准确率在90%以上。

(2)多谈别人感兴趣的话题

在人际交往中，我们要注意找对方感兴趣的话题。谈别人感兴趣的话题，可以激发对方的热情，增加对方对我们的接纳和喜爱程度。而如果你的谈话内容对方一无所知或不感兴趣，他就会感到厌倦、无聊，甚至感到受了冷落，双方就很难继续交往下去。为了结交更多的朋友，我们有必要扩大自己的知识面，培养自己多方面的兴趣、爱好，同时善于观察、判断交谈对象感兴趣的话题。

（3）真诚地赞赏别人

一位心理学家说："人类本质中最殷切的需求是渴望被肯定。"为了得到肯定，有的人可以舍生忘死，有的人可以一掷千金。有时仅仅为了一句赞赏，人们愿意付出最昂贵的代价。可见，人们多么需要别人的赞赏。没有人不喜欢受到赞赏。赞赏要有这三个步骤：说出对方的闪光点，这些闪光点给现状带来的影响，给我个人或他人的感觉。不过赞赏时要控制住火候，把握好度，具体有针对性，不要不符合实际地泛滥施赞。

（4）恰当地表达不满

在表达不满时，应遵循如下两条原则。

一是只对事件的本身发表自己不同的看法，不要攻击对方的人格。提意见的时候要具体，有针对性。二是要直接表达自己的内心感受，而不要轻易地对对方的行为下结论。

3. 非言语的力量

生活中，有很多人在说话时总是"手舞足蹈"，我们看在眼里，却从来不在意他们的肢体语言想表达什么。但是如果留心就会发现，肢体语言更能反映最真实的信息。一些沟通方面的专家认为，将近93％的人际沟通是非语言的，这说明了非言语沟通的重要性。

即使我们不说话，我们的非言语行为也在表达，掩盖或者控制我们的非言语行为是很困难的，因为非言语行为是自发的，难以控制和掩盖。正因如此，非言语表达的信息也成了我们沟通与交往中进行交流的重要途径。我们简单列出了以下几方面。

（1）目光注视

在所有传递信息的部位中，眼睛是最重要的，它可以传递最细微的感情。一般当一方倾听另一方叙述时，目光往往直接注视着对方的眼睛，但不是直盯着。如果听者对讲者扫视一下，那么很可能是说"我不太同意你说的"。如果配上摇头、皱眉等表情，那么这种含义就更清楚了。如果听者在对方说话时看着对方，并轻微点头，则可能在说"我也是这个看法"。

（2）面部表情

有研究表明，在不同的国家、地区或文化中，人们对于高兴、愤怒、恐惧、悲伤、轻蔑、厌恶等几种情绪所做出的表情几乎是一致的。也就是说，当人们体会到某种情感的时候，会做出相对应的表情。例如，惊讶的时候，眉心上扬，嘴巴张大；

愤怒的时候，眉毛倒八字，眼睛突出，嘴角向下等。在人际交往中，我们可以通过识别他人的面部表情对其非言语信息进行识别。

（3）身体语言

身体姿势、手势、运动以及位置等，在相互沟通中都起着重要作用。人们有时借用摊开双手、解开外衣纽扣或脱掉外套，表达一种真诚、坦白。而双手交叉在胸前则常表明一种防卫、否定、拒绝或疏远。如果两个手搓起来，可能是有所期待。如果身体由紧张、僵化转为松弛、自在，紧靠在一起的双腿开始分开，交叉的手放了下来时，往往是求助者内心由紧张、不安、害怕、封闭开始变得平静。当人压抑自己强烈的感觉或情感时，往往会不自觉地采取脚踝交叠，双手抓紧的姿势，也有人会咽口水，或咬紧牙关，拼命地克制自己的冲动。

（4）人际距离

人际交往的距离分为四类。

亲密距离（0.15～0.45 米）是身体的充分接近或直接接触，沟通更多地依赖触觉，在通常情况下，这种距离适合于情侣或孩子。如果介入他人的亲密距离会让对方不舒服，对方会通过躲避视线、给以背部来显示彼此之间的心理距离。

个人距离（0.45～1.2 米）是朋友之间进行沟通的适当距离，又分为近范围和远范围。近范围（0.45～0.8 米）可以保持正常视觉沟通，可以相互握手，陌生人进入这个距离会构成对别人的侵犯，在与别人不熟悉的情况下进入这个距离与人谈话，会使别人边说话边后退。远范围（0.8～1.2 米）是熟人和陌生人都可以进入的范围。在通常情况下，关系融洽熟悉的人一般是近距离，而陌生人是远距离。

社交距离（1.2～3.6 米）的沟通不带有任何个人情感色彩，用于正式的社交场合。在这个距离内沟通需要提高谈话的音量，需要更充分的目光接触。例如，政府官员向下属传达指示、单位领导接待来访者，都往往采用这一距离。

公共距离（3.6～4.5 米）是公开演说者与听众所保持的距离，这种距离不适合进行个人沟通。

知识链接

我们来看看哪些动作或姿势会影响我们的人际关系。

1. 整个人都坐在椅子里，身体后仰，头仰靠在椅背上。（听你说话好累哦！）

2. 身子不停地转来转去或不停地变换站立的姿势。（你什么时候可以结束啊？）

3. 双手交叉抱在胸前，脚无节奏地敲着地面。（我不想再听你说下去了。）

4. 两脚交叉或脚跷起来，并不时地来回摇晃抖动。（抖动的腿脚会分散说话者的注意力，让他觉得你没专心听他说话。）

5. 不停地看表或开始收拾桌面上的东西。（这是最明显的哑语逐客令——你该走了。)

    6. 手里一直在转笔。(真是有些无聊。)

    7. 打呵欠、皱眉、叹气、伸懒腰。(我对你所说的东西没有兴趣。)

    8. 做自己的事。(这是人们比较容易忽视的,会给对方一种感觉,认为你没有听他讲,他会有被冷落而索然无味的感受,以致无心再说下去。)

    9. 手指不停地敲打桌面或椅子扶手。(有种催促的味道。)

    10. 眼睛左顾右盼,张望窗外。(你不要再说了。)

三、树立正确的人生观念和交往观念

(一)把握人际交往的分寸

1. 谨慎交友

人际交往是有选择性的,不必贪图数量。有的学生交友非常被动,被人利用,却又无法脱身,这样的朋友关系是不健康的。在交友的过程中,一定遵循之前提到的规律,即找与自己性格相似或互补、兴趣相投、信仰类似的人交朋友,交朋友一定是要让自己更愉快、不孤独的,而不是被恐惧困住和被剥夺的。

    2. 给予恰当的信任

在人际交往过程中功利性不能太强,要以相互信任、建立良好的人际关系为交往的目的。爱默生曾经说过:你信任人,人们才对你重视。如果总是猜忌和怀疑他人,只会让关系越来越远。

    3. 把握交往的人数和时间

学生阶段的主要任务依然是学习,如果将过多的时间花在人际交往上,则可能影响个人的发展。因此,大学生需要掌握好人际交往的时间和交往人数。根据你自己的实际情况,在不影响自己的本职工作的前提下进行交往。

    4. 控制说话的分寸和场合

有人描述比较世故的人是"见人说人话,见鬼说鬼话"。虽然这句话本身具有一些负面的色彩,但在人际关系相处中,确实要注意场合和身份。虽然不必做得过分圆滑与世故,但也要替他人考虑。朋友和要好的同学之间,可以开诚布公;而与生人、领导或一般人谈话,应尽量委婉以免发生误会。既不能卑躬屈膝,也不能高高在上,为人的态度要不卑不亢。

    5. 正确面对人际冲突

人与人发生冲突非常普遍,关键是遇到冲突之后,我们该如何解决和面对。

(1)尊重人与人的差异性

在发生冲突的时候我们应该尽量避免争论,注意语言和用词,不要直接批评、责怪和抱怨别人,要勇于承认自己的错误。研究发现,争论中无论谁赢谁输都会很不愉快,争论的结果往往是两败俱伤。因此,在发生冲突的时候,一定要先意识到发生了冲突,并且保持冷静的头脑,尽可能地引导彼此共同想出解决的办法。

(2)合作性接触

正如前文所述,接近容易引发人际吸引。在缓解冲突的过程中,这条规律就可以用到了。把两个已经相互冲突的个人或者团队放在一起,进行近距离的接触,使得他们互相了解,或许就开始彼此喜欢了。我们可以设立一些特别的外部情境来"营造"接触。

经典实验

心理学家兰泽塔指出,共同的危机对人们彼此间的态度有改变作用。他让 4 人一组的海军军官后备学校的学生完成一个问题解决的任务,然后用广播告之其中一些组,他们的答案是错误的,并且他们答题的效率非常低,他们的想法都非常愚蠢。其他组则没有收到这样的广播。兰泽塔发现,那些受到批评的组员们彼此变得更加友好、更合作,以及出现更少的争吵和竞争。在夏令营试验中,他通过给两组学生设立共同的敌人,使得彼此怀着竞争的学生走到了一起,他们一起有了共同的目标,打败共同的敌人。为了促成彼此竞争的两个小组之间的和解,他让夏令营的供水出现了问题,使得学生们必须通过合作来修复水管。另一次,他提供了一个可以租借影碟的机会,但是所需的费用必须动用两个团队的共同资金,这时,合作又一次发生了。还有一次,学生们在行进途中有一辆卡车抛锚,他在路边有意留下了一根拔河用的绳子,于是一个学生就提议大家用绳子把客车拉到启动。当卡车启动后,所有学生击掌庆祝。

经过这样几次共同完成目标的活动后,学生们开始在一起吃饭、聊天,友谊在两个团队之间蔓延开来,敌意直线下降。在最后一天里,学生们决定一起坐巴士回家,在路上他们不再按照团队分开乘坐,并且在祝福中相互道别。

成功的合作的确能够增强两组人之间的吸引力。但也有人进一步研究发现,如果曾经敌对的组在一个合作的任务上失败了,并且他们又把失败的责任推卸到对方身上时,他们之间的冲突反而会恶化。

(二)正确认识彼此

1. 正确认识自己和他人

良好人际交往的一个很重要的前提就是正确认识自己。而要正确认识自己,就要做到客观公正地评价自我，包括自己的过去和现在。在竞争中既要看到自己的长处和优势，也要看到自己的弱点和不足之处，这样才能更好地取长补短。我们要把过去的一切当成回忆，把大学生活作为人生的一个新起点，平静地看待周围的人和事，尽量保持一种平和的心态。

2. 正确认识人际交往

良好的人际关系是通过人际交往建立起来的，只有经常交往才能逐步加深了解，进而不断提高人际交往水平。所以我们要加强交往，特别是主动交往。这样即使两个人关系开始紧张，也可以通过交往来消除误会。作为大学生，我们要把人际交往作为一件重要的事情来做，除了要增强学习能力以外，还要恰当分配时间与人交往、参加集体活动等。

① 心理测验

倾听能力测试

指导语：下面每一道题都可以用"A. 一贯""B. 多数情况下""C. 偶尔""D. 几乎从来没有"之中的一个来回答，请记下你的答案。

1. 力求听对方讲话的实质而不是他的字面意义。

2. 以全身的姿势表达你在入神地听对方说话。

3. 别人讲话时不急于插话，不打断对方的话。

4. 会一边听对方说话一边考虑自己的事。

5. 做到听批评意见时不激动，耐心地听别人把话说完。

6. 即使对别人的话不感兴趣，也耐心地听人把话说完。

7. 不因为对说话者有偏见而拒绝听他说话。

8. 即使对方地位低，也要对他持称赞态度，认真地听他讲话。

9. 因某事而情绪激动或心情不好时，避免把自己的情绪发泄在他人身上。

10. 听不懂对方所说的意思时，利用有反射地听的方法来核实他的意思。

11. 利用套用法证明你正确地理解对方的思想。

12. 利用无反射听的方法鼓励对方表达出他自己的思想。

13. 利用归纳法重述对方的思想，以免曲解或漏掉对方所转达的信息。

14. 避免只听你想听的部分，注意对方的全部思想。

15. 以适当的姿势鼓励对方把心里话都说出来。

16. 与对方保持适度的目光接触。

17. 既听对方的口头信息，也注意对方表达的情感。

18. 与人交谈时选用合适的位置，使对方感到舒适。

19. 能观察出对方的言语和心理是否一致。

20. 注意对方的非口头语言所表达的意思。

21. 向讲话者表达你理解了他的情感。

22. 不匆忙下结论，不轻易判断或批评对方的话。

23. 听对方说话时把周围的干扰因素降低到最低限度。

24. 不向讲话者提太多问题，以免对方产生防御反应。

25. 对方表达能力差时不急躁，积极引导对方把思想准确地表达出来。

26. 在必要时边听边做笔记。

27. 对方讲话速度慢时，抓住空隙整理出对方的主要思想。

28. 不指手画脚地替讲话者出主意，而是帮助对方确信自己有解决问题的办法。

29. 不伪装，认真听别人讲话。

30. 经常锻炼自己的倾听能力。

评分标准

A 4 分；B 3 分；C 2 分；D 1 分。

总分在 105～120 分，说明你的倾听能力为"优"；89～104 分为"良"；73～88 分为"一般"；72 分及以下则为"劣"。

人际关系综合诊断量表

这是一份人际关系行为困扰的诊断量表，共 28 个问题，每个问题做"是"（打√）或"非"（打×）两种回答。请你根究自己的实际情况如实作答，答案没有对错之分。

1. 关于自己的烦恼有口难言。（　　）

2. 和生人见面感觉不自然。（　　）

3. 过分地羡慕和妒忌别人。（　　）

4. 与异性交往太少。（　　）

5. 对连续不断的会谈感到困难。（　　）

6. 在社交场合，感到紧张。（　　）

7. 时常伤害别人。（　　）

8. 与异性来往感觉不自然。（　　）

9. 与一大群朋友在一起，常感到孤寂或失落。（　　）

10. 极易受窘。（　　）

11. 与别人不能和睦相处。（　　）

12. 不知道与异性相处如何适可而止。（　　）

13. 当不熟悉的人对自己倾诉他的生平遭遇以求同情时，自己常感到不自在。（　　）

14. 担心别人对自己有什么坏印象。（　　）

15. 总是尽力让别人赏识自己。（　　）

16. 暗自思慕异性。（　　）

17. 时常避免表达自己的感受。（　）

18. 对自己的仪表(容貌)缺乏信心。（　）

19. 讨厌某人或被某人所讨厌。（　）

20. 瞧不起异性。（　）

21. 不能专注地倾听。（　）

22. 自己的烦恼无人可倾诉。（　）

23. 受别人排斥与冷漠。（　）

24. 被异性瞧不起。（　）

25. 不能广泛地听取各种各样意见、看法。（　）

26. 自己常因受伤害而暗自伤心。（　）

27. 常被别人谈论、愚弄。（　）

28. 与异性交往不知如何更好相处。（　）

记分表

维度Ⅰ题目1，5，9，13，17，21，25，分数小计：＿＿＿＿＿＿

维度Ⅱ题目2，6，10，14，18，22，26，分数小计：＿＿＿＿＿＿

维度Ⅲ题目3，7，11，15，19，23，27，分数小计：＿＿＿＿＿＿

维度Ⅳ题目4，8，12，16，20，24，28，分数小计：＿＿＿＿＿＿

评分标准

打"√"的得1分，打"×"的得0分。总分为所有项目得分总和。

记分表中Ⅰ横栏上的小计分数，表明你在交谈方面的行为困扰程度，分数越高说明有待提高的空间越大。

记分表中Ⅱ横栏上的小计分数，表示你在交际方面的困扰程度，分数越高说明有待提高的空间越大。

记分表中Ⅲ横栏的小计分数，表示你在待人接物方面的困扰程度，分数越高说明有待提高的空间越大。

记分表中Ⅳ横栏的小计分数表示你跟异性朋友交往的困扰程度，分数越高说明有待提高的空间越大。

总分代表你在人际交往综合水平上的困扰程度，分数越高说明有待提高的空间越大。

如果你得到的总分在0～8分，那么说明你在与朋友相处上的困扰较少。你善于交谈，性格比较开朗，主动关心别人，你对周围的朋友都比较好，愿意和他们在一起，他们也都喜欢你，你们相处得不错。而且，你能够从与朋友相处中，得到乐趣。你的生活是比较充实而且丰富多彩的，你与异性朋友也相处得比较好。一句话，你不存在或较少存在交友方面的困扰，你善于与朋友相处，人缘很好，获得许多的好感与赞同。

如果你得到的总分在 9～14 分，那么你与朋友相处存在一定程度的困扰。你的人缘很一般，换句话说，你和朋友的关系并不牢固，时好时坏，经常处在一种起伏波动之中。

如果你得到的总分在 15～28 分，那就表明你在同朋友相处上的行为困扰较严重，分数超过 20 分，则表明你的人际关系困扰程度很严重，而且在心理上出现较为明显的障碍。你可能不善于交谈，也可能是一个性格孤僻的人，不开朗，或者有明显的自高自大、讨人嫌的行为。

心理影院

兄弟连

影片背景是第二次世界大战时的诺曼底登陆，主要讲的是美军 101 空降师 506 团 2 营 E 连的事。影片中有这样一句话"在 E 连，他们交了最好的朋友，这是以前没有交过，以后也不会再交到的朋友，他们随时准备为这样的朋友去牺牲自己，更重要的是，他们会为自己的朋友去消灭更多的敌人。"看后面半句话，他们帮助朋友，但是也正因为这种信念，自己也得到了帮助，因为这样的信念增大了他们生存的机会。战争离我们有点遥远，但日常生活中我们肯定也帮助过人，受过别人的帮助。

阅读经典

非暴力沟通

这本书是认知学派非常实用的一本书，它强调生活中很多冲突和问题其实都来自沟通不畅。人们可能因为无法直接表达情绪，而用了很多不合理的沟通方式。而非暴力沟通是一种能够使人们情意相通、互尊互爱、和谐相处的沟通技巧。该词由著名的马歇尔·卢森堡博士提出，人们借助"非暴力沟通"，既可坦诚地表达自己的意愿，又可以倾听他人内心的感受，从而避免了有意或无意忽略对方感受或需要所带来的伤害。这本书提醒人们凭己之力，让爱融入生活，促使人们专注于彼此的观察、感受及需要。

书中提出，在表达任何事情的时候，都可以使用观察、感受、需要、请求这四个步骤，重新进行表达。具体而言，观察就是指理性地看究竟发生了什么，感受是指直接表达自己在这件事中的感觉，而需要是指说出自己的需要，最后通过合理和恰当的方式，表达自己对他人的需要。该书将沟通过程结构化，简单易学，能够帮助人们在聆听彼此心灵深处需要的过程中，发现彼此内心的柔情与善意，从而以全新的眼光看待人际关系。

1+1　参考文献

[1]艾瑞里.怪诞行为学2：非理性的积极力量[M].北京：中信出版社，2010.

[2]朱育红，潘力军，王爱丽.大学生心理健康教育课堂互动手册[M].上海：华东理工大学出版社，2015.

[3][美]戴维·迈尔斯.社会心理学[M].北京：人民邮电出版社，2016.

[4]俞国良.社会心理学[M].北京：北京师范大学出版社，2011.

[5]汪海燕，马奇柯.高职高专学生心理健康指导[M].北京：高等教育出版社，2005.

[6]王峘.电影中的心理寓言[M].北京：中国轻工业出版社，2011.

模块六　情绪管理

我们每个人的身上都存在着这样一种神奇的力量，它可以使你精神焕发，也可以使你萎靡不振；它可以使你冷静理智，也可以使你暴躁易怒；它可以使你安详从容地生活，也可以使你惶惶不可终日。总之，它可以加强你，也可以削弱你，可以使你的生活充满甜蜜与快乐，也可以使你的生活抑郁、沉闷、黯淡无光。这种能使我们的感受发生变化的神奇力量，就是情绪。

学习目标

1. 了解情绪的基本理论和内涵，熟悉大学生情绪特点。
2. 学会情绪管理的方法及学会调控自己的消极情绪。
3. 体验积极情绪的力量。

案例导入

奥斯特瓦尔德的故事

有一天，德国化学家奥斯特瓦尔德由于牙病疼痛难忍，情绪很坏。他拿起一位不知名的青年寄来的稿件大致看了一下，觉得满纸都是奇谈怪论，顺手就将其丢进了纸篓。

几天以后，他的牙痛好了，心情也好多了，而那篇论文中的一些奇谈怪论又在他的脑子中闪现。于是，他急忙从纸篓里把它拣出来重读一遍，结果发现这篇论文很有科学价值，他马上给一份科学杂志写信，加以推荐。这篇论文发表后轰动了学术界，该论文的作者贝齐里乌斯后来获得了诺贝尔奖。

分析与思考

在现实生活中，情绪与我们是形影不离的，它是人们心理状态的晴雨表。情绪活动是无时不在、无处不在的，人人皆有情绪。我们的情绪变化经常会影响我们的行为和生活。所以我们有时会因愤怒而不能自己，也会因快乐而效率大增。设想一下，如果奥斯特瓦尔德情绪没有好转，结局会是怎样的？有价值的论文被抛弃，贝齐里乌斯才华被埋没，人类失去有价值的科学研究……因此，积极、正面的情绪会帮助我们获得健康、快乐和财富，消极、不良的情绪带给我们的只会是疾病、痛苦和贫穷。如何认识情绪，如何管理情绪对我们每一个人都非常重要。

小寄语

　　你不能改变容貌，但你可以展现笑容；你不能左右天气，但你可以改变心情。正如罗伯·怀特所说："任何时候，一个人都不应该做自己情绪的奴隶，不应该使一切行动都受制于自己的情绪，而应该是反过来控制情绪，无论境况多么糟糕，你应该努力去支配你的环境，把自己从黑暗中拯救出来。"

任务一　认识情绪

暖身活动

踩气球

活动目的

通过身体对抗的方式，激发学生产生情绪上的变化。

活动过程

1. 老师给学生每人准备两个气球，请学生充满气并打结，再系上橡皮筋。

2. 规定活动的范围，越界者出局；规定气球需分别系在两脚的脚踝处，不可过高，违规者出局。

3. 不可用手推人，违规者出局。

4. 哨声响时，可互相踩破别人的气球，气球被踩破者仍可去踩别人的气球，直至老师再次吹哨时结束游戏。

5. 游戏开始，老师视学生脚上气球的爆破数来决定活动停止的时间（5～10分钟）。

6. 清点脚上还有气球的人数，给予奖励。

活动评价

请学生自由分享玩"踩气球"游戏的心情。别人要来踩气球时的心情和反应如何？为什么会这样？在不违反规则之下，如何保护自己的气球不被踩破？请学生分享自己体验的各种各样的情绪，包括紧张、兴奋、失落等。

情境导入

某大二女生刚上大学时，与班上的同学相处还比较好，大家对她的印象也不错。可是她却总是觉得自己压力很大，干什么事情总是没有精神，情绪很不稳定，尤其是大家都在复习时，看到大家都在读书，她就是不想看书，甚至对别人读书有些恼火。

她经常一个人上课、自习、吃饭，觉得独自一人很自在。她有个毛病，当情绪不好时喜欢吃东西，常常是在这个食堂吃完再到另一个食堂吃，回寝室还要顺便带上一大包食物，好像这样会有快感和满足。她吃东西时也知道这样持续下去不好，但她就是控制不住自己。

渐渐地她发现这种解压的方式带来很多问题。一是经济问题，她买东西的数量、次数越来越多，对于家庭条件并不富裕的她，这种行为给家庭带来较为沉重的负担。因此她很自责，但越是这样，就越想放纵自己，好像有两个自我在斗争，一方面想让自己恢复理智，另一方面想放纵自己，而自己总是屈从于后者。二是越来越胖，她深知这是每个女孩都敏感的问题，而她是很关注自己外表的人。她常常吃完东西就后悔，非常不能接受自己目前的模样。

她的生活和学习很不规律，进而对什么都没有了信心和兴趣。她觉得对不起所有的人，父母、师长、包括她自己，可是她很难控制自己，觉得自己心里有两个人在厮杀，她很害怕但不知道该如何做。

分析与思考

这个女孩的核心问题是情绪的问题，她常常通过不停地进食来缓解心中的压力、抑郁和焦虑。

抑郁情绪是人类情绪中最普遍的体验，在大学生中有抑郁现象的比较多，究其主要原因，是自我价值没有得到很好的体现，对自己进行了一些否定。一般这样的学生情绪都比较低落、不稳定，不爱搭理人，做事没有兴致，时间长了，容易造成心理情绪积聚，对学习、生活肯定会造成影响，严重的则会患上抑郁症。如果没有找到正常渠道发泄，他们可能会沉迷于一些自己觉得是正确的事物上面，如网络。这就需要周围的人群关注他们，给他们温暖，生活中有这种情绪的大学生也要多和身边的朋友谈心、交流，释放自己的压力，以缓解这些症状，从而恢复到正常状态。

这个案例提醒我们重视情绪对大学生的影响，那么，情绪到底是什么？大学生的情绪有哪些特点？怎样才能调控好自己的情绪呢？

一、情绪概述

(一)什么是情绪

1. 情绪的含义

情绪是指人对外界客观事物态度的体验，是人脑对外界客观事物与主体需要之间关系的反应，是以人的愿望和需要为中介的一种心理活动。情绪包含情绪体验、情绪行为、情绪唤醒和对刺激物的认知等复杂成分。一般我们把情感中的愤怒、悲哀、恐惧等短暂的，急剧发生的强烈的情感称为情绪。情绪也包含那种即使程度不强，但相同征候反复呈现的状态或一般情感状态。情绪在产生心理上的体验的同时，在有关内脏器官的变化上完全是生理现象的表现。

课堂活动

体验情绪是怎样产生的

活动过程

1. 老师发给学生一人一张小纸条，让学生写下自己感受最深、印象最深刻的心情故事或是生活中的快乐、烦恼与麻烦。

2. 学生不记名地将完成的小纸条放在讲台上。

3. 老师随机请出学生抽出纸条，并念出内容，分享自己的感受与想法。

4. 每个故事听过之后，学生要在本子上写出能代表自己听过故事后的感受的词语。

5. 老师引导学生一同讨论找出解决的策略。

活动评价

随着不同的情境，个体会产生不同的情绪体验。老师要启发学生思考情绪的变化过程，以及情绪是怎样产生的，健康的情绪是不能将消极情绪指向别人，也不应该指向自己，要给负性情绪找一个出口。

2. 情绪的状态

根据情绪发生的强度、速度以及持续时间的长短，即根据情绪的状态可以将情绪划分为心境、激情、应激。

(1)心境

心境是指比较微弱、持久地影响人整个精神活动的情绪状态，具有弥散性的特点。某种心境一旦产生，就会影响人们的生活和工作，使人们的言行、思想等均带上某种情绪的色彩。比如，当一个人心境舒畅时，他做什么都会乐观积极，而当一个人郁郁寡欢时，则对许多事都感到没有兴趣。"忧者见之而忧，喜者见之而喜"就是心境的表现。

（2）激情

激情是一种强烈的、短暂的、有爆发性的情绪状态，如狂喜、愤怒、绝望等都属于这种情绪状态。在激情状态下，人的理解力、自制力等都有可能降低。激情有积极和消极之分，积极的激情能增强人的敢为性和魄力，激励人们克服艰险，攻克难关；消极的激情则会导致理智的暂时丧失、情绪和行为的失控。

（3）应激

应激是在出乎意料的紧迫情况下引起的高度紧张的情绪状态，在人们遇到突如其来的紧急事故时就会出现应激状态，如地震、火灾等。在应激状态下，人的心律、血压、呼吸和肌肉紧张度等会产生显著的变化，从而增加身体的应变能力。在应激状态下，人们往往能做出平时难以做到的事，使人尽快地转危为安。但是人在紧急情境中的应激状态下，也会导致知觉狭窄，行动刻板，注意力被局限。过于强烈的应激情绪，会导致临时性休克甚至死亡，还会导致心理创伤。一个人长期或频繁地处于应激状态中，会导致身心疾病和心理障碍。

知识链接

创伤后应激障碍

创伤后应激障碍（post traumatic stress disorder，PTSD），是指对创伤等严重应激因素的一种异常的精神反应。它是一种延迟性、持续性的身心疾病，是由于受到异乎寻常的威胁性、灾难性心理创伤，导致延迟出现和长期持续的心理障碍。简而言之，PTSD是一种创伤后心理失衡状态。导致PTSD的事件是个人经历或目睹威胁生命的事件，这类事件被称为创伤性事件，包括战争、地震、严重灾害、严重事故、被强暴、受酷刑、被抢劫等。几乎所有经过这类事件的人都会感到巨大的痛苦，有极度恐惧、害怕和无助感。许多创伤后的生还者恢复正常生活所需时间不长，但一些人却会因应激反应而无法恢复为平常的自己，甚至会随着时间推移而更加糟糕，这些个体可能会发展成PTSD。PTSD患者通常会经历诸如噩梦或场景重现，并有睡眠困难，感觉与人分离和疏远。这些症状如果很严重并持续时间长，将会显著地损害个人的日常生活。PTSD的发病率报道不一，女性比男性更易发展为PTSD。

（二）情绪的发生机制

1. 情绪的机体变化

情绪在一般情况下都带有一定的可观察到的或可测查到的机体变化。情绪状态中的机体变化表现在下述几方面。

第一，内脏器官活动的变化，表现为发怒或突然震惊时，呼吸加快而短促，心跳加速，血压升高，血糖增加，血液含氧量也增加；甚至会出现暂时的呼吸中断。

第二，面部表情和姿态的变化，表现为哭泣时，眼部肌肉收缩；悲哀时，眼、嘴下垂；愤怒时，眼、嘴张大，毛发竖起；盛怒时，胸部挺起、横眉张目，紧握拳头；困窘或羞愧时，常面红耳赤；突然震惊时，脸色苍白等。

第三，腺体和内分泌腺的变化，表现为焦虑、犹豫时，会抑制胃肠蠕动和消化液的分泌；盛怒时，食欲锐减；在激烈紧张的情绪状态中，肾上腺素分泌的增加也会引起血压、血糖等一系列的变化。

第四，言语的不同声调上的变化。如同一个词"什么"，用不同声调可表现出疑惑、生气、惊奇、好奇、愤怒、鄙视等情绪。

知识链接

测谎仪

"测谎仪"的英文是 Polygraph，又译为"多项记录仪"，是一种记录多项生理反应的仪器。一般情况下，个体很难控制在不同情绪状态下产生的生理变化和行为反应。根据这个原理，研究者通过记录受试者在回答一些特定问题时的呼吸变化、心率变化、皮肤电流变化等生理指标，来观察受试者的情绪变化，以判断受试者是否说谎。人们在说谎时的心理是异常复杂的，紧张、恐惧、慌乱等情绪变化交织在一起，必然会在生理上产生异常反应，如呼吸变化、心跳加快、血压升高、皮肤出汗等。不管受试者如何回答或缄默，由于这些反应不受人的意识控制，仪器将忠实地记录这些生理反应变化，成为判定受试者是否说谎的重要科学依据。不过，到目前为止，测谎仪的记录结果只能用做参考，而不能作为判定的最终依据。

2. 情绪与需要

客体本身并不直接决定一个人的情绪，情绪是主客观之间的某种关系的反应，个体的需要便是其中的一个重要中介。客体与需要既决定情绪发生的种类，又决定情绪发生的水平。当得到他人称赞时，会感到一种荣誉和喜悦感——满足了自己的自尊和成就的需要；受到他人的冷落时会产生失落和孤独感——因为自己被接纳的需要没有得到满足。

3. 情绪与认知

认知评价是决定情绪发生的关键因素。研究者们于 20 世纪 60 年代提出了情绪的认知——激活学说；20 世纪 70 至 80 年代提出了情绪的认知——再评价学说。这种认知评价会受一个人的知识经验、思想方法和信念、价值观等因素的影响。受到挫折时，缺乏辩证观念的人只看到事物失败的一面，从而产生悲观情绪；而具有辩证观念的人，会从"失败是成功之母"的角度认识挫折，避免消极情绪。因此，从某种意义上说，认知可以决定人的情绪。

小故事

有一位心理学家来到正在建设的某大剧院现场，对正在忙碌的工人们进行访问。

心理学家问他遇到的第一名工人："请问你在做什么?"第一名工人没好气地回答："难道你没看到吗? 这真不是人干的活!"

心理学家问他遇到的第二名工人："请问你在做什么?"第二名工人无奈地回答："挣钱啊，一天 50 块钱呢。要不，谁愿意干这种活啊?"

心理学家问他遇到的第三名工人："请问你在做什么?"第三名工人开心地回答："盖大楼啊! 这可是全国最大的剧院呢!"

同样的工作，同样的环境，不同的人却有不同的感受，这就是认知评价对情绪的作用。

4. 情绪与行为

行为是人的情绪变化的重要表现形式，而情绪对于行为也有一定的调节作用。当人的一些行为能满足自己需要时，会体验到一种欣慰和愉快的情绪，从而使自己的行为得到加强；当人的某一行为破坏或阻碍了自己的某一需要时，就会产生厌烦、排斥的情绪，从而使自己的行为减少或停止。可见，情绪与行为的关系并非是单一的决定与被决定的关系，而是相互影响的关系。

(三)情绪的功能

1. 情绪具有自我保护的功能

情绪是有机体适应生存和发展的一种重要方式，从某种程度上说，情绪能起到自我保护的作用。比如，当人处于危险的境地时，恐惧的情绪反应能促使人在行为上更快地脱离险境；当人在工作或者学习中的负荷超出了自身的承受能力时，疲惫的情绪状态会使人放弃一些学习和工作，从而获得休息；在面对侵害时，愤怒的情绪会促使人奋起反抗，自我保护。

2. 情绪具有信息传递的功能

人与人之间的交往是通过信息传递实现的，而情绪在人际交往中往往起着十分重要的调节作用，具有信息传递的功能。例如，朋友之间的一个表情，就能明白对方想到表达的意思。情绪还可以相互影响和传播。当一个人兴高采烈时，他的情绪会感染到周围的人；而当一个人沮丧、愤怒时，也会使这种情绪在周围传播开来，并且还可能将这些负性情绪迁移到他人身上。可见，在人与人的交往过程中，情绪起着传递信息的作用。

3. 情绪具有组织调节的功能

情绪是一个自发的心理过程，对其他心理活动具有组织调节的功能，具体表现为积极情绪的协调作用和消极情绪的破坏作用。处在积极、乐观的情绪状态时，容易注意到事物美好的一面，行为比较开放，愿意接纳外界的事物；处于消极的情绪状态时，容易放弃自己的愿望，甚至产生攻击行为。因此，调控自身的情绪很重要。

4. 情绪具有激发心理动机的功能

情绪是动机的源泉之一，是动机系统的一个重要成分。它能够影响人的活动效率。研究表明，适度的兴奋可以使身心处于活动的最佳状态，从而推动人们有效地完成学习或工作；适度的焦虑和紧张能够促使人们积极地思考和解决问题；但是过分消极的情绪会产生负面影响。同时，情绪也可以成为人们行动的内驱力，促使人们全力以赴克服困难，朝着预定的目标努力。情绪也可以成为意志的动力，如对祖国的热爱能激励人们为社会无私奉献。

二、情绪与健康

《黄帝内经》写道："怒伤肝、喜伤心、思伤脾、忧伤肺、恐伤肾。"《素问·举痛论》写道："怒则气上，喜则气缓，悲则气消，恐则气下，惊则气乱，思则气结。"如果情绪剧烈、过度，超过人体能够承受的限度，并持久不得平静，那就必然影响人体的功能，导致全身气血紊乱，直接影响我们的生理健康和心理健康。良好的情绪能促进健康，不良的情绪会危害健康。

经典实验

美国生理学家爱尔马做过一个实验。他收集了人们在不同情况下的"气水"，即把有悲痛、悔恨、生气和心平气和时呼出的"气水"做对比。心平气和时的"气水"放入有关化验水中沉淀后无杂无色、清澈透明，而悲痛时呼出的"气水"沉淀后呈白色，悔恨时呼出的"气水"沉淀后则为蛋白色，生气时呼出的"气水"沉淀后为紫色。把"生气水"注射在大白鼠身上，几分钟后大白鼠就死了。该结果证实，生气对人体危害极大。这个实验可以说明情绪对人体确实可以产生一些影响。

知识链接

情绪与疾病

医学研究表明，人情绪不好时，体内的某些细胞活性就会下降，因而不能战胜体内毒素，形成疾病；研究者还发现，老年人在丧偶后的半年里，死亡率比同龄人高出 5 倍，这是因为悲观破坏了免疫功能。

人情绪不好时，体内会分泌出一种毒性荷尔蒙，这些荷尔蒙聚集起来，形成漂白粉一样的分子结构，会对人体产生不利的影响。极度恐惧的情绪还能导致机体死亡。

健康情绪是健全人格的必要条件之一，是指一个人的情绪发展、反应水平和自我控制能力与其年龄和社会对此的要求相适应，并为社会所接受。具体而言，大学生的健康情绪应包括以下几个方面。

①开朗、豁达，不斤斤计较，不为鸡毛蒜皮的小事大动肝火或郁结于心。

②能及时、恰当地表达自己的情绪和感受。

③情绪正常、稳定，很少大起大落或喜怒无常，能承受欢乐与忧愁的考验。

④能给人爱和接受他人的爱，待人热情，乐于助人，有同情心。

⑤能够正确认识自己和他人，少存嫉妒和偏见，人际关系良好。

⑥自信、乐观、有主见，能独立解决问题，创造性地工作。对前途充满信心，富有朝气，勇于上进，坚韧不拔。

⑦热爱生活，对平凡的事物保持兴趣，能不断从生活环境中得到美的享受、快乐的享受，会工作也会消遣。

⑧能面对现实，承认现实和接受现实，并能按社会要求行动。

⑨尊重他人，能与人为善，和睦相处，建立良好的人际关系。

知识链接

放松情绪 50 法

俄罗斯心理学家为大学生放松情绪推荐了 50 种方法。

1. 如果你觉得力不从心，那么应坚决地拒绝任何额外的加班加点。

2. 拥有一两个知心朋友。

3. 犯错误后不要过度内疚。

4. 正视现实，因为回避问题只会加重心理负担，最后使得情绪更为紧张。

5. 不必事事、时时进行自我责备。

6. 有委屈不妨向知心人诉说一番。

7. 常对自己提醒：该放松放松了。

8. 少说"必须""一定"等"硬性词"。

9. 对一些琐碎小事不妨顺其自然。

10. 不要怠慢至爱亲朋。

11. 学会"理智"地待人接物。

12. 把挫折或失败当作人生经历中不可避免的有机组成部分。

13. 实施某一计划之前，最好事先就预想到可能会出现坏的结果。

14. 在已经十分忙碌的情况下，就不要再为那些分外事操心。

15. 常常看相册，重温温馨时光。

16. 常常欣赏喜剧，更应该学会说笑话。

17. 每晚都应洗个温水澡。

18. 卧室里常常摆放有鲜花。

19. 欣赏最爱听的音乐。

20. 去公园或花园走走。

21. 回忆一下一生中感到最幸福的经历。

22. 结伴郊游。

23. 力戒烟酒。

24. 邀请性格开朗、幽默的伙伴一聚。

25. 进行 5 分钟的遐想。

26. 培养 1~2 种新的嗜好。

27. 学会做自我按摩。

28. 参加一项感兴趣的体育运动。

29. 交 1~2 个异性朋友。

30. 有苦闷时可向日记本倾诉。

31. 理一次发。

32. 穿上喜欢的新衣。

33. 必须吃早餐，而且须吃饱、吃好。

34. 少去噪音过大的场所。

35. 家养一种宠物。

36. 浴室、卧室里都可以洒一点儿香水。

37. 宽容他人的缺点。

38. 大度地接受他人的批评。

39. 常常清理书桌。

40. 不时静思默想几分钟。

41. 不妨看看动画片、读读童话故事。

42. 应跟儿童交朋友。

43. 给自己买些布娃娃之类的玩具。

44. 衣服颜色应多种多样。

45. 说话、用餐时有意减慢速度。

46. 品味美食，但忌高脂肪食品。

47. 克服嫉妒情绪。

48. 常常做深呼吸。

49. 常常拥抱亲人。

50. 化妆也可帮助摆脱紧张。

任务二　大学生的情绪问题

暖身活动

吹气球

活动目的

通过吹气球的方式，让学生理解为什么要学会调节情绪，感受情绪变化对身体的影响。

活动过程

1. 老师给每位学生准备一个气球（为了活动效果，气球应准备薄、厚两种，或同一种气球有的是完好无损的，有的是事前已扎了一个小孔的）。

2. 老师告诉学生用最快的速度吹气球，吹爆了也没有关系（时间控制为 1~3 分钟）。

活动评价

如果气球是我们的身体，不良情绪是里面的空气，情绪不断积累，气球会怎样？我们的身体会怎样？

情境导入

钉钉子的故事

有一个坏脾气的小男孩，每天发脾气，摔摔打打，特别任性。但他并不在意，甚至不觉得自己脾气不好。

爸爸把他拉到后院的篱笆旁，给他出了个主意，他每发一次脾气，就往篱笆上钉根钉子。过一个月，看他发了多少脾气。

小男孩想："那就看看吧。"以后，他每发一次脾气就往篱笆上钉一根钉子。

一个月后，小男孩突然发现：哎呀，篱笆上一大堆钉子！他自己觉得非常不好意思。

爸爸又告诉他："你要做到一整天不发脾气，就可以把原来钉上去的钉子拔下一根。"

小男孩想，一天不发脾气才只能拔掉一根钉子，多难呀！可是为了使钉子减少，他开始尝试克制自己。如果一天不发任何脾气就从篱笆上拔一根钉子。终于有一天，钉子全拔完了，小男孩再也乱不发脾气了。

小男孩高兴得不得了，请爸爸来参观自己的成果。爸爸看后意味深长地说："孩子，你看，篱笆上的钉子都已经拔光了，但是那些洞永远留在了上面。其实，你每向你的亲人、朋友发一次脾气，就等于往他们的心里敲了根钉子，钉子拔了，但是那个洞永远不能消除啊！"从此，男孩懂得了情绪管理的重要性。

分析与思考

每个人都会有各种各样的情绪，不同的情绪让我们的生活变得多姿多彩。关于情绪的表达，不同的人会产生不同的想法，有的人会认为愤怒、焦虑、生气等都是不好的情绪，害怕表露情绪，怕别人认为自己是一个情绪化的人；有的人认为情绪不应该隐藏，就是要发泄出来，不管三七二十一，该骂就骂、该哭就哭……其实，情绪本身并没有好坏之分，情绪是我们诚实的朋友，我们能体验到的快乐和痛苦是切切实实存在的，情绪本身没有问题，真正的问题是情绪的表达方式，如果能以恰当的方式表达自己适度的情绪，符合社会规范，掌控自己的情绪，在情绪波动时不伤及自己和他人，就是健康的情绪管理。特别是对于大学生来说，健康的情绪管理更为重要。

一、大学生情绪的基本特点

大学生正处于青春期向青年期的过渡时期，在生理发育接近成熟的同时，心理上也经历着急剧的变化，尤其反映在情绪上。相对于中学生，大学生的情绪内容趋于深刻和丰富，情绪的表达趋于隐蔽，情绪的变化也逐渐趋于稳定。其中主要表现为：一是大学生随着自身的成长与发展，情绪状态逐渐趋于成熟，并接近成人；二是大学生在情绪上仍然存在着许多尚不成熟的方面；三是在情绪上表现出一些特殊的情绪反应(如复杂性、两极性和冲动性)。具体来说，大学生的情绪主要有以下基本特点。

(一)情绪的丰富性和复杂性

从生理发展阶段来看，大学生正处于爱做梦的年龄，也正处于情绪最发达的时期。无论是在日常生活中，还是从事社会活动时，大学生的情绪都表现得极为饱满，并随着自我意识的不断发展和兴趣的扩展而表现为更加丰富、敏感、细腻和深刻。同时，大学生的情绪还具有复杂性的特点。大学生有时陶醉于某种愉悦的情绪状态中，有时沉溺于某种负面情绪状态中，一时无法被另一种情绪所替代。

(二)情绪的波动性和两极性

大学时期是人生面临多种选择的时期，这一时期的大学生要进行学习、交友、恋爱等活动。社会、家庭、学校及生活事件都会对大学生的情绪产生影响。大学生普遍具有较高的智力水平和文化修养，对社会的认识和人生的理解逐步趋于深入，对自己的情绪有了一定的调控能力，情绪趋于稳定。但是，同成人相比，大学生的身心正处于走向成熟而又未完全成熟的阶段，处于未成年人向成年人的过渡阶段，生理和心理发展的不平衡性往往使他们的内心存在着各种矛盾冲突。他们较为敏感，情绪起伏较大，容易受外界环境的感染，触景生情。他们的情绪会时而激动，时而平静；时而积极，时而消极，波动性极为明显。同时，大学生正处于情绪表现的"动荡"时期，自我认知、生涯发展及心理发展还未成熟，情绪起伏较大，带有明显的两极化特征，胜利时得意忘形，挫折时垂头丧气；喜欢时花草皆笑，悲伤时草木流泪。

(三)情绪的冲动性和爆发性

随着知识水平和认知能力的逐步提高，大学生对自己的情绪能够有所控制，但他们精力充沛，情感丰富，对事物的情绪体验比较强烈，富于激情，并"喜怒形于色"，对外界事物较为敏感，在遇到外界刺激或者重大突发事件时往往容易冲动。他们会对自己感兴趣的事情产生极大的热情，对于不符合自己信念、观点和理想的事件或行为表现出否定和不满。情绪的冲动性使得大学生行动缺乏计划和谨慎，一旦遇到挫折或失败就容易灰心丧气，选择放弃。比如，集体斗殴、离校出走、因情感挫折而自杀等都与大学生情绪的冲动性相关。

(四)情绪的外显性和内隐性

大学生对外界刺激比较敏感，反应比较迅速，情绪表现较成年人更加直接和外露，如开心、沮丧、愤怒等情绪往往都表现在脸上，很容易被人察觉。随着思维的发展，自我意识和社会意识以及独立性的不断增强，大学生的内涵更加丰富，自制力逐步提升，他们在情绪的表现方式上更显隐晦和含蓄，具有内隐性的特点。他们虽然有时也会喜形于色，但已经不像青少年时期那样坦率、直露。他们会在一定的情境下压抑或控制极端的情绪，隐藏自己的真实想法，有时会表现出外在表现和内心体验不一致，如以不在乎、敷衍等方式来掩饰内心的情绪。这种情绪的外显性和内隐性的特点，如果处理不好，会使大学生出现焦虑、抑郁等心理困扰，也容易使一些学生出现孤独和苦闷的情感困惑。

二、大学生不同阶段、不同层次的情绪变化

由于大学生所处的年龄阶段、培养重点和发展目标不同，社会、家庭、能力、

心理素质和自我期望等方面存在差异，大学生的情绪发展在不同阶段、不同层次上具有不同的特点。

(一)不同年级大学生的情绪特点

众所周知，不同年级的大学生有着不同的生理、心理特点，因此，大学的不同年级所面临的培养目标和学习任务也有所不同，教育方式和课程设置也存在区别，因此，大学生的情绪也呈现出阶段性的变化。

刚入学的大一新生，面临着适应环境、改变学习方法、熟悉新的交往对象及确立新的目标等问题。他们对一切都充满信心、抱有幻想，对各种知识领域都充满了疑问和兴趣，对自己的评价不够准确，对自我意识缺乏全面系统的分析，存在自信与自卑、轻松与紧张等矛盾冲突，情绪不稳定，面临的主要问题是解决适应问题。

大二、大三阶段是大学生情绪波动较大的阶段，经过新鲜期、迷茫期，他们对大学生活已经基本适应，要求独立和自我表现的倾向开始显露出来，一方面情绪趋于稳定，另一方面，学业、人际、恋爱和职业规划等方面的矛盾冲突造成各种问题和困扰，引起情绪波动。由于一些大学生在恋爱与性的问题上缺乏科学的认识和态度，他们看待问题往往容易简单片面，情感容易冲动，易产生焦虑、困惑等情绪反应。

大四阶段的学生情绪的自控能力有所增强，他们对大学的学习生活环境已经基本适应，并具备了一定的情绪自控能力。但他们在此时即将告别学校，走上工作岗位，他们面临着考研、就业和生活等多方面的重大问题，所以社会责任感明显增强，紧迫感和忧虑感产生，此时的情绪状态呈现出矛盾性和复杂性。

(二)不同层次大学生的情绪特点

除了大学生情绪发展的阶段性特点。同一年级的学生由于成绩、能力等差异，以及社会、家庭与自身要求、期望不同，大学生又会表现出不同层次的情绪特点。特别是因生源的差异，大学生会在家庭背景和经济方面表现出不同层次。来自农村的学生由于城乡的差异以及不同程度的经济负担容易产生自卑、焦虑、忧郁及压力过大等情绪问题；来自城市的大学生，责任意识相对薄弱，心态浮躁，对于挫折的承受能力差，遇到重大问题时往往冲动行事，对情绪的控制能力不强。

三、大学生常见情绪问题

对大学生而言，心理压力大、学习负担重、竞争激烈等均能使其情绪处于紧张状态。研究资料表明，造成大学生身心不健康的最主要的因素就是情绪问题。一般来说，适度的负性情绪，如考试时的紧张、失意时的悲伤等都是正常的，但是如果大学生不能够正确地处理生活和学习中的各种问题，就极易产生情绪方面的问题，从而危害身心健康。

（一）焦虑

焦虑是十分常见的现象，是一种类似担忧的反应或是自尊心受到潜在威胁时产生担忧的反应倾向，是个体主观上预料将会有某种不良后果产生的不安全感，是紧张、害怕、担忧混合的情绪体验。人们在面临威胁或预料到某种不良后果时，都有可能产生这种体验。

焦虑不仅存在于大多数人的生活中，而且也是其他心理障碍共有的因素，如抑郁症与恐惧症。焦虑作为一种情绪感受，可以通过身体特征体现出来，如肌肉紧张、出汗、嘴唇干裂和眩晕等，焦虑也伴有认知成分，主要表现为担忧将来会发生不愉快的事情。由于焦虑与恐惧、担心、惊慌等相关，也有人将担心看作焦虑的认知成分。

焦虑是大学生常见的情绪状态，当他们在学习、工作、生活各方面遭遇挫折时或担心需要付出巨大努力的事情来临时，便会产生这种体验。焦虑对大学生的影响是复杂的，既可以成为大学生成才的内驱力，起促进作用，也可以起阻碍作用。实验证明，中等焦虑能使学生维持适度的紧张状态，注意力高度集中，促进学习。但过度焦虑则会对学生带来不良的影响。例如，有的大学生在临考前夜失眠或考试时"怯场"，在竞赛中不能发挥正常水平等，多是过度焦虑所致。被过高的焦虑困扰的大学生，常常会感到内心极度紧张不安，惶恐害怕、心神不定、思维混乱、注意力不集中，甚至记忆力下降，同时还容易产生头痛、失眠、食欲不振、胃肠不适等不良生理反应。焦虑的大学生在内心深处有一种无法解脱、不愿正视的心理问题，焦虑只是矛盾、冲突的外显，借此作为防御机制以避免那更深层次的困扰。

大学生常见的焦虑有自我形象焦虑，学习焦虑与情感焦虑。自我形象焦虑是担心自己不够漂亮、没有吸引力、体貌过胖或矮小等，也有的因为粉刺、雀斑等影响自我形象而引起的焦虑；这类焦虑主要与自我认知有关，需要通过调整自我认知重新接纳自我，建立新的自我形象。学习焦虑在学生情绪反应中最为强烈，需要引起重视。情感焦虑多数是由恋爱受挫而引发的自我否定，认为自己不具备爱人与被爱的能力，因过度担心而引起焦虑。

那么，怎样才能有效地克服焦虑呢？我们可以通过交流，了解大学生焦虑背后的潜在冲突，在此基础上给予支持性的专业心理辅导。

典型案例

某大学二年级学生，男，一直以来他都对英语学习不感兴趣，期末英语考试也是勉强过关。英语四级考试之前一个月，他开始为考试倒计时，制订这一阶段的复习计划。可是每到学习时他就会紧张焦虑、心神不宁，反复盘算还有多少知识没有复习，担心自己复习不完，担心考试不过关，害怕影响以后就业等，以致注意力无法集中。他每天熬夜，看似花费了很多时间学习，却无法完成事先的计划。一个月下来，不但没有学到多少东西，反而造成睡眠不足、精神不振，结果导致考试失败。

分析与思考

焦虑对大学生的影响是复杂的，中等焦虑能使学生维持适度的紧张状态，使注意力集中，提高工作和学习的效率。过度焦虑会使人感到内心不安、无法放松、彷徨恐惧、心神不宁、思维混乱、注意力不集中，甚至还会导致记忆力下降、头痛、失眠和食欲不振等不良的生理反应，严重影响大学生的生活学习和身心健康。

（二）抑郁

抑郁是指精神受到压抑而产生的一种消极的情绪状态，常常与苦闷、不满、烦恼和困惑等情绪交织在一起。

抑郁症状不单指各种感觉，还指情绪、认知与行为特征。抑郁最明显的症状是心情压抑，仿佛掉入了一个无底洞或黑洞之中，正被淹没或窒息。其他感觉包括容易发火，感到愤怒或有负罪感。抑郁常常伴随着焦虑，对所有活动失去信心、兴趣，渴望一个人独居。抑郁也伴随着个体思维方式的转变，这些认知改变可以是一般性的，如注意力不集中、记忆力衰退或者很难做出决定。在思考中可能有更多的心境转变，消极地看待世界、自我和未来。因此，抑郁的人很难回忆起美好的记忆，不适当地责备自己，认为他人更消极地看待自己，对未来感到悲观。与此同时，他们还伴随身体症状，如常常乏力，起床变得困难，更严重时睡眠方式都将改变，睡得太多或者早晨醒得太早，并且不能再次入睡，也可能出现饮食紊乱，吃得过多或过少，随之而来的体重激增或剧减。抑郁是一种持续时间较长的低落、消沉的情绪体验，它常常与苦闷、不满、烦恼、困惑等情绪交织在一起。

一般来说，这种情绪多发生在性格内向、孤僻、敏感多疑、依赖性强、不爱交际、生活遭遇挫折或长期努力得不到回报的大学生身上。那些不喜欢所学专业，或因人际关系处理不当、失恋等问题的大学生也会产生抑郁情绪。

典型案例

某大学一年级学生，高考以优异的成绩考入了现在的重点高校。第一学期期末，高等数学考试没有及格，他的情绪一落千丈。他认为挂科的记录会对毕业求职产生负面影响，觉得自己的前途一片迷茫，并常常因此而自责。渐渐地，他变得郁郁寡欢，无心学习，也不愿意与人交往，还整夜失眠，最后不得不去医院精神科检查，经诊断，他患上了抑郁性神经症。

分析与思考

大学生抑郁情绪主要表现为心情低落、少言寡语、兴趣减退、缺乏活力、思维迟缓、消极自责、难做决定，对前途感到悲观，对生活失去信心，回避社会交往、易愤怒却极力压制，同时还伴有失眠、容易疲劳、饮食紊乱、注意力不集中和记忆力减退等生理症状。抑郁情绪严重会导致抑郁症，使大学生的身心受到严重伤害，甚至无法正常学习和生活。

(三)愤怒

愤怒是由于客观事物与人的主观愿望相违背，或因愿望无法实现时，人们内心产生的一种激烈的情绪反应。心理学研究表明，当愤怒发生时，可能导致人体心跳加快、心律失常、高血压等躯体性疾病，同时还会使人的自制力减弱甚至丧失，思维受阻、行为冲动，甚至做出一些后悔莫及的蠢事或造成不可挽回的损失。

愤怒是大学生常见的一种消极情绪。大学生具有好激动、易动怒的情绪特点。例如，有的大学生因一句刺耳的话或一件不顺心的小事而暴跳如雷；有的人因人际协调受阻而怒不可遏、恶语伤人；有的人因别人的观点或意见与自己相左而恼羞成怒；有的人因一时的成功而忘乎所以；有的人因暂时的挫折或失败而悲观失望，痛不欲生。这些不良情绪对大学生的影响是极其有害的，容易造成不良后果。

典型案例

这是一名大一女生的自述："我来自一个虽不富有但也比较宽裕的家庭。父亲非常爱我，但在我童年中，发生过重大创伤性生活事件。自从这件事发生后，我不再相信任何人，也不再相信很多人确信不移的情感，如友谊、爱情等，我想通过努力学习离开原来的生活环境，开始新的生活，摆脱童年生活的阴影。来到大学后，看到同学们都快乐无忧地生活着，长久潜藏于心的愤怒悄悄地滋长着，我不知道如何化解与排解这种情绪，便经常翻同学的书柜和床位，将他们正在看的参考书藏起来，我并不是为了看书，而是看到他们焦虑、着急的样子，我内在的愤怒便找到了宣泄的出口，但即使这样我还是不解气，于是我将同学的存折悄悄取出，并将钱全部花掉以化解我心中的愤怒。"

分析与思考

这位女同学在童年遭受的挫折与伤害，因为缺乏必要的心理辅导与心理支持，在她升入大学后，她的心理问题并没有得到及时的解决，因此她潜在的愤怒并没有得到升华与缓解而是压抑起来，并寻找适当的机会进行发泄，最后导致受到学校纪律的处分。

(四)嫉妒

嫉妒是指因他人在某些方面胜过自己而引起的不快甚至痛苦的情绪体验。西班牙作家塞万提斯说："嫉妒是万恶的根源，美德的蟊贼。"

嫉妒是自尊心的一种异常表现，在大学生中普遍存在。具体表现为当看到他人学识能力、品行荣誉甚至穿着打扮超过自己时内心产生的不平、痛苦、愤怒等感觉；当别人身陷不幸或处于困境时则幸灾乐祸，甚至落井下石，在人后恶语中伤、诽谤。嫉妒是一种情绪障碍，它扭曲人的心灵，妨碍人与人之间正常真诚地交往。

嫉妒是由于别人胜过自己而引起抵触的消极的情绪体验。黑格尔曾说，嫉妒是"平庸的情调对于卓越才能的反感"。在日常生活中，嫉妒的存在是很普遍的。英国科学家培根说："在人类的一切情欲中，嫉妒之情恐怕要算作最顽强、最持久的了。"当看到别人比自己强时，心里就酸溜溜的不是滋味，于是就产生一种包含着憎恶与羡慕、愤怒与怨恨、猜嫌与失望、屈辱与虚荣以及伤心与悲痛的复杂情感，这种情感就是嫉妒。嫉妒者不能容忍别人超过自己，害怕别人得到自己无法得到的名誉、地位等，在他看来，自己办不到的事别人也不要办成，自己得不到的东西，别人也不能得到。

嫉妒是人本质上的疵点，嫉妒心强的人容易得身心疾病。嫉妒者长期处于不良的情绪状态中，产生压抑感，容易引起忧愁、消沉、怀疑、痛苦、自卑等消极情绪，会严重损害身心健康。嫉妒心强还会影响大学生自我发展，不良情绪会大大降低学习的效率。另外，嫉妒心强可能使我们结交不到知心朋友。嫉妒心强的人往往事事好胜，常想方设法阻止别人的发展，总想压倒别人。这使同学们想躲开这种人，不愿与这种人交往，从而给自己造成一个不良的人际关系氛围，因此这种人会感到孤独、寂寞。

嫉妒对人的心理健康不利。一是破坏人际关系的和谐。当一个人嫉妒另一个人的时候，就不会对那个人友善、热情，两个人的关系必然冷淡。嫉妒的对象越多，关系冷淡的对象越多，这就给人际交往带来极大的伤害。更有甚者，还会破坏集体的团结和良好的心理氛围。二是造成个人的内心痛苦。一个嫉妒心强的人，常常陷入苦恼之中不能自拔。时间长了会产生自卑心理，甚至可能会采取不正当的手段去伤害别人，使自己陷入更恶劣的境地。法国文学家巴尔扎克曾经说过："嫉妒者比任何不幸的人更为痛苦，因为别人的幸福和他自己的不幸，都将使他痛苦万分。"

克服嫉妒一是开阔视野，开阔心胸，懂得"天外有天，人外有人""强中自有强中手"的客观规律。真正做到豁达开朗并非易事，如果正处在愤怒、兴奋或消极的状态下，能较平静、客观地面对现实，是能达到克服嫉妒的目标的。二是学会转移注意力，需要积极进取，使生活充实起来。培根说过："每一个埋头沉入自己事业的人，是没有工夫去嫉妒别人的。"因此，积极参与各种有益身心的活动，使大学生活真正充实起来，嫉妒的毒素就不会滋生、蔓延。三是学习并欣赏别人的长处，化嫉妒为动力。一个人在嫉妒别人时，总是关注别人的优点，忽视自己的优点。一般而言，嫉妒心理较多地产生于周围熟悉的年龄相仿、生活背景大致相同的人群中。因此，只有采取正确的比较方法，有意识地想一想自己比对方强的地方，这样就会使自己失衡的心理天平重新恢复到平衡的状态。四是建立正确的自我意识，提高自我意识水平，正确地评价自己和别人。嫉妒是一种突出自我的表现。在这种心理支配下，嫉妒者为人处世常常以自我为中心，无论什么事，首先考虑到的是自身的得失，因而引起一系列的不良后果。若出现嫉妒苗头时，及时自我约束，摆正自身位置，努力驱除嫉妒心，会感到"心底无私天地宽"。

典型案例

这是发生在两位大学生之间的故事。小A与小B是某艺术院校大三的学生，在同一个寝室生活。入学不久，两个人成了形影不离的好朋友。小A活泼开朗，小B性格内向，沉默寡言，小B逐渐觉得自己像一只丑小鸭，而小A却像一位美丽的公主，心里很不是滋味，她认为小A处处都比自己强，把风头占尽，时常以冷眼对待小A。大学三年级，小A参加了学院组织的服装设计大赛，并得了一等奖，小B得知这一消息先是痛不欲生，而后妒火中烧，趁小A不在寝室之机将A的参赛作品撕成碎片，扔在小A的床上。小A发现后，不知道怎样对待小B，更想不通为什么小B要这样。

分析与思考

小A与小B从形影不离到反目为仇的变化令人十分惋惜。引起这场悲剧的根源，关键是两个字——嫉妒。嫉妒是一种损人损己的病态心理，严重影响人们的身心健康。一个人只有客观地认识自己的优势和劣势，现实地衡量自己的才能，为自己找到一个恰当的位置，才能避免嫉妒心理的产生，还要努力完善自己的个性，提高自己的心理素质，以健康的心态面对生活。

(五)冷漠

冷漠是指人对外界刺激缺乏相应的情感反应，对生活中的悲欢离合都无动于衷。具体表现为：凡事漠不关心、冷淡、退让的消极情绪体验。例如，有些人对周围的人和事漠不关心，对集体和同学态度冷淡，对自己的前途命运、国家大事等漠然置之，似乎自己看破红尘、超凡脱俗，把自己游离于社会群体之外。这种人表面上看起来很平静、冷漠，但内心痛苦、孤寂和压抑。如果大学生长时间处于这种情绪状态下，巨大的心理能量无法释放并超过一定限度时，就会以排山倒海的形式爆发出来，致使心理平衡遭到破坏，影响身心健康。

冷漠与退缩一样，是一种消极情绪的内化而非外显的行为，事实上，冷漠比攻击更可怕。冷漠会带来责任感的下降、生活意义的缺失与自我价值的放弃，可以说是有百害而无一利的消极情绪体验。冷漠的形成多数与人生重大生活事件有关，也与个人的生活经历有关。

克服冷漠最根本的方法是改变认知，发现生活的意义，发现自我的价值，改变以往形成的对人生消极的看法；在行为上，积极投身到各种有意义的活动中，融入集体，进行积极的自我暗示与自我提升；正确认识自我与他人，个人与社会，并不断矫正自己的非理性观念。

📋 典型案例

某高校大三学生，刚入学时，该生曾经是一个充满激情的小伙子，热心而且健谈，深受同学们好评。二年级下学期，他得了一场重病，之后身体状况一直不好，不爱活动，也不爱多说话。他渐渐发现自己很孤独，从前自己主动帮助别人，就会有很多人围在自己身边，现在自己病了，那些同学却不知去向，他因此而感到心寒。由于缺课太多，他在期末考试的时候有三科成绩没有及格，这种打击使他更加愤恨生活。他觉得没有人同情他、理解他，更没有人能够帮助他，所有的不幸都必须自己接受。从此，他变得愈加冷漠，对周围的一切都漠不关心，他认为努力也是徒劳，还不如顺其自然。

分析与思考

冷漠往往是个体遇到挫折后，对焦虑的一种防御手段。有冷漠情绪的大学生多对周围的事物漠不关心，对集体和同学的态度冷淡，对自己的前途和国家的命运漠然置之，习惯将自己游离于社会群体之外。而事实上，这种情绪并非逆来顺受或冷漠无情，而是压抑内心痛苦和挫折情绪体验的消极表现形式。冷漠会造成责任感的下降、生活意义的缺失，以及对自我价值的放弃。

大学生如果长期处于冷漠的情绪状态中，就无法释放其心理的巨大负能量。这种负能量一旦超过一定限度，就会完全爆发出来，使心理平衡遭到破坏，危害身心健康。

任务三　　管理情绪

🎲 暖身活动

人体气球

活动目的

用身体部位体会压力，愤怒等情绪的影响，同时增强同学间的合作意识。

活动过程

请全班学生手牵手围成一个肩并肩的圆圈，说明全班现在是一个气球。老师吹哨，当哨声大时，即气球在充气；当哨声小时，即气球在漏气。学生依哨声的指示行动，将圆圈扩大（充气）或缩小（漏气），除非不得已的状况，否则不可将手松开，随意松开者失去玩游戏资格。

老师先把圆圈充气成小气球而后再漏一点气，最后一直充气，直到学生的手无法承受彼此的拉力而脱开为止（表示此时气球已爆破了）。在活动过程中，老师一边将气球充气，一边引导学生联想自身承受压力时的状态犹如气球被充气一般。老师可根据情况自行掌握或多进行几次。

活动评价

请学生自由分享参与"人体气球"活动的感受？气球若是一直被充气会有什么状况？如何使一个过量充气的气球避免爆炸？感觉到生活是否有压力，并说说压力来源于哪些方面？该如何缓解这些压力？

情境导入

经典电影分析

在电影《七宗罪》中，新手警探米尔斯就像一只小野兽一样，血气方刚，冲动易怒，自尊自信，不容许别人怀疑他。他和资深刑警沙摩赛碰到了一连串离奇的凶杀案，凶手依照天主教中的七种死罪，策划了一系列离奇的连环杀人案，受害者都是死于这七宗罪中的一种。五件命案过后，凶手奇迹般自首，此时凶手的"七宗罪"还差两宗，分别是"嫉妒"和"愤怒"，难道凶手会善罢甘休？结果出人意料，凶手正是利用米尔斯易怒的特点，杀了他妻子来激怒他，让身为警察的米尔斯因愤怒失去理智，而把狡猾的凶手杀了。凶手因嫉妒米尔斯幸福家庭而成为"嫉妒"的代表，米尔斯则中了凶手的圈套成了"愤怒"的代表……虽然这部分电影有特别的寓意，但从中我们可以看到，情绪深深影响着我们的行为乃至生活。

分析与思考

每个人都有七情六欲，有时开心、有时悲伤、有时气愤、有时幸福……面对同一件事，不同的人有不同的情绪反应，同一个人对不同的事也会产生不同的情绪状态，特别对于正处于青年期的大学生来说，情绪波动较大，情感体验丰富细腻而又复杂，经常会因为这样或者那样的原因面临各种各样的情绪困扰。如果我们不能很好地了解自己和他人的情绪状态，就不能有效地引导情绪和合理地表达情绪，从而会影响我们的行为和身心健康，情绪是可以管理的，也很有必要进行管理。

一、情绪管理的重要性

良好的情绪状态不仅有利于提高学习效率，而且也有益于身心健康。现代医学研究证明，人们的生理疾病中，70%同时伴有心理上的病因。尤其是现代社会中的高血压、心脏病、癌症等病症，都与人的情绪状态有着直接的关系。在大学生中，长期的学习压力，造成一些学生的失眠、紧张、神经性头痛、消化系统疾病等，大都是因为情绪状态没能得到很好的调整，情绪一旦失控，后果更无法预料。

典型案例

大二学生小林家住农村，经过十二年的苦读终于进入了一所国家重点院校读书。小林就读的专业是学校里最好的，上一年的毕业生就业率为100%。小林也非常喜欢所学的专业，由于学习成绩优秀还被评为"三好学生"，眼看着美好的前程就展现在小林的面前。

小林放暑假回家，恰巧哥哥要结婚，家里的父母都很高兴，决定拿出多年的积蓄为哥哥盖新房，小林也暗地里为哥哥高兴。可是，就在房子开工的当天，因为占地问题家里与邻居发生矛盾，邻居坚决不让小林家占地盖房，两家因前些年分地的事情就曾经有矛盾，这次说不让盖房只是个借口，眼看着哥哥的新房盖不成，小林焦急万分。他们全家商量后继续开工，邻居从家里拿出铁镐，冲向工地嚷道："你们必须停工，要不然我就用镐刨了。"小林家不答应，一场混战开始了，小林也参与了这场打斗，结果，邻居家负伤两人，一纸诉状送上法庭，小林和哥哥因为故意伤害罪被判刑。

分析与思考

小林为这次冲动付出了惨痛的代价，大好的前途化为了泡影。

这一案例表明，管理好自己的情绪是非常重要的。人人都是自己最好的医生，自己能使自己痛苦，也能使自己快乐，生活的主宰就是自己。人可以做情绪的主人，而不能任由情绪控制我们的思想和行为。

精神分析学派创始人弗洛伊德曾说："学习掌握自己的情绪是成为文明人的基础。"作为一个完整意义的人，仅有良好的智力和学识是远远不够的。懂得调控情绪才能使你的人格更健全，使你的生活更丰富，才会使你真正成才。一个人的成长离不开情绪调节的适应性机制，该机制包括正确辨认、解读别人的情绪，理解别人的感受以适应社会的需要，包括控制自己情感的外部表现以适应文化环境，还包括借助情感的表达功能实现人际沟通和情感认同。学会正确理解情绪、表达情绪及调控情绪，对于人的一生的顺利成长、人际适应、工作的拓展、生活的充实、满意度的增加等各个方面均有重要影响。

二、负性情绪的管理

负性情绪也称不良情绪、消极情绪，负性情绪不仅会影响大学生的身心健康，而且会影响大学生的发展和成才。因此，大学生要对自己的负性情绪进行调节。下面介绍几种排解负性情绪的方法。

(一)情绪宣泄

精神分析理论认为，个体的消极情绪必须得到有效的宣泄才能保持心理的平衡。过分压抑情绪会导致困扰加重，如果这种抑郁的情绪得不到发泄，随着挫折的增多，消极情绪就会不断积累，最终超过人们的心理承受能力而导致心理失衡。因此，情绪宣泄疗法是一种非常重要的自我心理调适的方法。这种方法就是人为创造出一种情境，表达、发泄自己被压抑的情感，通过宣泄达到心理平衡。情绪宣泄的途径很多，如大哭一场、向人倾诉、体育运动、拿代替品出气、书写日记、到无人的地方大声叫喊等。在碰到消极情绪时，大学生要增强自制力，采取正确的方式，选择正确的对象和场合进行宣泄。

知识链接

情绪宣泄的途径

1. 倾诉。在内心充满烦恼和忧虑时，你可以向知心朋友或信任的老师、家长倾诉心声；也可以用写信的方式倾诉心中的不快，写过后并不一定要寄出，把它撕毁或付之一炬都行；记日记也是简单易行的方式。

2. 哭泣。在极为悲伤、委屈的时候，不论男女都不必强忍眼泪，尽情地痛哭一场，必定会感到一种特别的轻松、平静。

3. 剧烈的运动。较大运动量的体育活动、体力活动、激烈的快节奏的喊叫等，亦有助于释放紧张的情绪，消除烦闷和抑郁。

情绪的宣泄要做到适时、适度，注意时间、场合和方式方法，既不能影响他人的工作、学习和生活，也不能有损自己的身心健康，更不能触犯法律法规，危害社会。

(二)自我心理暗示

心理暗示是指人或环境以非常自然的方式向个体发出信息，个体无意中接收这种信息，从而做出回应的一种心理现象。心理学家巴甫洛夫认为，暗示是人类最简单、最典型的条件反射。当遭遇消极情绪时，可进行自我暗示。自我暗示是指自己接受某种观念，对自己的心理施加某种影响，使情绪与意志发生作用。这种自我暗示又可以分为积极的自我暗示和消极的自我暗示。积极的自我暗示有利于个体保持乐观的情绪，增强自信心，从而调动人的内在因素，充分发挥主观能动性，有助于个体获得成功。有实验表明，当一个人静坐并默默念出"我很高兴"时，他的心里就会产生一种快乐的感觉。因此，当我们的生活遇到情绪问题时，可以通过积极的自我暗示使消极情绪得到缓解，保持心理平衡。

小故事

　　于丹老师讲过一个小故事，是关于英国著名网球明星吉姆·吉尔伯特的故事。吉姆·吉尔伯特小的时候经历过一次意外。一天，她跟着妈妈去看牙医，这本来是件很小的事情，她以为一会儿就可以跟妈妈回家了。但是我们知道，牙病是会引发心脏病的。可能她的妈妈之前没有检查出来存在这种隐患，结果吉尔伯特看到了惊人的一幕——她的妈妈竟然死在了牙科的手术椅上！

　　这个阴影在她的心中一直存在着。也许她没有想到要看心理医生，也许她从没有想过应该根治这个伤痛，她能做的就是回避，在牙痛的时候从来不敢去看牙医。

　　后来她成了著名的球星，过上了富足的生活。有一天她被牙病折磨得实在忍受不了，家人都劝她，请牙医到家里来吧，不去诊所，这里有你的私人律师，私人医生，还有所有亲人陪着你，你还有什么可怕的呢？于是她请来了牙医。

　　意外的事情发生了，正当牙医在一旁整理手术器械，准备手术的时候，一回头，吉姆·吉尔伯特已经死去。

　　当时伦敦的报纸，记述这件事情时用了这样一句话：吉姆·吉尔伯特是被四十年来的一个念头杀死的。

　　这就是心理暗示的力量。一个暗示能被放大到多大呢？它可以成为你生命中的一个阴影，影响到你的生命质量。

课堂活动

积极的自我暗示

　　活动目的

　　老师引导学生逐渐领悟：积极的自我暗示能让自己拥有好心情，乐观的情绪和自信心，从而调动人活动的积极性，提高自我心理调节能力。

　　活动过程

　　1. 老师引导学生静坐，并让他们默默地说"勃然大怒""暴跳如雷""气死我了"等语句，让学生分享此时此刻自身的变化，如心跳会加速，呼吸加快，仿佛真的发起怒来。

　　2. 同样，老师人引导学生静坐，并默念"喜笑颜开""兴高采烈""把我乐坏了"等语句，让学生分享此时此刻自己的身心有什么不同，如心里真的会产生一种乐滋滋的体验。

3. 老师引导学生通过消极的自我暗示进入到"愤怒"的情绪时，默想或用笔在纸上写出"冷静""三思而后行""制怒"等词句，让学生体会前后的心理或情绪变化，体会积极的自我暗示对自身情绪的影响。

4. 请学生大声地说出对自己的积极评价和美好祝福。

活动评价

言语活动既能唤起人们愉快的体验，也能唤起不愉快的体验；既能引起某种情绪反应，也能抑制某种情绪反应。因此，我们在生活中可以充分利用语言的作用，缓解不良情绪，保持心理平衡。比如，在发怒时提醒自己"不要发怒"；在忧愁时劝说自己"愁也没有用"等，这些对控制不良情绪都大有益处。

(三)情绪转移

情绪转移就是有目的地把注意力从消极情绪反应的刺激情境转移到其他事物上去或从事其他活动的调节情绪的方法。这种方法一方面中止了不良刺激源的作用，防止负性情绪的泛化、蔓延；另一方面，通过参与新的活动特别是自己注意力转移法，把注意力从引起负性情绪反应的刺激情境转移到其他事物上去。当出现情绪不佳的情况时，我们要把注意力转移到使自己感兴趣的事上去，如外出散步、看电影、看电视、读书、打球、下棋、找朋友聊天、换个环境等，这有助于使情绪平静下来，在活动中寻找到新的快乐。

(四)改变观念

美国临床心理学家阿尔伯特·艾利斯(Albert Ellis)认为，在人们情绪产生的过程中有三个重要的因素，即诱发情绪发生事件，人们对诱发事件所持的相应的信念、态度和解释，由此引发的人们的情绪和行为的结果。情绪并非由导致情绪发生的诱发事件直接引起的，而是通过人们对这一引发事件的解释和评论所引起的。即并非事件引起了情绪，而是人们对事件的认识引起了情绪。事件本身无好坏，但当人们将自己的偏好、评价加之其上的时候，便会产生各种无谓的困扰。当遇到消极情绪时，我们不妨变通一下思想，改变一下观念，从而克服自身的情绪问题，以此来维护心理健康，促进人格的全面发展。

知识链接

艾利斯的理性情绪疗法

理性情绪疗法是由美国心理学家阿尔伯特·艾利斯于 20 世纪 50 年代创立的。理性情绪疗法的治疗整体模型是"ABCDE"，是在艾利斯的"ABC 理论"基础上建立的。他认为人的情绪和行为障碍不是由于某一激发事件直接所引起，而是由于经受这一事件的个体对它不正确的认知和评价所引起的信念，最后导致在特定情景下的情绪和行为后果，称为 ABC 理论。理性情绪疗法的核心是改变非理性的、不合理的信念，建立正确的信念。非理性信念的特点是绝对化、过分概括化。艾利斯认为，非理性信念主要包括十条。

一是每个人都应该得到在自己生活环境中对自己重要的人的喜爱与赞许。

二是每个人都必须能力十足，在各方面有成就，这样的人才是有价值的。

三是有些人是坏的、卑劣的、恶性的，为了他们的恶行，他们应该受到严厉的责备与惩罚。

四是假如发生的事情是自己不喜欢或不期待的，那么它是糟糕、可怕的，事情应该是自己喜欢与期待的那样。

五是认为不快乐是由外在因素引起的，一个人很少有或根本没有能力控制自己的忧愁和烦恼。

六是一个人对于危险或可怕的事物应该非常挂心，而且应该随时考虑到它可能发生。

七是逃避困难、挑战与责任要比面对它们容易。

八是一个人应该依靠别人，而且需要有一个比自己强的人做依靠。

九是一个人过去的历史对他目前的行为是极重要的决定因素，因为某事曾影响一个人，它会继续，甚至永远具有同样的影响效果。

十是一个人碰到种种问题，应该有一个正确、妥当及完善的解决途径，如果无法找到解决方法，那将是糟糕的事。

理性情绪疗法认为，人们的情绪障碍是由人们的不合理信念造成的，因此简单地说，这种疗法就是要以理性治疗非理性，帮助求助者以合理的思维方式代替不合理的思维方式，以合理的信念代替不合理的信念，从而最大限度地减少不合理的信念给情绪带来的不良影响，通过以改变认知为主的治疗方式，来帮助求助者减少或消除他们已有的情绪障碍。

课堂活动

换个角度看问题

活动目的

换个角度看问题，有助于调整我们的情绪，引导学生面对困难和挫折时学会换个角度认识事物，调节自己的情绪，以乐观阳光的心态去面对生活。

活动过程

观察以下图片，说说你看到了什么？

活动评价

换个角度看问题，既是一种思维方式，也是一种处世态度。尤其是在情绪调节方面，绝不能让自己走进死胡同。任何事物的发展都具有两面性，某种事物糟糕透顶之日，便是它向好逆转之时。当天气冷到极点的时候，第二天往往就是晴朗之日。人的内心世界也是如此，当你从挫折与失败中挺过来之后，或许成功距离你就不遥远了。只要我们能换个角度看问题，相信我们一定会由消极情绪转化为积极情绪，并以乐观阳光的心态去面对明天的生活。

（五）环境调节

环境对人的情绪、情感同样起着重要的影响和调节作用。素雅整洁的房间，光线明亮、颜色柔和的环境，使人的心情恬静、舒畅。相反，阴暗、狭窄、肮脏的环境，给人带来憋气和不快的情绪。因此，改变环境也能起到调节情绪的作用。当你感到压抑时，不妨到外面走一走，看看大自然的美景，从而旷达胸怀、欢娱身心，调节自己的心理活动。领略大自然的天然之美或者给自己创造一个美好的生活环境，对于排解自己的消极情绪有很重要的作用。

（六）放松训练

放松训练又称松弛反应训练，是一种通过肌体的主动放松来增强人对自我情绪控制能力的有效方法。它的基本原理是通过训练放松所产生的躯体反应，如减轻肌肉紧张、减慢呼吸节律和使心律减慢等，达到缓解焦虑情绪的目的。

课堂活动

活动目的

通过对身体的主动放松来增强自我控制能力，减缓压力，提高学习效率和生活质量。

活动过程

在一个较为安静的环境中，舒适地坐在椅子上。

1. 让自己初步体验肌肉的紧张。操作要领：伸直并绷紧双臂，握拳；绷紧双臂肌肉；握紧双拳；用力，并保持数秒钟；之后放松双臂，松拳，放松休息数分钟。

2. 在上一步骤基础上进一步紧绷肌肉。操作要领：伸直并紧绷双臂，握拳；紧绷双臂肌肉；握紧双拳；用力，并保持数秒钟；之后松双臂，松拳，放松休息数分钟。

3. 在前两个步骤基础上达到全身肌肉的紧张。操作要领：再伸直双臂，握拳；同时，伸直并绷紧双腿，双脚脚尖内勾，呈倒钩式的基础上，同时紧皱前额部肌肉，竖紧眉头，紧闭双眼，皱起鼻子和脸颊，咬紧牙关，紧收下颚，紧闭双唇，紧绷两腮；伸直脖子；胸部、腹部肌肉绷紧；躯干用力挺起；全身各部分用力绷紧，并保持数秒钟；之后放松上述各部分肌肉，放松休息数分钟。

4. 在全身肌肉紧张的前提下，配合呼吸，加强对紧张的体验。操作要领：①深吸一口气(用腹式呼吸)，憋住气；②伸直双臂，握拳，头向后梗；伸直并绷紧双腿，双脚脚尖内勾，呈倒钩式；同时，胸部、腹部肌肉绷紧；③屏住呼吸，全身各部分用力绷紧并保持，直至身体和呼吸的最后极限；④放松呼吸，并放松上述各部分的肌肉。

5. 紧接步骤4，指导语暗示全身的肌肉、呼吸乃至身心的放松。操作要领：①肌肉放松指导语：头部肌肉放松，面部肌肉放松，脖子放松，双肩放松，双臂放松，双手放松，手指放松，胸部放松，腹部放松，双腿放松，双脚放松，脚趾放松；②呼吸放松指导语：呼吸在放慢，变得越来越慢、越来越深、越来越沉；③身心放松指导语：你会感到身体变得很沉、很重，全身感到越来越沉、越来越重；感到全身很累，很疲倦；好像有一种昏昏欲睡的感觉；自己什么都不去想、什么都不愿意想；感到心情很放松。

让自己体验此时的放松感受。放松训练结束。

注意事项

放松训练的效果大小因人而异，主要取决于是否真能掌握要领。要领主要有两个：①在整个放松过程中要始终保持深慢而均匀的呼吸。②学生要随着语言的引导想象身体产生了相应的变化。

活动评价

紧张和疲劳是现代许多人的感觉，对学生而言，他们在学业、独立生活等压力下，情绪容易紧张焦虑。学会放松，不仅可以松弛自己紧张的神经，也可以引导学生改变面对生活所应持有的态度。放松技术有很多种，它们对调节情绪都是比较有效的。

三、积极情绪的培养

(一)保持积极的心态

保持积极的心态，就要善于从周围的生活细节中发现积极的方面，主动创造使自己感到快乐的环境，改变生活方式，并能够充分地接受现实、享受快乐。保持积极的心态还应追求上进，以乐观的心态去面对困难，在战胜困难的过程中体会快乐。

(二)学会宽容

宽容的对象既包括自己也包括他人。对待自己不要过分苛求，不要给自己订立不切实际的目标，以避免因达不到预期目标而产生自卑和自责的情绪。对于他人要善于接纳，懂得给予他人理解和关怀，善于原谅他人的过错和不足，以保持良好的人际关系。

(三)自我激励

自我激励是人们保持积极情绪的动力源泉之一。在遇到困难、失败、困惑或不幸时，应学会用生活中的哲理、优秀人物的事迹或积极的思想观念来激励自己，与各种不良情绪进行斗争。增强自己的信心，坚定自己的意志，驱除自卑感，保持愉快的心境，勇敢地面对生活。

(四)幽默调节

幽默调节，即身处困境时，通过风趣幽默的言语、行为来保持积极情绪的方式。善于运用幽默化解法调控情绪，往往能使大事化小，小事化了，有时甚至能让满腔怒火顷刻间烟消云散。

小故事

大哲学家苏格拉底有一次在家里宴请客人，他脾气暴躁的太太突然跟他大吵起来，并随手将一盆水泼在苏格拉底身上。苏格拉底没有生气，笑一笑说："我知道打雷之后必有一场大雨。"一言解颐，尴尬的气氛一下被笑声所替代。

当烦恼挥之不去时，不妨学学苏格拉底的幽默化解法吧。邓小平也曾风趣地说过："天塌下来我不怕，有高个子帮我顶着！"幽默是一种成熟、智慧、乐观、洒脱的生活态度。通过幽默的方式可以避开冲突的锋芒，营造一种轻松愉悦的环境气氛，从而缓解紧张的情绪和各种心理冲突，获得愉快、轻松的情绪体验。

(五)建立良好的人际关系

良好的人际关系是优化个人情绪的前提和基础。和朋友在一起，可以共同进行一些有趣和有意义的活动，以放松紧张的情绪；和朋友在一起，可互相交流情感，分享快乐、分担忧愁。当亲朋好友聚在一起，共同讨论问题、畅谈人生时，就会乐而忘忧，产生良好的情绪。建立良好的人际关系，一要遵循真诚的、尊重的、宽容的、互利互助的原则；二要端正交往的动机、把握人际交往的方法和艺术。

(六)亲近大自然

"当你感到烦恼和忧愁的时候，你就到这里来——遥望大自然，你会从每棵树、每一朵花、每一个有生命的东西里看到上帝无所不在，就会得到安慰和力量。"这是电影《茜茜公主》中的一段精彩台词，这无疑给了我们一个启示。亲近大自然对培养积极情绪具有巨大的作用。实践可以验证，亲近大自然有令人心情愉快的功效。亲近大自然给我们一种返璞归真、幽静宁逸的感觉。倾听潺潺的流水声，体味沁人心脾的自然幽香，感受惬意的宁静自我、养生保健与之结合，养天地之气，取世间之灵。所以，大学生闲暇时间可以多亲近大自然，体味不同的风土民情，开阔眼界，缓解压力，放松心态。

(七)合理膳食

根据美国学者的研究，食物中的一些营养素正是某些神经递质的元素，当身体摄入这些营养之后，通过体内加工，可以形成相应的神经递质，一定量的营养素可以产生一定量的神经递质，从而影响它们在体内的浓度水平，最终影响了我们的情绪。通常认为鱼、禽、肉、蛋、奶、豆制品等高蛋白食物对情绪优化有积极的作用；碳水化合物能使人心境平和、感觉舒畅。也有人发现食用巧克力、黄花菜可以使人心情愉快。

① 心理测验

抑郁自测量表(SDS)

本量表共有 20 道题目，每题有 4 个选项，请仔细阅读每一条，根据近一周的实际感受选择最合适的程度。

序号	题目	没有	有时	经常	持续
1	我觉得闷闷不乐,情绪低沉。	1	2	3	4
2	我觉得一天之中早晨最好。	4	3	2	1
3	我一阵阵哭出来或觉得想哭。	1	2	3	4
4	我晚上睡眠不好。	1	2	3	4
5	我吃得跟平常一样多。	4	3	2	1
6	我与异性亲密接触时和以往一样感觉愉快。	4	3	2	1
7	我发现我的体重在下降。	1	2	3	4
8	我有便秘的苦恼。	1	2	3	4
9	我心跳比平时快。	1	2	3	4
10	我无缘无故地感到疲乏。	1	2	3	4
11	我的头脑跟平常一样清楚。	4	3	2	1
12	我觉得经常做的事情并没有困难。	4	3	2	1
13	我觉得不安而平静不下来。	1	2	3	4
14	我对将来抱有希望。	4	3	2	1
15	我比平常容易生气激动。	1	2	3	4
16	我觉得做出决定是容易的。	4	3	2	1
17	我觉得自己是个有用的人,有人需要我。	4	3	2	1
18	我的生活过得很有意思。	4	3	2	1
19	我认为如果我死了别人会生活得好些。	1	2	3	4
20	平常感兴趣的事我仍然照样感兴趣。	4	3	2	1

先将 20 道题目的分数相加,得到总分,再将总分乘以 1.25,四舍五入取整数,得到标准分。抑郁评定分界值为 50。分数越高,抑郁程度越明显。

焦虑自测量表(SAS)

序号	题目	没有	有时	经常	持续
1	觉得比平时容易紧张和着急。	1	2	3	4
2	无缘无故地感到害怕。	1	2	3	4
3	容易心理烦乱或觉得惊恐。	1	2	3	4
4	觉得可能将要发疯。	1	2	3	4
5	觉得一切都很好,也不会发生什么不幸。	4	3	2	1
6	手脚发抖打战。	1	2	3	4

续表

序号	题目	没有	有时	经常	持续
7	因为头疼、颈痛和背痛而苦恼。	1	2	3	4
8	觉得容易衰弱和疲乏。	1	2	3	4
9	觉得心平气和，并且容易安静地坐着。	4	3	2	1
10	觉得心跳得很快。	1	2	3	4
11	因为一阵阵头晕的苦恼。	1	2	3	4
12	有晕倒发作，或者觉得要晕倒。	1	2	3	4
13	吸气呼气都感到很容易。	4	3	2	1
14	手脚麻木和刺痛。	1	2	3	4
15	因为胃痛和消化不良而苦恼。	1	2	3	4
16	常常要小便。	1	2	3	4
17	手脚常常是干燥、温暖的。	4	3	2	1
18	脸红发热。	1	2	3	4
19	容易入睡并且一夜睡得很好。	4	3	2	1
20	做噩梦。	1	2	3	4

先将 20 道题目的分数相加，得到总分，再将总分乘以 1.25，四舍五入取整数，得到标准分。焦虑评定的分界值为 50，分数越高，焦虑倾向越明显。

大学生情绪稳定性自我测验量表

情绪是身心的重要标志，一个人的情绪是否稳定可以反映他/她的身心健康状况。那么怎样测量你的情绪是否稳定呢？请做一做下面这个测验，该测验共有 30 道题，每道题共有三种答案可供选择，请你从中选择出与自己的实际状况最接近的一种答案，对测验题中与自己生活、身份不相符合的情况，可以不予选择。

1. 看到自己最近一次拍摄的照片，你有何想法？

A. 觉得不称心　　　　　B. 觉得还好　　　　　C. 觉得可以

2. 你是否想过若干年后会有什么使自己极为不安的事？

A. 经常想到　　　　　B. 从来没有想过　　　　　C. 偶尔想到过

3. 你是否被朋友、同事、同学起过绰号、挖苦过？

A. 这是常有的事　　　　　B. 从来没有　　　　　C. 偶尔有过

4. 你上床以后是否再次起来一次，看看门窗是否关好？

A. 经常如此　　　　　B. 从不如此　　　　　C. 偶尔如此

5. 你对于你关系最亲密的人是否满意？

A. 不满意　　　　　B. 非常满意　　　　　C. 基本满意

6. 在半夜的时候，你是否经常觉得有什么让你害怕的事？

A. 经常有　　　　　　　　B. 从来没有　　　　　　　C. 偶尔有

7. 你是否因梦见可怕的事而被惊醒?

A. 经常　　　　　　　　　B. 从来没有　　　　　　　C. 极少有

8. 你是否曾经有过多次做一个梦的情况?

A. 是　　　　　　　　　　B. 否　　　　　　　　　　C. 记不清

9. 是否有一种食物让你吃后呕吐?

A. 是　　　　　　　　　　B. 否　　　　　　　　　　C. 记不清

10. 除去看见的世界外, 你心里是否有另外一种世界?

A. 是　　　　　　　　　　B. 否　　　　　　　　　　C. 偶尔是

11. 你心里是否时常觉得你不是现在的父母所生?

A. 是　　　　　　　　　　B. 否　　　　　　　　　　C. 偶尔是

12. 你是否经常觉得一个人爱你或者尊重你?

A. 说不清　　　　　　　　B. 否　　　　　　　　　　C. 是

13. 你是否常常觉得你的家庭对你不好, 但你又确知他们确实对你好?

A. 是　　　　　　　　　　B. 否　　　　　　　　　　C. 偶尔是

14. 你是否觉得没有人十分了解你?

A. 是　　　　　　　　　　B. 否　　　　　　　　　　C. 说不清

15. 在早晨醒来的时候, 你的感觉是什么?

A. 犹豫　　　　　　　　　B. 快乐　　　　　　　　　C. 说不清

16. 每到秋天, 你的感觉是什么?

A. 秋雨霏霏或秋叶落地　　B. 秋高气爽或艳阳天　　　C. 不清楚

17. 在高处的时候, 你是否觉得站不稳?

A. 是　　　　　　　　　　B. 否　　　　　　　　　　C. 偶尔是

18. 你平时是否觉得自己很强健?

A. 是　　　　　　　　　　B. 否　　　　　　　　　　C. 不清楚

19. 你是否一回家就立刻把房门关上?

A. 是　　　　　　　　　　B. 否　　　　　　　　　　C. 偶尔是

20. 当你坐在房间里把门关上时, 是否觉得心里不安?

A. 是　　　　　　　　　　B. 否　　　　　　　　　　C. 偶尔

21. 当需要你对一件事做出决定时, 你是否觉得很难?

A. 是　　　　　　　　　　B. 否　　　　　　　　　　C. 偶尔是

22. 你是否常常用抛硬币、玩纸牌、抽签之类的游戏来测吉凶?

A. 是　　　　　　　　　　B. 否　　　　　　　　　　C. 偶尔是

23. 你是否常常因为碰到东西而跌倒?

A. 是　　　　　　　　　　B. 否　　　　　　　　　　C. 偶尔是

24. 你是否需用一个多小时才能入睡，或醒得比你希望的提前一个小时？

A. 经常这样 　　　　　　B. 从不这样 　　　　　　C. 偶尔这样

25. 你是否曾看到、听到、或感觉到别人觉察不到的东西？

A. 经常这样 　　　　　　B. 从不这样 　　　　　　C. 偶尔这样

26. 你是否觉得自己有超越常人的能力？

A. 是 　　　　　　　　　B. 否 　　　　　　　　　C. 偶尔是

27. 你是否曾经觉得因有人跟着你走而觉得心里不安？

A. 是 　　　　　　　　　B. 否 　　　　　　　　　C. 偶尔是

28. 你是否觉得有人在注意你的言行？

A. 是 　　　　　　　　　B. 否 　　　　　　　　　C. 偶尔是

29. 当你一个人走夜路时，是否觉得前面潜藏着危险？

A. 是 　　　　　　　　　B. 否 　　　　　　　　　C. 偶尔是

30. 你对别人自杀有什么想法？

A. 可以理解 　　　　　　B. 不可思议 　　　　　　C. 不清楚

以上各题的答案，选 A 者得 2 分，选 B 者得 0 分，选 C 者得 1 分。请将你的得分相加，算出总分。根据你的总分，查下面的评分表，便可知你的情绪稳定水平。

评分标准

总分情绪稳定水平。

0～20 分：情绪稳定，自信心强。

21～40 分：情绪基本稳定，但较为冷静、沉着。

41 分及以上情绪极为不稳定，日常烦恼太多。

心理影院

愤怒管理

戴夫（亚当·桑德勒饰演）本来是一个很正常的生意人，至少看上去非常正常。他有着温文尔雅的外表和漂亮的女朋友琳达（玛丽萨·托梅饰演）。但是不幸的是，在一次飞行旅行中，他失去了控制，被认为不能控制自己的情绪，并被遣送去进行"情绪管理"训练。

这项"情绪管理"课程的负责人，是一位自己就有点疯疯癫癫的精神病医生巴迪（杰克·尼科尔森饰演），他一手创建了"情绪管理"理论和治疗中心，他所著的教人们如何控制自己脾气的书畅销不衰。巴迪的疗法对于戴夫来说，无异于一场灾难，巴迪不断逼迫戴夫去做一些近乎发疯的事情。例如，不断地用污言秽语攻击他的女朋友，不断利用戴夫过去的心灵伤疤来刺激他。戴夫感到自己的极限就要到来，他在退缩封闭自己的内心，还是勇敢面对完整的自己两个选择中犹豫了……

到底巴迪医生与病人戴夫的磨合调整，会是柳暗花明，还是陷入无尽的黑暗当中呢？您可以通过这部电影，一探究竟！

阅读经典

如何控制自己的情绪

《如何控制自己的情绪》是一部大师级的杰作。哲学家、首席执行官奇普·康利抽丝剥茧般为我们分析了看似有序的生活中的假象，并介绍了人类情绪真实而细腻的核心。阅读本书时，我们会感受到愉悦、开心、好奇、洞察、启发、吃惊，更重要的是，我们会更加深刻地了解自己的内心世界。总之，这本书简单又耐人寻味。

1+1 参考文献

[1]乔玲，王学．心理健康[M]．天津：天津大学出版社，2011．

[2]武月刚．大学生心理健康[M]．北京：航空工业出版社，2010．

[3]焦雨梅，王健，林萌．大学生心理健康教育[M]．北京：航空工业出版社，2009．

[4]周蓓，雷玉霞．大学生心理健康案例教程(第2版)[M]．北京：人民邮电出版社，2012．

模块七 挫折应对与压力管理

人们都希望自己的生活中能够多一些快乐，少一些痛苦，多一些顺利，少一些挫折，可是人生难免会遇到失落、痛苦和挫折，没有经历过痛苦和失败的人生不是完整的人生。巴尔扎克说："挫折和不幸，是天才的晋身之阶，信徒的洗礼之水，能人的无价之宝，弱者的无底之渊。"这是人生的道理。要得到欢乐就必须能够承受挫折和压力，这是对人的磨炼，也是一个人成长必经的过程。

学习目标

1. 理解挫折与压力的基本理论和内涵，了解大学生产生挫折和压力的原因。
2. 学会正确和积极的心理调适方法。
3. 体会心理压力对人的作用，学会管理心理压力。

案例导入

美国女作家海伦·凯勒，在出生后不久就被猩红热夺去了视力和听力，随后，她又丧失了语言表达能力。然而，即使在那黑暗而又寂寞的世界里，她也没有放弃。在导师安妮·沙利文的帮助下，她用顽强的毅力去克服生理上的缺陷。通过艰苦地学习，她学会了读书和说话，掌握了与别人沟通的技巧。她还学会了下棋、骑马、滑雪以及戏剧表演。她上了大学，并以优异的成绩毕业于美国拉德克利夫学院，最终成为一名掌握英、法、德、拉丁、希腊五种文字的著名作家和教育家。她走遍世界各地，以自己的经历鼓舞那些残疾人以及虽不残疾但丧失信心的人，赢得了世界各国人民的赞扬。

分析与思考

一个盲人取得这么大的成就是何等令人惊讶！如果海伦屈服于不幸的命运，那么她将成为一个可怜而又愚昧的寄生者。然而她没有向命运低头，她以惊人的爆发力和顽强的精神走完了人生道路，为人类做出了巨大贡献，成为一个知识广博，令人尊敬的人。

挫折是一种客观存在的事物。任何人都不可避免地遭遇各种各样的挫折，不管我们是否愿意，都要敢于面对。挫折与个人的心理健康有着十分密切的关系，青少年的心理健康问题很多与挫折有关。

小寄语

压力是现代社会人们最普遍的心理和情绪上的体验，所谓人生不如意十之八九，谁的人生都不可能总是一帆风顺，挫折坎坷时有发生。面对种种不如意，人们常常焦虑不安，内心体验到巨大的压力。大学生亦如此，如第一次上台演讲，第一次参加舞蹈和唱歌比赛，第一次跟室友吵架，第一次考试挂科，第一次求职面试等。遭遇挫折和承受压力是人生中不可避免的。如何积极面对和利用挫折和压力，是决定人生的高度和宽度的必修课。正像伏尔泰所说：人生布满了荆棘，我们知道的唯一办法是从那些荆棘上迅速跨过。

任务一　认识挫折与压力

暖身活动

站桩游戏

活动过程

全班学生围成一圈练习"站桩"：两手平伸，两脚与肩齐，身体尽量下蹲，上身保持平直。最先放弃者要表演一个节目，而坚持到最后的学生有权任选班中一位同学表演节目。

活动评价

游戏结束后，学生自由交流这次活动的感受，特别要请最先放弃和坚持到最后的学生谈谈感受。

情境导入

王文，20岁，某专科学校大一学生。在心理辅导中，她向老师倾诉了心声。本来在高一时，她的成绩非常好，一位严厉的老师一向对她很好。可是有一次课上回答问题时，她由于害怕紧张，结结巴巴，回答得不好。老师很生气，把她赶出了教室。她的自尊心受到强烈地打击，尤其在听见教室门"哐"的一声关上时，她惊呆了，她想：难道自己就那么令人讨厌？老师把我赶出教室不让我听课，我平时又不是差等生，为什么要这样惩罚我？她就这样连书包都没有拿就回了家，第二天因为缺课又被班主任老师痛批了一顿。

从此以后，王文就怕被老师提问，怕羞辱的一幕再现，可是越怕越紧张，明明会的知识也忘得一干二净。后来发展到只要老师一喊她的名字，她就会全身发抖。上课时她总是偷偷地用余光看老师和同学们的表情，非常害怕被注意到。她封闭自己，再也不爱说笑，不爱学习。本是重点大学苗子的她只考上了专科学校。现在王文已经不能正常生活，每天很痛苦、无奈、自责和悔恨。

分析与思考

王文同学本来成绩优秀，但是因为一点挫折，就改变了她人生的轨迹。其实每个同学在求学过程中都会遇到挫折，有的因为被老师批评，有的因为被同学孤立，有的因为学习成绩不理想。有的人在挫折与压力面前，就像王文一样一蹶不振，饱受折磨，有的人却越挫越勇，能够在压力与挫折的面前披荆斩棘，获得胜利，你知道这是为什么吗？

一、认识挫折

(一)挫折的定义

挫折是指人们在某种动机的推动下，在实现目标的活动过程中，遇到了无法克服或自以为无法克服的障碍和干扰，使其动机不能实现、需要不能满足，从而产生的紧张状态和情绪反应。心理学着重于人们体验的反应，认为挫折是意志行为过程中由于不可预知的因素对目标有所阻碍，从而在主体身上引起的一种情感体验和行为反应。

挫折包括三个方面的含义。

1. 挫折情境

挫折情境指个体需要不能满足的内外障碍或干扰等情境因素，如失恋、考试失败等。

2. 挫折认知

挫折认知指个体对挫折情境的认知与评价。这种认知既可以是对实际遭遇的挫折情境的认知，也可以是对想象中可能出现的挫折情境的认知。

3. 挫折反应

挫折反应指个体伴随着挫折认知，对挫折情境产生的情境和行为反应，如紧张、焦虑、愤怒等。

课堂活动

请同学们找出下列人物所遭遇的挫折中所包含的挫折情境、挫折认知、挫折反应。

韩信——曾受过胯下之辱；

刘邦——曾数次败给项羽；

刘备——曾差点被曹操杀掉；

曹操——曾在攻打董卓时惨败；

孙膑——曾被庞涓害成残疾；

司马迁——受腐刑后著《史记》。

(二)挫折的性质

1. 挫折具有普遍性

尽管平安与平静的生活是人们所共求的，但从某种意义上说，挫折也是社会生活的组成部分，人人都会遇到。这是由事物发展的不平衡性、偶然性及影响事物发展因素的多元性等决定的。挫折是经常发生的，不是人的主观意志所能决定的。一帆风顺是生活的难得和侥幸，而坎坷和挫折是生活的自然和必然。

2. 挫折对个体具有双重性

(1)消极性

一般来说，挫折对个体心理影响的消极成分远远大于积极成分。个体在遭遇挫折后，会处于不安、烦恼等消极情绪之中，对自己的能力过低估计，对各种困难过高估计，对目标的达成缺乏信心，从而影响个体实现目标的积极性，逐渐地降低其抱负水平。由于目标受阻，愿望无法达成，个体必然会形成紧张、焦虑、矛盾、冲突等心理状态，当情况严重和得不到解决时，就会发展为应激状态。生理心理学研究表明，挫折所导致的应激状态对个体有威胁性的影响：应激状态会降低抵抗力，使个体易受病菌侵袭，甚至还有可能成为精神疾病的诱因。

(2)积极性

挫折有助于增强个体情绪反应的力量。挫折是一种内驱力，它能推动个体为实现目标而做出更大的努力，花费更多的精力。不少人虽然屡遭挫折，却百折不挠。在现实生活中，身处逆境而通过自己发愤图强的成功者，正是这种挫折的内驱力推动的结果。

挫折有助于增强个体对挫折的容忍程度。个体对挫折的容忍程度，与其过去在生活中的挫折经历有关。如果一个人从小到大一帆风顺，从未遇到失败与不幸，或者一遇到挫折就逃避，那么他对挫折的容忍力就会很低，这种人只要遇到挫折就会裹足不前。反之，个体经受挫折锻炼多了，就会增强对挫折的容忍力，更容易经受挫折的考验，最终取得成功。

挫折有助于提高个体的认识水平。个体面对一次挫折，就会从中总结经验，吸取教训，改变策略，更好地实现目标。在这样一个过程中，经验不断得到积累，认识水平也会因此得到提升，所谓"吃一堑，长一智"。

3. 挫折具有暂时性

挫折只是代表我们在实现目标的过程中遇到了一些障碍，并不意味着我们已经彻底失败。挫折并非不可战胜，遭遇挫折后所产生的不良情绪体验只是暂时的，如果我们能及时进行自我调整，摆脱不良情绪的困扰，就能够重新树立信心。

4. 挫折具有多样性

一个人的需要是多种多样的，欲望也是丰富多彩的。这种欲望和需要不可能随心所欲地得到满足，因此我们会遇到多种多样的挫折。几乎每个人遇到的挫折都与他人的遭遇有不同之处，不可能有固定的模式。

挫折的消极性和积极性是相对的，也是可以转化的。当遇到挫折时，我们要以积极的态度面对挫折，将挫折变为动力；以顽强的毅力继续奋斗，或重新调整目标，从而使需要或动机获得新的满足；减少挫折的消极因素，积极寻找挫折的积极的一面，促使挫折的消极因素向积极方面转化。

知识链接

挫折—攻击理论

挫折—攻击理论（frustration aggression theory）亦称"挫折—攻击假说"，是研究和解释攻击行为或侵犯行为的一种理论。美国心理学家多拉德和 N. E. 米勒 1939 年在《挫折与侵犯》一书中首次提出这个理论，1941 年 N. E. 米勒予以修正。该理论假定，人类在遇到挫折时具有做出攻击反应的天赋倾向，并认为个体遭遇挫折后，其目标不能实现，动机得不到满足，必将引起个体对挫折源的外显的或内隐的攻击，而且该理论认为攻击总是由挫折引起的。

修正后，该理论认为挫折可导致侵犯，也可导致其他行为后果，攻击或侵犯只是挫折引起的主要反应。伯科威茨对该理论进行进一步修正，强调攻击情绪的唤起，若没有这种唤醒作用，个人则不会导致挫折感，也不会引起攻击；并认为一个人只有在既定的情境中无法获得他想要的东西，或者最主要的信念、观点和态度受到挑战时，才会有挫折感。挫折的水平和兴奋的强度受制于寻找目标行为的强度、干扰的范围以及受干扰的指向性行为目标的数目。该理论提出后，被犯罪心理学用于解释犯罪的原因。犯罪心理学认为许多犯罪行为是由于犯罪人遭受某种挫折后产生的攻击行为，而且认为经济、职业和教育方面的地位低下，智力低下，青春期容貌和身材的缺陷，私生子，离婚等情况容易使人产生挫折感。该理论对挫折与攻击之间的关系做了定量描述。

1. 欲发动攻击的意识和强度与受挫的程度成正比。

2. 抑制攻击性活动的作用与预期攻击活动可能会受到的惩罚程度成正比。

3. 一般而言，若挫折的强度是常数，对某一攻击活动预料的惩罚越重，越难产生攻击活动；若预料的受到惩罚的程度是常数，则挫折的强度越大，越容易引发攻击性行为。据此研究者提出，在犯罪增加的情况下应制定更严厉的法律，并严格、坚决地执行。

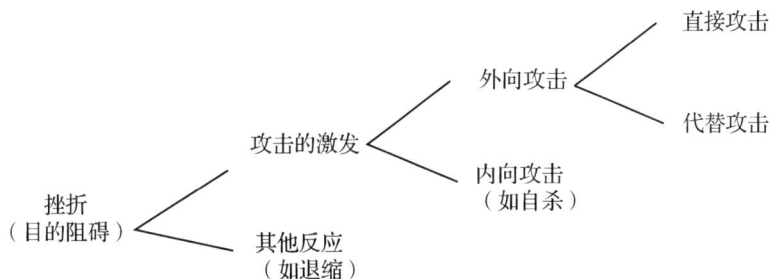

图 7-1　挫折—攻击理论

二、认识压力

(一)压力的定义

压力也叫应激，这一概念最早于 1936 年由加拿大著名的生理心理学家汉斯·塞利(Hans Selye)提出，他也因此被称为"压力之父"。塞利认为压力是表现出某种特殊症状的一种状态，这种状态是由生理系统中对刺激的反应所引发的非特定性变化组成的。国内普遍认为，压力是由刺激引起的，伴有躯体机能以及心理活动改变的一种身心紧张状态，也就是人在环境中受到种种刺激因素的影响而产生的紧张情绪。心理压力是一种心理感受，同时存在个体差异。

(二)压力的反应阶段

心理压力的反应通常表现为三个阶段，如图 7-2 所示。

1. 警觉阶段

一旦机体接触刺激(压力源)，就会调动能量来面对压力源，并在躯体上表现出心跳加快，呼吸急促，一身冷汗等一系列特定变化。这表明你的身体已经为立刻行动(自卫或者夺路而逃)做好了准备。但是如果刺激过强，如严重烧伤，极度高温，则有可能导致机体的死亡。

2. 搏斗阶段

在此阶段，人体会动员相应的器官或系统去应对外部的应激源，由于人体内的某些器官或系统被动员起来，体内其他器官或系统对疾病的抵抗能力就会下降，因而产生破坏性后果。在这个阶段身体转向活动的正常水平并且表现为阻抗继续增加。

3. 衰竭阶段

在此阶段，第二阶段出现的某些器官或系统的适应能力（能量）消失。在这种情况下，会出现两种结果，一种是返回抵抗阶段，再动员身体的其他器官或系统应对造成压力的应激源；另一种是导致机体的死亡。

这一学说强调了个人主观因素，解释了不同个体在同样压力环境中的个别差异原因。

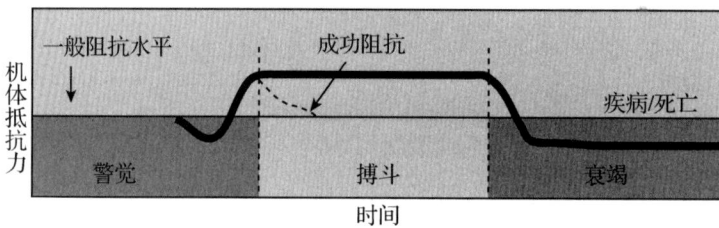

图 7-2　心理压力的反应阶段

（三）压力对人的影响

每个人在各个时期可能会承受不同程度的压力，人无压力就没有行动的动力，适当的压力能使人兴奋，提高生活和工作效率。但压力过大能影响人的身心健康。因此压力是一把双刃剑，对人的健康具有双重性的影响。

1. 压力对健康的积极作用

一般来说，单一性社会压力有益于健康，它使人生活得充实，人生变得有意义，这类压力被称为良性压力。事实上完全没有压力的生活是不可想象的，也是不真实的。心理学的研究表明，早年的心理压力是促进儿童成长和发展的必要条件。经受过生活压力的青少年在以后的生活和工作中更容易适应环境，更容易取得成功；反之，早年生活条件太好的青少年，没经历过挫折和压力，有如温室里成长的花朵，经不起生活的风吹雨打。对于大学生而言，适度的压力是维持正常身心功能活动，激发积极性和主动性，锻炼和培养良好意志力品质的必要条件。

2. 压力对健康的消极影响

继时性压力和破坏性压力是人们健康的杀手。继时性压力使人处于慢性心理应激状态，时间一久便容易引发一系列的身心症状。病人会产生呼吸困难、易疲劳、心悸和胸痛等生理症状，此外，还有紧张性头痛、焦虑、抑郁、强迫行为等心理症状，被称为慢性应激障碍。破坏性压力，如地震、战争等，容易使人患上创伤后压力失调，或创伤后应激障碍，造成感知、情绪、行为等方面的问题，被称为急性应激障碍。比如，女性被强暴后会变得呆滞、心因性记忆丧失、回避社会活动、失去安全感等。强大自然灾害的心理反应比创伤后压力失调更为严重，易产生灾难症候群。

经典实验

关于猴子的心理学实验

预备实验：把一只猴子放在铜条边，双脚绑在铜条上，然后给铜条通电。猴子挣扎乱抓，旁边有一弹簧拉手是电源开关，一拉就不痛苦了，这样猴子一被电就拉开关，从而建立了一级反射。之后每次通电前，猴子前方的一个红灯就亮起来。多次以后猴子知道了，红灯一亮，它就要受苦了，所以每次还不等来电，只要红灯一亮，它就先拉开关了。这就建立了一个二级条件反射。预备实验完成。

正式实验：在这只猴子的旁边，再放一只猴子，与第一只猴子串联在铜条上，隔一段时间就亮红灯，通电，每天持续 6 小时。第一只猴子注意力高度集中，一看到红灯就赶紧拉开关，第二只猴子不明白红灯什么意思，无所事事，无所用心，过了二十几天，第一只猴子就死了。

第一只猴子是因为什么死的呢？科学家发现，它死于严重的消化道溃疡，胃烂掉了，实验之前体检它没有任何胃病，没有溃疡，可见这是二十几天内新得的病。

第一只猴子要工作，它的责任重，压力大，精神紧张，焦虑不安，老担惊受怕，它的消化道和各种内分泌系统紊乱了，所以就会得溃疡。

由此说明，过高的应激值将严重损害身体健康。

知识链接

逆商

逆商（AQ）来自英文 Adversity Quotient，全称逆境商数，一般被译为挫折商或逆境商。这是美国著名的成功学专家保罗·史托兹博士提出的概念。他经过十年的研究，提出了逆商理论：最能承受逆境者是工作和生活的强者。保罗·史托兹将逆商划分为四个部分，也就是 Control——控制感，Origin & Ownership——起因和责任归属，Reach——影响范围，Endurance——持续时间。逆境商数的这四个部分可以衡量一个人的自我控制能力，心态的积极程度，以及对环境、对周围人群的把握能力。

保罗·史托兹认为大脑对逆境有天生的偏好。不利的事情会比好消息留下更深刻的印象。逆商是一种如何应对逆境的、可测量的、无意识的模式。它在思想和语言形成前就已经被触发，它初步形成于青年时期，而这种形成可能被永久改变。总的来说，逆商"可以帮助我们更好地超越烙在我们拥有的爬行类动物大脑中的原始、不稳定和不开化的反应"。

心理学家认为，一个人事业成功必须具备高智商、高情商和高挫折商三个因素。在智商都跟别人相差不大的情况下，挫折商对一个人的事业成功起着决定性的作用。

高逆商是可以培养的，并且最好是从小培养，所以许多教育机构都在提倡挫折教育。

任务二　大学生心理挫折的调试

暖身活动

生命的价值

活动过程

在课堂上，老师站在台上，手里举着一张 100 元的钞票，向学生提问："谁要这100元？"

得到学生们回答后，老师接着将钞票揉成一团，然后继续提问："谁还要？"

得到学生们的肯定回答后，老师接着将钞票扔到地上，用脚碾它。接着提问："那么，假如我这样做后你们还要这张钞票吗？"依然有学生毫不犹豫地举手，老师提问为什么。

活动评价

钞票经过碾压后，无论多皱多脏都有着它自身的价值，人也一样，不管经受什么挫折，人的内在价值不变。金子即使混在沙砾中也会发光。不要因为一时的打击与挫折就自我否定，要坚信自己的价值。要相信既然我们存在于这世上，就一定有我们存在的价值与道理。

情境导入

小时候我们都有过不小心把玩具弄坏的经历，这对儿童来说算是一个不太愉快的挫折体验。

A 妈妈可能会批评孩子一顿，甚至可能还因此发了脾气，惩罚孩子一段时间内不准玩玩具；B 妈妈可能会告诉孩子以后要保护玩具，但也不要太难过，可以去跟其他小朋友玩或者看童话书。

再比如，我们入学后，考试没有取得好成绩，这也是一个挫折体验。A妈妈简单粗暴地惩罚孩子，取消孩子的游戏时间；B妈妈会跟孩子分析错误的原因，鼓励孩子不要失去信心，继续努力。

两个例子中A妈妈的做法，都是在无形中给孩子灌输一种认知：这个错误或者这次挫折体验是非常严重的，甚至是无法挽回的，解决方式就是接受惩罚。而B妈妈能让孩子学习到一种积极的处理方式：虽然我遇到了挫折，但是以后我有能力去应对，问题可以解决，我还有机会。

分析与思考

我们习得了父母的应对方式，长大后也会延续它。有人很容易灾难化一件事，很容易在危机面前变得脆弱，就像那个弄坏了玩具的孩子，他会习惯性地想到，"完了，没有办法了，我只能接受这个结果"，甚至会因此放弃努力。

有心理弹性的孩子，长大后就多了一样武器。面对挫折时，他的应对方式是：我能从中吸取什么教训，我现在能做什么去改变局面。即便我们没有在儿童时期养成健康的心理弹性，也仍然有机会翻盘，有些你无意当中使用过的"心理骗术"其实也很有用。这些平常的"心理骗术"其实就是一种心理防御机制，在我们遇到困难的时候，调动心理防御机制可以暂时地保护自己，减轻压力，在某种程度上能帮我们渡过难关甚至激发潜能，调动积极的能量去克服困境。

一、大学生的挫折概述

(一)大学生常遇到的挫折

1. 学习挫折

学习挫折是大学生学习过程中最常遇到的。由于我国的应试教育导向，学习挫折感便由此而来。而且由于分数是衡量学生学习效果的主要评鉴标准，所以大学生的学习挫折，往往表现为某学科的成绩不够理想。学习挫折直接削弱大学生的主观幸福感，据调查显示，大学生遇到学习挫折后，"难过"占41.6%，"担忧"占31.7%；其次，"不安"占26.2%，"紧张"占19.2%，"难堪"占16.4%，"气愤"占16.4%；选择"无所谓"的比例仅6.1%。

2. 人际交往挫折

人际交往对大学生而言是仅次于学业发展的一项重要的社会需要。大学生都希望获得更广泛的、良好的人际关系，从而建立个人发展与社会需要之间的关系。但是，由于性格或者成长经验的影响，大学生在人际交往中往往难以达到理想效果。他们要么难以抛开自尊、自傲和矜持的面具，要么以错误的方式伸出橄榄枝，反而引起别人的误解，导致人际挫折。

3. 恋爱挫折

对爱情的渴望也常常折磨着大学生。应该说，爱情对大学生而言是非常正常的需求，但是，由于现实因素的限制，很多大学生往往难以得到爱神的垂青。我们从大学校园论坛上的公开征友信息来看，女生选择男朋友的标准往往是"阳光帅气，身高175厘米以上"，而男生择友的标准也往往是"外表美丽、性格温柔"。不可否认，近年来大学生的恋爱现象越来越具有追求感性和物质化的倾向，加上大学生恋爱动机的差异，恋爱过程中沟通技能的欠缺，维持恋爱需要的物质条件不具备等原因，部分大学生也会遭遇恋爱挫折。

4. 择业挫折

逐年加大的就业压力给大学生带来的隐性压力不言而喻。对即将毕业的大学生来说，择业更是一种现实的挫折。根据调查，无论是就业岗位、地点、薪酬福利等，大学生的期望一般都高于社会提供的范围。因此在整个就业过程中，大学生都会感到失望和焦虑。

(二)大学生遇到挫折的反应

由于大学生以往的挫折体验少，特别是对重大挫折的体验少，所以，当遇到挫折时，他们所产生的情绪反应更加强烈。一般来讲，大学生对挫折的反应主要表现在以下两个方面。

1. 挫折的本能反应

挫折的本能反应指人们在遭遇挫折时出现的带有自然性的、本能色彩的反应，其核心成分是紧张，本能性反应多为消极性反应。大学生受挫后的本能反应主要表现在焦虑、攻击、退缩、冷漠、固执、退行、逃避、自杀等。

(1)焦虑与担忧

通常情况下我们不知道挫折的原因是什么，或者我们知道挫折来源于什么，但是无法解决，这时我们往往会产生焦虑与担忧的情绪反应。焦虑是挫折后常见的一种心理反应。适度焦虑，如考试前适度紧张，对提高活动效率、发挥潜能有一定的积极作用。而过度的焦虑是有害的，严重的会导致心理疾病。除焦虑之外，我们往往还有对于事情进展能否顺利、目标能否达到的担忧。

(2)攻击

对于人为造成的挫折，如他人的恶意阻挠，会激起个体强烈的反应，可能会直接激发出报复和攻击行为。受网络暴力文化的影响，很多青少年面对挫折时具有暴力倾向，导致大学生犯罪。比如，2004年2月，云南大学马加爵残忍杀害同寝室的同学这一事件，就是马加爵在遭受同学的嘲讽之后所导致的极端的行为反应。

（3）退缩

退缩是指个体在遇到挫折或感到可能面临挫折时，不能面对现实、正视挫折，而是采取回避、逃避挫折现实的反应方式。退缩可以降低个体因挫折产生的紧张感，或者避免其再次受到挫折的伤害，但长期下去将大大降低适应能力和自信，甚至可能会导致适应不良。

（4）冷漠

当个体遇到挫折以后，表现出无动于衷、漠不关心的态度，好像没有什么情绪反应，这就是受挫后的冷漠反应。冷漠并非没有情绪反应，相反，这是一种压抑极深的痛苦情绪反应。当个体面对亲人、朋友带给自己的伤害，或者面对无法摆脱的挫折情境时，通常会表现出冷漠的反应。一般情况下，对挫折的冷漠反应是由个体长期遭遇挫折或感到没有任何希望摆脱或消除困境所产生的。

（5）固执

固执是指个体在遇到挫折后，采取刻板的方式盲目地反复进行某种单调、机械的无效动作。通常，固执是在一个人反复遭遇挫折而又一时无法克服或回避的情况下产生的，由于过多、过严的惩罚和指责，或者当人处于惊慌失措的状态时容易产生固执行为。固执通常表现为顽固地坚持某种无效的动作，尽管个体反复进行这种动作并无任何结果，但他仍要继续这样做。固执与正常的习惯不同。习惯行为在不能满足人的需要时或受到惩罚时会发生改变；相反，固执行为在这些情况下不仅不会改变，而且会更加强烈。例如，经常受到指责的学生，明知自己某种行为不当，如果使用惩罚手段改变其行为，其结果可能事与愿违，反而会使他更坚持这种不当行为。

（6）退行

所谓退行，是指个体遇到挫折时，心理活动和反应退回到个体早期发展水平，以幼稚的、不成熟的方式应对当前情境。比如，大学生的活动计划如果受到家长或者老师的反对，大学生可能就会采取赌气、咒骂、暴饮暴食、疯狂购物，甚至出走等非积极、非成熟的应对方式。退行的另一种表现是受暗示性。受暗示性经常表现为：人们受挫后变得盲目相信别人，盲目执行某个人的指示。退行还表现为欲求水平的倒退，尤其在一定地位的成人场合，由于较高目标的欲求受挫，便容易追寻低级兴趣。

（7）逃避

逃避是指躲开受到挫折的现实或情境。有些人受到挫折后，往往不敢面对现实、正视挫折，而是放弃原来所追求的目标，或是回避挫折情境。例如，有的学生在学习上遇到困难，或者所追求的目标、理想一时不能实现，便失去信心，消极悲观，孤僻离群。还有的学生在学习和工作刚开始时热情高涨，但对困难估计不足，结果一遇到挫折便退下阵来。另外，幻想也是一种逃避，幻想是指个体在遇到挫折时以自己想象的虚幻情境来应对挫折。幻想能满足现实中不能满足的需要和欲望，使人产生愉快的感觉。然而长期处于幻想状态，或养成从幻想中实现生活中实现不了的目标的习惯，就会使人降低对生活的适应能力和严重脱离现实生活，甚至可能会导致精神疾病。

（8）自杀

自杀是一个人遭受挫折后的极端反应方式，也可以看作受挫后针对自身的一种典型的、特殊的攻击行为。当一个人受到突然而沉重的打击，或者长期受到挫折的困扰和折磨，感到万念俱灰不能自拔时，受挫者就可能产生自暴自弃、轻生厌世的想法，此时若得不到外力的帮助，受挫者就可能采取极端反应方式。

2. 挫折的理智反应

理智反应是指大学生受挫后，采取积极的态度，在理智的控制下所做出的反应。理智反应是对挫折的积极反应方式，主要表现在以下几个方面。

（1）冷静思考，坚定目标

遭遇挫折后，个体在冷静分析的基础上，找出遭受挫折的主客观原因，克服困难，排除障碍，继续坚定地朝着既定目标努力，直到目标的最终实现。

（2）审时度势，调整目标

在实现目标的过程中，由于自身条件和客观环境的限制，几经努力尝试都失败后，个体能冷静下来，认真客观地分析自己的目标是否恰当，审时度势，对自己的目标进行恰当地调整。

（3）提升自我，实现目标

遭受挫折时，个体不是怨天尤人，而是深刻地反省自我，冷静地分析自己的长短优劣，努力寻找和弥补自己个性中的不足，使自我得到提升。

二、大学生要学会挫折调适的方法

（一）运用积极的心理防御机制

心理防御机制最初由西格蒙德·弗洛伊德提出，后经他的女儿安娜·弗洛伊德系统研究后形成成熟的理论。所谓心理防御机制是自我用来与本我和超我压力对抗的手段。当自我受到本我和超我的威胁而引起强烈的焦虑和罪恶感时，焦虑将无意识地激活一系列的防御机制，以某种歪曲现实的方式来保护自我，以缓和或消除不安和痛苦。

积极的心理防御机制能够缓解受挫后的心理压力，使个体调整心理和能力状态，赢得战胜挫折的时机。

1. 过度代偿

过度代偿又称过度补偿，是指一个真正的或幻想的躯体或心理缺陷可通过代偿而得到超乎寻常的纠正，表现为过度的努力和奋斗，以补偿个人在身体上或心理上的欠缺，将原来的不足或弱点改变为自己的强项或优势。这是一个有意识或无意识的过程。比如，有些残疾人可通过惊人的努力而变成世界著名的运动员，有些口吃者可成功地变成说话流利的演说家。

2. 认同

认同是无意识地取他人之长，作为自己行为的一部分，借以排解焦虑的一种防御手段。比如，高官显贵的子女常以父辈之尊为己尊，遇到挫折则自抬身价，做出坦然自若的神态，以避免在人们面前的尴尬。

3. 幽默

幽默是指以幽默的方式面对困境。它与诙谐、说笑话还不完全一样。幽默允许一个人承担责任及集中注意力面对困窘境遇，而诙谐、说笑话却容易引起分心或使自己从情感的问题上移开。幽默能够使个体忍受那些令人想要逃避的事情而又集中注意力；与之相反，诙谐往往表现为注意力涣散。

4. 升华

升华是一种最积极的富有建设性的防御机制。它可以把社会所不能接受的性欲或攻击性冲动所伴有的能量转向更高级的、社会所能接受的目标或渠道，从而进行各种创造性的活动。它包括通过有趣的游戏、运动和业余爱好来表达攻击性，以及在求爱时用减弱了的方式浪漫地表达自己的本能。与幽默不同，个体在运用升华时，这种"为自我服务的退行"会有真正的良好结果。与不成熟的防御不同，个体在运用升华时，本能没有被阻挠或转移，而是为实现目的另辟蹊径。很多艺术成果就是典型范例。在升华时，感情被承认、被修改，并被定向于比较重要的人物或目标，所以个体会产生适应的本能的满足。

(二)运用科学合理的归因方式

1. 归因方式的概念

归因方式也被称为"归因风格"或"解释方式"，是指个体对事件发生的原因倾向于做怎样的解释，具有个性的特点，通过个体对多个事件发生的原因的判断来评定。归因研究领域的专家韦纳(Weiner)认为，个体对客观事物的归因认知评价与个体对未来目标的期望、某种情感体验的产生是紧密相连的。在成就范围内，当人们把成功归因于内部原因时，会体验到自豪、自信等情感，从而提高自我价值感；相反，当人们把失败归因于内部原因时，会体验到悲伤、挫折等消极情感。归因是指个体依照主观感受或经验对自己行为及结果发生的原因予以解释和推测的心理活动过程。由于归因是凭借个体经验和个体的主观感受进行的，其结果可能是正确的，也可能出现偏差，甚至是错误的。在生活中，人们对行为的成功与失败进行归因是一件很平常的事情，然而，在这一过程中形成的归因倾向，对于人如何应对心理挫折非常关键。

美国心理学家韦纳(Weiner)的自我归因理论适用范围较广，对大学生战胜挫折有较大的指导作用。一般情况下，挫折是由客观因素(包括任务难度和机遇)和主观因素(人的能力与努力)造成的。人们把挫折归因于何种因素，对于活动的积极性和战胜挫折有很大的影响。比如，有的学生总是把自己学习的成败归因于外在因素，如学习上受挫后，把失败归因于运气不好，没能猜中题目或埋怨老师的命题和评分，而不去努力克服困难和改变失败的处境。也有的学生把失败归因于自身的能力、技能和努力的程度过低，因而抱怨自己，过多地责备自己。这两种习惯性归因方式不能找出造成挫折的真实原因，不利于战胜挫折。把挫折归因于主观因素，会使人感到内疚和无助；把挫折归因于客观因素，会产生气愤与敌意。

因此，大学生要学会合理地归因，避免归因的片面性，对挫折做出客观、准确、符合实际的归因，学会实事求是地承担责任，克服过分承担或推诿责任的倾向，避免自责带来的挫折感。

2. 训练大学生科学合理的归因方式

在生活中，人们常常对行为的成功与失败进行归因，在这一过程中形成的归因倾向，对人的心理承受能力有很大的影响。例如，一个学生认为自己成绩不好是由学习不够努力造成的。一般来说，进行本性归因的学生对自己的行为有更多的自我责任定向与积极态度；但是从对失败的归因方面来看，由于他们倾向于把原因归于主观因素，容易自我埋怨，自我责备。如果这种自责、悔过过多，就会给他们带来挫折感和心理损伤。因此，为提高大学生心理健康水平而进行归因训练就显得尤为重要。

(1)充分掌握背景信息，明确做出科学归因

大学生首先要学会多方面收集关于事件的信息，了解困难的原因所在。由于个体的生活范围、认识能力或主观意识等方面的缘故，个体往往会在拥有有限信息的情况下做出归因，导致各种误会的发生。要改变这种归因方式，最主要的就是充分搜集相关信息，科学分析相互关系，最后做出比较符合客观实际的科学归因。

(2)灵活调整归因策略，适时做出有益归因

原因是客观存在的、不可更改的，而人们对它的知觉却是主观多变的、可以更改的。有时候，个体对事件原因的无偏归因反而会对其身心健康产生不良影响，不妨调整归因的策略，用不太符合实际情况的但对自己有益的归因来代替它。罗斯等人的研究表明，人们将消极的经验归因于某种中性情绪的因素，有助于提高他们随后在类似情境中应对有关恶性刺激的能力。个体应积极采取措施主动改变挫折情境的影响因素，从而有效应对挫折。例如，个体在学习过程中发现自己最近学习效率不高，通过原因分析之后，在解决内在问题的同时，可以尝试改变学习地点、学习

时间，或改变学习科目的顺序、学习结构等，从而避免学习效率不高给自己带来的压力和困扰。

（3）改善不良归因方式，养成良好归因习惯

个体要学会合理地归因，避免归因的片面性，学会实事求是地承担责任。首先，个体的归因方式是历经无数次对成功和失败进行归因后才得以形成的，它将会对人们的情绪、动机和行为产生深远、持久的影响。其次，在遭受失败时要全面地采用那些以前很少用过的方式来考虑造成失败的原因是什么，将更多的注意力放在导致失败的外部因素上，不要轻率地、习惯性地做出"都是自己惹的祸"之类的反应。一个人归因习惯的改变是非常困难的，所以，个体要时时警惕、处处留心，通过一点一滴的改变来纠正不良的归因方式。

（三）提高挫折承受力

不同的人对挫折的承受能力不一样，而且同一个人对待不同挫折的承受能力也不一样。挫折承受能力强的人能经受得起挫折的打击和压力，较少有强烈的情绪困扰，能积极改善挫折情境。挫折承受能力弱的人对挫折过分敏感，即使受到轻微地打击，也感到难以忍受，容易长期被不良情绪困扰，甚至出现心理和行为失常。

1. 正确认识挫折

事实上，挫折并不都是坏事，处理得好的话也可以成为自强不息、奋起拼搏、争取成功的动力和精神催化剂。挫折虽然带来的是不愉快的情绪体验，但挫折的影响并不都是负面的，它可以使人在困境中成长和成熟。挫折是一种机会，只要能坦然面对挫折，树立战胜挫折的勇气和信心，个体就可以适应环境的任何变化。

2. 改变不合理信念

心理学研究表明，能够引起强烈挫折感的与其说是挫折、冲突，不如说是受挫者对挫折的看法以及所采取的态度。常见的不合理观念有以下几种。

（1）否定事件的发生

有些人把生活中的不顺利，学习、交往中的挫折和失败看作不应该发生的事。他们认为，生活应该是愉快的、丰富的，人际关系应该是和谐的、互助的。一旦生活中出现诸如人与人之间的冲突、成绩滑坡、好友负心、评不上优秀等事件，他们就认为它不应该发生，从而变得烦躁易怒、束手无策、痛苦不堪、失去信心。

（2）以偏概全

有些人常常以片面的思维方式看待事物，简单地以个别事件来断言全部生活，一叶障目。例如，一旦有人对自己不友好就得出结论说自己人缘不好或缺乏交往能力；一次考试不尽如人意就认为自己彻底失败，不是读书的材料；一次失恋就认为自己对异性没有吸引力等，从而产生自责自怨、自卑自弃的心理以致焦虑、抑郁。以偏概全的思维方式不仅表现在对自己的认识上，也表现在对他人、对社会的认识中。例如，

因他人一时有错而对其全盘否定，因为社会存在阴暗面，就认为看不到光明和希望。

（3）无限夸大后果

有些人遇到一点儿挫折就把后果想象得非常糟糕、可怕。夸大后果的结果是使人越想越消沉，情绪越来越恶劣，最后沉浸其中难以自拔。例如，一门功课考不及格，就认为自己能力不行，学不下去，毕不了业，找不到工作，人生没有前途，生命没有价值。这实际上是一种自己吓唬自己，自己给自己施加压力的思维方式。

3. 优化自身人格品质

心理学认为，挫折心理是指人们在通往既定目标的道路上，遇到挫折所产生的心理上紧张和情绪上的不适状态。挫折承受力与人格特征有关。以下几种人格类型的人容易引起挫折：①性情急躁的人。他们情绪变化大，易动怒，火暴脾气，会因芝麻绿豆大的事而引起挫折感。②心胸狭隘的人。他们气量小、好猜疑，喜欢斤斤计较。③意志薄弱的人。他们做事缺乏耐力和持久性，患得患失，害怕困难，只看眼前利益，经不起打击和挫折。④自我认识存在偏颇的人，他们缺乏自知之明，或者自高自大、目空一切，或者自卑自贱、畏首畏尾。为了提高挫折承受能力，每个人都应主动地培养自己良好的人格品质，改变那些不适应发展的不良的人格品质，要重点培养自信乐观、自强不息、宽容豁达、开拓创新等品质。自信与乐观相辅相成。当遇到挫折与困境时，相信自己一定能取胜，就会积极地改变现实，克服困难，战胜挫折，这是自信的作用。乐观者能够透过眼前的不利看到蕴含在背后的希望，相信明天是美好的，从而信心十足地去战胜困难。

知识链接

巴纳姆效应

一位名叫肖曼·巴纳姆的著名魔术师在评价自己的表演时说，他之所以很受欢迎是因为节目中包含了每个人都喜欢的成分，他使得"每一分钟都有人上当受骗"。人们常常认为一种笼统的、一般性的人格描述十分准确地揭示了自己的特点，心理学上将这种倾向称为"巴纳姆效应"。

"巴纳姆效应"在生活中十分普遍。拿算命来说，很多人请教过算命先生后都认为算命先生说得"很准"。其实，当人的情绪处于低落、失意的时候，人们对生活失去控制感，于是安全感也受到影响。一个缺乏安全感的人，心理的依赖性大大增强，受暗示性就比平时更强了。加上算命先生善于揣摩人的内心感受，稍微能够理解求助者的感受，求助者立刻会感到一种精神安慰。算命先生接下来再说一段无关痛痒的话便会使求助者深信不疑。

在日常生活中，我们既不可能每时每刻去反省自己，也不可能总把自己放在局外人的角度来观察自己，只能借助外界信息来认识自己。正因为如此，每个人在认识自我时很容易迷失在环境当中，受到周围信息的暗示，并把他人的言行作为自己行动的参照。"巴纳姆效应"指的就是这样一种心理倾向，即人很容易受到来自外界信息的暗示，从而出现自我知觉的偏差。

任务三　大学生压力管理

暖身活动

一杯水

活动过程

1. 老师在课堂上拿起一杯水，问学生："谁知道这杯水有多重？"学生答案不一。

2. 老师说："这杯水的重量并不重要，重要的是你能拿多久。拿一分钟，大家一定觉得没问题；拿一小时，会怎样（可能觉得手酸）？拿一天，会怎样（可能就得叫救护车了）？"

活动评价

事实上，这杯水的重量没有变，但是你拿得越久，就觉得越沉重。这就像我们承担的压力一样。如果我们一直把压力放在身上，到最后，我们就觉得压力越来越沉重而无法承担。我们应该做的是：放下这杯水，休息一下后再拿起来，如此才能够拿得更久。

情境导入

小李同学刚满 21 岁，是某知名大学的一年级学生，学习刻苦，成绩优秀，待人和善，目标远大。高中时是县城的文科状元，到了大学后，她发现同学们都十分优秀，见多识广，尤其是英语科目，她学习很吃力，无论怎么努力，口语都比不上来自大城市的同学，她屡次给家里打电话说："真不想活了。"虽然她总体学习成绩也是中上游，但还是流露出悲观厌世的思想，情绪忧郁、沉默寡言。她不满意学校、不满意新同学，觉得学习吃力，但又争强好胜，考试总想占据班级前三名。为了达到目的，她白天黑夜拼命学习。这样超负荷的学习使她心理上感到很疲劳，渐渐地变得情绪低落、抑郁焦虑、意志消沉、万念俱灰，于是她有了求死的想法。很显然，她患了抑郁症。自杀的前一天，她还对家人说"哎，又要考试了"，流露出极度的胆怯和恐慌。由于家人、老师、同学都未能及时给予注意和帮助，她自己又无力自拔、自救，最终，正处于人生最美好时光的她，用安眠药结束了自己短暂的一生。

分析与思考

自杀是人们的心理危机的极端行为。它既是人生的悲剧，也是家庭和社会的悲剧。在我国，特别是15～30岁年龄段的人中，自杀率很高。文中小李同学没有学会正确面对压力的方法，导致了悲剧的发生。因此，正确管理压力如何化压力为动力，是人生中重要的一课。

一、大学生压力的来源

压力产生的原因可称为压力源或应激源。压力源广泛存在于我们的生活中，有些压力源是稍纵即逝的，它引起瞬间的兴奋和欢欣；有些压力源是持之以日、周或月的，形成习惯性的高压反应，使人经常处于一种警备状态，甚至因此导致心理失衡。压力可分为两类：内部压力和外部压力。内部压力来自人的自身，包括人的态度、思想和情感，它们使人的压力变得更为严重；外部压力来自人的外部，包括学习、工作、人际关系、家庭、金钱以及健康情况等。

大学生压力主要来源于以下两个方面。

(一)重大的生活事件——压力的巨石说

不管是积极的还是消极的重大生活事件，都是指那些非连续性的、突发的、可察觉的且具有明显影响力的生活变化(见图7-3，压力的巨石说)。通常与大学生的压力有较为直接联系的是消极的生活事件。消极的生活事件往往会引起个体生活的消极变化，它的破坏性较大，如家庭中亲人的离世、父母突然离异、突发的失恋行为、不良的辍学行为等，由于这样的变动太过突然，大学生很难进行有效调节。而积极的生活事件一般是指能够激励个体进行某种行动改变的事件，如社会赞扬、身边的见义勇为事件等，都会促使个体产生类似的积极行为。

图7-3 压力的巨石说

(二)慢性的日常烦扰——压力的细沙说

日常烦扰与重大生活事件的不同之处是具有慢性特征。由于日常生活非常复杂，各种事件多多少少都会使人产生一些困扰，这些小困扰的逐渐积聚就会对人们的生理和心理造成不良影响(见图7-4，压力的细沙说)。有的压力来自家庭方面，包括家庭经济状况差导致的歧视、家庭关系的不和谐以及父母的过高期望；有的压力来自学业方面，包括各类考试带来的精神紧张以及对学业规划的迷茫；有的压力来自生活方面的适应能力和人际交往障碍；有的压力来自就业方面，包括过高的求职期望、自身求职技能的欠缺、模糊的职业规划、求职过程的屡次碰壁等。长期的社会事件也会造成心理压力，如漫长的考研复习、宿舍关系的长期紧张、长时间压抑自我等。

图 7-4 压力的细沙说

二、大学生常遇到的压力

(一)发展压力

发展压力具体包括考研、出国、就业、自我评价、恋爱等压力问题。当代大学生自我成长和发展的需求旺盛，这个群体的聪慧、敏锐、上进等正面特征决定了他们势必为自己的前途投入比其他群体更多的精力，然而他们的身心发展还不够成熟，尤其是世界观、人生观和价值观方面极易受到不良因素的冲击，同时缺乏一定的社会经验和生活历练，因此极易出现自我发展需求和自身能量水平相矛盾的问题。

经典实验

威克效应

美国康奈尔大学威克教授曾经做过一个实验：拿一只敞口玻璃瓶，瓶底朝光亮一方摆着。瓶里放进一只蜜蜂，蜜蜂就会朝光亮的地方飞去，屡屡碰壁，屡屡碰撞，最后只能绝望地死去。接着在瓶里放进一只苍蝇，苍蝇朝光亮一方飞去，碰壁失败后，再朝不同的方向飞，结果从瓶口溜走。两种生物有两种习性规律。如果说蜜蜂是教条型、理论型，那苍蝇则是探索型的、实践型的。苍蝇突围的方式值得借鉴：成功在于不断地尝试和探索。碰壁后，我们必须认真总结经验教训，另想办法，探索新路，再去实践，方能成功。学习是这样，创业是这样，生活也是这样。

(二)家庭压力

人们的出生背景及环境主要指的是家庭，父母的文化素养程度、家庭的经济条件和物质水平、所在地域的发展规模，这些都成为人们有意无意攀比的内容。大学生生活在相对固定而又多种多样的人群中，由于家庭情况的不同容易产生相应的家庭背景压力。家庭要承担学生的求学费用，父母为了保证学生的顺利求学需要不断地努力工作。近年来，物价上涨也影响了学校的办学成本，大学生所需的求学费用明显高于以前。在这种情况下，贫困家庭的学生受到的负面影响将更大，这给父母造成的压力也十分沉重。

(三)生活压力

生活指为生存发展而进行的各种活动，是人类生命所有日常活动和经历的总和。生活广义上指人的各种活动，包括日常生活行动、工作、休闲、社交等社会生活。生活压力对大学生的影响主要来自生活环境的变化，集体生活的初次尝试，自理自律的能力等方面。目前的家庭多数都只有一个孩子，有些父母长期忽视孩子的基本生活技能教育，认为只要学习好什么都可以代替，造成很多学生缺乏自理和自律能力，突然面对独立生活时便措手不及。在新的环境中的受挫感和不适应，也就成为这个群体的压力来源。

(四)社交压力

社交压力在大学生压力源中处在较为突出的位置，大学生社交能力的强弱直接影响到其压力的产生与大小，还决定着其对压力的化解能力。大学生大部分在外地求学，远离家乡和父母，他们渴望与他人友好相处，倾吐心声。但是由于大学生生源复杂，背景不同，大学生渴望与他人交往却又担心交往不畅，需要和别人沟通却由于人际交往经验尚浅而产生人际矛盾，这些都给大学生带来了一定程度的社交压力。可见，由于大学生彼此间生活紧密交叉，相互影响，同学关系尤其是室友关系对大学生的心理、情绪方面影响极大。

经典实验

犯错误效应

美国社会心理学家埃利奥特·阿伦森设计了这样一个实验：在一场竞争激烈的演讲会上，有四位选手，两位才能出众，几乎不相上下，另两位才能平庸。才能出众的一名选手在演讲即将结束时不小心打翻了一杯饮料，而才能平庸的选手中也有一名碰巧打翻了饮料。实验结果表明：才能出众而犯过小错误的人更有吸引力，才能出众但未犯过错误的排名第二，而才能平庸却犯错误的人最缺乏吸引力。

心理学上对这种现象有两种解释，一种解释是一个能力非凡的人给人感觉总是不安全、不真实的，人们对这样的形象不是真正地接纳和喜欢，而是敬而远之或敬而仰之。鲁迅先生曾说："凡是神圣的、神秘的事物都是值得怀疑的。"另一种解释是从人的自我价值保护角度来说的。通常人们喜欢有才能的人，才能与被喜欢的程度成正比例关系。但是，什么事情都有一个限度，如果一个人的能力过强，过于突出，强到足以使对方感到自己的卑微无能和价值受损，事情就会向反方向发展。人首先是进行自我价值保护的。任何一个人，无论如何不可能选择一个总是衬托出自己无能和低劣的对象来喜欢。相反，一个犯小错误的能力出众者降低了这种压力，缩小了双方的心理距离，保护了他人的自尊，因而赢得更多的喜爱。

(五)学习压力

大学的学习看似比高中轻松、自由，但实际上正是这种高度自主的学习方式，使大学生在学习上感觉到无力感和无助感。脱离掉老师和家长的紧密监督，大学生的自我控制的难度增加了，加之，大学生在中学的学习成绩普遍较好，赢得了师生和家长的偏爱，对自我的期望值也较高，争强好胜，高度自信，不甘被同学超越。另外，大学的学习内容更多，难度更大，要求更高，这些都使得大学生有较重的学习压力，普遍存在沉重的学业负担。大学生的首要任务依然是学习，很多时候人们主张学习也要劳逸结合，但是学习作为大学生生活的主轴线，持续时间比较长，对于大学生心理和情绪的影响非常大。很多大学生为了在激烈竞争中立于不败之地，不断地努力考取各种职业技能资格证书，拼搏于考研、考硕博连读的行列，或是参加各种技能的培训班。在自我实现和激烈竞争的影响下，大学生接到了重的学习任务，这给他们带来了巨大的学习压力。

三、大学生面临压力时的反应

当人们面临压力时会产生一系列心理、生理的反应。这些反应在一定程度上是机体主动适应环境变化的需要，它能够唤起和发挥机体的潜能，增强抵御和抗病能力。但是，如果反应过于强烈或持久，超过了机体自身调节和控制能力，就可能导致心理、生理功能的紊乱，进而产生身心疾病。

(一)心理反应

压力引起的心理反应有警觉、注意力集中、思维敏捷、情绪的适度唤起，这是适度的反应，有助于个体应付环境。但过度的心理反应，如过分焦躁、抑郁、焦虑、激动不安、愤怒、沮丧、消沉，会使人自我评价降低，自信心减弱，消极被动，形成"习得性无助"或无所适从。

(二)生理反应

在压力状态下，机体必然伴有不同程度的生理反应，主要表现在中枢神经内分泌系统和免疫系统等方面。比如，压力导致心率加快、心肌收缩力增强、血压升高、呼吸急促、各种激素分泌增加、消化道蠕动和分泌减少、出汗等。这些生理反应调动了机体的潜在能量，提高了机体对外界刺激的感受和适应能力，从而使机体更有效地应对外界环境的变化。但过度的压力会使人口干、腹泻、呕吐、头痛、口吃等。

(三)行为反应

压力状态下的行为反应可分为直接反应和间接反应。直接的行为反应是指面临紧张刺激时为了消除刺激源而做出的反应。间接的行为反应是指为了减少或者暂时消除与压力体验有关的苦恼，如借助酒、烟、麻醉品等使自己暂时缓解紧张状态。

四、大学生释压能力的培养

(一)明确自我需要，提高自我认知水平

引导学生制订合理可行、符合实际的学习和生活计划，建立科学合理的自我发展目标。大学生从监督有力的高中生活跨入高度自主的大学生活，学习、生活等各个方面都感觉到不适应，最显著的特点是丧失目标，但是有目标才有前进的动力，大学生应该结合自身的实际情况，认清理想与现实的差距，确立富有个人特色的生涯发展目标。

(二)提升学生自我认知能力，合理进行学业生涯规划

加强压力认知引导，学生的生理和心理承受能力与学生的认知关系紧密相连，同样的事情，对一些人来说是压力，而对于另外一些人来说未必是压力。当前大学生的压力主要来自对世界、对人生、对自己的不合理认知。因此，在日常生活和学习中，学生应克服追求完美的倾向，善于接受既定事实，改变不合理认知，努力培养积极的认知方式，减少负面情绪的影响。这样我们才能乐观、积极、辩证地对待压力，将压力化作前行的动力。

(三)学会选择，坦然得失

教师对学生进行心理健康教育，要使学生认识到生活中要善于抓住主要矛盾，认识到不是所有的事情都是那么重要，要辩证地看待周围的任何事，将有限的精力

投入到适合自己的、取悦自己的人和事情之中，不要与别人进行盲目攀比，要正确看待他人之得与自己之失。

（四）悦纳自我，悦习同辈

认识自我，控制自我，满足自我，无条件地接受自己的优缺点，抛却完美主义。善于向他人学习，重视同辈的积极影响，进行健康的竞争，实现与同辈共同成长、共同进步的目标。

五、大学生管理压力方法

（一）觉知和控制自己的生理状态

生理状态是压力最直接的指标。要想有效管理压力，必须要有觉察压力意识，有意识地觉知自身的紧张、焦虑等情绪状态。当面临压力时，记录自己的生理和情绪上的不适反应，如头痛、气喘、肌肉紧张、心跳加快、失眠多梦、迷糊嗜睡等，针对这些反应指标，每当产生这些不适反应时，便对自己发出压力预警。

学会控制自己的不良生理指标。当你的压力知觉性提高时，你也需要提高生理指标控制力，比如心跳、呼吸、血压等。这实际上就是生物反馈过程，当然，提供反馈的不是机器而是你自己的觉知能力。

（二）学会运用科学的压力缓解方法

1. 积极归因

将你面临的压力问题与在纸上，围绕着这个问题一步步向自己提问：这个问题是怎么产生的？这个问题是由于我主观原因产生的吗？这个问题真的就是一种威胁吗？这个问题真的就不能解决吗？通过如此反复逐层深入的自我辨析，理清问题症结所在，从而减轻对压力情景认识的模糊或者夸大威胁而产生的焦虑。

2. 倾诉宣泄

当一个人面临压力时，找一个自己信任的亲人、朋友或同学聊聊，把自己的忧虑和担心讲出来，这是一个很好的缓解压力的办法。当然，消极被动等待也会起到相同的作用，但是会延长心理负担承受的时间，对生理心理都会有较大的不良影响。倾诉宣泄的同时，不但会心情变轻松，而且能够进一步理清思路、看清事实、妥善解决压力问题。倾诉宣泄对大学生管理人际交往等方面产生的压力作用有着别的方法无可比拟的作用。

3. 注意转移

俗话说："眼不见，心不烦。"当与人争吵时，及时离开争吵环境，远离争吵的人，和自己喜欢的人去做喜欢的事，如运动和逛街等，可以有效缓解争吵产生的压力。原因是大脑皮层产生了一个新的兴奋中心，通过相互诱导、抵消或冲淡原来的优势兴奋中心。大学生要经常接触让自己快乐、喜悦的人和事物，远离和忘却使自己不愉快的人和事物，可以有效缓解在适应、人际交往和学习方面的压力。

4. 及时解决

大学生日常学习、生活和工作中的许多压力，都来源于事情和任务本身。所谓及时解决，简单说就是为了提高时间的利用率和有效性，而对时间进行合理的计划和控制，有效安排和管理日常事务的管理活动。一方面可以避免拖延产生的压力，使自己能安心地休息和娱乐，避免内疚和紧张情绪产生的压力，另一方面完成较多任务的成就感会让压力感减弱，这种方法可以有效缓解学习、成就和生活压力。

知识链接

负重效应

有一位经验丰富的老船长，当他的货轮卸货后在大海上返航时，突然遭遇了狂风巨浪。水手们惊慌失措，急得团团转。老船长果断地命令水手们立刻打开所有的货舱，往里面灌水。"怎么能够往船舱里灌水呢？这样只会增加船的重量，使船迅速往下沉，这是自寻死路啊！"不少年轻的水手不解地问道。但看着船长严厉的态度和毫无商量的神情，水手们只好半信半疑地照做了。随着货舱里的水位增高，船一寸一寸地下沉，依旧猛烈的狂风巨浪对船的威胁却一点一点地减少，货轮渐渐平稳了。船长望着松了一口气的水手们说："一只空木桶是很容易被风打翻的，如果它装满了水，风是吹不倒的。同样道理，船在负重时是最安全的，空船时则是最危险的。"于是，人们将这种现象称之为"负重效应"。

"负重效应"的启示是：大学生需要给自己施加一些压力，努力为自己加满"水"，不断充实提高自己，面对人生的风浪时，才能像负重木桶和船，能够经受住人生风雨的洗礼。

心理测验

PSTR 心理应激自测表

序号	表现	总是	经常	有时	很少	从未
1	受背痛之苦。	A	B	C	D	E
2	睡眠无规律且不安稳。	A	B	C	D	E
3	头痛。	A	B	C	D	E

续表

序号	表现	总是	经常	有时	很少	从未
4	颚部痛。	A	B	C	D	E
5	如果需要等候，会感到不安。	A	B	C	D	E
6	脖子痛。	A	B	C	D	E
7	比多数人更容易紧张。	A	B	C	D	E
8	很难入睡。	A	B	C	D	E
9	感到头部发紧或痛。	A	B	C	D	E
10	胃不好。	A	B	C	D	E
11	对自己没有信心。	A	B	C	D	E
12	对自己说话。	A	B	C	D	E
13	担心财务问题。	A	B	C	D	E
14	与人见面时感到窘迫。	A	B	C	D	E
15	担心发生可怕的事。	A	B	C	D	E
16	白天觉得累。	A	B	C	D	E
17	下午感到喉咙痛，但并非感冒所致。	A	B	C	D	E
18	心里不安，无法静坐。	A	B	C	D	E
19	感到非常口干。	A	B	C	D	E
20	心脏有毛病。	A	B	C	D	E
21	觉得自己非常无用。	A	B	C	D	E
22	肚子不舒服。	A	B	C	D	E
23	吸烟。	A	B	C	D	E
24	觉得不快乐。	A	B	C	D	E
25	流汗。	A	B	C	D	E
26	喝酒。	A	B	C	D	E
27	很自觉。	A	B	C	D	E
28	觉得自己像四分五裂了。	A	B	C	D	E
29	眼睛又酸又累。	A	B	C	D	E
30	腿或脚抽筋。	A	B	C	D	E
31	心跳加速。	A	B	C	D	E
32	怕结识人。	A	B	C	D	E
33	手脚冰冷。	A	B	C	D	E
34	便秘。	A	B	C	D	E
35	未经医生处方乱吃药。	A	B	C	D	E

续表

序号	表现	总是	经常	有时	很少	从未
36	发现自己很容易哭。	A	B	C	D	E
37	消化不良。	A	B	C	D	E
38	咬手指。	A	B	C	D	E
39	耳朵有嗡嗡声。	A	B	C	D	E
40	小便次数多。	A	B	C	D	E
41	有胃溃疡的毛病。	A	B	C	D	E
42	有皮肤方面的毛病。	A	B	C	D	E
43	咽喉很紧。	A	B	C	D	E
44	有十二指肠溃疡的毛病。	A	B	C	D	E
45	担心工作。	A	B	C	D	E
46	有口腔溃疡。	A	B	C	D	E
47	为小事所厌烦。	A	B	C	D	E
48	呼吸急促。	A	B	C	D	E
49	觉得胸部紧迫。	A	B	C	D	E
50	很难做出决定。	A	B	C	D	E

评分方法与评定标准

1. 评分：A(总是)4分；B(经常)3分；C(有时)2分；D(很少)1分；E(从未)0分。

2. 计算总分。常模为54±22。没有年龄、性别上的显著差异。

3. 评定标准。

一般，43～65分，表示压力适中；低于43分，表示压力过小，需要适度增加压力；高于65分，表示压力过大，需要适当降低。

具体标准

93分以上：表示处于高度应激反应中，身心遭受压力伤害，需要去看心理医生，进行必要的心理调整。

82～92分：表示正在经历较多的心理压力，身心健康正在受到损害，人际关系出现问题。

71～81分：表示压力相对适中，可能刚刚开始出现对健康不利的情况。

60～70分：表示压力适中，偶尔可能受到较多压力，但有能力应付，心理趋向于平静。

49～59分：表示能够控制压力反应，心理处于相对放松状态。

38～48分：表示来自外界的压力影响很小，工作与生活缺少适度压力和兴奋。

27～37分：表示生活沉闷，即使发生刺激或有趣的事情也很少做出反应，需要增加反应，增加社会活动或娱乐活动。

16～26分：表示在学习工作与生活中经历的压力经验不够，或是没有正确分析自己。

心理影院

追风筝的人

该电影根据同名小说改编，故事讲述喀布尔富人区中的一位少爷阿米尔与其仆人哈森间的关于友谊、忠诚、背叛、救赎及爱的故事。阿米尔与哈森从小一起长大，虽为主仆，却私交甚好。哈森一直勇敢而执着地保护着懦弱的阿米尔，为了阿米尔，他可以忍受任何屈辱和伤害，却遭到了自私、胆小、虚伪的阿米尔的背叛。背叛之后，便是一辈子的灵魂的洗涤和救赎。阿米尔在"风筝日"那天打败所有竞争者后，叫哈森帮他捡他剪断的竞争者的风筝，哈森欲追，转身对阿米尔说：为你，千千万万遍。当一个人对另一个人说为你，千千万万遍，支撑他的是其誓死不改的忠诚和信仰。

2000年，已经是知名作家的阿米尔因为儿时挥之不去的梦魇和记忆，在良心上受到了难以忍受的折磨，他毅然从旧金山回到在塔利班残忍的暴权制度统治下充满了不可预料的危机的阿富汗首都喀布尔，那个印记了两个人之间一点一滴的城市。埃米尔决定面对自己的心魔，勇敢地迈出走向救赎之路的第一步。他要正视长久以来困扰着自己的那些秘密，做最后一次大胆地尝试，希望将一切都重新归进正轨，找回那个被遗失在过去的自我。

《追风筝的人》的译者李继宏这样点评它："也许每个人心中都有一个风筝，无论它是什么，希望读者在看完《追风筝的人》之后，都能够勇敢地追。"他认为，作者想表达的不仅是亲情，不仅是友情，只要是能够沉下心来阅读的人，都会被其中直指人心的情感打动，也会从中折射出自己曾经有过的心绪，如伤害别人时的快意和犹疑，危急关头的懦弱和无助，亲人面临危险时的慌乱无措，爱情乍到时的浮躁不安，失去亲人时的悲伤孤独，应该担当责任时的自私推诿，以及时常涌上心头的自责、自卑和赎罪的冲动……但生活就是这样，无论发生什么事情，地球一样在转动。也许故事的结局并不完美，也许有些许苦涩与酸楚，但人生就是这样，犯错，错过，再用一生来挽回。无论道路多么悲伤、多么艰辛，最终都会带给我们希望。加油吧，去追寻自己心中的那只风筝！

阅读经典

平凡的世界

《平凡的世界》是中国作家路遥创作的一部百万字的小说。这是一部全景式表现中国当代城乡社会生活的长篇小说，全书共三部。1986 年 12 月首次出版。1991 年 3 月，《平凡的世界》获中国第三届茅盾文学奖。

该书以中国 20 世纪 70 年代中期到 80 年代中期十年间为背景，通过复杂的矛盾纠葛，以孙少安和孙少平两兄弟为中心，刻画了当时社会各阶层众多普通人的形象。劳动与爱情、挫折与追求、痛苦与欢乐、日常生活与巨大社会冲突纷繁地交织在一起，深刻地展示了普通人在大时代历史进程中所走过的艰难曲折的道路。

《平凡的世界》是一部用温暖的现实主义的方式来讴歌普通劳动者的文学作品。《平凡的世界》更具有人性的高度，作家把苦难转化为一种前行的精神动力。描写苦难的新时期作家不乏其人，但真正把苦难转化为一种精神动力的作家却不多，路遥当属其中之一。这部小说在展示普通小人物艰难生存境遇的同时，书写了他们克服重重困难的美好心灵与坚忍不拔的奋斗精神。作品中的主人公孙少安、孙少平是挣扎在贫困线上的青年人，但他们自强不息，依靠自己的顽强毅力与命运抗争，追求自我的道德完善。其中，孙少安是立足于乡土矢志改变命运的奋斗者；而孙少平是拥有现代文明知识、渴望融入城市的"出走者"。他们的故事构成了中国社会普通人人生奋斗的两极经验。这部小说所传达的精神内涵，正是对中华民族千百年来"自强不息，厚德载物"精神传统的自觉继承。这样的小说对底层奋斗者而言无疑具有"灯塔效应"。

参考文献

[1]高小黔.心理健康教育[M].成都：四川大学出版社，2015.

[2]李争平，王爱莲.青少年心理健康测试治疗与调试[M].北京：京华出版社，2007.

[3]白学军.智力发展心理学[M].合肥：安徽教育出版社，2004.

[4]陈新萍，刘波.心理健康[M].西安：西安交通大学出版社，2008.

模块八　人格发展与心理健康

何谓人格？法学家说人格是"权利义务主体的资格"，伦理学家说人格是"道德主体品格的总和"，心理学家认为，人格是人的心理面貌的集中反映，与人的心理健康状况密切相关。许多心理不健康的问题，都可以找到深层的人格根源。大学生正处在人格发展和完善的重要时期，由于他们受到来自社会、学校、家庭、个人等多方面的影响，人格发展出现了较多迷茫和冲突。因此，帮助大学生寻找通向健全人格之路，塑造健全的人格，具有重要的现实意义。

学习目标

1. 了解人格的基本理论和内涵，熟悉大学生人格特点。
2. 学会人格缺陷调试方法，塑造积极人格。
3. 感悟理想人格给生活带来的积极影响，体验幸福感。

案例导入

小李是某职业院校毕业的男生，毕业两年了一直没有合适的工作，后来索性赋闲在家，这可急坏了父母。刚毕业时小李找到一份国企的工作，但是由于认为同事之间关系复杂、互相排挤，他觉得难以应付，没多长时间就辞了工作，说要报辅导班，复习考试专升本，父母很支持。但是在家学习不到两个月，他觉得英语基础差，怎么努力也没希望，就放弃了考试的打算。然后，他在父母的帮助下找到一份物业的工作，但是工作没多长时间，小李又不干了，说是办公室在地下室，潮湿不见阳光，不舒服。现在小李在家安心做起了"啃老族"，再也不想出去"受气"了，每天宅在家里不出门。

分析与思考

小李已完成学业，本该独立，却仍然靠父母养活。他不是找不到工作，但因为没有目标，这山望着那山高，找到的工作总是不如意，怕苦受累，最终成为"啃老"

的"宅男"。这样的人都有不同程度的人格问题：眼高手低、缺乏斗志、不敢竞争、推卸责任、害怕长大。

小寄语

古语曰："积行成习，积习成性，积性成命。"什么样的性格决定什么样的命运。一个年轻人，当他选择了拥抱时代、拥抱社会的时候，如何拥有一个好的性格，为今后幸福的人生提供保障就成了人生的必修课。让我们留一些心灵的空间，修炼个性，迎接幸福人生！

任务一　人格概述

暖身活动

猜猜我是谁

活动过程

1. 将班级按照 6～8 人一组分成若干个小组，每组选一个组长主持活动的进程。

2. 每一个小组成员，问自己 20 次"我是谁"，并把头脑中浮现出来的答案一一写在规格相同的纸上，想到什么就写什么，回答每次提问的时间为 20 秒，注意不要写出名字。

3. 教师指导学生进行答案分析。

4. 组长随意抽一份组员的答案，大家对该生的答案进行分析，试着猜出该生是谁。

5. 得到确认之后，大家对该生再次进行评价，如他的优点、缺点等，如此直至每一份答案都经过分析，每一个组员都被评价。

活动评价

每个学生总结自己对自己的评价和同学对自己的评价，课后写一篇"这就是我"的小文章，文章不讲究形式、措辞，只要求对"我"的各个方面写全面，以达到正确的自我认识。

情境导入

班级给同学们发了学校音乐会的票，有四个人迟到了，小 A 与检票同学争吵起来，甚至推开检票同学，冲开检票口，径直跑到自己的座位上去；他还埋怨说，寝室的时钟走得太快了。小 B 同学明白检票同学不会放他进去，他不是与检票同学争吵，而是悄悄跑到楼上，另寻一个适当的地方来观看音乐会。小 C 看到检票同学不让他从检票口进去，他想反正第一场戏不太精彩，还是暂且到图书馆待一会儿，等中间休息再进去吧。小 D 暗说自己老是"不走运"，偶尔来一次音乐会，就这样倒霉，接着垂头丧气地回寝室去了。

分析与思考

以上四位同学都遇到了看音乐会迟到这一事实，在同一事实面前，他们各自的举止言行表现出了非常大的差异。同样，我们身边的亲人、朋友和同学在遇到同一事实的时候，行为表现也会有很大不同，有的同学面对老师批评时认为这是老师的偏爱，是老师在帮助自己变得更好；有的同学在面对批评时认为老师看自己不顺眼，处处找麻烦。为什么人与人之间在思维和行为上会有这么大的差异呢？这是源于人格的差异。人格是人的心理行为的基础，它在很大程度上决定了人如何面对外界的刺激以及反应的方向、速度和程度。进一步说，人格会影响到人的身心健康、活动效率、潜能开发以及社会适应状况。因此，重视人格的整合与塑造，既是身心健康的需要，又是自我发展、自我实现的需要。

一、人格的含义及构成

人格也称作个性（personality），词源来自拉丁文 persona，此词原意是指面具。人格是一个人的整个精神面貌，是具有一定倾向性的心理特征的总和。人格结构是多层次、多维度的，是一个复杂的结构系统。人格（个性）包括个性倾向性和个性心理特征。个性倾向性是人格结构中最活跃的因素，它是一个人进行活动的基本动力，决定着人对现实的态度，以及人对认识对象的趋向和选择，包括需要、动机、兴趣、信念、理想、世界观等。个性心理特征是一个人经常表现出来的稳定的心理特点，集中反映了人的心理面貌的独特性。每个人的心理特点不同，因此个性表现也千差万别。个性心理特征主要包括气质、性格等方面。

（一）气质是人格的先天基础

在日常生活中，人们容易把气质与风度、气度联系起来。在评价某人的言谈举止时，人们会自然地用到"气质"。其实，这里所评价的气质，准确地说，应该是气度。心理学上谈的气质，更多的是指人的脾气、秉性。气质是人生来就具有的心理活动的动力特征，它主要表现在心理过程的强度、速度、稳定性、灵活性与指向性上。气质的生理基础是人的高级神经活动类型。气质在人格结构中居于基础地位，它能使人的各种心理活动和行为表现都涂上个人独特的色彩。气质是构成人格的重要部分，由于人的气质类型不同，其行为表现的特点就会有差异，甚至是明显的差异。

关于气质类型的学说，最有影响力的是"体液说"。古希腊医生希波克拉底认为，人体有四种体液——血液、黏液、黄胆汁、黑胆汁，分别产生于心脏、脑、肝和胃。以每个人所占优势的体液为主导，构成的四种气质类型为胆汁质、多血质、黏液质、抑郁质。每种气质类型都有各自不同的特征。

(二)正确认识气质

1. 气质类型没有好坏之分

任何一种气质类型都有积极的一面，也有消极的一面。多血质的人待人热情，但不够专一，热情容易转移；胆汁质的人精力旺盛、行动敏捷，但任性、暴躁、易感情用事；黏液质的人稳重、踏实、冷静、自制，但死板、冷淡、固执、缺乏生气；抑郁质的人敏锐、细致、稳重、情感体验深刻，但缺乏热情，容易多愁善感。我们要发挥气质中的积极面，克服消极面。虽然每种气质都有有利于或有害于心理健康的一面，相比较而言，在环境不良的情况下，那些典型或较典型的胆汁质或抑郁质，尤其是胆汁—抑郁质混合型的人，较容易产生心理问题，进而影响学习、生活和成功。

2. 气质不能决定人的成就和智力水平

我们不能单凭气质类型去评判个体行为的社会价值。事实表明，任何一种气质类型的人，既可以成为品德高尚，有成就、有益于社会的人，也可能一事无成。每一种气质类型的人都有一些特征有利于开发智力，并获取成功，也有一些不利的特征。从这个意义上说，气质的调节会影响一个人成就的大小。有人曾做过研究，俄国四位著名文学家就分别属于四种不同气质类型：普希金为胆汁质，赫尔岑为多血质，克雷洛夫为黏液质，果戈理为抑郁质。

3. 气质的稳定性与可变性

气质主要是由大脑皮层神经过程的特性所决定的行为特征，受先天遗传的制约，虽然具有稳定性，但不是绝对不变的。也就是说，气质的表现在整体上依赖于先天遗传特性，但气质的个别心理特性在一定限度内可随外部环境和机体情况的变化而变化，所以人的气质形成和发展也有可塑性。比如，在生活实践和教育的影响下，尤其是在个体意志和自我意识作用下气质可以发生变化，即后天获得的暂时神经联系系统可以掩盖先天的神经系统特性，并在长期影响下使其得到改造和发展。

4. 气质与生活

了解自己和他人的气质特征对自己的心理健康、职业选择、学业进步以及人际交往都有意义。比如，气质不同的人，在说话，走路，与别人交往、学习、工作、休息，以及怎样表现自己的痛苦和欢乐，怎样对不同的事件做出反应等方面都有不同的特点。了解这一点，有益于同学间加深理解、融洽相处。大学生大都有这样的体会，彼此摸透了脾气，自然就增加了谅解，于是不再为别人说话急躁、不爱与人打交道、表现不那么热情之类的小事感到不快，减少了人际烦恼。

我们在选择职业时应该适当考虑气质因素，最好选择与自己气质特点相符合的职业。有些特定的职业对人的气质类型要求很高，如飞行员、消防员、大型企业调度员、某些项目的运动员等，这些职业对气质有特殊的要求，我们在选择职业时需进行气质测定，这样可大幅度减少淘汰率。但是，在一般的学习和工作中，这种影响并不显著。这是由于气质的积极方面对其消极方面有补偿的作用。多血质的人注意转移灵活，可弥补其注意不稳定的弱点；黏液质的人细致、耐心，可适当补偿其速度慢的不足。

气质与一个人的健康和疾病有联系。神经系统弱型的人承受外界刺激的能力较低，所以容易在不良因素的刺激下产生心理障碍或心身疾病，如抑郁症或胃溃疡；而神经系统强而不均衡型的人经常处在兴奋、紧张和压力之下，容易患心血管疾病等。了解自己的气质就可以加强自我锻炼，消除不良特征的影响。

(三)性格是人格的核心

1. 性格的含义

性格是表现在人对现实的态度和行为方式中的比较稳定和独特的心理特征的总和。

理解性格的定义要注意以下三点。

首先，性格是指一个人对周围现实的一种稳固的态度以及与之相适应的习惯了的行为方式，是个性心理特征的一个突出的方面。例如，在遇到危险的时候，有的人经常表现为勇敢向前，而有的人表现为懦弱退缩，这就是一个人性格特征的一种表现。

其次，性格总是表现出一个人独特的、稳定的个性特征，并且在一个人的行为中留下痕迹。在某种情况下，那种属于一时的、情境性的、偶然的表现，不能代表他的性格特征。只有一个人对现实的某些态度以及符合于这些态度的行为方式不是偶然发生的，而是比较稳固的、经常的，才能够从本质方面表明一个人的个性的，才具有性格的意义。

最后，性格是一个人的本质属性的独特的、稳定的个性特征的结合，是一个人具有核心意义的个性特征。当我们了解一个人的性格后，就可以预判他在一定条件下的行为倾向。

2. 性格的类型

在性格的学说史上，人们多次对复杂的性格进行分类，常见的分类方法如下。

(1)按理智、意志和情绪三者中哪个占优势来划分

理智型的人以理智来衡量一切并支配行动；情绪型的人情绪体验深刻，行为举

止受情绪左右；意志型的人具有较明确的目标，行为主动。这种分类由于按照何种心理机能占优势而划分性格类型，被称为机能类型学说。

（2）按个体心理活动倾向划分

心理活动倾向于外的为外倾型，倾向于内的为内倾型。外倾型的特点是心理活动倾向于外部，开朗、活跃、善于交际。内倾型的人与此相反，心理活动倾向于内部，一般表现为沉静、反应缓慢、适应困难。

（3）按个体独立性的程度划分

性格按个性独立性程度分为顺从型和独立型。顺从型的人独立性差，易受暗示，容易不加批判地接受别人的意见，按照别人的意见办事，在紧急困难情况下表现为张皇失措；而独立型的人善于独立发现和解决问题，不易被次要因素干扰，在紧急困难情况下不慌张，易于发挥自己的力量。

3. 性格与健康

现代医学和心理学对性格与健康的关系做了大量研究，发现性格因素对身心健康会产生多方面的影响，性格特征与多种身心疾病存在较为密切的关系。

性格影响心理健康是早被人们所接受的常识了。内倾型和外倾型的性格类型本身没有好坏之分，但是外倾型的人更容易保持心理健康。比如，一个性情开朗、热情、善于交际、为人诚恳的人，往往容易得到群体和他人的接纳和帮助、欢迎和喜爱，容易建立起和谐的人际关系，不仅自己心情愉快、情绪欢畅，也给周围的人带来欢乐，并使自己的才华得以施展。性格内向、敏感、害羞、胆怯的人在现实生活中的确更容易出现心理问题。但是我们也要警惕，一些拥有自律、坚忍、认真、一丝不苟、彬彬有礼等特征的人在一定背景下，也可能出现功能不良的固执、完美主义，伴发焦虑、抑郁、自责等心理问题。

性格对生理健康的影响也毋庸置疑。心身医学的研究发现，许多心身疾病都与相应的性格特征有关，这些性格特征在疾病的发生和发展过程中起到了生成、促进、催化的作用。同样，良好的性格也会调节人的内分泌系统，促进人的新陈代谢，增加机体的抵抗能力。

课堂活动

评价自己

假设有两个十分了解你的人正在谈论你。他们使用了许多能够描述你的词汇。阅读下面所列的词汇，找出那些你认为他们可能用到的词汇。

友好的　可爱的　机智的　有益的　敏感的　讥讽的　轻率的　古怪的　热情的
迟钝的　快乐的　恶毒的　刻板的　冷漠的　平和的　细心的　坦白的　能干的
诚实的　狡猾的　忧虑的　可靠的　自私的　善良的　准时的　坚强的　孤僻的　幽

默的　无情的　通情达理的　脾气急躁的

除了上面的词汇，你认为评价自己还可以加上哪些词汇？

哪些是你不喜欢但你又具有的品质？

哪些是你想具有但尚未具有的品质？

这些品质需要怎样表现出来？

当你想要表现出这些品质的时候，你能做到吗？如果做不到，是什么原因呢？

二、影响人格形成的因素

(一)生物遗传因素

每个人都有其不同的遗传特征，个体的生命机能活动是在遗传基因作用的基础上呈现其多样性与适应性的。遗传除与体质形成有关系外，亦在一定范围内奠定了新生个体将要形成的人格基础。遗传是指人从先辈那里继承下来的生理解剖上的特点，如机体的结构、形态以及感官和神经系统的特征，特别是脑机能的特点等。这些遗传的生理特点也叫遗传素质，它是人的身心发展的物质基础和自然条件。没有从遗传获得的机体，也就没有个体的发展。

遗传对人格的影响主要表现为以下三点。第一，遗传是人格不可缺少的影响因素。第二，遗传因素对人格的作用程度随人格特质的不同而异。通常在智力、气质这些与生物因素相关较大的特质上，遗传因素的作用较重要；而在价值观、信念、性格等与社会因素关系密切的特质上，后天环境的作用可能更重要。第三，人格的发展是遗传与环境两种因素交互作用的结果。

(二)社会文化因素

每个人都处在特定的社会文化环境中，文化对人格的影响极为重要。社会文化塑造了社会成员的人格特征，使其成员的人格结构朝着相似的方向发展，这种相似性具有维系社会稳定的功能，使得每个人能稳同地"嵌"在整个文化形态里。社会文化的影响力因文化而异，社会对文化要求越严格，影响力就越大。影响力的强弱也要视其行为的社会意义的大小而定。

社会文化对人格的塑造，反映在不同民族文化有其固有的民族性格。不同自然环境下的民族特性也反映了人文地理对人格的影响。不同社会文化都有其特点，有共同认可接受的行为模式或共同反对的行为模式。行为模式即同一社会文化中大多数人遵循或具有的某种共同人格特征，即民族特性。例如，中国传统文化是集体主义文化，以"和"为中心，强调以克己的方式求得平衡，不重视宣泄与表达，个性偏于内向；西方是个人主义文化，崇尚以自我为核心，重视个人的成长，重视直接而坦率的表达，个性偏于外向。

(三)家庭环境因素

出生后，个体最早接触的环境是家庭。家庭各种因素，如家庭结构的类型、家庭气氛、父母教养方式、家庭子女数量等都会对人格的形成起着重要作用。从小与父母分开，或者从小失去父母或其中之一，会对人格和行为有重大影响。有研究比较福利院中的婴儿和健全家庭中的婴儿，发现一岁时福利院的孩子与成人的关系有障碍，很少对成人依附，并且言语落后、情绪冷漠等。很多研究表明，体贴、温暖的家庭环境促使儿童早熟、独立、友好、自控和自主等特征的发展。父母的教养方式对儿童人格的影响非常大，过度保护的母亲教养出过度焦虑的孩子；对孩子漠不关心的父母教养出的孩子，成就动机和自我价值感都较低；父母过度溺爱的孩子缺乏爱心、耐心和挫折容忍度；父母经常体罚孩子，孩子会变得难以管教，而且会产生更多的攻击行为。

(四)学校教育的影响

学校教育对人格形成和定性有深远的影响，学校德育教育使学生形成一定的思想品德，树立正确的人生观和价值观。智育使学生掌握系统的科学文化知识和技能，促进智力的发展。课堂教育是学校教学的主要环节。在传授知识的过程中，训练学生习惯于系统地、有明确目的地学习，克服学习中的困难，以此培养学生坚定、顽强等性格特征。体育不仅使学生掌握运动技能，也能培养他们的意志力和勇敢精神。美育使学生掌握审美知识，形成一定的审美能力。劳动教育使学生形成正确的劳动观点和劳动态度，建立良好的劳动习惯。

校风、学风、班风也影响学生人格的形成，良好的风气促使学生养成勤奋好学、追求上进等人格特征；不好的校风会使学生形成懒散、无组织、无纪律等特性。教师是学生的镜子，是学生学习的榜样，教师的言行对学生的人格形成会产生潜移默化的影响。

三、人格的基本特征

人格是复杂的，由多种特质组成。多年来，学者们对人格的研究仁者见仁，智者见智。理解现代人的思想和行为，分析人格特征实属必要。

(一)整体性

人格的整体性是指构成人格的各种心理成分不是相互独立的，而是相互联系的，从而构成一个完整的功能系统。人格的整体性表现在各种心理成分的一致性。一个正常的人总是能及时调整人格中的各种矛盾，使人的心理和行为保持一致。如果没有这种一致性，人们就会长期处于对立的动机、价值观、信念的斗争中，人的心理活动就会出现无序的状态，这就是人格分裂。人格的整体性还表现在构成个体人格的各种成分中，有的是主要的，起主导作用；有的是次要的，起辅助作用；起主导作用的成分决定个体人格的基本特征。

(二)稳定性与可变性

人格的稳定性是指个体的人格特征在一定程度上保持不变的特性。例如，今天活泼开朗的人，明天也可能是活泼开朗的。一个内向的人，在不同场合都会表现为不爱讲话、不爱交际的行为倾向。人格的稳定性是相对的，人格的特征也是可以变化的。具有决定意义的环境因素和机体因素会使个体的人格特征发生变化。例如，一个平时很乐观的人，可能因一次重大地打击而变得郁郁寡欢。

(三)独特性与共同性

人格的独特性是指每个人都有与他人不同的人格特征。这充分表现为人们在需要、动机、兴趣、爱好、价值观、信念、能力、气质、性格等方面的差异。人格还具有共同性。由于共同的社会文化影响，同一民族、同一地区、同一阶层、同一群体的个体之间具有很多相似的人格特征。因此，人格是独特性和共同性的整体。

(四)生物性与社会性

人格的生物性是指人格是在自然生物特性的基础上发展起来的，人的生物特性影响着人格发展的道路和方式，也决定了人格特点形成的难易。例如，一个神经活动类型属于强而不平衡的人，比较容易形成勇敢、刚毅的人格特征，而要形成细致、体贴的人格特征就比较困难。不过，人的生物特性并不能决定人格的发展方向，对人格发展起决定作用的是个体的社会历史文化背景，这就是人格的社会性。例如，在一定的社会中，同一民族、同一阶级的人们在某些共同的生活条件下生活，逐渐掌握了这个社会的风俗习惯和道德观念，就会形成某些共同的人格特点。

任务二　大学生人格缺陷与调试

暖身活动

"盲人"旅行

活动过程

1. 每人眼罩一只，设计复杂的盲道。

2. 引导语：大千世界充满着精彩，诱惑着每个人去索取，去享受，去追求……大千世界也充满着艰难，迫使着每个人去面对，去承受，去改变……在茫茫人海之中，有谁能与你同行，与你分担忧愁，与你分享快乐？不妨去找一找，不妨去试一试，体验一下自助与他助、信任与被信任、爱与被爱的幸福与快乐。

3. 在背景音乐声中，每个人戴上眼罩扮演一个盲人，先在室内独自一人穿越障碍旅程，体验盲人的无助、艰辛甚至恐惧。

4. 所有学生中一半人继续扮演盲人，另一半人扮演帮助盲人的"拐棍"，由"拐棍"帮助盲人完成室外有障碍的"旅行"。完成后交换角色重新体验。

5. 所有学生均扮演盲人，两个盲人相互帮助到室外走过一段障碍旅程。

6. 学生们交流在不同情况下，扮演不同角色的感受。

活动评价

通过"盲人"与"拐棍"角色的体验，学生理解自助与他助同等重要；在帮助中，学生感受信任与被信任、爱与被爱的幸福与快乐。

情境导入

某日，16 岁的姑娘杨丽娟突然梦到某著名男明星。此后 3 年，杨丽娟天天做同一个梦。由此她相信自己与此男明星有一种特别的缘分，于是开始放弃初中学业，把自己关在家里"专职"迷恋此男明星，对他的照片、海报、录音从不放过收藏，甚至幻想此男明星会来看她，于是就在家里等待。她痴迷此男明星 10 年，放弃了学业，不去工作，"专职"追星，每天跟着通告去机场等待此男明星的出现。最终她花光家里的积蓄，精神恍惚，其父由于她的疯狂追星行为而绝望跳海自杀。

分析与思考

这个时期的青少年正处在人生成长和发育最为重要的一个阶段，就是所谓的"精神断乳期"。以上情景属于青少年从众心理和盲目追星现象。从众心理和盲目追星是心理的需求和情感的宣泄。一是明星成为青少年心中的偶像，更容易引起青少年的价值比附和认同。二是青少年融入社会过程中，很容易效仿明星的"叛逆"人格，也很容易受到影响。三是情窦初开的少男少女当然更愿意选择俊男靓女作为自己的倾慕对象。但是杨丽娟的追星行为是十分不恰当的，正确的方法是从自己所崇拜的偶像身上汲取积极的人生经验。崇拜明星并不可怕，可怕的是因为明星崇拜丧失自我的人格。

一、人格缺陷的含义

人格缺陷是指在没有认知过程障碍或智力障碍的情况下人格明显偏离正常，对环境适应不良，明显影响其社会和职业功能，或者患者感到精神痛苦或精神障碍，但患者对自己的人格偏离缺乏自知，以致不能吸取教训，纠正自己的行为。

二、人格缺陷的类型与调适方法

典型的人格缺陷有以下一些类型：偏执型人格缺陷、分裂型人格缺陷、自恋型人格缺陷、攻击型人格缺陷、表演型人格缺陷、反社会型人格缺陷、焦虑型人格缺陷、依赖型人格缺陷、强迫型人格缺陷等。

人格素质是当代大学生综合素质的重要组成部分，人格素质的发展和提高对综合素质的发展、提高有着重要的促进作用。

针对大学生的人格缺陷，要积极地不良心理倾向进行自我调适，必要时可以向专业心理咨询师寻求帮助。

（一）偏执型人格缺陷

1. 偏执型人格缺陷的定义和行为特点

偏执型人格缺陷又称妄想型人格缺陷，是一种以猜疑和偏执为主要特征的人格缺陷。偏执型人格缺陷的人的临床表现为：过分敏感、固执、多疑、警觉性强、嫉妒心强、认知能力不强、不信任人、自我评价过高、主观性强等。

随着年龄增长、人格趋向成熟，偏执型特征大多得到缓和。偏执型人格缺陷的人的行为特点常常表现为极度的感觉过敏，对侮辱和伤害耿耿于怀，思想行为固执死板，敏感多疑、心胸狭隘；爱嫉妒，对别人获得成就或荣誉而感到紧张不安，妒火中烧，不是寻衅争吵，就是背后说风凉话，或公开抱怨或指责别人；自以为是，自命不凡，对自己的能力估计过高，惯于把责任和失败归于他人，在工作和学习的能力上往往言过其实；同时又很自卑，总是过多过高地要求别人，但从来不信任别人的动机和愿望，认为别人存心不良；不能正确、客观地分析形势，有问题易从个人感情出发，主观片面性大。

2. 偏执型人格缺陷调适

偏执型人格缺陷一经形成，就具有相当的稳定性，很难彻底矫治。偏执型人格倾向的大学生进行有效调节。调节的方法主要有以下几条。

（1）创造一个良好的人际环境

父母、教师对大学生的偏执行为不要轻易地责备、侮辱，要互相理解，互相关心，互相尊重，互相帮助，要经常进行沟通，减少或避免不良刺激。一旦有争吵，周围人要尽量散开，不要去凑热闹，更不要去争辩。而大学生此时也要尽量警告自己不要吵架，使自己尽量离开。在良好的人际环境中，大学生通过良好的沟通与交往，容易理解他人，信任他人，减少敏感多疑。

（2）学会用自我暗示法调节

学会使用自我暗示方法，比如，可以默念："一个人固执多疑，不利于和老师、同学来往。因为固执多疑，就会听不进同学、老师的任何意见，只相信自己，就会使同学、老师感到自己难以商量；因为固执多疑，即使自己的意见是正确的，也会使同学、老师在情感上难以接受，就有可能从反面去理解而造成误会。自己一定要改掉固执多疑的缺点，要谦和，要心平气和地表达自己的观点，要积极地理解同学、老师的见解，多听听同学、老师的意见，不要孤傲自大。整天与自己过不去的同学是不存在的，不要整天怀疑有人在搞鬼，一定要用宽容的态度对待同学、老师，相信他们也会这样对待自己……"

如时间允许，每天这样默念一次，坚持一段时间，偏执型人格障碍的许多异常人格特征就会得到缓解，甚至有明显的改善。首先要充分相信自我暗示的神奇作用，最好能在大脑皮层兴奋性较低的早晨、午休或就寝前进行默念，在默念过程中尽量让自己运用，这样自我暗示的效果就会比较好。

（3）用自我分析法分析自己的非理性观念

每当自己出现对他人敌意或不信任的观念时，分析一下自己是不是卷入了"敌对心理"或"信任危机"的漩涡之中。如果是，自己就要提醒和警告自己，不要再沉浸于"自我信任"之中了。这种自我分析非理性观念的方法可以阻止偏执行为。有时自己不知不觉地表现了偏执行为，事后应抓紧分析当时的想法，找出当时的非理性观念，然后再加以改造，以防下次再犯。

（二）分裂型人格缺陷

1. 分裂型人格缺陷的定义和行为特点

分裂型人格缺陷是以社会隔绝和情感疏远为特征的一类人格缺陷。

分裂型人格缺陷的临床表现为：退缩、孤僻，没有亲密朋友，情感冷淡，明显地无视公认的社会常规及习俗。这种人以退缩、孤僻、胆怯，情绪冷淡，不能表达对他人的温暖、体贴与愤怒，对赞扬或批评无动于衷；对现实的认识能力并没有丧失，但常做白日梦，沉迷于幻想之中，缺乏进取心，尤其回避竞争为主要特点。同时，他们对喜事缺乏愉快感，对人冷淡，对生活缺乏热情和兴趣，孤独怪僻，缺少知音，我行我素，很少与人来往，因此也较少与人发生冲突。

典型案例

某同学，男，21 岁，大学三年级。他从小就害怕在人多和公开的场合说话，看到陌生人就躲得远远的。在小学和中学时，他从不敢举手和老师互动。上了大学，这种害怕见人的心理仍没得到纠正。他跟同学说话时总是脸红，坐在教室里上课，总觉得大家都在看着他，因而内心非常紧张，两眼不敢往别处张望。

2. 分裂型人格缺陷调适

社交训练法旨在纠正分裂型人格缺陷的大学生的孤独不合群性，通常按以下方法进行。一是提高大学生的认知能力，使其懂得孤独不合群、严重内向的危害，自觉投入心理训练。同时讲清训练的方法、步骤、目的和注意事项，要求大学生积极配合实施。二是制订社交训练评分表。大学生自我评分，每天小结，每周总结。8～12周为一疗程。大学生每周核对记录，并做出评价。具体训练内容与操作方法如下。

(1)训练内容和目标

训练内容从简到繁，从易到难。训练内容由心理咨询师和求助者共同商定。以一位朋友或同学为交谈对象，每次要求求助者主动与他交谈5分钟，交谈内容和方式不限，逐渐做到主动、比较融洽地交谈。进而逐步增加交谈的时间，如从5分钟增加到20分钟，再增加到30分钟；对象由1人增加到5人。训练成功后，改变训练内容，咨询师要鼓励其转向积极参加集体活动，投入现实生活。

(2)评分计算和奖励措施

每日最低分为0分，最高分为3分，每周最高分为18分。8周一个疗程，总分144分。心理咨询师尽量以奖励和表扬为主，对求助者的每一点进步都加以肯定，并予以强化。奖励方式可以是喜爱的生活学习用品。切忌因为无进步或进步微小而批评责备，以免造成求助者心理防御和对自己丧失信心。

(三)自恋型人格缺陷

1. 自恋型人格缺陷定义和行为特点

自恋型人格缺陷的人过分地自我关心、自我中心和自夸自尊，常幻想自己了不起、有才学、有美貌，喜欢指使他人，要他人为自己服务。他们期待别人的欣赏，总希望有人能够特别对待自己，认为自己应享有他人没有的权利，不能接受别人的建议和批评；以极端的眼光看人，不是把别人说得很好，就是认为别人一无是处；很难理解别人的苦处和难处，缺乏同情心。

小故事

英俊的美少年纳西索斯，有一天在水中发现了自己的影子，便一见倾心，再也无心顾及其他人和事，一直留在水边不忍离去，最后终于憔悴而死。后来，人们便以纳西索斯的名字来命名自恋症。

在卡通片《白雪公主》中，也有一个有趣的人物，那就是白雪公主的后母，嫉妒心极强的王后。每天，这位王后都向一个魔镜提问："谁是这个世界上最美丽的人？"

如果魔镜回答的是她，她便得意扬扬，自我陶醉。但是，如果魔镜回答的不是她，她便会暴跳如雷，怒不可遏。正是白雪公主的纯洁美丽使她受不了。几次加害白雪公主不成，最后王后穿上烧红的舞鞋，在狂舞中死去。

2. 自恋型人格缺陷调适

（1）解除自我中心观

自恋型人格的最主要特征是以自我为中心，而人生中最以自我为中心的阶段是婴儿时期。由此可见，自恋型人格缺陷的人的行为实际上退行到了婴儿期。要治疗自恋型人格缺陷，必须了解那些婴儿化的行为。这种类型的人可以把自己认为不讨人喜欢的人格特征和别人对自己的批评罗列出来，看看有多少婴儿期的成分。

例如，自恋型人格的人渴望持久的关注与赞美，一旦不被注意便采取偏激的行为；喜欢指使别人，把自己看成是至高无上的；对别人的好东西垂涎欲滴，对别人的成功无比嫉妒。我们可以发现以上人格特点在自恋型人格的人的童年便有其原型。例如，他们在童年时总是渴望父母的关注与赞美，每当父母忽视这一点时，便要赖、捣蛋或做些异想天开的动作以吸引父母的注意；童年时衣来伸手，饭来张口；总想占有一切，别的小朋友有的，自己也想有。明白了自己的行为是童年幼稚行为的翻版后，自恋型人格缺陷的人需要时常告诫自己：我必须努力工作，以优异的成绩来吸引别人的关注与赞美。我不再是儿童了，许多事都要自己动手去做。每个人都有属于自己的好东西，我要争取我应得到的，但不嫉妒别人应得的。

（2）学会爱别人

对于自恋型人格缺陷的人来说，仅仅抛弃自我中心观念还不够，还必须学会爱别人，只有这样才能真正体会到放弃自我中心观的重要性，因为想要获得爱必须首先付出爱。弗洛姆在他的《爱的艺术》一书中阐述了这样的观点：幼儿的爱遵循"我爱因为我被爱"的原则，成熟的爱认为"我需要你因为我爱你"。维尔斯特认为，通过爱，人们可以超越人生。自恋型的爱就像幼儿的爱、不成熟的爱。

生活中最简单的爱的行为便是关心别人，尤其是当别人需要你帮助的时候。当别人生病后及时送上一份问候，别人会真诚地感激你；当别人在经济上有困难时，你力所能及的相助，自然会得到别人的尊敬。只要人们在生活中多一份对他人的爱心，自恋倾向便会自然减轻。

（四）攻击型人格缺陷

1. 攻击型人格缺陷定义和行为特点

攻击型人格缺陷是青少年期和中青年期常见的一种人格缺陷。他们的共同特点是情绪高度不稳定，极易产生兴奋和冲动，为人处世较鲁莽，缺乏自控能力，稍有不如意便大打出手，不计后果。攻击型人格缺陷分为主动攻击型和被动攻击型两种。

主动攻击型人格缺陷的人的表现是：情绪急躁易怒，存在无法自控的冲动和驱动力；性格上常表现出内外攻击、鲁莽和盲动性；冲动动机的形成可以是有意识的，也可以是无意识的；行为反复无常。具有攻击型人格缺陷的人在行动之前有强烈的紧张感，行动之后体验到愉快、满足或放松感，无真正的悔恨、自卑或罪恶感；心理发育不健全和不成熟，经常导致心理不平衡；容易产生不良行为和犯罪的倾向。

被动攻击型人格缺陷的表现是：以被动的方式表现其强烈的攻击倾向，外表表现得被动和服从、百依百顺，内心却充满敌意和攻击性。例如，这种类型的人故意晚到，故意不回电话或回信，故意拆台使工作无法进行，顽固执着，不听调动，拖延时间，暗地破坏或阻挠。他们的仇视情感与攻击倾向十分强烈，但又不敢直接表露于外，他们虽然牢骚满腹，但心里又很依赖权威。

典型案例

2017 年轰动全国的留学生杀人案，大学生李某（化名）家境普通，自身要强而自卑。他期望通过留学改变自身的命运，在受到资助的基础上还需打三份工才能支撑昂贵的留学费用。他从小就在经济困难的压力下成长，没有得到父母的正确引导，心理压抑。长期郁结于心的不满情绪一旦爆发，他就选择较为激烈的行为来发泄积怨。前女友曾因吵架时说他是"屌丝"被他暴打。杀人原因是女友要分手，他求复合不成就跟踪女友，被害人因代替女友跟其谈判，一言不合被残忍杀害。

2. 攻击型人格缺陷调适

第一，了解青春期有关生理、心理方面的知识，正确认识自己，认识自己外部的变化和心理的变化。进入青春期后，大学生不能仅停留在对自己身体的某些外部特征和外部行为表现的认识上，还要经常反思和自省，完善自我，把精力用到自我提升上。

第二，参加多种形式的业余文化体育活动，让体内的能量找到正确的释放渠道。另外，大学生要培养各种爱好和兴趣，陶冶情操，健康成长。

第三，求助于专业心理咨询师，运用行为治疗的系统脱敏技术，克服行为的冲动性。心理咨询师需找出一系列让求助者感到冲动的事件，通常这是靠求助者的口头叙述完成的，让求助者给出这些情景事件对他的主观干扰程度。心理咨询师按各事件的主观程度将他们排列为一个等级，这个等级被称为冲动事件层次。

使用系统脱敏技术，首先让求助者放松三五分钟。心理咨询师可以用语言暗示帮助求助者放松。例如，心理咨询师可以说："你感到你的身体变得越来越轻松，你身上的肌肉变得越来越轻松，你的手臂变得越来越轻松，你的肩膀变得越来越轻松……"然后，心理咨询师继续指示求助者："当你感觉非常舒适和轻松时，就请抬起右手的食指示意一下。"当求助者开始做这一动作时，心理咨询师指示求助者想象冲动事件层次中的主观干扰程度。然后心理咨询师指示求助者再次进入放松状态，重复前面的过程，让求助者再想象刚才的事件，报告主观干扰程度。

这样多次反复，如果求助者对这一冲动事件报告的主观干扰程度逐渐下降至某一较低水平且不再下降时，则可以认为来访者对这一事件的冲动已经消失。心理咨询师便可换用冲动事件层次中的下一个事件，直至求助者对所有事件的冲动均基本消失。

(五)表演型人格缺陷

1. 表演型人格缺陷定义和行为特点

癔症型人格缺陷又称表演型人格缺陷、歇斯底里型人格，是以人格不成熟和情绪不稳定为特征的一类人格缺陷。这类人感情多变，容易受他人的暗示影响。他们常希望得到同学和老师的表扬，常以自我表演、过分的做作和夸张的行为引人注意；言语、举止和行为类似儿童，情绪不成熟；热情却不能持久，也无法专注在某一件事上；注意力易转移，极端情绪化，情感变化多端，易激动，可以为小事痛哭失声，转瞬间又高高兴兴；对人情感肤浅，与人交往很友善，表面熟络，却难以建立真诚而深刻的友谊，难以与周围人保持长久的社会联系。表演型人格缺陷的人有如下表现。

(1)引人注意，情绪带有戏剧化色彩

表演型人格缺陷的人常喜欢表现自己，而且有较好的艺术表现才能，演技逼真，有一定的感染力。有人称他们为"伟大的模仿者"或"表演家"。他们常常表现过分做作和夸张的行为，甚至装腔作势，以引人注意。

(2)高度的暗示性和幻想性

表演型人格缺陷的人不仅有很强的自我暗示性，还有较强的被他人暗示性。他们常好幻想，把想象当成现实，当缺乏足够的现实刺激时便利用幻想激发内心的情绪体验。

(3)情感易变化

表演型人格缺陷的人情感丰富，热情有余，而稳定性不足；情绪炽热，但不深，因此他们的情感变化无常，容易激情失衡。他们对于轻微的刺激，可有情绪激动的反应，"大惊小怪"，缺乏固有的心情，情感活动几乎都是反应性的。由于情绪反应过分，他们往往给人一种肤浅、没有真情实感和装腔作势甚至无病呻吟的印象。

(4)视玩弄别人为达到自我目的的手段

表演型人格缺陷的人常常玩弄多种花招使人就范，如任性、强求、说谎欺骗、献殷勤、诌媚，有时甚至使用操纵性的自杀威胁。他们的人际关系肤浅，表面上温暖、聪明、令人心动，实际上完全不顾他人的需要和利益。

(5)高度的自我中心

这类人喜欢别人注意和夸奖，只有投其所好和取悦一切时才合自己的心意，表现为欣喜若狂，否则会攻击他人，不遗余力。

典型案例

张某，21 岁，某高校大二男生。在大一时张某逐渐表现为爱模仿演员的行为和动作，把生活费攒下来整容，抹口红，打扮自己，行为女性化；容易发脾气，自己的愿望如果不能得到满足，就烦躁，摔东西，甚至打人；变得非常自私，爱听赞美的话，与人谈话时，总想让别人谈及自己如何有能力，亲戚如何有地位，自己外貌如何出众等，如果别人谈及别的话题，常常千方百计将话题转到自己身上，对别人的讲话内容则心不在焉。该同学常与家庭条件、个人外貌等不如他的人交往，而对于强于他的人常常无端诋毁。他常常感情用事，以自己的高兴与否判断事物的对错和人的好坏。对于别人的批评，即使是善意婉转的，他也不能接受，反而仇视别人，迫使别人远离他。

2. 表演型人格缺陷调适

（1）认知领悟疗法

由于表演型人格缺陷的人心理防御机制发育不成熟，削弱了疏导焦虑、控制冲动的发展。在认知领悟疗法的操作中，心理咨询师要引入其成长经历中受到的影响，帮助表演型人格缺陷的人对矛盾冲突情景进行剖析，使其重新认识和探索自我，随着其对己、对人和对环境产生理性的认识和领悟，使他个性趋于成熟和发展，逐渐以成熟而建设性的态度取代原始的反应方式。

（2）合理情绪疗法

具有表演型人格缺陷的人在人际交往中，总是持强烈要求受到关注的自我中心的态度，因而不能与他人建立稳定的关系，致使他们生活中的应激较多，常有不合理的情绪爆发及混乱的行为表现。表演型人格缺陷的人有可能向他们的心理咨询师提出许多不合理要求，如在不恰当的时间寻求心理咨询师帮助或不合理地要求延长会谈时间，如果不能即刻满足，即认为自己遭遇不公，随即产生强烈不满情绪和行为反应。合理情绪疗法的治疗焦点应放在表演型人格缺陷者对具体应激情景更适宜的反应方式上。应就相应的反应方式与其进行讨论，在解释哪些行为不能被接受的同时，提供恰如其分的帮助。

（3）危机干预

表演型人格缺陷的人常有威胁自伤或自杀以及自杀行为表现，其较多发生自杀未遂，这与其与亲属或朋友关系混乱、以自我为中心的意识，以及人际关系具有依赖性等脆弱和易变的特质有关。威胁自杀、自伤或自杀行为本为受到挫折后的作弄举动，但其中也不乏因分寸掌握不当终至死亡者，重要的是我们应尽早识别这种状况，以便及时进行危机干预。

(六)反社会型人格缺陷

1. 反社会型人格缺陷定义和行为特点

反社会人格也称精神变态或社会病态、悖德型人格等。在人格障碍的各种类型中，反社会人格是心理学家和精神病学家最为重视的。反社会人格特征都是在青年早期就出现了，最晚不超过25岁。反社会人格缺陷的人在童年时期就有表现，如偷窃、任性、逃学、离家出走、积习不改、流浪和对一切权威反抗行为；少年时期过早出现性行为或性犯罪；常有酗酒和破坏公物、不遵守规章制度等不良习惯；成年后工作表现差，常旷工，对家庭不负责任，在外欠款不管，常犯规违法。

典型案例

李某本该上大二了，可是他在大一时就被学校开除了。他在大学、高中、初中乃至所在的城区都是个十分出名的人物。李某家里经济状况非常好，父亲是做建筑工程生意的。他上小学时就经常逃学，可是除此之外也没有犯其他什么大错。上了初中之后，他整个变了个人，三天两头和同学打架，高中时有一次竟然将班主任老师的头打破了。初中期间他转了两次学，高中转了三次学，大学好不容易上了一所专科学校，大一时就因为打架致同学重伤被拘留，家里赔偿了很多钱后，他被学校开除回了家。

2. 反社会型人格缺陷调适

由于反社会型人格缺陷的病因非常复杂，目前的治疗尚缺乏十分有效的方法。如果使用镇静剂和抗神经类药物治疗，只能治标不治本，且疗效不显著；而心理治疗对于那些由于中枢神经系统功能障碍而成为反社会型人格缺陷的患者又毫无作用。但在实践中发现，对那些由于环境影响形成的、程度较轻的反社会型人格缺陷的人，认知领悟疗法有一定疗效。

心理咨询师可帮助求助者提高认识，了解自己的行为对社会的危害，培养来访者的责任感，使他们担负起对家庭、对社会的责任；提高求助者的道德意识和法律意识，使他们明白什么事可以做，什么事不能做，努力增强控制自己行为的能力。

少数家庭关系极为恶劣而与社会相处尚可的反社会型人格缺陷的人，可以在学校或机关住集体宿舍或到亲友家寄养，以减少家庭环境的负面影响，同时培养其独立生活的能力。个别威胁家庭与社会安全的反社会型人格缺陷者，可送入少年工读学校或成人劳动教养机构，参加劳动并限制自由。

(七)焦虑型人格缺陷

1. 焦虑型人格缺陷定义和行为特点

焦虑型人格缺陷又被称为回避型人格缺陷，以一贯的紧张、提心吊胆、不安全及自卑为特征，总是需要被人喜欢和接纳，对拒绝和批评过分敏感，因习惯性地夸大日常处境中的潜在危险而有回避某些活动的倾向。焦虑型人格缺陷的人的特点是懦弱胆怯，自幼表现胆小，易惊恐；有持续和广泛的紧张、忧虑感觉，敏感羞涩，对任何事情都表现惴惴不安；有自卑感，常不断追求受人欢迎和被人接受，对排斥和批评过分敏感；日常生活中惯于夸大潜在的危险，达到回避某些活动的程度。焦虑型人格缺陷的人个人交往十分有限，对与他人建立关系缺乏勇气，被批评指责后，常常感到自尊心受到了伤害而陷于痛苦，且很难从中解脱出来，害怕参加社交活动，担心自己的言行不当而被人讥笑讽刺，因而，即使参加集体活动，也多是躲在一旁沉默寡言。在处理某个一般性问题时，他们往往也表现为瞻前顾后，左思右想，常常是等到下定决心，却又错过了解决问题的时机。在日常生活中，焦虑型人格缺陷的人多安分守己，从不做那些冒险的事情，除了每日按部就班地生活和学习外，很少参加社交活动，因为他们觉得自己的精力不足。这些人在学校一般都被老师视为积极肯干、学习认真的好学生，因此，经常得到老师和同学的称赞，可是当老师委以重任时，他们却都想方设法推辞，从不接受过多的社会工作。

典型案例

　　李佳在大学里是班级的学习委员，她做事谨小慎微，把班级同学的事情料理得井井有条，是老师和同学们眼中的优秀生。一天，她怯生生地找到学校的心理老师，谈了自己的困惑，请老师给予帮助。她是这样自述的："我在跟人相处时，总是觉得紧张，习惯对人察言观色。只要身边的人有一点不高兴，我的心就提了起来，回想自己是不是什么地方得罪人家了，甚至还为此不安自责到失眠。自己每天都很累很累，每天学习工作非常认真，也非常卖力气，但是总担心老师不满意，同学不认可，晚上总是难以入睡，躺着自省。这种情况已经很久了，小时候家里条件不好，吃的穿的都不如别人，总担心惹祸，冒犯别人，被别人排斥看不起，所以就格外谨小慎微。上大学以后，虽然成绩好，担任班级干部，知道自己在别人眼里非常优秀，可是就是消除不了这种不安的问题。"

　　2. 焦虑型人格缺陷调适

　　(1)消除自卑感

　　正确认识自己，提高自我评价。形成自卑感的最主要原因是不能正确认识和对待自己，因此要消除自卑心理，须从改变认识入手。要善于发现自己的长处，肯定自己的成绩，不要把别人看的十全十美，把自己看得一无是处，认识到他人也有不足之处。只有提高自我评价，才能提高自信心，克服自卑感。

　　正确认识自卑感的利与弊，提高克服自卑感的自信心。有的人把自卑心理看作一种有弊无利的不治之症，因而感到悲观绝望，这是一种不正确的认识，它不仅不利于自卑心理的消除，反而会加重。心理学家认为，自卑的人不仅要正确认识自己各方面的特长，而且要正确看到自己的自卑心理。自卑的人往往都很谦虚，善于体谅人，不会与人争名夺利，安分随和，善于思考，做事谨慎，一般人都比较相信他们，并乐于与他们相处。指出自卑者这些优点，不是要他们保持自卑，而是要使他们明白，自卑感也有有利的一面，不要因自卑感而绝望，认识这些优点可以增强生活的信心，为消除自卑感奠定基础。

进行积极的自我暗示，自我鼓励，相信事在人为。当面临某种情况感到自信心不足时，不妨自己给自己壮胆："我一定会成功。"自问："人人都能干，我为什么不能干，我不是人吗？"如果怀着破釜沉舟的心理去从事相关的活动，事先不过多地体验失败后的情绪，就会产生自信心。

（2）克服人际交往障碍

焦虑型人格缺陷的人都存在着不同程度的人际交往障碍，因此，必须按梯级任务作业的要求给自己订一个交朋友的计划。起始的级别比较低，任务比较简单，以后逐步加深难度。

例如，第一星期，每天与同学或老师聊天十分钟。第二星期，每天与他人聊天二十分钟，同时与其中某一位多聊十分钟。第三星期，保持上周的交友时间量，找一位朋友做不计时的随意交谈。第四星期，保持上周的交友量，找几位朋友在周末小聚一次，或逛街，或郊游。第五星期，保持上周的交友时间量，积极与老师思想汇报，学习汇报等。第六星期，保持上周的交友量，尝试去与陌生人或是不太熟悉的人交往。

上述任务看似轻松，但认真做起来并不是一件轻松的事。最好找心理教师，让他来评定任务执行情况，并督促坚持下去。在开始任务时，可能会觉得很困难，也可能觉得毫无趣味，这些都尽量设法克服，以取得良好的治疗效果。

（八）依赖型人格缺陷

1. 依赖型人格缺陷定义和行为特点

依赖型人格缺陷是以无主见、无独立性等为特征的一类人格缺陷。这类人的表现是：过度地依赖他人；无主见、无独立性，虽然有较好的工作能力，但由于缺乏自信，自觉难以独立，不时地需要别人的帮助；缺乏判断力，总是依靠别人为自己做出决策或指出方向；有无助感、被遗弃感、过度容忍、害怕孤独、难以接受分离、易受伤害等。具有这种人格缺陷的人有几个特点。

第一，深感自己软弱无助，有一种"我真可怜"的感觉。当要自己拿主意时，便感到一筹莫展，不知怎么是好。

第二，凡事都认为别人比自己优秀，比自己有吸引力，比自己能干。

第三，无意识地倾向于以别人的看法来评价自己。

依赖型人格源于人们成长的早期。幼儿在早期，都认为父母是万能的，保护他、养育他，满足他一切需求。于是，他依赖父母，总怕失去这个保护神，这个时期的依赖心理是必要的。不过如果父母溺爱子女，或者鼓励子女依赖父母，不让他们有长大和自立的机会，久而久之，在子女的心目中就会逐渐产生对父母或权威的依赖心理，以致成年后依然不能自主。他们缺乏自信心，总是依靠他人来做决定，终身不能负担起选择各项任务、工作的职责，形成依赖型人格。

典型案例

　　张丽丽(化名)，18岁，家境优越，父母因二胎生了个弟弟，怕她心理有落差，因此对她极尽宠爱。上大学前她的一切事物都是父母和保姆料理。她认为家里是她最安全的港湾，最幸福的地方。刚上大一时，她到学校报到不到一个月，就开始想家。突然有一天，晚上快要睡觉时，她在寝室呜呜地哭起来，原来是想家了。平时她也是一上床就想家，辗转反侧，很难入睡，还常常梦到父母，醒来就感到心酸。在学校老乡少，很少能听到乡音，她感觉自己是被抛弃到异地的游子，内心十分孤独，于是对学校和班级组织的各种活动毫无兴趣，想转回家乡的大学上学。

　　2. 依赖型人格缺陷调适

　　(1)习惯纠正

　　依赖型人格缺陷患者的依赖行为已成为一种习惯，治疗首先必须破除这种不良习惯。依赖型的人要清查一下行为中哪些是习惯性地依赖别人去做的，哪些是自己做决定的；每天做记录，记满一个星期，然后将这些事件按自主意识强、中等、较差分为三周，每周一小结。

　　依赖行为并不是轻易可以消除的，一旦形成习惯，人们会发现要自己决定每件事很难，可能会不知不觉地回到老路上去。为防止这种现象的发生，简单的方法是找一个监督者，最好是找自己最依赖的人。

　　(2)重建自信

　　如果只简单地破除了依赖的习惯，而不从根本上找原因，那么依赖行为也可能复发。重建自信便是从根本上矫正和治疗依赖型人格缺陷。这一方法可分为以下两步。

　　第一步，消除童年不良印迹。依赖型人格缺陷的人缺乏自信，自我意识十分低下，这与童年期的不良教育在心中留下的自卑痕迹有关。心理咨询师可以引导其回忆童年时父母、长辈、朋友对自己说过的消极的、具有不良影响的话，如"你真笨，什么也不会做""瞧你笨手笨脚的"等，把这些话语仔细整理出来，然后一条一条加以认知重构，并将这些话语转告给自己的朋友、亲人，让他们在自己试着干一些事情时，不要用这些话语来指责自己，而要热情地鼓励、帮助自己。

　　第二步，重建勇气。依赖型人格缺陷的人可以选择做一些略带冒险性的事，每周做一项。例如，独自一人做短途旅行，独自一人参加一项娱乐活动或一周规定一天"自主日"，这一日不论什么事情，绝不依赖他人。通过做这些事情，患者可增加勇气，改变事事依赖他人的弱点。

(九)强迫型人格缺陷

1. 强迫型人格缺陷定义和行为特点

在日常生活中，我们会发现很多人不由自主地去数钟声、台阶，甚至天上的星星；全神贯注地思考某个名词或典故；一丝不苟地按顺序起床、吃饭、上班和睡觉，这种现象就叫强迫现象。有这些人格缺陷的人难以容忍细微的过错和失误，不允许丝毫的杂乱和污秽。他们讲究整洁和秩序，一切都要仔细检查，反复核实。从工作学习的角度说这是他们的优点，做事认真可靠，遵时守信，井井有条，只不过灵活性有些逊色而已。这些刻板的行为对他们而言已经习以为常，不会给他本人带来任何痛苦，并且可以通过注意力的转移或外界的影响而中断，也不会伴有焦虑。

强迫型人格缺陷的人具体行为表现为以下几点。

第一，过分疑虑，经常焦虑不安和顾虑，不怕一万，就怕万一，总担心发生意外事故，惶惶不可终日。

第二，对事物要求十全十美，拘泥于事物的细节，做事循规蹈矩，否则就焦躁不安，往往沉溺于某职责或道德规范的苛求上而难以自拔。

第三，平时优柔寡断，犹豫不决，往往避免或推迟做出决定。

第四，不合理地要求别人严格服从或按照自己的方式做事，否则感到极不愉快。

第五，平时对自己过分严格要求，表现过分拘谨、刻板、没有业余爱好，缺少友谊交往，缺乏愉快和满足体验，而较易于内疚和悔恨。

第六，经常检查自己的工作细节等，唯恐出错。

强迫性人格缺陷的形成一般在幼年时期，与家庭教育和生活经历直接有关。父母管教过分严苛、苛刻，要求子女严格遵守规范，决不准自行其是，造成孩子做事过分拘谨和小心翼翼，生怕做错事而遭到父母的惩罚，做任何事都思虑甚多，优柔寡断，并慢慢形成经常性紧张、焦虑的情绪反应。一些家庭成员的生活习惯，也可能对孩子产生影响，如医生家庭，由于过分爱清洁，对孩子的卫生特别注意，容易使孩子形成"洁癖"，产生强迫性洗手等行为。另外，幼年时期受到较强的挫折和刺激，也可能产生强迫型人格缺陷。

典型案例

赵某，男，19岁，就读于一所知名大学二年级。他从小很懂事，知道父母很辛苦，对自己要求很严格，成绩一直名列前茅。初中时，父亲省吃俭用给他买了块手表，作为考年级第一的奖励。他一直害怕把手表丢了，结果在一节体育课上真的将手表丢了。他知道父母赚钱的艰辛，内心极度愧疚，常常有意识地在寝室和马路上努力寻找，希望能够发现，但始终都没有找到，他不敢告诉父母，成绩也开始下降。后来，赵某家买了一组沙发，他平时喜欢在沙发上看书，一次母亲说："你下去，别总坐沙发，坐坏了怎么办？"从此他再不敢坐沙发，后来发展到看见椅子也害怕。最让他苦恼的是，他小便失禁，老想去厕所，但又觉得不该去。越想控制越控制不住。尤其是吃完饭后想去厕所，他拼命控制自己不去，结果吃了就吐，当作胃病治疗很久也没有见效。

到了大二下学期，他的情况更为严重了，总是想着自己是渴了或者饿了，椅子该不该坐，衣服是现在洗还是过一会儿洗，见到灯就反复检查开关，出门反复检查门锁等。

2. 强迫型人格缺陷调适

(1)顺其自然法

由于强迫型人格的主要特征是过分压抑和控制自己，因此强迫型人格缺陷的纠正主要是减轻和放松精神压力，最有效的方式是任何事听其自然，该怎么办就怎么办，做了以后就不再去想，也不要对做过的事进行评价。比如，担心门没有锁好，就让它没锁好；课桌上的东西没有收拾干净，就让它不干净；字写得别扭，也由它去，与自己无任何关系。开始时可能会由此带来焦虑的情绪反应，但由于患者和强迫行为还远没有达到强迫症的无法自控程度，所以经过一段时间的训练和自己意志的努力，症状是会减轻或消除的。

(2)主动干预法

强迫型人格缺陷的人已经习惯于按教条办事，总是按"应该如何，必须如何"的准则去做，在某种程度上像个机器人。要改变这种状况，就应努力寻找生活中的独特事件，让这些独特事件带来新的观念和解决问题的新思路、新方法，以起到主动干预的作用，改变以往墨守成规的习惯。当感到将要不能控制某些行为时，具有强迫倾向的人要对自己大声说"停下"，也会有效果，这是人的思维、行为的习惯被打乱，自我意识就能起作用了。如果自己对他人办事不放心，迟疑着不肯把事情交给其他人去办时，就可以对自己大声说"他能做好"。在这一瞬间抛弃所有的顾虑，把事情马上交给他人。有时自我控制能力不足时，可以请自己的同学、室友、老师、亲戚等在必要时提醒自己。

任务三　塑造理想人格

暖身活动

团队凝聚

活动过程

1. 2人一组，向对方介绍你自己。2人先握手，其中一个人说："你好，从前就认识，今天又见面，见到你很高兴。我是××（姓名），你可以叫我××，认识我是你的荣幸，我这个人有很多优点，先向你介绍我的3个优点，我这个人……"2人按照以上模式相互介绍。

2.2人变4人一组，向另外两个人介绍自己的伙伴。"你好，我是××，向你介绍我的一个朋友××，你可以叫他××，我的这个朋友很优秀，他有三个优点，他这个人……"

3. 变8人一组，从第一个人开始依次介绍自己。第一个人说"我是（优点）的（优点）的（优点）的××（姓名）"。第二个人说"我是（优点）的（优点）的（优点）的××（姓名）旁边的（优点）的（优点）的（优点）的××（姓名）"。第三个人说"我是（优点）的（优点）的（优点）的××（姓名）旁边的（优点）的（优点）的（优点）的××（姓名）旁边的（优点）的（优点）的（优点）的××（姓名）"。其他人按照以上模式依次介绍自己。

4. 介绍自己活动完成后，形成8人一组的小团队，选一名主持人带领小团体，鼓励大家讲一讲自己在这个过程中的感受，并且为自己的团队取一个响亮的名称，起一个团队口号，确定每个团队成员的角色，在下次上课的时候到课堂上表演。

活动评价

人与人相处时要善于发现别人身上的长处和优点，这样才能长久地保持和谐的关系，感情才能越发深厚。反之，在和别人相处的过程中，时常盯着别人的缺点和不足，就不会有真正的朋友，而且自己也会深陷于负能量的旋涡不能自拔。这个课堂活动的目的就是让大家挖掘身边伙伴们的优点，去放大，去扩散，最终凝聚人心，实现班级的团结与和谐。

情境导入

小星，17周岁。父母均为农民，无正式工作。父亲有神经症症状，长年吃药。该生表现为上课听不进去，始终处于焦虑状态，学不进去；身边有人时会有喘不过来气的感觉；经常出现手出汗，喘不过来气，心口堵的感觉；不敢回寝室住，不敢进班级，不敢单独乘坐公交车，只要到上述场合就会出现上述症状。自己称吃药后大脑中那种小东西能控制住了，但与人说话时还是喘不过来气。母亲和班主任带她看了心理医生。心理医生将其诊断为惊恐性焦虑症，即惊恐障碍。在经过一段时间心理医生的训练后，小星变得敢和人接触了，她渐渐快乐起来。直到今天，小星成了阳光、快乐和乐于与人交往的女孩儿。据专家分析，她现在的这种性格已定型，基本上不会再出现反复了。

分析与思考

小星的心理问题在家庭、学校和心理医生的配合下得到了有效和相对彻底地解决。这说明心理问题可以用调控潜意识的方法来解决，对潜意识的成功调控能塑造学生的优秀人格，元认知干预技术能够成功干预潜意识，培养学生智慧，使之反省、监督、调控自己的潜意识现象，实现高效学习，获得优秀成绩。所以说，塑造理想人格不仅改变了学生的成绩，也改变了学生的学习状态与人格。

一、理想人格的概念及特征

(一)理想人格的概念

理想人格是指人的理想化的个性特征与精神品格。它是一个表征人的人格发展最佳状态的主体性范畴，其基本内涵是为一个社会中的人们所普遍推崇和肯定，反映民族文化精神和理想，并且由国家所倡导和推广的人格模式；是一定社会或阶级的道德要求和理想结晶。当代大学生的理想人格应该是在思想观念、道德品质、心理素质、需要素质及身体素质等方面与中国特色社会主义建设相适应的人格，即中国特色社会主义理想人格。

(二)大学生理想人格特征

1. 心态结构

大学生要有乐观的人生态度，包括开阔的胸襟以及宽容、豁达、高尚的精神境界，自我与自然合一；有强烈的环境、生态意识；有健康的心理、平和的心态及坚强的意志等，各种心理要素协调发展，让理智在心理生活中居支配地位。

2. 理想动机

大学生要有崇高的理想，不断奋斗，在各种需要中，使自我实现的需要居主导地位；有强烈的成就感、事业心，能够实现自身的价值，为社会做出自己的贡献。

3. 价值观

大学生要有正确的世界观、人生观、价值观，有正确的价值标准，对生命、幸福有科学的理解，热爱生命，正视生命。

4. 法律道德观

大学生要有较强的法律、道德意识，有社会良心，尊重和维护正义、公正、自由、民主、法制等，把幸福与道德有机统一起来，能从奉献中体验快乐与幸福。

5. 知识运用

大类生要有广博、丰富、扎实的知识和技能，且结构合理，具有开放性、可更新性、变通性。大学生在思维方法上，能应对万般发展变化，求新、求异，对事物的发展要具有非同一般的预见性；在知识结构上，视野要广阔，要有较强的辐射性、很高的融合度；在技能行为上，要做到一专多能、触类旁通、技能娴熟，能胜任本职工作。

6. 关系协调

大学生在社会活动上要具有高尚的道德情操，富有高度的效能和很强的适应能力；人际关系和谐，尊重他人，且受他人尊重。

7. 创新精神和能力

创新精神由创新意识和创新品质构成。创新精神是创新人格弘扬的内在因素。创新能力既是创新人格的外在表现，又给予创新精神以有力的支持。创新能力以独特的敏感性和自发性将各种经验产物重新组合成新式的素质。它不仅指对各种知识的进一步获取，还包含对知识新的综合。

知识链接

三种人格

一个人的魅力在于人格的魅力。人格分为虚假的人格、本性的人格和艺术的人格。有魅力的人格即真实的人格。有的人非常圆滑，你说他卑鄙他又不卑鄙，你说他虚伪他又不虚伪，这种人的人格属于艺术人格。艺术人格的人肯定没有本性人格的人有魅力，而拥有虚假人格的人迟早会被人抛弃。如果一个人的魅力在于他的人格的话，一个人的可悲也在于他的人格。艺术人格的人，有时难免要说些谎话，在不影响、不伤害别人的情况下不得不这么说。我们每天都说很多话，那些实话就是力量，敢讲实话是有力量的象征。如果不得不说一些假话，那么要尽量少说，伤人的话坚决不说。如果一怒之下说了伤人的话，要主动向对方道歉。

为什么生活中没有人承认自己是伪君子？因为人都是按照自己的准则处事的。在一般人的心目中，大多数人都是好人。当我们很坦率地发表自己的意见时，结果远不像人想象得那样美丽；任何人都喜欢听好听的话、听"艺术"的话，不论是中国人还是外国人。

二、塑造大学生理想人格的途径

(一)塑造良好的家庭氛围

家庭环境是影响人格形成和发展的重要环境之一。家庭是人社会化的第一块基石，家庭环境对人的影响是巨大的。家庭教育对人的思想品德和心理起奠基作用。"家庭对人的塑造是今天我们对人格发展看法的基石"。家庭作为一个天然的社会细胞，对子女的影响不只关系到家庭的发展，而且关系到社会的安危。习近平同志高度重视家风，他强调千千万万家庭的好家风支撑起全社会的好风气。在2015年的春节团拜会上，习近平在讲话中说到"不论时代发生多大变化，不论生活格局发生多大变化，我们都要重视家庭建设、注重家庭、注重家教、注重家风……使千千万万个家庭成为国家发展、民族进步、社会和谐的重要基点"。千千万万个家庭的家风好，子女教育得好，社会风气好才有基础。在习近平看来，广大家庭都要弘扬优良家风，以千千万万家庭的好家风支撑起全社会的好风气。家庭环境影响人格发展的主要因素包括家风、家庭的文化素质及家庭关系。家风育人是一种潜移默化的影响和熏陶过程，以使孩子并未意识到这种无形的教育工作。苏联教育家马卡连柯说："不要以为只有你们同儿童谈话、教育他、命令他的时候才是教育，你们在生活的每时每刻，甚至你们不在家的时候也在教育儿童。你们怎样穿戴，怎样同别人谈话，怎样议论别人，怎样欢乐或发愁，怎样对待敌人或朋友，怎样笑，怎样读报，一切对儿童都有着重要的意义。"

(二)树立和追求人生理想

人生理想与人格境界密切相关。人们树立一定的人生理想之后，不仅按照这一理想改造客体，使之符合自身的理想目标，而且按照这一理想自我教育、自我改造、自我完善，向理想人格发展。因此，唯有树立崇高的人生理想才能实现和达到理想人格境界。追求理想不仅是人的自身需要，也是一定社会、阶级或集团对人的要求，同时也是实现理想人格的重要条件。因此，我们必须重视对大学生的人生理想教育，以使大学生实现理想人格的人格境界。

(三)重视理想人格典范的宣传教育

理想人格包含两层含义：一是人们向往和追求的完善人格在品质上的完美程度和标准；二是历史或现实生活中具有高尚品德的英雄模范人物的人格典范，如近几十年来出现的社会主义理想人格形象(雷锋、焦裕禄等)对于社会主义接班人的培养和道德建设发挥了巨大作用。当今社会主义市场经济的新格局虽与雷锋时代变化甚大，雷锋事迹也有历史局限性，但雷锋精神是中国优秀传统美德和社会主义时代精神的有机统一，反映了时代崇高的精神风貌，其崇高思想和优良品质仍是当代理想人格的重要内容。因此，理想人格既需与传统美德相衔接，又需赋予新的时代特征，同时需内化于人的心灵，使大学生在理想人格典范的长期影响下自觉抵制拜金主义、享乐主义、个人主义等价值观负面影响，实现自身的理想人格。

(四)加强教育者自身理想人格对大学生的引导

当代大学生是社会主义现代化建设事业的接班人，其人格状况关系到未来中国的前途与命运。因此，高等学校的党团组织和教职员工必须肩负教育者的职责，高度重视当代大学生理想人格的培养。《中共中央关于进一步加强和改进学校德育工作的若干意见》指出："进一步发挥全体教职工的育人作用。教师最关键，要认真履行《教师法》规定的教书育人任务，言传身教，为人师表，引导学生德智体全面发展。"可见，教育者自身理想人格的塑造及其对大学生理想人格的引导既是教育者的根本职责，又是教育者的长期任务，如此才能使社会主义的理想人格内化为人生的理想人格。

(五)注重大学生健康心理教育

健康不仅指生理无疾病，而且包含心理的协调发展和社会适应能力。世界卫生组织指出，健康不仅是没有疾病，而且包括躯体健康、心理健康、社会适应良好和道德健康。对大学生进行健康心理教育是实现理想人格的基础，健康心理有利于自觉协调内心矛盾，正确处理社会、集体和他人的关系，热爱生活，对人生充满热情和希望，克服自身弱点，增强承受挫折的能力，避免现实人格的扭曲或病态人格的滋生。

课堂活动

遇见最好的自己

教师先跟学生分享自己的成长历程，特别是在成长过程中遇到心理问题和困惑的经历以及克服的方法，没有及时干预的问题对现在的影响。

请学生分享自己的成长经历。对经历比较典型的学生进行指导，帮助其克服心理障碍，摆脱紧张、胆怯甚至是恐惧的心理，然后将其请到讲台上做题目为"遇见最好自己"的演讲。

(六)注重个人内在道德修养的培养

中国历代思想家和教育家特别强调道德中的自我修养培养，如儒家学说曾精心于理想人格的设计，注重由现实的普通人格向理想人格发展，最终成为"人极"，达到人格的极点，"极高明而道中庸"是其精辟概括。马克思主义和中国特色社会主义理论强调实践对于人的思想转变、道德修养提高等的巨大作用，因此，当代大学生应将个人内在道德修养的追求落实在生活和学习实践中，将理想人格与现实人格相结合，实现现实人格向理想人格的升华。

(七)搞好校园文化建设，营造良好的育人环境

塑造和培养理想人格离不开社会文化环境，校园环境对大学生的影响尤为重要。我们要努力净化校园环境，抵制消极、腐朽思想的渗透和影响，抵制低级文化趣味和非理性文化倾向，引导校园文化气氛向健康高雅方向发展。在整个社会精神文明

建设中，学校应成为最好的小环境之一，并对大环境的优化做出积极的贡献。良好的环境有利于激发学生积极向上和坚定的信念，自觉塑造和实现理想人格。人类追求的目标永远指向未来，指向璀璨的人生理想，正是美好的向往和孜孜不倦的追求使人类朝更高阶段发展。社会主义现代化建设为实现理想开辟了道路，而理想人格的塑造和追求正是实现人的全面发展的重要条件，也是社会主义物质与精神文明和谐发展的基础。

1 心理测验

指导语：心理学研究表明，每个人的气质类型各不相同，所以，对下面60个题的回答，没有对错之分，只要把每个题目的意思弄明白，然后品味一下，并将题目所说和你的真实思想情感与下面5种情形中的那一种相对应。

表 8-1　气质类型测试量表

（完全一致：2分；比较一致：1分；不确定：0分；不太一致：−1分；很不一致：−2分）

题号	内容	完全一致	比较一致	不确定	不太一致	很不一致
1	做事力求稳妥，不做无把握的事。					
2	遇到使你生气的事就怒不可遏。					
3	宁肯一人干事，不愿意和很多人在一起。					
4	到一个新环境很快就能适应。					
5	厌恶那些强烈的刺激，如尖叫、噪声、危险镜头等。					
6	和人争吵时，总想先发制人，喜欢挑衅。					
7	喜欢安静的环境。					
8	善于和人交往。					
9	羡慕那些善于克制自己感情的人。					
10	生活有规律，很少违反作息制度。					
11	在多数情况下情绪是乐观的。					
12	碰到陌生人觉得很拘束。					
13	遇到令人气愤的事，能很好地自我克制。					
14	做事总是有旺盛的精力。					
15	遇到问题常常举棋不定，优柔寡断。					
16	在人群中不觉得过分拘束。					
17	情绪高昂时，觉得什么都有趣，情绪低落时，又觉得干什么都没意思。					

续表

题号	内容	完全一致	比较一致	不确定	不太一致	很不一致
18	当注意力集中于一件事物时，别的事很难放到心上。					
19	理解问题总比别人快。					
20	碰到危险情况时，有极度恐怖感。					
21	对工作学习、事业有很高的热情。					
22	能够长时间做枯燥、单调的工作。					
23	符合兴趣的事，干起来劲头十足，否则就不想干。					
24	一点小事就能引起情绪波动。					
25	讨厌那种需要耐心细致的工作。					
26	与人交往不卑不亢。					
27	喜欢热烈的活动。					
28	喜欢看感情细腻，描写人物内心活动的文学作品。					
29	工作学习时间长了，常感到厌倦。					
30	不喜欢长时间谈论一个问题，愿意实际动手干。					
31	宁愿侃侃而谈，不愿窃窃私语。					
32	别人说我总是闷闷不乐。					
33	理解问题常比别人慢。					
34	厌倦时只要短暂的休息就能精神抖擞，重新投入工作。					
35	心里有话宁愿自己想，不愿说出来。					
36	认准一个目标就希望尽快实现，不达目的，誓不罢休。					
37	学习工作一段时间后，常比别人更困倦。					
38	做事有些鲁莽，常常不考虑后果。					
39	老师讲授新知识时，总希望讲解慢些，多重复几遍。					
40	能够很快地忘记那些不愉快的事情。					
41	做作业或完成一项工作总比别人花的时间多。					
42	喜欢运动量大的剧烈体育活动，也喜欢参加多种文艺活动。					
43	不能很快把注意力从一件事情转移到另一件事情上去。					
44	接受一个新任务后，就希望把它迅速解决。					

题号	内容	完全一致	比较一致	不确定	不太一致	很不一致
45	认为墨守成规比冒险强些。					
46	能够同时注意几件事物。					
47	当我烦闷的时候，别人很难使我高兴起来。					
48	爱看情节起伏跌宕、激动人心的小说。					
49	对工作认真、严谨，持始终一贯的态度。					
50	喜欢复习学过的知识，重复做已经掌握的工作。					
51	和周围的人的关系总是相处得不好。					
52	喜欢变化大，花样多的工作。					
53	小的时候会背的诗歌，我似乎比别人记得更清楚。					
54	别人说我"出语伤人"，自己并不觉得这样。					
55	在体育活动中，常因反应慢而落后。					
56	反应敏捷，头脑机智。					
57	喜欢有条理而不甚麻烦的工作。					
58	兴奋的事情常使我失眠。					
59	老师讲的新概念，我常常听不懂。					
60	假如工作枯燥无味，马上就会情绪低落。					

注意：做题时，不要累计加分。每题计每题得分。

表 8-2 气质类型量表评分标准

典型气质类型得分表	题 号	总分
胆汁质	2 6 9 14 17 21 27 31 36 38 42 48 50 54 58	
多血质	4 8 11 16 19 23 25 29 34 40 44 46 52 56 60	
黏液质	1 7 10 13 18 22 26 30 33 39 43 45 49 55 57	
抑郁质	3 5 12 15 20 24 28 32 35 37 41 47 51 53 59	

气质类型的诊断

1. 多血质：多血质一栏超过 20 分，其他三栏得分均较低，为典型多血质。多血质一栏得分在 10～20 分，其他三栏得分较低，为一般多血质。

2. 胆汁质：胆汁质一栏得分最多，其他三栏相对较低。

3. 黏液质：黏液质一栏得分最多，其他三栏相对较低。

4. 抑郁质：抑郁质一栏得分相对较高，其他三栏相对较低。

5. 混合气质：其中两栏得分显著超过另外两栏，而且分数比较接近。例如：胆黏、血胆、血黏、黏抑等，为两种气质的混合。

6. 如有一栏得分较低，其他三栏相差不大，则为三种气质混合型。

心理影院

美丽心灵

本片是关于 20 世纪伟大数学家约翰·纳什的人物传记片。约翰·纳什（拉塞尔·克劳饰演）在念研究生时便发表了著名的博弈理论，该理论虽只有短短 26 页，却在经济、军事等领域产生了深远的影响。但就在约翰·纳什蜚声国际时，他的出众直觉因为精神分裂症受到困扰，然而这并没阻止他向学术上的最高层进军的步伐，在深爱他的妻子艾丽西亚（珍妮弗·康纳利饰演）的鼓励和帮助下，他走得虽然艰缓，却始终没有停步。而最终，凭借十几年的不懈努力和顽强意志，他如愿以偿。

《美丽心灵》这部电影大体讲述一个天才克服磨难走向成功的经历。《美丽心灵》中那三个纳什挥之不去的虚拟人物是这部影片要体现的核心价值，这三个虚拟人物分别代表着我们生活中的三类人：一种是比自己强的人，就是那个黑衣人；一个是比自己弱的人，就是那个小女孩；还有一个是和自己地位平等的人，就是他的室友。这三类人囊括了所有和我们有关系的人，纳什需要这三类人的肯定和爱。当然他人的爱并不是天上掉下来的，这些都是因为纳什收起了他的孤傲，先踏出了自己的第一步。什么是美丽心灵？影片已经给出了解答。其实幸福很简单，只要我们愿意向前迈进！

阅读经典

24 个比利

《24 个比利》是美国作家丹尼尔·凯斯创作的长篇小说，是一部多重人格分裂纪实的作品。

该书讲述了一个真实的故事，威廉·斯坦利·米利根（比利），是美国史上第一名犯下重罪，结果却获判无罪的嫌犯，因为他是一位多重人格分裂者。比利的多重人格达 24 个之多，他体内的人格可以互相交谈、下棋，互相控制对方的行为，所有的人格都居住在一个大厅中，谁走到大厅中心的一盏聚光灯之下，谁就是现在控制比利身体的人格，但这些人格互相都不知道对方干了什么，所以比利接受治疗之前的生活是极其混乱的。

比利体内总共有 24 个人格存在，这些人格不仅性格不同，甚至连智商、年龄、国籍、语言、性别等方面也都不尽相同。这些不可思议的人格，到底是如何产生的呢？他到底是个欺骗公众的骗子，还是个不幸的受害者？比利的故事其实是个悲剧，一个只有在文明社会才会发生的悲剧。这部多重人格分裂纪实小说，可谓是心理纪实的巅峰。

1+1 参考文献

[1]张汉芳，金琼. 大学生心理健康[M]. 广州：世界图书出版广东有限公司，2014.

[2]孟繁军，王岩. 大学生心理健康教程[M]. 哈尔滨：东北林业大学出版社，2009.

[3]徐学俊，王文，刘启珍. 心理学教程[M]. 武汉：华中科技大学出版社，2010.

[4]黄希庭. 人格心理学[M]. 杭州：浙江教育出版社，2002.

[5]全国九所综合性大学《心理学》教材编写组. 心理学[M]. 南宁：广西人民出版社，1983.

[6]徐宪江. 青春期44堂心理课[M]. 北京：中国长安出版社，2008.

[7]樊富珉. 大学生心理健康与发展[M]. 北京：清华大学出版社，1997.

[8]卢勤，周宏，邵昌玉. 大学生心理健康理论与实践[M]. 成都：四川大学出版社，2010.

模块九　恋爱与性

爱情是世界上复杂的情感现象，也是哲学、宗教、心理学、美学、文学中永恒的话题。现代社会心理学认为，爱情是人际吸引最强烈的形式，是男女双方在内心形成的对异性真挚的仰慕。进入大学之后的学生们，也迫切而好奇地想要体会和尝试爱情的滋味，那么爱情究竟是什么？爱情会经历什么样的过程，又会遇到哪些问题？本模块我们就爱情有关的话题展开讨论，更深刻和全面地了解这个话题。

学习目标

1. 了解爱情的概念及性心理的知识，理解爱情的相关理论；知晓恋爱基本阶段的划分以及恋爱的生理机制。

2. 初步学会对大学生恋爱的常见心理问题及性心理的常见问题的应对方法，学会去爱。

3. 感悟爱情的美好，在爱中成长。

案例导入

2017年4月，一场声势浩大的真人版"非诚勿扰"——千人单身联谊活动在海淀区双清路某酒店举行。来自北京大学、清华大学、中国人民大学、北京师范大学、中科院等数十所院校的上千位男男女女等待着情侣"速配"。春景明媚，名叫"我想认识你"的大学生交友平台为单身青年们组织了单身派对。从大学明令禁止到默许，从"地下情"到公开允许大学生结婚，再到大学生害怕被"剩"而主动出击，"剩女""合约情侣"这些新标签正改变着95后大学生的恋爱形态。

1. 联谊会被挤得水泄不通

"4小时相亲500次"，这不是国产电影里的搞怪桥段，而是昨天发生在"千人单身联谊活动"现场的真实写照。活动主办方"我想认识你"包下了酒店一层楼，让北京高校上千名单身男女在此集体"相亲"。按照通知，活动原本从下午2点正式开始，但1点刚过，男女嘉宾们便纷至沓来，在大厅排起了几十米的长队入场。

2. 大学生相亲初衷不一

很多家长出于种种考虑，也转变了过去保守的思想，鼓励孩子在校园恋爱，甚至主动给"恋爱费"。相亲的学生给出的原因也多种多样："不想成为剩女、大龄女青年""上研究生再不主动一些，会不会危机就要来呢？"一位戴眼镜的姑娘告诉记者："过了25岁后，之前从不担心恋爱问题的父母也开始变得唠叨，她从去年开始扩大自己的社交圈，也开始参加学校学生会的联谊，报名网络的合约情侣。一直觉得沦落到家长安排相亲，是一件特别惨的事。但是，真的不想过年回家被父母催婚了！"

3. "剩女"社会焦虑或致相亲低龄化

在日常的青年交往研究课题中，研究者还发现，如今的大学生交友相亲呈低龄化趋势，这种现象源自"剩女"社会焦虑的传导。"我们在调研中发现，越来越多的年轻人，大三大二的学生也对没有谈恋爱一事很焦虑。大学不谈，以后成剩女就惨了。这其实是我们社会传导给他们的焦虑。而这种焦虑来自社会和大众对剩男剩女的标签化的片面理解，大家有危机感。"

（刘旭：《千余名名校大学生扎堆单身派对速配》，载《北京青年报》，2017-04-10。）

分析与思考

大学生相亲在过去是难以想象的事情，但随着时代的变迁，近几年这种大规模的相亲活动、相亲综艺节目都越来越火爆。恋爱和婚姻成为大学生们越来越关注的事情。但学生们会如何面对感情与恋爱呢？尤其是刚进入大学的学生们，在开始恋爱的时候，是否有了足够的认识和了解呢？现在请同学们一起走进本模块的内容。

小寄语

大学是很多学生情窦初开、开始恋爱的重要时期，但在互联网信息高度发展的现代社会，关于恋爱的各种价值观良莠不齐，学生在这种环境中很难分辨是非，需要通过老师和教材等正规途径为学生恋爱和情感方面的心理发展指明道路，也要求学生能够逐渐在接触和学习的过程中，树立更加正确的恋爱观，用合理健康的方式面对恋爱中遇到或者可能遇到的各种问题。

任务一　走近情窦初开的爱情

暖身活动

活动过程

这个活动要求你和一些朋友一同做，而且要求你偏离你一贯的社会行为。活动的内容是要你学动物的叫声。

每个人姓氏的汉语拼音的第一字母代表你要学的动物名称。

A——F 狮子

G——L 海豹

M——R 猩猩

S——Z 热带鸟

现在选择一个伙伴（最好在这些朋友中挑一位不太熟悉的人作为伙伴）。彼此盯着看，目光不能转移，同时大声学动物叫，至少 10 秒钟。

活动评价

在这个简单的活动中，你的感觉如何？你是否感到既幽默有趣又有些尴尬？尽管你在这个活动开始时会感到不舒服，但很可能结束时全班已是笑声满堂。也许不管你模仿的动物是什么，最后你给人的表现都是"傻驴"一头。

你是否注意到好玩和幽默的情境会有助于你在这个活动中创造性地发挥，可能你会灵机一动，模仿出种种出人意料的叫声，获得满堂喝彩，或者逗得大家捧腹大笑？而在活动中，感到尴尬的心理却会使你羞于开口。假如你有幽默感，就更容易开口学动物叫。

幽默也是恋爱的强力润滑剂。打破常规，做些创造性的突发奇想，不仅能够缓解尴尬气氛，而且能够增加人与人之间的交往乐趣。不论是同异性相处，还是恋人间的相处，不论是在恋爱初期还是恋爱后期，如果能够一直保持乐观积极的心态，感情发展也会更加顺利。

情境导入

小美是某高校一名大二女生，因厌食来进行心理咨询。小美中学时比较苗条，由于高考后比较放松，加之没有控制饮食和坚持运动，她在一年内体重增加了二十多斤。大一下学期，中学时开始交往的男友和她分手，她认为是男友嫌弃自己太胖所致，于是决定节食减肥。小美开始每天不吃早饭，只吃午饭、晚饭，可是没有效果，越减越肥。后来她从网上看到可以通过吃饭后催吐来减肥，坚持一个多月后，小美虽然完全瘦下来了，但是也开始变得什么都不想吃，吃了也马上吐掉，她患上了厌食症。小美四处求医，后来结合心理咨询和营养师的指导，才慢慢恢复正常饮食。

分析与思考

刚进入大学的学生们还处在青春期末期，对于自己的相貌、他人的评价依然非常在意。此时也正是爱情萌芽悄然绽放之时，难免会将大部分恋爱的理由归结于外貌特征。然而，这个阶段的恋爱还十分不成熟，非常容易受到多方面因素的影响而无法长久，此时一段关系的结束必然会让人感到失落、痛苦、沮丧，出现由失恋这一特别事件所引起的阶段性的心理"低潮期"。在失恋之后的一段时间内，人的心理是相当脆弱的，可能会随之出现失眠、厌食等相应的并发症状，此时去寻找临床心理医生进行心理疏导是十分必要的缓解之道。你如何看待小美减肥的原因？小美减肥的方法对吗？你是否也在减肥？你认为什么样的体貌是美的？

一、什么是爱情

通常人们所指的爱情，是指异性之间很深程度地相互喜欢和相互在意，彼此对对方怀有积极而美好的期待，并且愿意相互付出。爱情具有专一性和排他性，这也是爱情区别于其他情感的最大特征。爱情的排他性意味着相爱的两人只能彼此拥有，不允许第三者的插足和破坏。一旦相爱，其他人便不能分享两人由爱情所带来的意义。

追溯爱情的本质，源于人性的三种基本需要，即性欲的需要、情感的需要及心理的需要。马克思主义的爱情本质论认为：爱情是人类自然属性和社会属性的统一。爱情的自然属性是指人在性生理和性心理的正常发展的基础上产生的，与性欲本能及感官享受有关，生理因素是爱情产生和发展的重要因素之一。而爱情的社会属性指的是，男女双方建立在审美需要、道德情操、价值观、个性、社会规范等基础之上的，以社会性因素为主的情爱。爱情的社会属性指的是人的性需求是以一种不断发展变化的社会方式来进行的，如爱情包含理性而有目的的交往、同人的道德意识相联系。爱情的本质是性爱和情爱的和谐与统一，也是人的自然属性和社会属性的和谐。

二、爱情的三因素理论

美国心理学家斯滕伯格提出了著名的爱情三角形理论，他指出所有的爱情体验都由三大要素构成：亲密(intimacy)、激情(passion)、承诺(commitment)。

亲密，包括热情、理解、交流、支持及分享等特点。

激情，其中外表吸引和性吸引是最重要的特征。

承诺，包括将自己投身于一份感情的决定及维持感情的努力。

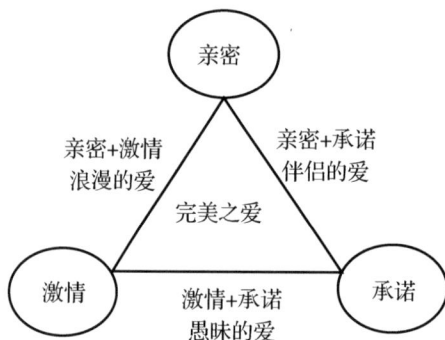

图 9-1　斯滕伯格的爱情三角形理论

他把这三个要素形象地比作三角形的三个顶点，三个要素不同的组合方式产生不同的爱情类型。在爱情三要素中，承诺主要是指双方为了彼此共同期待的未来而做出的许诺；亲密是情感上的相互寄托，也是思想和灵魂上的相互交融和牵绊；而激情则更多是肉体和性欲上的相互满足。爱情关系的"热度"来自激情，"温暖"来自亲密，相形之下，承诺所反映的则是持久与意志力。该理论认为，随着认识时间的推移及相处方式的改变，上述三种成分将有所改变，爱情三角形的形状与大小也会随之改变。三角形的面积代表爱情的质与量，三角形的面积越大，爱情的质量越好。

将上述三个要素进行排列组合，斯滕伯格将爱情分为以下八种类型：

①无爱(non-love)：三要素皆不具备，不是爱情组合。

②浪漫的爱(romantic love)：亲密＋激情。彼此亲近和分享一切，同时有着生理上的相互吸引，在开始时并不需要很多承诺，可能好聚好散。

③亲情(liking)：只有亲密。相互之间很亲近，能很好地沟通，但没有恋爱的感觉。

④虚幻的爱(fatuous love)：激情＋承诺。基于性的吸引力和不现实的想象，典型的如一见钟情、海誓山盟、闪电结婚。

⑤热恋的爱(infatuation)：只有激情。爱似一团火，但相互之间既无亲密又无承诺。

⑥伴侣的爱(companionate love)：亲密＋承诺。建立在相互尊重、共同兴趣和牢固友谊基础上的感情，有深厚的依恋关系，相互之间有感情，可能不是很强烈，但较为稳定和长久，是能相濡以沫、生死相依的伴侣感情。

⑦承诺的爱(empty love)：只有承诺。夫妻之间已不再有什么恋情和亲情，但他们由于信守自己的承诺或保持这种习惯仍旧生活在一起。典型的代表是貌合神离

的中年夫妻。

⑧完满的爱(consummate love)：亲情＋恋情＋承诺。

由这个三角形我们可以看到只有亲密的爱只是喜欢，不会激起激情和承诺，更像是平时所说的闺蜜或者知己的关系；仅有承诺的爱是一种空洞而缺乏动力与情感的爱情；仅有激情的爱是一种迷恋，缺乏亲密和承诺，更多被激素左右，当人们被不太熟悉的人激起欲望时会有这种体验；当亲密和激情一起发生的时候，人们体验的就是浪漫的爱，偶像剧里所描述的美好爱情就是类似的体验，但是缺乏承诺，两人只愿享受在一起时的甜蜜，却无法做到共同承担责任，这样的感情很难长久；亲密和承诺的结合集中体现在长久而幸福的婚姻中，虽然年轻时的激情已渐渐消失，但久酿的爱情如美酒一般越来越醇香；缺失亲密的激情和承诺会发生在旋风般的求爱中，在势不可当的激情中两人闪电结婚，但对彼此并不是很了解或喜欢；当三种因素结合在一起时，人们体验的就是圆满完美的爱，是很多人寻求的爱。但由于大学生对现实的把控能力相对较弱，人格还未完全发育成熟，学生时代的感情往往在兑现承诺方面会遇到困难，而难以长久。

三、恋爱的生理机制

(一)性激素与多巴胺

恋爱过程中，人们产生一系列的行为反应与人体产生的各种激素密不可分。其中性激素与多巴胺就是恋爱过程中至关重要的两种激素。

在青春期，人体的性机能逐渐趋于成熟，人的下丘脑分泌出促进性腺素，脑垂体和性腺分泌出性激素，促进了人体的发育和成长，特别是人体生殖系统的发育。人随着性激素分泌的不断增多，性意识也逐渐觉醒，开始对异性充满了渴求与向往。

多巴胺(dopamine)是去甲上腺素的前体物质，是下丘脑和脑垂体腺中的一种关键神经递质。多巴胺直接影响人们的情绪，能影响每一个人对事物的欢愉感受。从理论上来看，这种物质能让人兴奋，但是它也会令人上瘾。因此有很多人的上瘾行为，都是多巴胺引起的。比如，香烟中的尼古丁会令人上瘾，是由于尼古丁刺激神经元分泌多巴胺，使人产生快感。

(二)爱情激素如何传递

当你在人群中和某人擦肩而过，皮肤等处会散发出一种类固醇类物质，由鼻腔中的犁鼻器(vomeronasal organs)接收，它不仅传达爱情信号，更包含如免疫系统MHC(major histocompatibility complex)基因在内的大量遗传信息。"闻香识爱"的对象也往往是基因相似度中等类似的个体，既可以降低遗传疾病的发生概率，也保证了有利基因的融合。

知识链接

恋爱的生理激素作用过程

科学家在大脑中发现了 12 个与爱情相关的区域。当一个人坠入爱河时，大脑神经网络的 12 个特定区域将被激活。它们负责爱情的情绪、报酬以及智力激发等。

奥蒂克说："在大脑中，爱情与大脑中具体的神经网络相关，在这个网络中，我们可以判定有三个主要的神经系统被激活。第一个系统与情绪有关，但是爱情不只是纯粹而短暂的情绪。第二个系统与动机有关，这一系统在期望得到爱情回报时被激活。第三个系统与成瘾有关，并且与吸食毒品所激活的系统相同。这也是为什么一些人会认为爱情会上瘾。"

美国科学家召集了 10 名女性和 7 名男性作为志愿者，这些人都声称自己深深地陷入爱河之中，恋爱时间为 1 个月到 2 年不等。随后实验中他们看到自己心爱的人的照片，此时他们产生了强烈的情绪，科学家能捕捉到大脑磁共振的图像。

图像呈现出来的结果显示，此时大脑的某一部位有着剧烈的反应，它几乎和刚吸过毒的人的大脑一样。研究员阿瑟·阿隆说："这种反应和吸毒者的反应使用的是相同的大脑系统，这看上去真像一个吸毒成瘾的人。"

爱情的生理过程：性激素散发，多巴胺增加，5-羟色胺相关蛋白质降低，雌性体内的催产素（oxytocin）和雄性体内的抗利尿激素（vasopressin）略增加后，维持稳定水平。

由气味牵引的爱情红线仅是短暂的开始，之后爱情进入缠绵的亲近和性的吸引阶段。富有进化意义的健壮的男性身躯和女人极具曲线的身材牵引着我们的目光，大脑的边缘系统（limbic）和旁边缘系统（paralimbic system）负责处理这些信息，并发送化学信号给生殖器官释放与性有关的睾酮（testosterone）。引导之后一系列的"激情"行为。接吻也是男性投放"催情药"的过程。男性，特别是那些血气方刚的男性唾液中含有睾酮，热吻过后，她也会因此渐渐"意乱情迷"。

有心理学家通过扫描人们观看热恋对象时的大脑活动为爱情做出诊断——症结在于大脑中与成瘾物质多巴胺（dopamine）有关的边缘系统的尾状核（caudate nucleus）——所以爱情给我们带来的快感和毒品带来的感觉相似。与此同时，与恐惧、悲伤、抑郁等负性情绪有关的杏仁核（amygdale）和右侧前额叶（right frontal cortex）的活动被抑制。有学者还将这些"爱情"区域的脑区活动和被试"爱情量表"上的得分进行统计，极高的相关程度证实了多巴胺系统和浪漫爱情之间的紧密联系。

不仅如此，生物人类学家费舍还发现，多巴胺可以点燃由睾酮支持的熊熊的欲火：由多巴胺驱使的浪漫关系可以促进由睾酮激起的性欲，这也就是恋人之间为什么会不由自主地发生亲吻、爱抚和拥抱的原因。但"先有性"却不见得"有爱"，服用睾酮的男女被试的确会出现更多的性行为，但很少有被试能够真正陷入与性爱对象的浪漫爱情。不过，费舍也提醒说，切不可因此就仓促选择不负责任的"激情"，因为睾酮还是引起多巴胺高水平的原因之一，所以即便并非有意为之，性爱有时也会蒙蔽我们追求真正幸福的双眼。

心理学家称这种爱情上的"缺根筋"为"强迫性的重复"（repetition compulsion）。这一切的罪魁祸首即 5-羟色胺（serotonin）的缺乏。费舍发现，热恋的人和强迫症患者（obsessive compulsive disorder，OCD）不仅症状类似，而且都存在 5-羟色胺相关蛋白质水平的降低，前者的 5-羟色胺更低于常人的 40%。反之，服用了提高 5-羟色胺水平的抗抑郁药物的病人也出现了"爱无能"。恋爱中的"病人"的说法一点都没错。有趣的是，5-羟色胺和多巴胺呈现此消彼长的拮抗作用。

四、恋爱普遍的发展阶段

对于大学生而言，大部分学生在大学阶段中的恋爱处在婚前阶段，因此，在本模块中我们着重阐述婚前恋爱的部分，将恋爱分为热恋期、磨合期与稳定期三个阶段。具体如下。

(一)热恋期——激情与亲密

恋爱的初期总是最甜蜜的，彼此把对方当作生命中最重要、最珍贵的人。恋人之间似乎有无限的包容力，能无条件地接纳对方。俗话说，情人眼里出西施，在热恋期中，他们彼此成为对方自我价值感的支柱与生命能源的供应者，唤出对方人格中最美好的一面，两人像活在天堂乐园中一般，人生中所有的快乐似乎由此开始了。

热恋期有以下几个特点。

1. 热恋如吸毒

从生物学的角度来看，热恋时的很多生理反应与吸毒时的反应很相似，科学研究发现，恋爱激活了我们大脑奖赏系统与动机、兴奋和注意力相关的区域。而这部分区域正是烟鬼靠近雪茄或者赌徒赢了彩票时被激活的区域。热恋中的情侣会把彼此看作灵魂的伴侣，而不再是一夜留情的对象。达到这种状态的关键在于大脑的边缘系统，位于大脑中新大脑皮层（理智与智力区域）和爬虫类脑（原始本能区域）之间。其中，不同水平的多巴胺、降肾上腺素和复合胺合成了最影响情绪的神经传递素，从而发挥作用。

2. 激情与亲密

基于相互吸引与生理上的刺激，恋人之间在这一阶段很容易获得激情与亲密。

激情，就是一种"强烈地渴望和对方结合的状态"，其中既包括性的需要，也包括自尊、照顾、归属、支配、服从等方面的深层需要。亲密，就是恋人之间相互给予的一种亲近而温暖的体验，即跟被爱者在一起时感到幸福；渴望促进被爱者的幸福；尊重对方；与被爱方分享自我和自己的占有物；给被爱方以感情上的支持等愿望和热爱。

虽然在不受任何外力阻挠的情况下，热恋期通常只能持续 18 个月左右，但这一时期给了恋人一个培养激情和亲密的重要机会，并为之后更好地体验爱情打下基础，为日后彼此融入爱情、融入生活提供了先机。

3. 退行与理想化期待

人在热恋时，心理上会"退行"到小孩的状态，恋人之间的关系与婴儿和父母之间的关系极为相似，有时会达到一种共生的状态，不分你我。因此，热恋期的情侣不管自己心里多么愁苦，一看到对方欣喜的笑容，就不知不觉地跟着开心起来；看到对方心情不好，自己也开始难受起来。

同时，在这段时期，我们很容易将对方理想化为一个全能的"最懂我"的人，期盼对方能够成全自己所有美好的期待，就好像自己心里想什么，对方都会知道一样。这很容易使得对方在很大程度上牵动着我们的内心，我们会发现热恋中的人情绪波动有时会很大，一会儿笑得像朵花，一会儿难过得像天塌了似的，一会儿激动得难以言表，一会儿又气得像个河豚。这就是理想化的实现与失落所致。要知道，谁也不可能完全懂你，世界上没有两片完全相同的叶子。理想化的阶段很快就会随着更近的接触和激素水平的逐渐降低而面临破灭。于是，恋爱的第二个阶段——磨合期随之来临。

经典实验

吊桥实验

大家都知道，我们有某种情绪时，通常生理也会有某些反应，如心跳加速、面红耳赤、额头细汗密布等。那么，我们究竟是先有生理的反应呢，还是先有心理的反应呢？为了解释这个现象，有科学家做了一个实验。有一座 135 米长的吊桥，横跨在山谷之中，从这上面走过的人们，呼吸急促，心怦怦直跳，身体开始出汗。这天下午，桥的一头出现了一位美丽的女士，她站在桥的一头，见到男性过客，温柔轻声地问：可以填一份调查问卷吗？另外一种情况是，等男性游客过桥之后，生理恢复正常时，迷人的女士才过去，问是否可以填一份问卷。事后的追踪调查发现，女士在桥上接触的 60% 的男性打电话请求是否可以约会，远超过另外一种情况！发现区别了吗？人倾向给自己的生理唤醒找一个理由，一个符合他们心理预期的理由，而不是真实、理性的理由。

(二)磨合期——美好的幻想开始破灭

1. 理想化破灭与矛盾产生

在磨合期中，对方与你相异之处成为让你最受不了的地方。这就是理想化爱情破灭的"后遗症"，你会逐渐发现，对方其实并不完全是你理想中的那个样子，他也有很多缺点和不足，有些甚至是你最无法忍受的缺点。而两人会着重对不符合自己期待和不能满足自身需求的部分感到格外的生气和无法接受——我们如此期待的一个人，他竟然有着我最无法忍受的缺点。而对方用同样的方式指责你的缺点时，你会觉得，我那么信任你，你竟然还攻击我最脆弱的地方。

此时，我们的恋爱形式还没有从热恋期中恢复过来，一心还想追求激情与亲密，而理性分析的能力却已慢慢从"退行"中恢复。这便导致恋人之间越是亲近，越是会发现对方与自己是多么地不同，对方的生活方式有越来越多不能被自己接受之处，矛盾也就自然而然地产生了。

从热恋期中收获的快感容易使人产生依赖心理，人们认为对方是这些快感的来源，而现在出现矛盾了，自然也是因为对方的问题，要求对方"改正"也是理所当然。在热恋期中，人人都以为找到了完美的梦中人，在磨合期理想化破灭的阶段中，却发觉自己怎么会爱上他。

2. 逐渐接纳与包容

磨合期的长短和恋爱双方对自身的认识与接纳程度有着密切的关系。

如果对自己的认识很少，缺乏深刻性，对自身的优缺点很难做到包容和接纳，那么也同样很难做到对恋爱对象的接纳。例如，对于自身无法接受的一些缺点，我们通常会使用投射的方式来将这些缺点放在别人身上，如果对方不认同，则会认为另一方推卸责任，如果对方认同，那么就形成了完整的投射性认同，恋爱关系会进一步扭曲，认同了缺点的人会逐渐丧失自信，甚至自尊，完全变成受虐者。无法相互包容与接纳，加之理想化的期待破灭，双方会在相互表达强烈的愤怒、失望、攻击和贬低的过程中，通过各种形式逐渐消磨彼此之间的信任与期待以及其他美好的东西，进而影响到恋爱关系。很多情侣就是在这个阶段分手的。电影《分手男女》中，演员将磨合期的彼此失望、愤怒等表现得淋漓尽致。

典型案例

电影《分手男女》

盖瑞(文斯·沃恩饰演)在球场上遇见了布鲁克(詹妮弗·安妮斯顿饰演)并对她一见钟情。两人很快同居了。不久，两人就在各种生活的琐碎事情中产生重重矛盾，艺术家气质的布鲁克看不惯盖瑞的不拘小节，矛盾再一次升级，布鲁克提出分手。

由于房子是共同的财产，他们都没有搬离房子。布鲁克不断与帅气的男孩约会，盖瑞也把屋子弄得乌烟瘴气，甚至带脱衣女郎回家，但他们心中还爱着彼此。在朋友的劝解下，他们出售了房子，并计划在两个星期之内搬走。

凡事粗心的盖瑞终于在与朋友的聊天中得知了布鲁克的真实想法，当他向布鲁克表白心意时，却遭到了布鲁克的拒绝。

如果能够做到悦纳自己，就能够在发现彼此不足之处时，从更客观的角度分析问题，各自承担所应承担的错误，然后努力完善与改正、化解矛盾，也能够在理想化的期待没有被满足时，依然关注彼此的优点和美好的事物，在逐渐调整、适应与包容的过程中，双方逐渐适应彼此的行为模式和生活，克服矛盾期的冲突，做到良好的磨合。只有这样，感情便能成功通过危险的矛盾期。

(三)稳定期——承诺与责任

如果能够顺利地度过矛盾期，恋人之间的关系便逐渐趋于稳定，恋人会渐渐表现出"趋同"的迹象，亦称作"整合"。这一阶段的"趋同"并不代表两个人越来越像，而是指两个人相异的部分自然地向对方的方向改变。人们在爱情中渐渐学习、成长，学会理解对方的想法，学会尊重对方，学会在自我的人格中为他人保留一块共存之地。

爱情本身就以生活作为载体，而爱情的发展与完善又是一个漫长而细致的过程，合理的爱情对大多数人来说都应该是忠贞的。长期稳定的爱情需要双方的承诺。

因此，当一个人从一段爱情中感受到了自己应该做出的承诺，但在现实和客观层面可能无法实现这样的承诺，毕竟爱情离不开现实，因此除了承诺还需要有另一个要素来为爱情提供真正切实的保障，那就是责任。既然决定爱一个人，那么就应该为双方的将来做出规划，就应该为给对方更好的生活而努力，就应该多体谅对方，在适当的时候给予对方帮助。对爱情负责，不光是对你所爱的人负责，同时也是对自己的生命负责。

对于大学生而言，自身的行为能力和自我认识都还尚未成熟，当感情真正面临着现实的挑战时，也有可能经不起残酷社会中大风大浪的拍打而夭折。

课堂活动

爱情拍卖

活动目的

通过有限的金额拍卖，来审视自己以及他人的爱情需求。

活动过程

假设每个人都有100万元，对下面的内容进行拍卖，你可以买你认为重要的东

西：正直善良、有责任感、心胸宽阔、具备孝心、能力较强、成熟稳重、相互理解、共同语言、事业心强、彼此独立、风趣幽默、温柔体贴、相貌端庄、博学多闻。

在拍卖结束后，请同学们进行讨论，把大家买到的东西从最重要到最不重要进行排序。

活动评价

在拍卖过程中，我们每个人都表现出了自己特有的一面，这些也同样反映出自己在爱情中最看重的是什么。

爱是人类亘古流传的话题，传说中的那些动人的爱情故事总是让我们每个人心生憧憬，既羡慕古人坚贞不渝的爱情，又期待自己也能拥有刻骨铭心的爱情。同学们可以仔细观察，在这场爱情拍卖中始终缺少了一个主角——爱情。那么，爱情到底去哪儿了？请思考，如果我们在追寻爱情的过程中缺少了爱，那又会是什么情况呢？

这场爱情拍卖会让我们警醒，当我们准备恋爱时以及处于恋爱过程中，不仅要看到对方的外貌、性格、能力等，更要用心去体会两个人之间的爱情，要用真诚来共同面对爱情，千万别丢失爱情这个主角。

任务二　大学生恋爱的常见问题及应对

暖身活动

谈谈你眼中的理想对象

你眼中男生理想的相貌和身材。

你眼中男生理想的性格气质。

你眼中男生理想的做事风格。

你眼中男生理想的人际关系。

你眼中女生理想的相貌和身材。

你眼中女生理想的性格气质。

你眼中女生理想的做事风格。

你眼中女生理想的人际关系。

你认为自己符合异性眼中理想的形象吗？为什么？

如果不符合，你认为差距在哪里，是否可以改善？

情境导入

秀秀出生于 1991 年，在家排行老二，从小学到中学，她的成绩一直都很好。在同学们眼里，秀秀是一个活泼开朗的女孩，谈起秀秀和她男友毛毛(化名)的"爱情"，同学们感觉"非常正常"，在他们学校，同学之间谈恋爱已不是什么新鲜事。

毛毛是一个典型的 90 后男生，与秀秀同岁。在同学们眼中，他阳光、时髦、新潮，而在老师眼中，他更像社会上的小青年，发型非常"特别"，有点"非主流"。2009 年年初，他们开始谈恋爱，很浪漫、很幸福……

这一年的元旦对于秀秀来说，也许是终生铭记的，在这个特别的夜晚，在这个充满情调的夜晚，甜言蜜语、海誓山盟之后，90 后少男少女忘情地拥抱在一起，懵懂中，秀秀把自己的全部交给了这个男孩。

今年春节过后，秀秀感觉身体不适，想想最近总是和毛毛在一起，会不会是……巨大的恐惧向她内心袭来。她立即给毛毛打电话说了自己的担心。"没事，有我呢，我们去医院检查一下。"毛毛一边压制住内心的恐慌，一边安慰着秀秀。

总归不是什么光彩的事，他们也没有积蓄，不敢去大医院检查。3 月 19 日，毛毛带着秀秀在其大学后门看到一个很大的牌子，上面赫然写着"妇科门诊"。门诊医生热情地接待了他们，经检查，确认秀秀已经怀孕 80 天了！医生给秀秀开了堕胎药，叮嘱如何用药，并要求秀秀三天后来检查。

三天后，也就是 3 月 22 日，秀秀再次在毛毛的陪同下走进这个门诊，经检查，她子宫内还留有残留物，大夫要求为秀秀做清宫手术，秀秀顿时紧张起来，双手紧紧握住毛毛的手说："毛毛，我怕！"

看到秀秀非常紧张，门诊医生温和地劝导："没事的，这是个小手术，我们做过多次了，都很成功。还有，这个手术是无痛的，打上麻药，一点都不痛，咱们的医生技术水平都是很高的。"听到这些，秀秀稍微放松了点，秀秀选择了门诊推荐的无痛人流。

下午 4 时 30 分，清宫手术开始了。"一切顺利。休息一下，麻药劲儿过去了就好了。"几位医生对他们所做的手术颇感满意。毛毛的心放下了，他在静静地等待秀秀出来一起回家。

一个小时过去了，秀秀依旧躺在病床上，在毛毛的催促下，门诊医生走进病房，这才发现秀秀已在病床上全无反应了！此时已经是下午 6 时 30 分了，恐慌的门诊医生立即把秀秀送往某人民医院急救。医院诊断结果是，人流术后，脑部缺血缺氧，心肺复苏后，继发性癫痫。秀秀当天就被送进了重症监护室……

两天的治疗没有任何进展，3 月 24 日，门诊医生通知了秀秀的家属，秀秀的父母立即赶往医院。他们无论如何也不能相信，自己活泼可爱的女儿怎么会变成这样！当天，医院再次下达病危通知书，秀秀的父亲含泪在手术单上签了字，秀秀被推进了手术室，切开喉管，依靠呼吸机辅助呼吸，彻底变成了植物人……

一朵含苞待放的花儿就这样枯萎了，秀秀为自己的年少无知付出了惨重的代价。

分析与思考

婚前性行为对于 90 后或 00 后的大学生而言可能已经不是稀奇之事。然而，由于很多落后地区思想保守，长辈对性有关的事情避而不谈，学校性教育内容极其缺乏，而网络上不健康内容泛滥，导致很多学生在对性行为感到非常好奇，他们又无法从正规渠道获取相关知识，致使很多学生（尤其是女生）在校期间因不恰当的性行为而感染上性病，甚至进行一次或多次人流手术。有的隐瞒家长，后悔不已；有的导致不可挽回的后果，令学校与家人无比心痛与惋惜。因此，学校应当全面系统地进行性教育，学生也应当更清楚地了解自己与性有关的生理机制，以及安全措施，学习正确区分网络上哪些是健康正确的性知识，哪些是恶意传播的色情内容，并结合自己的生活实际进行理解和防范。当"禁果"不再被刻意掩盖、躲藏或禁止的时候，"禁果效应"才会消失；只有在学生清楚知晓性行为的含义、后果，以及安全的重要性的前提下，才能为自己的好奇、冲动以及性行为负责。请思考，你如何看待婚前性行为？如果你是当事人，你会选择怎样的方式来面对肚子里的孩子？

一、大学生恋爱心理的特征

校园里的大学生，很多都拥有自己的爱情，但是相当多的大学生没有明白爱是怎么产生的，爱的真谛是什么，就急急忙忙闯入爱情的世界，从而上演了一幕幕爱情的悲喜剧。了解爱情的本质与当代大学生恋爱心理的特征，能够帮助我们更深刻地认识与自身有关的恋爱问题，同时也可以帮助我们理解和处理恋爱中的常见问题。

(一)恋爱行为的公开化

伴随着越来越开放的校园文化，很多大学生认为，爱我就要说出来，要表现出来。宿舍楼下接吻，公共场合亲密接触，以及各种张扬而富有创造力的令人眼花缭乱的表白方式等，都成了现代大学生浪漫恋爱的表现。在未进入大学之前，私下进行的不敢让别人知道的各种行为，在进入大学这个更自由开放的环境之后，都用更张扬的方式表现了出来。

(二)恋爱低年级化

互联网信息复杂而传播迅速，对于恋爱的宣扬却无处不在，学生使用智能通信设备的年龄也在逐渐降低，接触到恋爱文化的年龄也在逐渐降低。学生对恋爱的好奇和渴望逐渐增加，而家长老师的共同压力，使得学生进入大学以后便不再压抑自己的情感。大学生刚入学就谈恋爱的比例逐渐上升。

(三)恋爱态度轻率化

在影视剧或者小说、动漫等流行文化的影响下，大学生恋爱一般不考虑彼此的经济、地位、职业、家庭等问题，而是更看重浪漫色彩、情感性以及自主性。提倡"为爱疯狂""轰轰烈烈的爱情"，但往往缺乏理性和现实层面的考虑，在对待恋爱中遇到的挫折时，很难做出周全的考虑，使得恋爱率高，持续时间短，能够发展到缔结婚姻关系的更是少之又少。研究表明，不少大学生恋爱的原因是"孤独""空虚""寻求刺激""因为他人恋爱，所以我也要试试"等非感情因素，这些都反映了现代大学生恋爱态度的轻率。

(四)性观念开放

大学生对性行为相关的话题逐渐不再忌讳，避而不谈或者谈之脸红等现象也逐渐减少。有研究发现，至少一半的大学生对婚前性行为持理解与宽容的态度。而普遍都认同或者接受"真心相爱，无须指责"的开放观念。而恋爱中的情侣开房或者发生性行为的比例也在逐渐增加。但随之而来的问题是，学校教师和家长的观念还相对封建和保守，性教育方面的脚步落后于学生对性行为的探索，最后酿成了很多悲剧。

(五)新型恋爱方式产生

由于现代社会互联网等多媒体高科技快速发展，恋爱形式也多种多样，很多互联网交友平台产成的新型的交友方式，为新型恋爱的产生创造了条件。例如，"摇一摇附近朋友"可以让陌生人成为朋友；电竞游戏可以让游戏中的玩家或者队友成为朋友，进而产生进一步的感情和交流；也有因各种兴趣爱好而加入贴吧或者 QQ 群等。在互联网的丰富世界中，大学生用户更是占很大的比例，各种新型的恋爱方式也随之出现。

经典实验

配对实验

配对实验出自麻省理工学院著名经济学家丹·艾瑞里(Dan Ariely)的《怪诞行为学 2：非理性的积极力量》。实验结果很有趣，在我们的生活中也尤为常见。

实验人员找来 100 位正值青春年华的大学生，男女各半。然后制作了 100 张卡片，卡片上写了从 1 到 100，总共 100 个数字。单数的 50 张卡片给男生，双数的 50 张卡片给女生。但他们并不知道卡片上写的是什么数字。工作人员将卡片拆封，然后贴在该大学生的背后。

实验规则：

1. 男女共 100 人，男的单数编号，女的双数编号。

2. 编号为 1～100，但他们不知道数字最大的是 100，最小的是 1。

3. 编号贴在背后，自己只能看见别人的编号。

4. 大家可以说任何话，但不能把对方的编号告诉对方。

5. 实验要求：大家去找一个异性配对，两人加起来的数字越大，得到的奖品越高，奖金归他们所有。

6. 被试的目标就是在有限的配对时间里，所有男女都能找到适合自己的异性，争取能凑到最大的总和。实验有奖金作为回报，奖金金额为编号总和翻 10 倍。比如，83 号男生找到了 74 号女生配对，那么两人可以获得 $(83+74)\times10=1570$ 美元的奖金。但如果 2 号女生找到了 3 号男生配对，那么两人只能拿到 50 美元。

实验结果发现：绝大多数人的配对对象背后的数字都非常接近自己的数字，换言之，中国古人说的"门当户对"还是很有道理的。比如，55 号男生，他的对象有 80% 的可能性是 50～60 的女生，两人数字相差 20 以上的情况非常罕见。但也有例外，如 100 号女生的配对对象竟然不是 99 号男生，也不是 97 或 95，竟然是 73 号男生，两人相差了 27！为什么会相差这么多？原来 100 号女生被众多的追求者冲昏了头，她采取的策略是"捂盘惜售"（因为她并不知道 100 是最大值，也不知道自己就是 100 号），她还在等待更大数字的男人，等到大家都配对完毕，她终于开始慌了。于是她在剩下的男生里找了一个数字最大的，就是那位 73 号幸运儿。她最后也尝试过去找 90 以上的男生，但是人家都已经有女伴了，让他们抛弃现有的女伴跟她配对并不现实，何况他们不会为了这点钱而损坏自己的名声。

从中我们还可以总结出很多经验：①因为人太多地方太小，你并不可能跑去看每个人背后的数字。（空间、圈子、地域限制）②你只要看谁边上围着的人多，谁就是数字较大的人，而那些身边孤苦伶仃的人，肯定是数字小的，通过这种方法你可以立刻筛选出目标对象。（多数抉择、光环效应）③小数字的人追求大数字的人一般都很辛苦，因为要大数字的人接受小数字的人总是那么甘心，因此追求方要付出更大的努力才行，但更大的可能性是你再怎么努力，对方也不理你。这场心理学实验完全就是人类恋爱行为的实验简化版。

二、大学生恋爱的常见心理问题及应对

(一)这是爱情吗

对爱情的迷惑是大学生恋爱中常见的问题之一，很多学生不知道爱情是什么，因为懵懂青涩，不知拒绝，或者无法区分友谊与爱情等原因，好像要开始恋爱，又

不确定是不是爱的感觉，因此犹豫不决，难以抉择。

1. 不知道是否应该谈恋爱

如果你心里还存有"该不该谈恋爱"的疑问，那说明还没有自己喜欢的异性，可能只是被他人影响或者有其他诱导因素。所以，当真正的爱情还没有来到的情况下，不必盲目去寻找。

2. 在恋爱的过程中发现对方不适合自己

在对方依然爱自己时，有些学生不知道如何提出分手才不会伤害对方。很多学生刚接触爱情，还不知道什么是爱情，迷迷糊糊就开始了恋爱，但在恋爱过程中却发现，并没有别人说的恋爱的感觉，觉得和对方越来越不合适。在这种情况下，如果一方能够明确意识到彼此不合适，那么尽早提出分手是更合适的选择。当然也避免过于突兀，可以用一些暗示性的语言表明两人不合适。在对方有思想准备的情况下，再提出分手，这样带来的伤害也会少一些。

3. 友情和爱情混淆不清

在大学校园里，男女双方交往的过程中既有可能产生真挚的友情，也有可能产生美好的爱情。然而，由于对异性的依赖、尊重、喜欢与朦胧的爱情等感觉还不能准确地把握，学生常常区分不清友情与爱情的差异。此时，我们可以对照爱情的一些特征进行反思和觉察。爱情的最大特征就是具有专一性和排他性，要达到亲密的层次，还需要性的需求，产生奉献及满足的心理。

总而言之，如果真心喜欢，请大胆说出来；如果明确不喜欢，请勇敢拒绝；如果还不清楚是不是爱情，也可以直接表达"我还不清楚咱们之间是否是爱情，我想可能需要时间"，切忌违背自己的心意，或贪心他人的爱慕而对彼此造成伤害。

(二)恋爱变成了一种工具和手段

当爱情被各种媒体和文化过分地宣扬和歌颂，恋爱成了一种风潮和情商水平的体现。有没有对象，或者是否品尝过恋爱的滋味甚至成了影响大学生自我价值感的重要因素。很多大学生因为身边的朋友找到了伴侣，自己却没有开始谈恋爱而苦恼万分，甚至为此自卑不已，或者出于攀比之心而"想方设法"地找对象。而有些学生则会认为大学生活太无聊而选择通过网恋的方式来找乐子。也有学生失恋之后通过疯狂地找对象来弥补自己的低价值感。恋爱，已经成了一种排解忧愁和寻找价值的手段。

出于这些目的而开始的恋爱很难接触到爱情的实质和美好，大学生在面临困惑和无助时，一定要通过正确的渠道寻求帮助，例如，找朋友倾诉，去运动，或者找班主任或心理老师进行求助。

(三)恋爱错觉与困扰

1. 单相思

单相思是指异性关系中的一方一厢情愿地倾慕与热爱另一方，却得不到对方回报的单方面的"爱情"。它是"投射幻想"的产物，单相思可以分为两种情况：一种是毫无理由的单相思，对方毫无表示，甚至对方还不认识自己，而自己执着地爱对方，追求对方，这种恋爱，是纯粹的"单向"；另一种是在投射心理的驱动下，将对方在无意识中透露出的友好、亲切、热情等都当作对方向自己表达爱意的信号，把双方正常的交往和友谊误认为是爱情的来临，从而坠入单相思的深渊中。单相思是对方并没有喜欢自己，只是个体自身单方面的感情。单相思通常只是青少年在懵懂时期对于美好个体的一种幻想与投射。例如，电影《西西里的美丽传说》中一直仰慕女主角的少年雷纳多。

2. 暗恋

暗恋通常发生在认识的人或者熟人之间，在非常喜欢对方时，却出于种种原因（通常是认为自己配不上对方，或者害怕被拒绝等）无法表白，不让对方知道自己喜欢他/她。其实暗恋者内心又非常煎熬，这种情绪影响到他生活的方方面面。如果真心想要和对方在一起，那么暗恋者需要努力提高自信和自我价值感。每个人都喜欢有人暗恋自己的感觉，如果你能够在这个过程中提高自信，不惧怕拒绝，勇敢表达出来，不管对方是否接受，也能够摆脱煎熬之苦。

3. 三角(多角)恋

三角恋主要表现为两种情况：一是男女双方在确定恋爱关系后出现第三者；二是恋爱中的一方同时与两个及以上的异性建立恋爱关系。但是，不管是以上哪种情况，都会深深伤害到恋爱双方甚至多方，必须及时采取措施进行解决。

(四)一见钟情

"一见钟情"是指短时间内突然发生的爱情。男女双方首次见面，就被对方的仪表或者外在表现吸引，激起了强烈的爱慕之情。一见钟情可能有很多原因，但这至多只是爱情开始的一种方式，真正长久的感情依然会经历前面所述的几个阶段。会产生一见钟情的人通常内心有非常火热与冲动的一面，冲动会让人体会到难以抑制的兴奋，同时也可能会使人跌入无法自拔的痛苦。一见钟情越过了相识相知的阶段，直接飞跃到爱情阶段，一瞬间将感情推向了高潮，其发展方向是令人难以把控的，如俄国大诗人普希金同其夫人。普希金与有莫斯科第一美人之称的娜塔莉亚在舞会上一见钟情而迅速结合，可惜闪电般的结合并没有给他们带来幸福，而是无尽的痛苦，普希金最后为妻子决斗而死，结局令人扼腕叹息。

一见钟情是大学生恋爱中较为常见的现象，一般来说，男生比女生更容易一见钟情。这是因为男生选择对象时往往更注重于女方的外貌长相等外表特征，只要女方外表悦人，他就容易把她的一切理想化；而女生一旦对对方形成"好印象"也很难改变，容易坠入"情网"。但是，一见钟情的浪漫爱情如果没有信任与承诺，激情很快会死亡，因此，面对"一见钟情"，大学生还是要保持冷静的头脑，用理智去控制激情，去了解对方，在进一步的相互了解中检验"钟情"，使之健康发展。

（五）失恋及其调适

失恋是指恋爱过程的中断。失恋往往让人有种无法挽回的丧失感，和重要他人离世的感受是类似的。但失恋往往还伴随着其他情绪，如自我价值感的降低，不再相信爱情等。通常失恋之后，人会在一段时间内陷入抑郁的状态，对生活失去信心，自责，失眠，对什么事都提不起兴趣等，种种不良的情绪会严重影响大学生的身心健康，甚至会导致一系列的社会问题。失恋者可以尝试运用以下方式进行自我调适。

1. 倾诉

失恋者的精神状态较为低落，此时最好不要一个人待着，如果能够主动找好友或者亲人倾诉烦恼，或者通过写日记或书信的形式把自己的苦恼记录下来，或许能够在一定程度缓解心理负担。

2. 转移情感注意力

及时地把注意力转移到其他人、事或物上，不去想自己的伤心事也是一种办法，如听听音乐、看看电影、跳跳舞、打打球、发展密切的朋友关系等。

3. 学会积极的自我暗示

失恋之后，有些人容易习惯性地责怪自己，这样会使自身价值感越来越低。这时应学会积极、合理化的自我暗示来巩固自我价值感，如用"幸亏他（她）现在提出分手，如果结婚后才提出分手，岂不更糟""他（她）不爱我，并不说明我不可爱，只能说明两人的性格和观念不合"等。

4. 使用升华法

古今中外，有不少著名的历史人物恰恰是因为受到失恋的打击后而发愤追求事业，从而创造出了辉煌的成就。例如，大文豪歌德如果不是失恋，也许就写不出《少年维特之烦恼》。因此，把因失恋而产生的挫折感、压抑感升华为奋斗的动力，这对于人的成长是十分有益的。一旦你全身心投入一项更有意义的事业中去时，你定会觉得因失恋而痛苦不堪的往事之好笑和不值一提。

5. 保持理智

失恋其实是对一个人内心的重大打击，容易使人心怀怨恨或不甘，以至做些出格的事情。此时一定要保持理智，做到不报复、不打击、不伤害、不破坏对方的名誉和人格，不破坏对方重新建立生活的努力，这些是一个大学生应有的态度和人格，也是恋爱的重要原则。爱情是人生的重要内容而非全部，因为失恋而毁掉自己或他人生命的行为是万分可惜的。

(六)性的困扰

1. 如何看待婚前性行为

通过课堂调查我们发现，随着性观念的逐渐开放，很多大学生认为如果两个人的感情深入到一定程度是可以发生性行为的。也有学生持反对态度，认为学生时代还没有足够的能力为对方负责，如果怀孕或者发生其他无可挽回的后果，对双方都是一种伤害。

对于婚前性行为，我们应当注意到的一个问题是，这件事对于男性和女性造成的影响是不同的。虽然现代社会越来越提倡男女平等的观念，但实质上男尊女卑的封建思想依然根深蒂固地存在，男性地位似乎依然高于女性。例如，找工作时男性更被偏爱，高层领导中更多的是男性。在婚恋方面，很多男性依然有"处女情结"，男性可能会因为女性不是处女而拒绝她，而女性却极少因为男性不是第一次或者性无能而拒绝男性。因此对于婚前性行为而言，女性应当较之男性更为慎重。如果做好打算发生性关系也要提前了解相关的性知识，做好安全措施。因为女性在发生性行为之后，与男性相比更容易感染性病。因此，要做好充分的准备和自我保护措施，防止不当的性行为造成的严重后果。另外，如果感染上妇科疾病或者未婚先孕，也一定要前往正规医院就医，最好有好友陪同。

2. 无法拒绝或者不知如何拒绝性要求

(1)无法拒绝

很多女生的自尊水平较低，由于从小被灌输"女孩就要有女孩子的样子"这种性别角色认同，使她们养成了女孩子不能表达愤怒，不能跟别人冲突，只能够用哭泣、难过等娇弱的方式来表达情绪。甚至有的家庭重男轻女，父母对于女孩的存在本身就十分不满，导致女生的自我价值感和存在感极低。不论在人际交往还是恋爱中，这些女孩都表现得被动，只是被动接受他人的要求，而缺乏拒绝的能力。她们不知道自己想要的是什么，也不知道他人的要求是让自己开心还是不开心，她们甚至认为别人让我做什么我就做什么，似乎服从才是唯一应该做的事情。这种情况非常容易使她们的身体和心灵遭受双重伤害。

大学生需要不断提高自信和自尊水平，在每件事情上尝试提出自己的想法，表达自己的需要，逐渐辨别自己内心的真实想法，做到这些之后，就可以勇敢地拒绝他人。

(2)不知如何拒绝

也有一部分女大学生自尊水平相对较高，清楚自己喜欢什么样的男生，不喜欢什么样的男生。但是在遇到男生提出性要求时由于初次遇见类似的事情，只是知道要拒绝，但不知具体要如何处理和应对。

面对这种情况，必须坚定立场，采取一定方式保护自己。首先，要理解男友的性要求是正常的生理反应，既不要打击，也不要轻易顺从，而是转移对方的性冲动，如一起去游泳、跑步等。其次，要知道真心相爱，就会尊重彼此。你可以婉言拒绝他的要求，明确地表明自己的态度。如果他因为你没有接受初次性行为而离开你，那么说明他对你缺乏真心，早点离开，反而是件好事。另外，说"不"时要直接、清楚且坚决，而含糊其词、不清楚的信息会让对方误认为是女生害羞的表现，因此，表达信息要明确果断，语气和方法得当，促使认识达成一致，使对方能够理解和尊重你的选择。

最后需要指出的是，男性对视觉和触觉的刺激比较敏感，因此要尽量减少这两方面的刺激量和刺激强度。例如，外出约会，女生不可穿得太过性感；尽量不要在过于隐秘的地方约会等。

三、性安全知识

知识链接

中国人获取性知识的渠道排行

1. 网络(24.5%)

2. 自己在实践中逐渐摸索(24.2%)

3. 读书(17.8%)

4. 与朋友、同事或者同学谈论(10.3%)

5. 毛片(9.6%)

6. 学校学习(8.9%)

7. 影视剧(3.2%)

8. 父母教育(1.5%)

男性获取性知识的渠道排行

1. 网络(29.3%)

2. 自己在实践中逐渐摸索(22.8%)

3. 读书(15.6%)

4. 毛片(11.8%)

5. 与朋友、同事或者同学谈论(10.2%)

6. 学校学习(7.5%)

7. 影视剧(2.1%)

8. 父母教育(0.6%)

女性获取性知识的渠道排行

1. 自己在实践中逐渐摸索(26.1%)

2. 读书(20.6%)

3. 网络(18.0%)

4. 学校学习(10.7%)

5. 与朋友、同事或者同学谈论(10.4%)

(数据来源:《小康》联合清华大学媒介调查实验室,对全国 31 个省、自治区、直辖市的公众进行调查,最终回收有效问卷 1013 份,并得到以上数据。)

性安全主要指在性行为的过程中,采取一定的措施,防止怀孕,同时也减少性病和生殖部位细菌的传播。其中,防止有性行为的女性受孕的部分叫作避孕。

对于女性大学生而言,必须掌握基本的性安全知识,才能更好地为自身安全负责。在了解性安全知识之前,尤其要了解以下几条原则性常识。

①初潮以后,任何一次性行为(性器官接触)都有可能导致怀孕。

②十六周岁之前不宜服用任何避孕药物,最佳选择是使用避孕套。

③紧急避孕药每年使用最多不超过三次,每月使用不超过一次。

(一)避孕的生理原理

受孕的基本原理:两性个体性交后,男性射精,精液积存在阴道内,精液内有大量的精子,精子的存活时间约为 72 小时,活动的精子通过子宫到输卵管壶腹部与卵子相遇、受精,受精卵再经输卵管输送到子宫腔内,并在宫腔内"遨游"2～3 天,寻找合适的落脚点,然后着床,在子宫腔内生长发育直至足月分娩。以上是受孕不可缺少的过程。

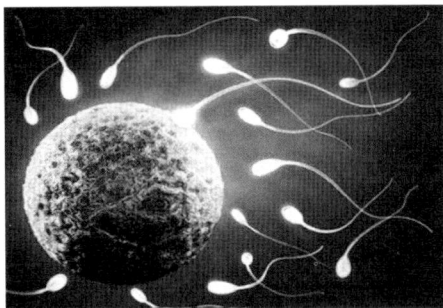

图 9-2　受孕过程

避孕的原理:主要在生殖过程的各个环节对受孕过程进行控制,抑制精子、卵子产生;或阻止两者的结合;创造不利于精子获得生存的女性内部生殖环境,或创造不适宜受精卵着床、发育的子宫环境。常见的避孕方法有:借助手术(放置节育环、结扎等)避孕；运用避孕套、避孕膜、避孕药等工具或药物避孕；运用体外排精、压缩尿道、计算安全期等途径避孕。不同的避孕法的成功率差别较大。

避孕药分内用和外用两类。内用避孕药的主要成分是人工合成的雌激素和孕激素，根据避孕作用的时间长短不同又分为长效、短效和速效三种。避孕药是通过抑制卵巢排卵，使宫颈黏液变稠、干扰子宫内膜发育、改变输卵管蠕动、抑制或杀死精子等几个环节起作用的。

(二)避孕误区

误区一：安全期避孕法很安全。妇产科医生指出，所谓的安全期非常短，一般不足一周，并且排卵时间会因为环境、天气或饮食、情绪等的变化发生前后波动，甚至还会发生二次排卵，安全期的起点、终点很难确定，可以说，安全期避孕法根本不可取。

误区二：偶然一次性生活不会怀孕。这是非常错误的观点，每一次无保护措施的性生活都有可能怀孕。在人工流产的女性中，怀孕前最普遍的观点就是认为怀孕不可能"一蹴而就"，觉得"哪有那么容易怀孕"而存在侥幸心理。

误区三：体外射精可防止怀孕。使卵子受精的精子只需一个，而一滴精液内含有约5万个精子，且在实际情况中，男性的少许精液在射精前就极有可能从尿道口流出。

误区四：使用避孕套性交是"隔靴搔痒"。其"不适感"对女性来说仅仅是阴道与塑胶制品摩擦时稍有的"微辣"感。而对男性的生理感觉更轻微，基本上是心理作用产生的"不适"。正确使用一次性安全套，避孕效果能达到90%以上。

误区五：性交后女性马上排尿、灌洗或上下跳动。尿道和阴道在外阴唇以内是两条不同的通道，尿液是无法冲走精子的；灌洗不但不能有效避孕，还会引起阴道感染。在无保护的性交后，精子会在射精后90秒内到达子宫颈，怀孕的风险不会因为任何形式的身体活动而降低。

知识链接

安全套使用十大误区

一份由世界卫生组织公布的最新调查显示，全世界每年有2600万～5500万人次人工流产，同时，有数以亿计的人感染某种性病。其实，只要性爱过程中正确使用安全套，这些问题完全可以避免。近日，金赛性学研究所通过对14个国家50项安全套的研究报告进行分析，总结出了全世界最常见的安全套使用误区。

误区一：使用前就把安全套展开。绝大多数安全套都呈环状，使用时套在勃起的阴茎上再慢慢展开。但有些人使用时会先用手展开安全套，这会使其出现多余皱褶，戴起来困难、易滑落。

误区二：戴套太晚或太早。接近半数人觉得阴茎不进入阴道就是安全的，他们会先与伴侣有性器官的接触，等到实质性爱、甚至想射精时才使用安全套，这十分危险。还有一些人早早戴上安全套但没有性交，这会使安全套表面干燥而不易进入阴道。最好的时间是经过双方爱抚，兴奋程度提高，开始有性器官接触前戴好。

误区三：没有把安全套前端的空气排空。安全套顶端的储精囊会存留空气，如果戴套前不排空，很容易导致安全套破裂，还可能导致储精囊空间不够。正确的做法是，延展安全套前用手指轻轻一捏，除掉里面空气。

误区四：安全套太紧或太大。安全套也有型号，采用过小或者过大的安全套，不仅会影响性快感，还可能影响勃起功能，发生破裂或者脱落。建议选购前先简单测量下，再根据感受调整型号。

误区五：用错了正反面。激情时刻人们很容易忽略正反面，结果导致佩戴者不舒服，性爱时容易滑落。一些安全套有区分正反的标志，只要稍加留意就能避免。

误区六：越薄越能延长时间。超薄、浮点、香味等功能安全套越来越受欢迎。事实上，对于那些射精较快、上了年纪的男性来说，应该用厚一些的安全套，有利于控制射精，延长性生活时间。不要过于迷信浮点带来的刺激功能，香味也可能引起过敏。

误区七：用牙齿撕开安全套包装。有些人会用牙齿撕开安全套包装，觉得这样充满挑逗，但这容易导致乳胶破裂，出现缝隙。此外，还要避免用指甲或者其他有尖的工具打开安全套包装。

误区八：用错了润滑剂。安全套配合润滑剂使用会更加舒适，但使用油性基质的润滑剂会使乳胶降解，降低安全套的强度。可以选择有润滑功效的安全套或使用水溶性润滑剂。

误区九：阴茎的撤出时间不当。约31％的男子和27％的妇女承认撤出太迟，阴茎完全疲软后再撤出，安全套容易脱落在阴道内。

误区十：错误存放。安全套也有保质期和存放条件，如果把它放在过热的环境、阳光直晒的车里，都会降低安全套的寿命。所以要把安全套放在干燥、避光、私密的地方。

任务三　培养大学生正确的恋爱观

暖身活动

姑娘与水手的故事

一艘船在海上遭遇了暴风雨。船上有五个人幸运地被两艘救生艇救起。一艘救生艇救到了一位老人、一个姑娘和一名水手；而姑娘的未婚夫和她的亲戚则被另一艘救生艇救起。但很快，两艘救生艇被风浪打散了。姑娘乘的救生艇漂到了一个小岛上，另一艘救生艇不知去向。姑娘千方百计地寻找未婚夫，但连续几天，只有茫茫大海，一点儿人的踪迹也没有。有一天，天气晴好，姑娘看见远处有一个小岛。她请求水手带她去另一个岛上寻找未婚夫。水手表示，救生艇坏了，去那个岛很危险，如果姑娘答应和他过一夜就修好艇带她去。姑娘无比焦急与困扰，去找老人商量说："我很为难。请告诉我，我怎样与水手做才好呢？"老人说："我实在不能帮你判断，按你自己的心愿去做吧。"姑娘寻夫心切，万般无奈答应了水手的条件。第二天，水手带着姑娘向那个小岛划去。姑娘很快在岛上找到了未婚夫，两人相拥而泣。姑娘在未婚夫温暖的怀抱里纠结是否要告诉实情，最后她决定说明情况。未婚夫听后大怒，一把推开她，转身跑了，并大吼"我不想再看到你"。姑娘伤心地边哭边往海边走。这时，未婚夫的亲戚拉住她，拍着她的肩膀说："刚才的情况我都看到了，我再找机会跟他说说。"并让她来对故事中的人物（姑娘、水手、老人、未婚夫、亲戚）按好感从多到少排序。

讨论：

1. 你的排序和原因。

2. 你如何看待水手、未婚夫的行为？

3. 什么是真爱？性与爱的关系是什么？什么是贞洁？怎样的性行为才是道德的？

情境导入

小洁是一名大一女生，从小家人就对她的要求非常严格，上高中之前母亲从不允许她谈恋爱，甚至不让她与男生说话，更别说交朋友了。上大学之后，别人都出双入对地谈起了恋爱，而小洁依然对男生没有任何兴趣，只跟女生朋友玩。隔壁宿舍有一位女生小张，打扮得就像男生似的，短头发，穿着也是非常中性化，小张公开宣布自己是同性恋，喜欢女生。她很幽默，能够逗女生开心，在班里人缘很好，对每位女生都非常关心。然而，最近小洁却发现，她的内心会被小张牵动着。她非常在意小张晚上有没有回宿舍住，如果没有的话，小洁整晚上都睡不着；同样，每当她看到小张跟别的女生关系很亲密的时候，她心里就说不出的难受；平日里她跟小张通常是"互怼"的模式，很容易就打闹起来。然而这段时间，她却发现自己会因为小张说过的某些话感到伤心，反复纠结很久；上课也没有心思听讲，有时候做梦都会梦到小张……

她发现自己越是这样为小张动心，自己就越纠结，难道自己也是同性恋？那我应该怎么办呢？小张喜不喜欢我呢？我要不要告诉她呢？万一我表白了，而她不喜欢我怎么办呢？想着想着，小洁内心的焦虑就越来越强烈。她感到迷茫，不知道自己究竟是不是同性恋，这样好不好，要怎么办；同时她也很害怕，害怕如果表白了就真的会失去小张，连朋友都做不了了，而自己的自尊心也会大大受损，以后抬头不见低头见，要怎么办呢？刚上大一的小洁陷入了深深的痛苦与挣扎之中……

分析与思考

同性恋在现代社会中备受关注，出现的比例也越来越高。案例中的小洁，因为家庭原因，母亲不让她跟男性说话，不让她早恋，而小洁又非常听话，到了大学阶级随着恋爱的萌芽觉醒，小洁的恋爱方向自然就偏向了具有男性化特质的女性。小洁需要针对性取向问题进行咨询和心理疏导，首先了解小洁对于女性的喜欢是怎样的感觉，是否与青春期的自尊心或者家庭因素有关。排除了家人的压力和意愿之后，如果小洁不再喜欢女性，则可能是家庭原因作用于青春期所致的暂时偏差；反之则需要进一步向相关人员进行咨询，了解自己的性取向与相关信息和知识。大学也是很多学生开始恋爱和性行为的重要时期，此时认清自己的性取向是非常重要的事情。有困惑的学生可以找心理咨询师或同志中心的志愿服务人员进行咨询或了解相关信息。请思考，如果你是小洁，你会怎么做？你如何看待同性恋？

一、成熟爱情需要的条件

（一）相对成熟的心理发展

大学生的情绪波动比较明显，情绪不稳定、挫折承受能力弱反映出大学生不成熟的心理状态。大学生在心理发展不成熟的情况下谈恋爱，容易将爱情简单化、片面化、理想化和浪漫化，并出现许多令人担忧的问题，如精力投入过多，影响学业；恋爱受挫时不能自拔，进退两难；恋爱中因嫉妒等情绪波动大，影响正常生活等。因此，相对成熟的心理发展水平是当代大学生恋爱的必备条件。

（二）相对稳定的人生观

恋爱是在对方的眼中看见了自己，或者说两人三观相同，聊得来。其实人们通常说的三观，就包括个体的人生观。人生观是对人生的看法和认识，影响着我们对人生的态度，同样影响着我们的恋爱关系。如果你自己的人生观都没有形成，或者极不稳定，那你又如何知道谁跟你合适呢。

（三）相对扎实的专业基础

相对扎实的专业基础是自身价值的有力考量，更是未来就业竞争中的重要砝码。只有认可了自身的价值，具有扎实的自信与自尊，在就业中有一技之长，才能够拥有稳定的恋爱关系。

（四）相对丰富的社会阅历

有的大学生社会阅历少，挫折承受力弱，对爱情的分析和判断容易出现偏差，对恋爱对象和爱情结局抱有不切实际的期待，容易上当受骗，在被不怀好意的人玩弄感情后产生报复心理甚至开始游戏人生，所有这些，都与大学生社会阅历欠缺有关。因此，相对丰富的社会阅历也是成熟爱情的重要条件之一。

（五）一定的经济条件

小说中的爱情是很难存在于现实生活中的，在马斯洛的需要层次理论中，爱与归属的需要排在第四位，而更基础更迫切的需要是衣食住行、安全的需要以及被尊重的需要。因此，爱情是离不开"面包"的。没有物质基础的爱情很难维持长久。从这个角度讲，爱情是一种奢侈品，一定的经济条件必不可少。

二、培养大学生恋爱的能力

爱是建立在双方平等与相互尊重的基础之上的，是对我们所爱的人的生命和成长的积极关心，因为寂寞或者攀比而寻求的关系不是真正的爱情。爱的能力不是与生俱来的，是在社会生活中逐渐成长起来的。这种能力包括施爱的能力、接受爱的能力、拒绝爱的能力与维护爱的能力。爱的能力要求恋人始终保持高度的理性与对关系的觉察，对突发问题的处理，而非盲目地跟着感觉走。

爱的能力是指和他人建立互信、平等、亲密关系的能力，它对人的一生发展有着重要的意义。只有具备爱的能力才可以真正体验到生活的快乐和幸福。为了更好地爱，我们首先要塑造自己，培养爱的能力。

（一）鉴别爱的能力

爱情具有排他性，爱情包括激情、亲密与承诺。单纯的好感不构成爱情，好感是爱情的前奏，但它不一定会发展成爱情；喜欢也不是爱情，喜欢常常是暂时的、脆弱的，不会有承诺的冲动，而爱情则是一种炽热又深沉、强烈又持久的感情，它使恋爱着的双方想用承诺把彼此牢牢地维系在一起。友谊也不是爱情。泰戈尔曾经说过："友谊意味着两个人和世界，然而爱情意味着两个人就是世界"。友谊是一种亲近关系，而爱情是一种亲密关系。爱情具有排他性和封闭性，是异性之间专一的、忠贞不渝的感情，不容许第三者插足。友谊可以发展为爱情。

（二）拒绝爱的能力

面对他人的追求，当你不准备接受时，一般应当在不伤害对方自尊心的情况下，委婉地拒绝。如果对方进一步追求，而你无论如何也不可能接受对方的爱情，那就应该明确地拒绝，不要态度含糊。千万不要因为怕伤害对方，或者是为了自己的虚荣心，而在没有爱情的情况下，盲目接受对方的爱，因为这不但会伤害对方，对自己也是一种伤害。

图 9-3　学会拒绝

在拒绝求爱时，有以下几个技巧。

1. 言辞委婉而明确

对那些非拒绝不可的求爱，措辞语气既要诚恳委婉，又要肯定明确，不能使用让对方存有某种希望的语气，不要拖延时间，讲明这不是对方的错，只是因为自己不能接受。

2. 适当的安抚与解释

如果有必要，与对方在适当的场合开诚布公地谈一谈，耐心地倾听对方的感受，也向对方道出自己的无奈。

3. 书信代言

书信比面谈有着更大的缓冲余地，措辞也更冷静得体。如果对方感情脆弱，可以写封信给对方，陈述不能相处的原因，心平气和地说明情况。

拒绝的一方，要注意以下几点：一是选择恰当的时机；二是使用策略；三是清晰地说明原因；四是不逃避责任；五是不拖泥带水。被拒绝的一方，要注意控制自己的情绪，不可自暴自弃，也不可死缠烂打，更不可意气用事，寻求报复。

(三)迎接爱的能力

很多大学生在遇见自己喜欢的人，或者有自己心仪的人对自己表白时，没有勇气开始和迎接一段感情。他们总有很多顾虑，担心会受伤，担心父母不允许，或者担心美好的东西不复存在等。其实，在很多事情开始之后自己才能够有所成长，在遇到之后才会想解决办法，在亲身经历之后，才能够印象深刻，成为自己的人生阅历的一部分。所以，如果你真心被某个人牵动着，请跟随你的内心，勇敢为自己争取，也勇敢地为恋爱双方承担责任。还有的学生对恋爱和亲密关系感到厌恶和排斥。这就需要寻找根源，通常过于严厉的家庭教育环境有可能导致这种情况的发生。

(四)发展与维护爱的能力

恋爱是人生一次重要的成长机会。在正确的恋爱观、合适的恋爱对象、理智的恋爱方式引导下，我们的人格可以发展得更加成熟，甚至获得再造。在恋爱关系的矛盾期，我们会遇见很多问题，这些问题都需要我们一个个解决。在这个过程中需要我们有对关系的把控能力和觉察能力，觉察到问题之后，及时地通过恰当的方式彼此沟通，寻找对策，在不断产生矛盾又不断找到解决方法的过程中，维护好这段亲密关系，同时如果能够成功地发展与维护亲密关系，对大学生自我价值感的提升也有着积极作用。

(五)提高恋爱挫折的承受能力

大学生的恋爱受多种因素的制约，在追求爱情的过程中遇到各种挫折是在所难免的，恋爱挫折对大学生的心理承受能力就是一种考验。在恋爱中被人喜欢和肯定，对于自我发展是很好的机会；如果被拒绝，被嘲笑，则会给自己的内心带来极大的打击。如果能够顺利面对和承受在恋爱中所遇到的重重困难和挫折，那么就会有利于大学生提高自身的心理健康水平。

课堂活动

痴汉表白公主

从前有一个国王，国王的女儿貌似天仙，才艺精湛，文武双全。等到女儿二十岁生日时，国王大宴天下，宣称要为女儿招驸马。在这个宴会上，喜欢国王的女儿，想要成为驸马的男子需要通过一道考验，那就是向国王的女儿表白，如果男子的表白能够打动公主，则算作通过这道考验。

活动道具

两朵纸折花

活动过程

在这个游戏中，需要先在班里选一位学生做公主，可以是女生，也可以是男生。而其他同学则是参加宴会，想要做驸马的人。

教师请公主上台，手拿纸折花。并请台下的每组同学选派两个痴汉上台做出最情深意切的表白。

公主凭借对方的表白内容、语气、行为举止和态度，判断他是否是情深意切的。如果自己被感动，则会把手里的纸折花交给这位痴汉。

公主一共只有两朵纸折花，因此在所有上台表白的痴汉中，她只能选择两人，获得公主的认可。这两人所代表的小组获得胜利。

注意事项

表白方式有很多种，可以唱首歌、跳支舞，或者为公主做一件事（但不可有过于亲密的肢体接触），目的是能让痴汉感受到痴汉的感情和爱。

活动评价

此游戏为了锻炼学生大胆表白，说出自己的情感和想法。通过各种方式来表达内心的情感，在一定程度上，突破学生对于情感的压抑畏惧之感，促进学生情感与恋爱心理的健康发展。

① 心理测验

斯滕伯格的爱情三角量表

请完成以下量表，确定你与爱人之间的感情，哪一个成分含量最高。以下共有45句描述，用1～9来表示你对每一句描述的赞同程度，1表示"完全不同意"，5表示"一般"，9表示"完全同意"。

亲密成分

1. 我很支持爱人的幸福。

2. 我和爱人之间关系很好。

3. 在我需要时，我很信赖爱人。

4. 爱人也能在需要时信赖我。

5. 我愿意和爱人分享我自己以及我拥有的东西。

6. 我从爱人那里得到许多情感支持。

7. 我给爱人许多情感支持。

8. 我和爱人沟通良好。

9. 在我的生活中，我非常看重爱人。

10. 我感觉与爱人亲近。

11. 我和爱人之间的关系让我感觉舒服。

12. 我感觉我真正理解爱人。

13. 我感觉爱人真正理解我。

14. 我感觉我能真正信任爱人。

15. 我可以向爱人分享我自己内心深处的个人想法。

激情成分

16. 只要见到爱人就会让我兴奋。

17. 我发觉一整天我都会频繁地想到爱人。

18. 我和爱人的关系非常浪漫。

19. 我发现爱人非常具有个人魅力。

20. 我认为爱人很理想。

21. 我无法想象另一个人可能会带给我爱人带给我的快乐。

22. 和其他人相比,我更愿意和爱人待在一起。

23. 没有什么比我和爱人之间的关系更重要了。

24. 我特别喜欢和爱人保持身体接触。

25. 在我和爱人的关系中有一种"魔力"的东西。

26. 我崇拜爱人。

27. 我不能想象我的生活中如果没有爱人的状况。

28. 我和爱人的关系充满激情。

29. 当我看到爱情题材的电影和书时我都会想到爱人。

30. 我对爱人充满了激情。

承诺成分

31. 我知道我关心我的爱人。

32. 我保证我会和我的爱人保持关系。

33. 因为我已经对爱人做出了承诺,我不会让其他人干扰我们的关系。

34. 我相信我和爱人的关系是稳定的。

35. 我不会让任何事情干扰我对爱人的承诺。

36. 我期望我对爱人的爱一直到永远。

37. 我会常常感觉对爱人有强烈的责任感。

38. 我认为我对爱人的承诺不会变化。

39. 我无法想象我与爱人关系结束的情景。

40. 我能确定我对爱人的爱。

41. 我认为我和爱人的关系会长久。

42. 我认为我和爱人的关系是我做出的一个好决定。

43. 我感觉对爱人有一种责任感。

44. 我打算继续和爱人保持关系。

45. 即使当与爱人很难相处时,我也会维持我们的关系承诺。

评分标准

首先,把你每个成分(亲密、激情、承诺)内的每道题的分数加起来,再将每部分的得分除以15。此时,每个分量表都会得到一个平均分,可以通过这三个分量表的得分比来衡量自己在爱情三个方面的权重。这个权重会随着时间和事件的发展而不断变化。

(拉瑟斯等. 性与生活:走进人类性科学. 北京:中国轻工业出版社,2007:158。)

🖥 心理影院

西西里的美丽传说

在心灵层面上，《西西里的美丽传说》是一部深刻描绘了人性的阴暗面和光明面的大作。影片刻画了一个少年于风云动荡、鸡飞狗跳的年代里性意识的萌动和发展，阐释了男性心目中的女性意象"阿尼玛"是如何作用于少年成长的。

"阿尼玛"是分析心理学中的一个基本概念，也有人称之为"灵魂的原型"。在荣格看来，所有人的身上既有男性的一面也有女性的一面。阿尼玛的原型在男性身上，表现为一个完美的女性形象，是灵魂原型的外在投射。这些特质会决定我们和异性的关系。

毫无疑问，玛莲娜就是少年雷纳多的"阿尼玛"，就是雷纳多心灵的投影。她一出现，就成了雷纳多的世界的中心。最开始雷纳多本打算加入年长孩子的团体，却因为这个团体，雷纳多第一次见到了玛莲娜，由此生命发生了转折。13岁的雷纳多刚刚进入青春期，他本来想寻求的是来自同龄伙伴的认同，可是只一秒，玛莲娜款款走来，这个孤傲、清灵、性感的女子，是如此婷婷娉娉，摇曳生姿。她只是安静地走着，这姿态却成了雷纳多接下来的日子里唯一的守望。从此，除了她，其他的都不再重要。他跟踪，偷窥，盗窃，也祈祷，竭尽所能地要靠近他的"阿尼玛"。他深深地迷恋着她，思念每分每秒不停歇。他追逐着她的身影穿过大街小巷，日日夜夜守候在她家门口，买来她所播放的唱片闭目畅想。每个经历过初恋的男人，看到这里，都要会心一笑。在鸿蒙初开的青春岁月里，了解"阿尼玛"，接近"阿尼玛"，在幻想和现实中与"阿尼玛"建立关系，是很重要的事情。

然而故事又发生了峰回路转的变化。在性幻想之后，阿尼玛通常还和救赎联系在一起。需要救赎的公主，出现在很多神话里，她们很明显是指代着"阿尼玛"。对于男性而言，青春期的任务在神话故事里被象征性地表达出来：他们要经受考验和磨难，进行战斗，为自己争得立足之地，并赢得一位新娘。新娘就是他的"阿尼玛"。

而在现实世界中，玛莲娜真的蒙难了。这个有着惊人美貌的女子突然成了寡妇。玛莲娜的美丽是她的原罪，在丈夫的死讯传来之前，独居的她举手投足间偶然流露的风情以及几乎与世隔绝的神秘生活态度，就让她饱受男人的垂涎、女人的嫉恨。而从不幸的那天开始，男人的觊觎、女人的敌视公开化了，闲言碎语甚嚣尘上。雷纳多想做点什么，可他根本无能为力。他还是尽了些力，如向他们的杯子里吐口水，皮包里撒尿，打碎诋毁者屋子的玻璃，还去教堂做了笔交易，为玛莲娜和自己祈祷。虽然这一切都和玛莲娜无关，他的保护太过微弱，他的善意也显得很幼稚，但却是这个孩子能做的最接近英雄的事。接下来的日子就更糟糕了。目睹了玛丽莲如何被人欺负、遭人凌辱的雷纳多哭了，泪水沾湿了他的睫毛。这种哭泣是男人第一次认识到自己的无力感而产生的悲鸣。受伤害的"阿尼玛"对成长具有催化作用。这个时候，扭曲的镜像被打碎了，男人被拽回到现实世界中，他做不了拯救她的英雄，他只能正视自己的弱小与无能。

最糟糕的日子终于来到，法西斯撤退了，女人们对玛莲娜积蓄已久的嫉妒与恨意终于有了恰当的借口爆发出来。她们如豺狼般涌上，踢打撕扯着玛莲娜，剪去她的头发，剥光她的衣服，而男人们却为求自保，保持着沉默。光天化日下，人性的阴暗面竟能如此肆无忌惮。雷纳多惊慌失措，他的"阿尼玛"被如此亵渎，他还是依旧无能为力。这个时候的这种无能为力更为沉重，浸染其间的是深深的悔恨和浓浓的内疚。最后的救赎，是发生在黎诺回来之后。当所有人都在不怀好意、刻意隐瞒的时候，雷纳多长期以来坚持不懈的追逐终于有了个恰当的理由。他告诉黎诺玛莲娜的下落，成全了"阿尼玛"的幸福。这种成全是全然自觉而甘愿的，尽管他没有勇气直接面对黎诺，却在信的末尾署上了自己的名字。这一举动非常重要。他也许没能成为那个为她披荆斩棘的英雄，但是他毕竟还是完成了对自己男性身份的认同，成长为一个有作为、能担当的男子汉。他的作为和担当来得恰如其时，没有想象中的光辉，却有一种沉静的力量和久而弥笃的深情。

阅读经典

男人来自火星 女人来自金星

男女两性之间，永远存在这样或那样的差异。情感中的矛盾也往往因相互不理解所致。而这本书的作者以男女来自不同的星球这一新鲜、生动、形象的比喻作为他的全部实践活动的理论支撑点，说明了男人和女人无论是在生理上还是心理上，语言上还是在情感上，都是大不相同的。了解这些差异在很大程度上促使我们相互理解、化解和避免不必要的矛盾。这本书对于刚刚接触恋爱的大学生而言是非常好的两性情感教材。

海蒂性学报告

《海蒂性学报告》非常有名，其中最先出版的《女人篇》和《男人篇》在美国引起巨大轰动和强烈反响，并在世界范围内引起广泛关注，至今已被译成18种文字。该研究报告在男性和女性的性行为、性高潮，以及男女性的性生活和性体验上的差异等方面进行了非常详细而全面的描述，其报告基于大量数据的支持，可信度高。其中涉及的内容也是平时在教学过程中很少涉及的性知识。对于好奇心强，激素水平较高，但又不知何处寻觅健康性知识的中高职学生而言是很好的性教育书籍。

 **参考文献**

[1]拉瑟斯等．性与生活：走进人类性科学[M]．甄宏丽等译．北京：中国轻工业出版社，2007：158.

[2]艾瑞里．怪诞行为学2：非理性的积极力量[M]．北京：中信出版社，2010.

[3]汪海燕，马奇柯．高职高专学生心理健康指导[M]．北京：高等教育出版社，2009.

[4]王峘．电影中的心理寓言[M]．北京：中国轻工业出版社，2011.

[5]李小融．"十二五"职业教育国家规划教材：高职高专学生心理健康指导（第二版)[M]．北京：高等教育出版社，2015.

[6]南岳，陈德奎．新编大学生心理健康教程[M]．上海：上海交通大学出版社，2016.

模块十 网络心理

21世纪是数字化、信息化的时代，人们对互联网的使用频率之高、依赖之深是前所未有的。互联网以出人意料的速度迅速渗透人类生活的各个领域，延伸到世界的各个角落，以从来没有过的威力深刻地改变着人类的生活，影响着人类的行为。伯顿曾说："凡是上帝有一所庙宇的地方，魔鬼也会有一所礼拜堂。"互联网就像是一把锐利的双刃剑，有其利也必有其害。人们在享受互联网带来种种便利的同时，其负面影响也悄然影响着大学生的生活。网络暴力、网络赌博、网络涉黄、网络欺诈等负性词语经常成为各大新闻报道的关键词，令人触目惊心。而大学生过度依赖网络、沉迷网络游戏、滥交于互联网的报道也不绝于耳。因此，了解互联网与大学生心理健康的关系，了解互联网对大学生心理健康的影响，至关重要。

学习目标

1. 多维度了解互联网对大学生心理健康的影响；掌握大学生常见的网络心理障碍的种类、成因以及调试的措施；了解互联网对大学生生活方式的影响。

2. 学会评估和调整自我对互联网依赖的程度。

3. 学会分辨网络中积极和消极的内容，养成良好的上网习惯。

案例导入

大学生小李，是一个内向而害羞的男孩，在日常的学习和生活中比较低调，不爱参加集体活动，在宿舍也比较沉默寡言，朋友不是很多。但是自从高中接触网络以来，他似乎发现了一个全新的世界。在网上他广交朋友，与网友聊天时思想活跃、思维开阔，还幽默善辩、妙语连珠，常常逗得对方哈哈大笑。但是，近段时间，他发现自己越是在网上健谈，享受网友的崇拜，在现实生活中就越不敢开口说话，连看对方的勇气都没有。"网上的我"和"网下的我"如此截然不同，让他对自己产生了怀疑：到底哪个才是真正的我？为此，他非常苦恼，甚至彻夜难眠。

分析与思考

互联网是一个开放的世界，人们通过各种聊天工具，与形形色色的人交流。在互联网上，人们可以在隐匿的状态下、毫无压力地表达自己的观点、思想。小李就是这种情况，因为没有压力，他可以思维缜密，可以变得健谈。但是在现实生活中，由于性格、环境的因素，他不能敞开心扉、畅所欲言。"网上的我"与"网下的我"没能达到统一，也就是说，在互联网的影响下，小李的人格发生了变化。这种情况在大学生中常有发生。小李应该尝试融入现实的群体中，渐渐摆脱互联网的负面影响，使"网上""网下"人格达成一致。

互联网是一种强有力的工具，大学生应如何使用它，才能利大于弊呢？

小寄语

科学是一种强而有力的工具。互联网究竟是给人类带来幸福还是带来灾难，全取决于自己。

任务一　互联网与大学生心理健康

暖身活动

小体验

活动目的

通过活动，让学生真切地体验到长时间上网对身体带来的危害，提醒学生要合理安排并控制上网时间。

活动过程

体验鼠标手：长时间压迫食指、中指、无名指，体验麻木、刺痛或灼烧样痛。

体验长时间面对电脑屏幕带来的眼睛干涩：十秒钟不眨眼，请近视的学生谈谈眼镜给生活带来哪些影响。

体验颈椎痛：脖子疼、僵、硬，恶心，头晕、手麻、胳膊麻。

注意事项

请学生认真配合，积极参与。

情境导入

共享经济：未来生活新方式

上班、下班出门后顺手打开手机 App，共享汽车、共享单车，解决"最后 N 公里出行"；闲暇想出去娱乐一下，搜一下共享 KTV；玩着玩着手机没电了，就找一部共享充电宝充；想打篮球就点击一下共享篮球……"共享"正在构建我们新的消费习惯和生活方式。

未来，共享经济不仅改变社会的生产方式，还将颠覆人们的生活方式。一方面共享经济改变着社会生产方式，正如李开复所言，"世界最大的出租车提供者没有车，最大的零售者没有库存，最大的住宿提供者没有房产（优步、阿里巴巴和 Airbnb）"。

可以大胆预言，在不久的将来，可能你一天要做的事就是：起床后，在网站上挑选一个任务。在共享经济模式下，人们实现了对食物、汽车等实物的交换，甚至对技能、智力、时间和空间的交换。

分析与思考

互联网的出现，使人们传统的生活方式发生了深刻的变革。这种全新的网络生活方式既是一种进步，但也伴有各种弊病。如何扬长避短，是当代大学生面临的巨大挑战。

一、认识网络

我们生活在一个"无网不欢"的年代，网络自诞生起深刻地改变了人们的生活。我们在享受着网络带来的便利的同时，我们对它的了解又有多少？

（一）什么是互联网

互联网（Internet），又称网际网络，或音译为因特网，是网络与网络之间所串连成的庞大网络，这些网络以一组通用的协议相连，形成逻辑上单一巨大的国际网络，将全世界计算机网络互相联结在一起。1969 年，斯坦福大学和加州大学洛杉矶分校的计算机首次连接在一起，标志着互联网的正式诞生。

1987 年 9 月，我国第一封电子邮件"Across the Great Wall，we can reach every corner in the world.（越过长城，走向世界）"成功地发往德国，自此拉开了中国人使用互联网的序幕。1994 年，中国全功能接入国际互联网，从拨号上网，到 3G、4G 的广泛应用，人们的生活方式产生了深刻变革，进入了全新的媒体时代。2008 年，中国网民总人数跃居世界第一。

经过几十年的发展，互联网已经深刻改变了人们的生活方式、行为方式甚至认知方式。在互联网的大潮里，年轻人是当仁不让的弄潮儿，网络是他们的学校、图书馆、交友的场所、游戏的乐园。中国互联网络信息中心(CNNIC)发布第 42 次《中国互联网络发展状况统计报告》。报告显示，截至 2018 年 6 月，我国网民规模达8.02 亿，互联网普及率达到 57.7%，网民通过手机接入互联网的比例高达 98.3%。

我国网民规模继续保持平稳增长，互联网模式不断创新、线上线下服务融合加速以及公共服务线上化步伐加快，成为网民规模增长的推动力。报告显示，学生已占到全国网民总数的 24.8%。

(二)网络的特点

1. 开放性与平等性

开放性与平等性是互联网的基本特征。互联网是一个开放的系统，只要有硬件的支持，任何人都可以随时随地上网，平等地享受互联网的服务。而且，互联网的开放性越强，平等性越高，互联网的生命力也就越强，作用发挥得也就越大。

2. 虚拟性与隐蔽性

互联网是一个庞大的屏风，遮住了交往的主体，虚化了沟通的环境。在网络空间中，人们可以隐去自己真实的名字、信息、个性等，在虚拟的世界中扮演着各种角色，而不用负任何责任，或者有任何心理负担。

3. 迅捷性与多元性

发达的互联网技术，将整个世界用网络串联起来，于是，人们获取信息更为迅捷，沟通更为便利。而由于互联网打破了国界与地域的限制，各种文化、信仰、观念在此碰撞、融合，而铸就了网络的多元性。

4. 独立性与个性化

在互联网上，每个人都是拥有自己领域的国王，正所谓一网一世界。在这个世界里，他们虽与外界交融，共享信息，但他们更是拥有独立意识的人，无时无刻不张扬自我、突显个性，创建着特色鲜明的个人世界。

二、网络与大学生的生活

目前，在校大学生上网率高达 90%，是网络活动的主体。他们的生活方式因而也从传统的现实社会向网络社会跨越与融合，并形成了一种全新的网络生活模式。

(一)网络学习

书本、课堂、老师、教室、学校，这些是传统的学习方式中不可或缺的元素。而互联网的崛起彻底打破了这种学习方式。在互联网大环境的推动下，教育紧跟时代的步伐，形式多样、内容丰富的在线学习方式应运而生。从网上搜索信息到下载学习资料，从慕课到微课，从 E 学大到翻转课堂，从在线教育到各种学习 App，这些互联网＋教育、互联网＋学习的方式，无一不活跃在学生的学习领域中。一台电脑、一个平板或者一部手机，只要是能够连上网络终端，互联网学习就可以开始。网络的学习方式虽然没有颠覆传统的学习模式，但作为传统教育的一种必要补充、一种革新的教学手段，正广泛地被学校、老师、学生认可。

(二)网络社交

互联网为内心空虚、迷茫的大学生提供了一个五彩缤纷的社交大舞台。他们通过各种网络平台、网络通信载体，大肆地拓宽网络朋友圈，结交世界各地、文化各异，但却兴趣相投、爱好相似的朋友，彼此间进行情感、思想、信息等方面的交流。大学生的网络社交不仅仅只停留在狭隘的聊天软件上，还拓展到诸如新浪微博、天涯社区、知乎、豆瓣、人人等社交网站上。在信息时代，大学生社交方式多而广，具有鲜明的"数字化"特征。

(三)网络娱乐

作为大学生，他们考入大学的目标已经得以实现，但新的目标还未确立，于是出现了生活的空窗期。同时他们对自己的课余时间没有合理的规划和安排，所以，一般都是随心而定。而互联网为大学生提供了丰富、便捷而又低廉的休闲娱乐方式，音乐、电影、电子书、网络小说、视频、游戏等，都是极受大学生欢迎的。客观地讲，这些娱乐方式在某种程度上丰富了大学生的课余生活，但是也诱使一部分自制力差的大学生产生网瘾，使他们荒废了学业，走向了痛苦的深渊。

(四)获取信息

据有关调查报告显示，大学生网络使用排在第一位的应用是信息查询。可见，互联网已经改变了大学生信息查询的途径。这是因为互联网是开放的信息源，而且涉猎面极其广泛。此外，在互联网上查阅信息便利、省时，自然成为大学生获取信息的主要渠道。

(五)网络消费

2017 年 5 月，来自"一带一路"沿线的 20 国青年评选出了中国的"新四大发明"：高铁、支付宝、共享单车和网购。其中与网络经济生活相关的就占了两项——支付宝和网购。可以说，互联网经济是信息网络化时代产生的一种崭新的经济现象。在网络支付的推动下，大学生的消费呈现多元化。从购买书籍、衣物、美食、生活必需品到购买电子车票、数码产品、音像制品再到打车、旅行甚至生活缴费、网游充值等，都可以通过网络支付完成交易。而且，他们更将 Buy＋（败家）理念推向高潮，以"剁手族"的姿态每天买买买。同时，攀比之心和"用明天的钱买今天的单"的消费理念已经植根于大学生的内心，从根本上改变了他们的消费观。所以，他们不再局限于既有的生活费，还将目光放到了各种分期付款和贷款上。比如，支付宝上的花呗、京东上的白条等，都是大学生常常使用的工具。然而，不理性的消费观滋生的是不理性的行为，很多大学生为此走上了校园贷、裸贷之路。

(六)网络参政

大学生是时代之精英，其中不乏政治底蕴深厚、政治敏感度高的人。作为一个思想活跃、充满创造力、易于接受新事物的群体，了解时事、参与政治，是提高他们政治思想素质的最佳办法。大学生往往通过政府官网、新浪微博、网易新闻、新华网、人民网等各大新闻平台来了解政治新闻，这加快了他们政治社会化的进程。

(七)网络恋爱

互联网时代滋生了一种新型的恋爱方式，那就是网络恋爱，即网恋，甚至网婚。大学生作为新时代的青年，成了网恋中人数最多的群体。他们打破了传统恋爱"两情久长"的相处模式，通过各种聊天工具广交朋友，锁定目标，进一步发展感情，约会见面。这种快餐式的恋爱方式，在新时代的大学生中极为普遍，而且负面效应明显。一方面，由于缺乏现实的土壤，这种网恋成功率极低。更糟糕的是，性观念和性行为开放的大学生，加之性知识的缺乏，导致恋爱双方不同程度的身心受损。另一方面，大学生通过网恋来填补精神的空白，但却逃避爱情中的责任和义务，将爱情游戏化、庸俗化。基于负面效应的深远影响，网恋这种方式被很多人质疑与藐视，如果不及时制止，这种恋爱方式不会有很好的发展。

三、网络对大学生身心健康的影响

互联网的出现，不但改变了大学生的生活，也对大学生的身心健康产生了深刻的影响。

(一)网络对大学生身体健康的影响

1. 积极影响

互联网是高科技的产物，因此，它对大学生的身体健康有一定的积极影响。比如，现在风靡一时的智能手表、智能手环，一个小小的穿戴式设备，便可以记录用户日常生活中的锻炼、睡眠、饮食、心情等实时数据，并将这些数据通过互联网与电脑、手机、平板同步，起到通过数据指导健康生活的作用。此外，通过内置的

GPS连接器，它可以随时将用户的身体状况及位置，反映给相关医院或家人。一些智能设备还具有社交网络分享功能，可以将用户的数据实时分享到社交网站。因此，从一定程度上讲，互联网是大学生身体健康的好帮手。

2. 消极影响

首先，互联网对眼睛的伤害极大。据一项调查表明，有近37%的学生因上网时间过长而患干眼症。而过度地使用网络还会造成对视力的损害，调查中近一半的学生表示，由于上网视力下降了。

其次，过度使用网络打乱了规律的作息时间。一些学生沉迷网络，彻夜鏖战是常态，以至于黑白颠倒，精神萎靡，甚至有人因为通宵打游戏而猝死，严重影响了他们的身体健康和学习生活。

最后，互联网使学生睡眠时间缩短，危害身体健康。"宁愿少睡觉，也要坚持上网"，这是很多大学生的选择，殊不知没有充足的睡眠，会直接影响他们的身体健康。而且，睡眠质量差是身心健康的最大危险因素。

(二)网络对大学生心理健康的影响

1. 积极影响

首先，互联网满足了大学生认知的需求，扩大了大学生认知的视野，在很大程度上发掘了大学生认知的潜能。同时，网络课堂的兴起，还在形式上更新了大学生的求知方式，使其受到普遍的欢迎。其次，互联网打破了封闭环境的禁锢，扫除了地域、时间、文化差异的障碍，给大学生展现了一个自由交流、自由表达、自由宣泄情感的空间。最后，互联网通过高科技，将纵横交错的世界整合为一个整体展现在大学生的面前，为他们营造了一个独立的世界，有益于培养他们独立的意志和品格。

互联网为大学生提供了一片广阔的自我展现的空间，小到管理、展现个性的个人主页，大到创新创业的实现，不但提高了他们的自信，也让他们在自我实现的过程中获得满足，并实现自尊、自爱。

互联网给大学生提供了一个平等的交往平台。在这里，身份、地位、财富、能力、性格等，都无须被考虑，每个人都拥有平等的交流机会，这无疑增强了大学生交往的主体意识。所以，在互联网上很容易交到志同道合的朋友。它扩宽了大学生的交往面。作为现实人际交往的一种延伸，它不但可以维系现实中大学生的交往圈，更打破了时空、地域的限制，使大学生拥有了丰富而且广阔的交往范围，在一定程度上促进了大学生的人际交往。它使大学生之间的沟通变得更为快捷、直接。一根根串联的网线，真正地实现了"天涯若比邻"。跳动的键盘，可以促成两人或者多人间的互动，人们的想法和意向便可传达、接收。这种快捷、直接、即时、便利的沟通模式大大促进了大学生与外界、他人沟通的效率。

互联网增大了恋爱发生的概率，丰富了人生体验。90后的大学生的恋爱观受到多元因素的影响，具有开放、自由的特点。他们摒弃了传统校园恋爱遮遮掩掩的特点，取而代之的是，他们认为"爱就要大声说出来"，并认为这是张扬个性、宣扬自我的一部分。强大的互联网，为心与心之间搭了一座桥，它通过微信、QQ 等新型的通信方式，把与大学生心灵相通、爱好兴趣相似的人送到了他们面前，实现了虚拟和现实的结合，增大了大学生谈恋爱的概率，丰富了他们人生的体验。同时，互联网可以提供丰富的性知识。由于受中国传统礼教的影响，大多数中国人都谈"性"色变，虽然近些年，大学教育对性知识也有所涵盖，但完全不能满足大学生对性知识的好奇心。可是，互联网却能为大学生提供丰富的性知识，最大限度地满足了他们对性的探索。

2. 消极影响

认知方面：互联网上消息多而杂，虽然一定程度上扩大了大学生的认知广度，但也会造成对信息的消化不良，降低了他们的感知能力。此外，网络裹挟着大量的虚假信息、垃圾文化，理解力、判断力发展还不完善的大学生，无法做到拨开迷雾、去伪存真，这大大干扰了他们认知的广度、深度以及准确度。更严重的是，在大量的负向价值信息的冲击下，大学生的认知被歪曲，价值取向被误导，很多大学生为此变成了享乐主义、拜金主义、暴力主义的坚定信仰者，荒废了学业，甚至为此走上了犯罪的道路，对人和社会造成了恶劣的影响。

情感方面：由于互联网的虚拟性与隐蔽性，很多大学生将互联网视为宣泄的最佳场所。过度的情感宣泄就等同于排泄垃圾，不但强化了自己的负面情感，也给他人被动的负面情感体验，对他人的心理造成了不良的影响。此外，大学生容易对互联网产生依赖，不管是沉迷于网恋还是网游，其实都是大学生对互联网产生了情感上的依赖。与此同时，过多的网络情感倾注，使他们对现实中的情感不再积极，从而变得冷漠。

意志力方面：意志力是决定一个人能否成功做成一件事的关键要素。然而，互联网是信息时代的电子毒品，它以其独特的魅力使很多人沉溺于此，更不用说自制力、自控力都不强的大学生了。他们在留恋于互联网的新奇，沉醉于互联网的新鲜丰富，在互联网上消磨时光，使得他们的意志退化，变得缺乏信心与竞争力，这对于大学生来说，是极为可怕的。

人格方面：第一，自我错位，人格异化。互联网隐匿性的特征使得大学生出现了人格扭曲。他们将自己分为"网下的我"和"网上的我"。"网下的我"戴着人格面具，是老师和家长中的优等生、乖宝宝，循规蹈矩、和善友爱、讨人喜欢。但是来到互联网上，他们撕下了面具，变成"网上的我"时，脏话连篇、谎话成串、牢骚抱怨、火气冲天，这样的他们与现实中的他们截然不同。"网上""网下"的自我不断发生错位，使他们人格异化，造成了人格的扭曲、分裂。第二，自我评价偏差，集体意识淡化。互联网上的自我实现，带给他们莫大成功的喜悦，这使涉世未深的大学生极易自我膨大，不能清醒而准确地认识自己，过高地评估自己在集体中的位置，强调自我的利益。如此，导致其集体意识渐渐淡化。

知识链接

网络双重人格

什么是网络双重人格呢？简而言之，就是一个人在网络中的表现与其在现实生活中真实而稳定的表现有很大的反差，甚至判若两人。

网络的一大特点是匿名性，可以避免面对面交流中出现的顾虑和尴尬，却也带来责任感的缺失。每个人都可以不考虑后果地展示自己内心的隐私，追求一种宣泄与解脱，同时也在寻找共鸣。久而久之，一些人在网络中形成了虚拟的自己，以足够的时间和精力有选择地装扮这个虚拟人物。这就导致了现实中真实的人与网络中别人眼中的同一个人无法重合，不能相互印证的结果，产生双重人格。

网络双重人格不利于个体健康的发展，这种人格裂变将直接导致某种心理偏差，如社交恐惧、否定和逃避现实等，同时也为社会带来一些不稳定因素。近来媒体披露较多的网恋问题、网络信用危机问题等，都是受害人因丧失自我防御的意识而陷入虚拟的花言巧语中。因此，这一问题应引起我们的重视并有效地予以防范，使网络这一工具最大限度地发挥其积极的一面，造福社会。

人际交往方面：互联网导致大学生与现实生活脱节。互联网缩小了空间的距离，也拉大了人与人之间心理的距离。调查表明，大学生在网络上花的时间越多，与亲人朋友相处的时间就越短，现实生活中的朋友也就越少。这是因为，在频繁的网络交往过程中，他们与现实社会脱离，与现实的人际关系减少甚至切断，逐渐被现实孤立。这直接导致了大学生孤独感和抑郁感的增加，幸福感的降低，影响了他们生活的质量。在虚拟的网络空间上，大学生的交往对象具有偶然性和不确定性，这对缺乏安全感的大学生来说，是极大的挑战。在互联网的交往过程中，他们看似敞开心扉、自我暴露，实则时时防备，这造成了他们的交往障碍。而一些心理戒备感低的大学生，则容易上当受骗，受到身心的伤害。一旦互联网交往的信任感被破坏，这些大学生就会对互联网产生怀疑、敌意和悲观的态度，并将这些负性情绪变为心理负担带到现实生活中来，给他们的生活造成混乱。

知识链接

点赞行为对人际关系的影响

"看到了朋友发的状态却没有什么可说的"，这时，许多用户会选择点赞。点赞与留言、评论的不同就在于，"赞"这个按钮基本上不具备任何除"认同、喜欢"之外

的含义，在其传播上不像留言那样需要组织语言、表达一个明确的概念，现在，
"赞"本身的含义也已经被弱化，它可以什么都没表达，也可以表达无限多的含义，
不同的人会有不同的解读。这样的表达方式更加简单，用户不用思考如何组织语言
表达观点，也不需要复杂的操作过程，只需要手指轻轻一动，就能向朋友发出提示，
表明自己对他的关注。

点赞不仅是一种网络互动，也是一种人际传播方式。这种简单的沟通机制，能
够在一定程度上满足人与人交往的渴望。

但是，点赞也给现实人际交往带来不好的影响。

1. 嫉妒心理与焦虑心理。德国柏林洪堡大学的研究组发现，用户会比较自己和
好友收到的"赞"的个数，点赞这样看似微不足道的小事也能成为嫉妒产生的原因。

2. 人际交往更简单、更表面。通过点赞，人与人的交往只能停留在表面。点赞
这样的符号能传播的意义很少，发布者不能得到更有内涵的反馈交流，用户之间的
交流只停留在表面，因而有人说："点赞让有意思的对话变少了。"且点赞按钮是单向
的，只有点赞者对发布者的单方面点赞，发布者往往不会对此进行回复，这样的人
际传播并不完整，可能让点赞者觉得更孤独。

3. 减少现实行动力。哥伦比亚大学曾做过调查，发现点赞阻碍了社会慈善的发展：
当人们在社交网站中看到慈善活动的信息时，往往点赞进行支持，而这种支持满足了人
们给予帮助的愿望，也满足了人们的道德责任感，所以点赞的人多了，捐款的人少了。

4. 隐私的暴露。美国的研究人员建立了一个数学模型，通过 5.8 万某网站用户
的"赞"记录来预测他们的各项特征和偏好，之后他们将模型预测结果与用户档案登
记的真实情况对比，发现模型非常准确地预测出了用户的性别、种族、性取向，对
于政治倾向、宗教信仰的预测也准确。

恋爱心理和性心理方面：第一，有恋无爱的网恋，毁人毁己。在互联网各种恋
爱信息、观念的狂轰滥炸之下，大学生的恋爱心理发生了变化。他们不再尊重爱情，
抱有爱情理想，为爱而恋，而是基于或好奇、或依赖、或游戏的心理，为恋而恋。
这种有恋无爱的形式，使大学生在恋爱中的责任感退化、道德感弱化，他们不再看
中恋爱的成功率，而只在乎曾经拥有。这不但造成了爱情的庸俗化，还滋养了不负
责任的网恋。心理尚未成熟的大学生，在责任缺失、游戏倾向的网恋中，极易受伤。
一旦失恋，除了悲伤痛苦，随之而来的还有忧郁、焦虑等负性情绪，甚至走向极端，
怀着报复的心理伤人，害人害己。第二，网上性信息杂项丛生，伤人伤己。性生理
发育成熟的大学生，已经有了性的需求。而性感知强烈和性想象丰富是大学生性心
理的特点。然而，由于性教育的缺失，大学生对性的意识具有模糊性，时常被性意
识和性冲动困扰。因此，他们会寻求互联网的帮助，以解决内心的困扰。然而，大
学生不可避免地接触到色情书刊、黄色信息等，这对于分辨力低下的大学生来说，
无异于强心剂。在这些不良的性观念的影响下，一部分大学生没有抵制住诱惑，开

始模仿甚至尝试性行为，如在网上寻找性伴侣等。这大大有损大学生的身体健康，也对他们的性心理造成了极为恶劣的影响。

(三)手机对大学生身心健康的影响

"世界上最遥远的距离就是我在你身边，而你却在玩手机!"这是当今网络上非常流行的段子。智能手机现在已经成为大学生生活中必不可少的设备，大学生中的低头族也随处可见，但是长期过度使用手机会对健康产生不利影响，重度手机使用者会出现手机依赖、手机恐惧、手机幻听等问题。

手机依赖是一种新型的心理疾病，是指人们由于过度使用手机而对手机产生了依赖，一旦不使用手机，就没有安全感，坐立不安，造成心理和生理的不适。

手机恐惧是源自捷克出现的一种新"病"，"患者"每天担心手机信号中断和手机在关键时刻没电，表现为如果一段时间内没有听到手机铃声，便会烦躁不安、心情低落。

手机幻听常有"于无声处听惊雷"的效果，若手机久久没有动静便易产生幻听，打开手机未发现新信息，便满脸雾水口称"奇怪"。在大街上听到与自己手机铃声相似的音乐时总会下意识地摸摸自己口袋里的手机，重症者则会掏出手机看个究竟。

通过以上叙述，我们可以看出，网络对大学生的成长既有正面的积极影响也有负面的消极影响。我们要尽最大限度发挥网络的积极作用，但不要影响身心健康，通过学习规避风险，做到健康上网，幸福生活。

知识链接

网络心理健康的标准

1. 有健康的上网动机，合理满足自己和他人的需要。

2. 能使用健康的网名，保持较稳定的自我身份。

3. 比较真实、客观地表现自我，较少有欺诈行为。

4. 尊重他人，不攻击他人及网站。

5. 适度宣泄情绪。

6. 有效管理时间。

7. 客观对待网络环境，有较强的信任感与安全感。

8. 不把网络作为生活中唯一的兴趣爱好。

9. 自我监控能力良好，不影响到身体健康。

10. 有较强的自信心。

11. 不管是在网上还是网下，都有良好的社交能力。

12. 能够适应环境的变化。

任务二 网络心理障碍分析及调试

暖身活动

蒙眼作画

活动目的

让学生闭上眼睛，用心灵思考。当睁开眼时，我们要看到除了互联网之外，还有更广阔的现实世界。

活动过程

所有学生闭上眼睛，听老师的指令，在纸上画画。完成后，学生可以睁开眼睛，欣赏自己的作品。

注意事项

1. 作画期间，不可睁开眼睛。

2. 要听老师的话，按照指令完成相应的内容。

情境导入

京东 12G 用户信息大量泄漏，引起网民广泛焦虑

2016 年 12 月，有媒体报道"京东数据疑似外泄，数据量达 12G"。11 日，京东做出回应，经京东信息安全部门初步判断，该数据源于 2013 年 Struts 2 的安全漏洞问题，当时国内几乎所有互联网公司及大量银行、政府机构都受到了影响，导致大量数据泄露。

京东表示，在 Struts 2 的安全问题发生后，就迅速完成了系统修复，同时针对可能存在信息安全风险的用户进行了安全升级提示，当时受此影响的绝大部分用户都对自己的账号进行了安全升级。但确实仍有极少部分用户并未及时升级账号安全，依然存在一定风险。

分析与思考

处于互联网时代，人们的一切信息似乎都是网络上的一串串字符，方便的同时，却也为信息安全埋下了隐患。当数据泄露时，人们的日常生活会受到很大的影响，并由此引发网民的恐慌，甚至引发各种心理障碍。所以，用户要高度重视信息安全和隐私保护，在涉及财产的电商、支付类系统中使用独特的用户名和登录密码，开启手机验证和支付密码，并将登录密码和支付密码设为高强度的复杂密码，提高账户安全等级。

一、常见的大学生网络心理障碍

处于数字时代，大学生走在时代的前端，引领着科技的潮流。互联网已经逐渐成为人们的一种"生活空间"，但也是导致大学生一系列心理障碍的根源。准确而系统地分析大学生网络心理的障碍，并找到恰当合适的调适方法，对大学生的健康发展有着重要的意义。大学生网络心理障碍有很多种，但常见的有网络焦虑是网络依恋、网络恐惧、网络人际交往障碍。

(一)网络焦虑

网络焦虑，由于互联网的使用而引起的心理障碍，是网络时代特有的现象。网络焦虑主要体现在网络安全焦虑、网络信息焦虑、网络中断焦虑三个方面。

1. 网络安全焦虑

数字化的社会处处联网。人们的一切信息不过是互联网上的一串串数据。但是由于黑科技的横行，使得人们的隐私不再安全，或被窃取或被贩卖，直接威胁到了人们的生活安全。大学生由于自身心理结构的特点，网络安全意识淡薄，是网络安全焦虑中的重灾人群。一部分大学生，当他们得知自己的个人信息已经泄露，或者有泄露的潜在风险时，便会惶惶不可终日，严重地影响了他们的日常生活。

2. 网络信息焦虑

互联网是一个广阔的信息源，涉及人们生活的方方面面。每天登上网站，五花八门的信息便会迎面而来。大学生的分辨能力没有发展完善，信息处理能力较差，还不能灵活地从各类信息中准确找到自己想要的信息。因此，在查找信息的过程中，容易产生网络信息焦虑。主要表现在面对复杂的信息源时，感到心烦意乱，甚至胸闷气短。

3. 网络中断焦虑

现在互联网在大学生的生活中扮演着重要的角色，大学生似乎一刻也不能离开它。他们喜欢无拘无束地畅游在网络之中，喜欢互联网中的花花世界，喜欢那种高度紧张、无限刺激的情绪体验。于是，当网络掉线、电脑出现故障、电脑被黑时，一些大学生往往较长时间显得紧张不安、急躁、压抑，甚至痛苦难耐，这种焦虑一直持续到再次能正常上网为止。

(二)网络依恋

网络依恋是指因为长时间沉溺于网络，而与网络缔结的深厚情感，这也是网络时代特有的情感联系。过度的网络依恋和依赖，会导致大学生身心受损。

1. 网络交际依恋

大学生内心渴望被理解、渴求交际，人际交往是他们精神活动中的重要支柱。由于互联网新型通信软件的发展，各种聊天软件如雨后春笋般出现，给大学生提供了网络交际的平台。但是很多大学生长时间流连于各种聊天软件中，沉迷于网络的人际交往，对网络的交际形成了一种病态的情感依赖，而不能回到现实中来。

2. 网络色情依恋

互联网是各种影音、图文资料主要的传播场所和途径。性生理成熟但心理不成熟的大学生求助于互联网，或浏览或下载或购买色情产品，并沉醉于视觉、感觉的体验中，于是在互联网中无法自拔。

3. 网络恋情依恋

互联网为大学生提供了广阔的恋爱空间和多种情感交流的途径。在这个隐匿的空间里，大学生很容易就能找到兴趣、爱好、理想相近的朋友。几句暧昧的话、跳动的表情或者带有暗示性的图片，就可以使他们进一步发展为网恋、网婚。一些大学生一味追求网上恋情的满足感，而忘乎所以地沉浸其中。

4. 网络游戏依恋

大学生迷恋网络游戏已是司空见惯的事情。题材广泛、设计新颖、制作精良的网络游戏，以其浪漫、逼真、刺激、故事性和参与性强等特点带给人们震撼人心的效果，非常契合大学生的心理特点，深深地吸引了意志力、自制力较差的大学生，令他们深陷其中。

5. 网络信息依恋

互联网为人们带来了前所未有的信息体验，五花八门、分门别类的信息涉及人们生活的方方面面，大学生纷纷告别了传统的如报纸、杂志等信息源，转而依赖互联网作为各种新闻、信息的来源。而百度等强大的搜索引擎每天都吸引着无数的大学生查阅信息，很多大学生如果每一天没有浏览网络消息，就会觉得心里空荡荡的，对网络信息产生了强烈的依赖感。

6. 网络制作依恋

还有一部分大学生偏爱利用网络上的各种软件、App 制作网页、视频、照片等，诸如美图秀秀、美拍、电子相册等流行软件，广受欢迎。而这部分学生因为过度痴迷于制作、编制的过程，浪费了大量的时间和精力。

7. 网络学术依恋

科研能力是重要的社会生产力，也是大学培养人才的重要目标。因此，每个大学生都应该具备一定的科研、学术能力。然而，由于互联网的普及，资源信息的广泛传播，越来越多的大学生依赖网络去查找资料、信息。这直接使一些大学生滋生了懒惰心理，不再勤奋思考、努力研究，而是直接剽窃、抄袭他人的学术论文。久而久之，他们对网络学术信息越来越依赖，而自己的创新能力逐渐被扼杀。

(三)网络恐惧

网络恐惧是指由于某种原因而对上网产生焦虑和害怕，并伴有回避的行为。

1. 网络文化恐惧

互联网文化炫彩缤纷、价值多元。一些大学生由于从小接受单一的文化熏陶，他们的世界观和价值观单一，认为非黑即白，非善即恶。因此当他们考入大学之后，受到了多元价值观的冲击，尤其当面对互联网这样一个如此庞杂的巨型世界时，对多种文化迎面而来深感乏力无助，害怕不能从中得到准确有利的信息，从而对互联网产生了一种心理不适感，抵触上网，害怕上网。还有一部分大学生对网络的恐惧主要来自互联网的发展速度迅猛，他们担心自己跟不上技术发展的步伐，从而产生恐惧。

2. 网络交际恐惧

互联网上的社交的确广泛，沟通交流也比较便利。但是"千里缘分一线牵"的美好也掩盖不了网络交往虚拟化这一事实。在虚拟的网络空间中，交流的双方或者多方都戴着面具，真真假假，让人难以分辨。特别是曾经在网恋或者网婚的过程中受到伤害的大学生，对互联网上的人际交往胆战心惊，甚至拒绝上网沟通、交往。

典型案例

徐玉玉电信诈骗案

2016年，山东高三学生徐玉玉以568分的成绩被南京邮电大学录取。8月21日，因被诈骗电话骗走上大学的费用，最终导致心脏骤停，不幸离世。

后经检察机关审查，被告人陈文辉通过腾讯QQ、支付宝等工具从杜天禹(另案处理)处非法购买山东省高考学生信息，并使用上述信息实施电信诈骗活动。

徐玉玉电信诈骗案在社会中引起了广泛关注，网络信息安全问题一时成为大家讨论的焦点，因为徐玉玉是一名准大学生，因此大学生对此话题也尤为敏感，并对网络信息安全产生了不同程度的焦虑。

分析与思考

网络诈骗是互联网时代新兴的犯罪手段，因其形式多样，常常让人防不胜防。大学生因其自身的特点，往往是受害的高发群体。有一部分大学生会因此产生网络诈骗恐惧。大学生应该理性应对，提高自己的安全防范意识，把伤害降到最低。

3. 网络诈骗恐惧

网络上似乎是一个没有隐私的空间，因为个人信息泄露而导致的诈骗案时有发生。一些防范意识较强或者曾经有过上当受骗经历的大学生，就会十分担心自己的信息会泄露，会被别人利用，从而给犯罪分子提供机会，因此害怕上网，甚至想到信息有可能已经泄露的事实，便会夜不能寐，影响正常的生活。

4. 网络信息恐惧

网络上的信息繁多，其中不乏大量的垃圾信息和虚假信息，如何能从中筛选出有利、有益的真实信息是对大学生一个极大的挑战。一些分辨能力较差的大学生对网络漫天遍地的虚假消息产生恐惧，因而逃避上网。

知识链接

互联网防骗小妙招

1. 网络购物要谨防钓鱼网站

妙招：网上购物时，首先应核实购物网站域名是否正确，审慎点击商家从即时通信工具上发送的支付链接，谨防钓鱼网站。

2. 不在社交网络透露个人信息

妙招：在微博、论坛等社交网络要尽可能避免透露或标注真实的身份信息，即便是"点对点"聊天，也要确保对方是自己熟悉的人。

3. 在微信中晒照片要慎重

妙招：微信虽有"朋友圈"，但晒个人照片时要当心被转载转发，进而被陌生人掌握。建议对包含个人信息的照片，可通过设置分组来分享。

4. 参加网上调查活动要慎重

妙招：参与网上调查活动时，要选择信誉可靠的网站，并认真核验对方的真实情况，不要贸然参与调查和填写个人资料。

5. 免费 Wi-Fi 易泄露隐私

妙招：使用 Wi-Fi 登录网银或者支付宝时，可以通过专门的 App 客户端访问。

(四)网络人际交往障碍

人际交往障碍是指在与人的交往过程中无法拥有和谐、友好、可信赖的人际关系。研究表明，网瘾越大、在网络上停留时间越长的大学生，在现实生活中的人际交往能力就越低。因为长时间地流连于互联网，大学生与现实社会严重脱节，社会活动参与度低，直接导致其社会行为受损。因此，一部分大学生本末倒置，越是在互联网上潇洒驰骋，在现实生活中就越不能大方地与人正常交往，害怕受到别人的拒绝与耻笑，自己在现实生活中的交际圈子就越来越小，从而出现网络人际交往障碍。症状主要表现为网络孤僻、网络自傲、网络猜疑、网络敌意等。

1. 网络孤僻

由于过分地依赖网络，淡化了个人与社会及他人的交往，远离了周围的现实世界，慢慢对丰富多彩的现实生活失去了感受力，变得越来越孤僻。此外，还有一些大学生偏爱网上的交往氛围，而回到现实生活中，无法适应平和单调的生活，这种落差使得他们在现实生活中越来越形单影只，而变得更加孤僻。

2. 网络自傲

一些大学生在互联网上如鱼得水，于是在现实生活中也常不切实际地高估自己，颐指气使，盛气凌人，使他人感到难堪、窘迫，从而影响他们正常的交往。

3. 网络猜疑

由于互联网的负面效应，这种体验、情绪也延伸到了现实生活中，大学生对周围的人也开始产生怀疑，对他人的言行感到敏感、不信任，从而产生心理隔阂，影响人际关系。

4. 网络敌意

互联网的隐蔽性、虚拟性和自由性，造成了大学生在网络中言行的随意性，谩骂、攻击的现象随处可见，这种敌意在现实生活中得以延续，导致他们在人际交往中常讨厌、仇视他人，甚至有言语、行为上的攻击。

5. 网络越轨

越轨，通俗地讲就是行为超越了社会的规范。网络越轨就是指超越了、违反了现实社会规范的网络行为，也叫网络偏差行为。大学生的自我约束力和自律性不强，很容易在澎湃汹涌的网络大潮中迷失自我，并在好奇心和追求刺激心理的驱使下，做出种种网络偏差、越轨的行为。而且互联网技术越成熟、普及，踩进网络越轨的雷区的大学生就越多。究其根本，这仍然是一种网络心理障碍。网络越轨包括言语越轨、道德越轨和技术越轨三个方面。

（1）言语越轨

言语越轨是指大学生在与他人聊天的过程中，用言语骚扰、谩骂他人，或者用虚假语言欺骗他人的行为。

（2）道德越轨

道德越轨是指大学生摆脱道德约束，在互联网上浏览色情网站、观看色情视频和图文，或者其他涉及黄赌毒内容的行为。

（3）技术越轨

技术越轨是指通过高超的技术破译他人的系统密码，入侵他人的计算机、偷阅他人的 E-mail、信件或其他个人隐私，或者自己制造网络病毒破坏网络的行为，并将此看作自我成功的象征。更有甚者，将他人的信息贩卖，从中谋取利益，这种行为已经触犯了法律，属于违法行为。

6. 网络认知功能障碍

认知是指人脑接受外界信息，经过加工处理，再转为内在的心理活动，从而获取知识的过程。大学生网络认知功能障碍是指由于沉溺于互联网的虚拟世界，而在现实生活中认知功能受阻，主要表现在思维、注意和记忆三个方面。

（1）网络思维障碍

思维是人脑对客观事物的反映，思维障碍是指思维联想活动量和速度方面发生了异常。网络思维障碍是由于过长时间的上网而导致思维迟缓、散漫、不连贯。大学生的网络思维障碍主要表现在现实生活中思维活动显著缓慢、思考问题吃力、反应迟钝等方面。在学习和工作时效率低，还经常答非所问，或者沉默寡言。总之，就是感觉"自己的脑子坏了，不灵光了"。

（2）网络注意障碍

注意不是一种独立的心理过程，是一切心理活动共有的属性。网络注意障碍是指由于互联网而造成了注意功能受损，包括注意减弱和注意狭窄。主要表现为在现实生活中注意力不集中、容易疲劳，关注事物的范围明显缩小，或者只能集中注意力在一件事物上，而不能同时注意与之有关的其他事物。

（3）网络记忆障碍

网络记忆障碍是指由于互联网而造成的记忆力减退。主要表现为记忆力受损，经常性地遗忘事物。

7. 网络成瘾综合征

网络成瘾是大学生所面临的最严重的网络心理障碍。1994 年，纽约市的一名精神病医生依凡·金伯格首先提出"互联网成瘾症"（Internet addiction disorder，简称 IAD）的概念，是指由于过度使用互联网而导致社会功能、心理功能明显受损。其症状可描述为：重度沉迷于互联网而不能自拔，从搜集信息到浏览网页，从深陷网络游戏到痴迷于虚拟的人际交往，对互联网完全没有抵抗力，只有通过上网才能满足他的生理和心理的需求，一旦上网中断，情绪和身体反应明显，严重地偏离了现实生活，对正常的现实生活造成了严重的负面影响。网络成瘾综合征可造成人体机能受损，包括免疫功能下降、神经紊乱等身体不适的症状。一般网络成瘾的学生表现为成绩下降、逃学、说谎、易发脾气、孤僻、回避与人交往、待人冷漠，除上网外对什么都不感兴趣，严重者打骂父母、砸东西、偷窃、离家出走、自杀、精神失常，甚至杀人。

知识链接

网络成瘾的 10 条标准

美国心理学家杨格提出诊断网络成瘾的 10 条标准。

1. 上网时全神贯注，下网后念念不忘"网事"。

2. 总嫌上网时间太少而不满足。

3. 无法控制自己的上网行为。

4. 一旦减少上网时间就会烦躁不安。

5. 一上网就能消除种种不愉快的情绪，精神亢奋。

6. 为了上网而荒废学业和事业。

7. 因上网放弃重要的人际交往、工作等。

8. 不惜支付巨额上网费用。

9. 对亲友掩盖自己频频上网的行为。

10. 有孤寂失落感。

杨格认为上述 10 种情况，在一年里只要有过 4 种以上，便可诊断为网络成瘾综合征。

二、大学生网络心理障碍的成因分析

大学生网络心理障碍的成因很复杂，涉及文化、教育、家庭、社会、互联网技术等多方面。但最主要的还是大学生自身的心理因素，由他们的内心驱动力即上网的需要与动机决定的。

人的心理活动都有其内部的推动力量，这种力量就是人的需要。当人们意识到这种需要时，这种需要就转化成了推动人们从事某种活动，并朝向一定目标前进的内部动力，即心理活动的动机。所以需要和动机是推动人们从事心理活动的内部动力。网络的世界是五彩缤纷的，而正是它的丰富多彩，使得互联网具备了其独特而不可抗拒的魅力，既满足了大学生的各种生活需求，同时也满足了大学生精神方面的心理需求。因此，大学生钟爱互联网是有其必然的心理动机的。

(一)开放的信息源满足了大学生求知、求新的内心需求

互联网是一个开放且丰富的信息源和资料库，其可提供的信息似乎取之不尽，用之不竭，而且信息量之大、思想内容之多、文化之多元，已经大大超过了人们的想象。同时，作为传播信息的平台，互联网信息又具有双向性和多向性，即每个人既可以是接受者，也可以是发送者。大学生正处于智力发展的高峰期，记忆力、观察力、思维逻辑能力与创造性也处于巅峰期，渴望获取新知识、追求新鲜事物是他们内心最大的需求。因此，上网是满足大学生求知、求新最便捷的方式。

(二)自由的网络世界满足了大学生张扬个性的内在需求

每个人都向往自由，自由是自古以来人类一直不懈努力在争取的。法国伟大的启蒙思想家伏尔泰曾说："我可能不会同意你说话的内容，但是我会誓死保卫你说话的权利。"这句话一直被奉为追求自由的经典之句。而中国也有"若为自由

故"，爱情、友情皆可抛的思想追求。随着互联网覆盖率的不断推进，越来越多的人意识到这是一片自由的沃土，是现实环境中无法提供的平台。作为一般的网民，他们似乎更钟情于资源分享和传播的自由，而就思想意识处于前沿的大学生而言，他们更看重的是言论的自由、表达的自由和参与的自由，这恰恰与他们渴望获得自我认同感、渴望张扬个性的内在需求是相契合的。一方面，他们阅读、观赏着他人的作品，分享着他人的观点，同时也自由地表达着标记有其个人色彩的言论、想法。在这一来一往间，思想得以交流，个体的创造性也得到了最大程度地张扬。另一方面，QQ、微博、微信、电子邮件、论坛等工具成了大学生与他人沟通的一个桥梁、一种渠道。在沟通的过程中，他们不但获得了心理上的体验和信心，个体意识也逐渐增强。

(三)虚拟的"数字化"王国满足了大学生追求平等的心理需求

互联网是虚拟的数字空间，它的虚拟性是其区别于实体物理空间的最大特征。在这里，人们的一切活动都只能依赖于电脑或移动的终端，而恰恰就是这看得见摸不着的冷冰冰的终端，赋予了互联网强大的生命力。它的强大不仅仅在于通过数字化的技术将天南与地北相连，将天涯变成咫尺，或将地球变成一个小村子，还因为这个虚拟王国为网民提供了一个隐蔽的、间接的世界。在这里，网民隐藏在未知的角落里展现着真实的自我，而相貌、能力、成绩、家境以及经济实力的作用不再重要，全部被淡化、弱化。因此，互联网满足了大学生对人人平等、人人皆有话语权、人人皆是自己主宰的追求，为在实体世界中不占优势的他们提供了一个巨大的表现空间，使在迷茫中追寻自我的大学生具有了极大的归属感和存在感，这种在虚拟世界中自我实现的体验是妙不可言的，大大满足了他们的心理需求。

(四)广阔的网络天地满足了大学生消极的心理需求

互联网的天地是广阔的，多元文化与信息的汇聚交织，大大满足了大学生的各种心理需要，这其中就包括一些消极的心理需求。大学生处于生理、心理的上升期和发展期，承受着学习、生活、就业、社交等多方面的压力，这些压力源确实使大学生产生了一定的心理困惑，不可否认，互联网是他们舒缓压力和宣泄的最佳途径。然而，在面对复杂纷乱的互联网世界时，自我意识、自我监控、道德分辨能力等尚未发展完善的大学生，极易模糊规则的界限，逾越合理的"度"。于是，猎奇的心理促使他们将求新、求知等同于标新立异、追求刺激；宣泄的心理驱使他们将自由等同于放肆和不计后果的畅所欲言；从众的心理鼓动他们不辨是非、不辨善恶地随众；逃避的心理推动他们沉溺于网络世界中而不能自拔。在互联网中，这些大学生消极的心理需求得到了最大程度上的满足。

三、大学生心理障碍的调适

互联网为大学生打开了一扇门，让他们全方位、多角度地认识世界、了解世界，但同时又关闭了多扇窗户，阻隔了现实世界的光亮照进他们的心底。大学生是建设国家的中坚力量，是未来社会的中流砥柱，他们的成才与否直接关系到国家未来的发展。21世纪需要的是生理、心理、道德等多方面健康发展的人才。然而互联网的复杂性对大学生的心理健康产生了深刻的影响，尤其是负面影响绝不可忽视。因此，采用相应的措施和方法调试大学生网络心理障碍就显得尤为重要。

(一)树立健康的网络观

有人说互联网是近百年来最伟大的发明，以其势不可当的优势影响着人们生活的每个细节，一次又一次地刷新了人们的认知，推动着世界进入一个"无网不欢"的数字化信息时代，也把人们带进了一个自媒体时代。然而网络上鱼龙混杂，垃圾与宝藏共存，如何在徜徉于互联网之时还能够扬长避短、趋利避害，这对三观还没发展完善的大学生来说是一个相当大的挑战，这需要大学生树立正确、健康的网络观以武装头脑。

首先，大学生要对网络有一个科学的认知：网络是工具，而不是人们命运的主宰。既然是工具，大学生就应该物尽其用，合理地使用网络资源，发挥其正面、积极的作用去认识世界、提高自我，提高学习和工作的效率。而且要切记，互联网无论多好也不会取代现实世界，所以要加强自我与现实世界的联系，避免网络成瘾。

其次，要"慧眼"看网络。世界上的事物都要一分为二、辩证地看待。互联网是一把双刃剑，正面和负面的效应同在，大学生在看待互联网时既不可以盲目崇拜、全盘接受，也不可以盲目批判、全盘否定，要提高自身的分辨力，分清现实与虚拟的界限，在筛选信息时能够具有一双"慧眼"，取网络之精华而去其糟粕，去伪存真，能辨善恶，自觉地拒绝网络的各种诱惑，以免被网络混淆视听，影响正常的学习生活。

最后，要自觉维护网络文明。要做一名有网络道德良知和责任意识的大学生，就要健全自我意识，强化自律性，加强自我管理。这要求大学生不仅要自我约束、遵守网络秩序文明上网、理性发声、不散播谣言，还要对自己的言行负责任，不要因为网络的隐匿性，就肆无忌惮地展现人性之恶，力保做到"网上""网下"人格统一，为净化网络环境献出自己的力量。

树立健康的网络观不但能够帮助大学生进入一个良性循环的互联网轨迹，而且还能帮助他们矫正认知的误区，从而增强自身对互联网的免疫力和抗干扰的能力，因此树立健康的网络观意义重大。

(二)恰当使用网络

大学生是驰骋于网络疆场的骑士，一名合格的骑士应该将自己的疆土领域无限扩大，而不是将自己的眼光只停留在网络聊天、游戏、购物、娱乐之上。放眼网络，大学生有更多有意义的事情值得去做。

第一，有目的性地阅读。互联网作为一个信息载体，提供给大学生一个广阔的信息空间，面对多如星辰的资源，大学生不可能将有限的时间精力浪费到无限的阅读上，所以大学生要根据自己的需要进行有目的性地阅读，找到对自己有帮助的资源，从中汲取知识，扩大视野。

第二，运用网络资源，丰富学习模式。随着教育改革的推进，互联网也成为现代教育的重要手段。网络课堂作为一种传统教育的补充已经走进很多高校，并以其便捷、新颖等优势获得了很多大学生的青睐。比如，近几年发展势如破竹的慕课，使得高校间不但能共享教育资源，也对大学生的专业学习大大增益。此外，还有一些诸如百家讲坛、网易公开课等网络学习资源，也丰富了大学生的学习模式，受益的学生不计其数。

第三，合理安排上网时间。大学生上网不是一件罪大恶极的事情，只要能够养成良好的上网习惯，合理地安排上网时间，劳逸结合，把互联网的优势发挥到最大，大学生将会从网络上得到最大限度的裨益。大学生可以根据学习和工作的需要，确定上网时间，除每天学习需要以外的上网时间累计不应超过 2 小时，每操作连续 1 小时应该休息 10 分钟左右，设定强制关机的时间，准时中断上网。如果强制离开网络时，上网的欲望还十分强烈，可以转移注意力，做一些户外运动或者参加其他现实生活中的活动，直到这种欲念渐渐消失为止。

(三)培养成熟的网络心理防御机制

每个人的内心都存在心理防御机制，这是一种自动反应，强度因人而异。成熟的心理防御机制主要是指当人遇到困扰时，能够自我调节，而不会产生心理问题。大学生互联网心理问题"防"大于"治"，因此帮助他们建立良好的网络心理防御机制，意义非凡。一方面，大学生要调整上网心态，适度地宣泄、舒缓压力，面对挫折时不气馁、敢于直面现实，从而不断地完善自己的个性，提高自我的适应能力。另一方面，广泛培养有益于身心健康的兴趣爱好，关注和参加丰富的校园活动，以此来转移上网的注意力，远离上网成瘾。

(四)建立良好的现实人际关系

研究表明，人与人的沟通过程中，语言的交流只占 7%，而更大一部分交流是通过非语言信息传达的。非语言信息包括肢体动作、神态、表情、语调等。网络中的人际交往之所以常被认为不切实际、不可信，究其根本是因为它是通过人机之间的对话而得以实现的，这种非面对面的交流，缺少非语言信息的传达，因此在表达情感、传递信息方面必然有所缺失。虽然有很多人沉溺于互联网的交际中，但这种交往是片面的，所以不真实、不可信。要想摆脱网瘾，其中有效的一种途径，便是通过建立良好的现实人际关系而融入社会。人际交往能力是大学生所必需的社会能力，因为他们将要在社会中担任一定的社会责任。所以，要适应社会。大学生需要的是面对面的现实生活中的交流。大学生要积极参加能够促进人际关系的活动，提高自己与他人沟通的技巧，增强自己的沟通自信，扩展自己交往的朋友圈，从而建立良好的现实人际关系，为日后步入社会做充足的准备。同时，保持积极乐观的心态，平等友爱地与他人相处，如果遇到心理困扰，要及时排解。

（五）积极寻求心理帮助

大学生陷入网络心理困境是一件平常的事情，应该以平常心待之，不要害怕，更不要产生偏见。有很多大学生意识到自己产生了网络心理困扰或者心理问题时，第一反应是认为自己"疯了"，或者是"得了心理癌症"，好不了了，这是不正确的。每个人都会有焦虑、郁闷的时候，只不过程度不同，自我恢复的时间不同。当你意识到只靠自己的力量无法调节心理问题时，就要积极寻求心理帮助、咨询和治疗，不要害怕逃避，要知道"害怕心理疾病才是最令人害怕的"。在心理咨询和治疗的过程中，咨询师或者是医生会积极干预，并制定出戒掉网瘾最合适的方案，这需要求助者自身积极的配合，主动调整日常生活、改变情绪和心态，提高社会适应能力，必要时要辅以药物治疗。这时求助者不要有抵触心理，不要退缩，要大胆地直视自己的问题。只有经过综合治疗，提高自身心理素质，求助者才能摆脱互联网的桎梏，恢复身心健康。

知识链接

互联网孤独征候群体

所谓的互联网孤独征候群体就是对依赖网络而忽视现实或者不想、不愿意接触现实的人的统称。这些人对网络电脑、手机等有极大的依赖，往往只要有手机和电脑可以不出门，喜欢网络聊天，会以各种理由不接触现实，喜欢浮想联翩不着边际，容易做白日梦，现实适应能力及接受能力较弱。

任务三　大学生健康的网络生活方式

暖身活动

传话游戏

活动目的

通过活动，可以引导学生了解和清楚网络谣言传播的过程。

活动过程

老师将每一列学生分成一组，并给每组第一排的学生一张小纸条，让其记下小纸条的话并传给后面一个人，以此类推，并且强调传话的过程中不可以让第三个人知道。每组的最后一个学生在黑板上写出答案，速度最快、最准确的小组获胜。

注意事项

遵循活动规则，活动后分享活动的感受。

一、大学生网络行为习惯的特点

互联网技术的迅猛发展，把人们送入了一个新的时代，并在信息传播方式上创立了新的格局，同时也催生了一种新型的生活方式，以及与之相匹配的行为习惯。网络生活方式是一种新的影响源，从方方面面影响着大学生的生活，大学生是互联网上活跃的群体，可以说大学生的网络生活方式与行为习惯对中国互联网的发展方向有重要影响。因此，帮助大学生养成良好而健康的网络生活方式与行为习惯，不但有利于将互联网的价值最大化，还对于大学生的成长成才具有重大的意义。在全新的网络生活方式下萌发的行为习惯，必然也具备了与时代适应的前所未有的特点。大学生网络行为习惯的特点主要有以下几点。

(一)网上行为目的性强

作为互联网时代的大学生，他们不同于其他时代的年轻人，在新事物、新理念的熏陶下，他们更注重自我的张扬、个性的培养。具有鲜明个性的他们，在遨游于互联网时，也更加有目的性，表现为不会漫无目的地浏览网页，浪费时间，而是非常清楚自己的需求。于是，上网时一般会直奔主题，购物、学习、游戏、交友等，而不太会受他人影响，盲从上网。

(二)网上行为独立性强

处于信息时代,大学生具有更强的独立性。作为一个个拥有鲜明个性的独立个体,在上网时,他们呈现出侧重个体意识而远离群体性的倾向。尤其在网络的虚拟空间中,他们摆脱了现实世界的束缚,远离了父母、老师的监控,可以按照自己的兴趣、爱好而选择网络行为,并且能够独立地解决大多数问题,其独立性大大增强。

(三)网上行为道德感弱

道德作为一种衡量行为对错的准则,表现为对人对己的一种责任和义务,是个体高尚情操和品质的体现。在现实世界中,大学生要遵守一定的道德准则去生活和学习。在道德标准的推动下,大学生能够自律、自控,勤劳奋进,善辨是非、善恶。然而,在互联网中,大学生不再是鲜活的人,而是活跃在网络终端的虚拟的字符,冰凉而冷漠。他们摆脱了道德束缚,无须注意自己的言行,也不再需要为自己的言行负责任,于是他们可以任意地谩骂、肆意地发泄、疯狂地游戏。而这种道德缺失的行为,直接影响了他们在现实世界的正常生活。

二、健康的网络生活方式与行为习惯的养成

(一)养成健康的网络生活方式与行为习惯的意义

大学生是祖国的未来,是国家的潜在人才能源,他们的成才与否,关系着国家的大计。因此,他们能否拥有健康的、正面的、积极的网络生活方式以及与之相对应的行为习惯,对国家的发展和走向有着极为重要的意义。健康的网络生活不仅仅意味着良好的生活习惯,还包括积极向上的人生态度、正确的人生观、价值观、世界观,以及健康的道德观引导下为人处世的准则。养成健康的网络生活方式与行为习惯,对大学生的重要意义体现在以下四个方面。

1. 有利于提高大学生的学习效率

学习能力是大学生的核心竞争力,是大学生的根本素质。在互联网时代,他们的学习方式与知识积累的途径多样化。尤其,在互联网上信息量大,资源丰富,网络课堂还在一定程度上打破了传统教学的壁垒,跳出了时空的限制,弥补了教育的教育资源匮乏、视野受限、形式死板、内容单一的不足。所以,养成健康的网络生活方式,会推动大学生采取良性的行为习惯去正确使用互联网这一信息宝库。合理地规划上网时间,规范自己的上网行为,善加利用广泛的网络学习资源,拓宽视野,扩大知识面,将其功效最大化,不但能形成良好的学风,学习的效率还能显著提高。

2. 有利于促进大学生身心健康的发展

大学生的心理发展特点决定了他们是介于理性与感性之间的,他们的自我辨别

力、自我控制力以及自我人格的发展还未完善，因此，在互联网这朵"美丽的罂粟花"面前，还不能完美地把控自己，很容易迷失自我。一些大学生，在网络的引诱下，甚至染上网瘾，在网络的世界中彻底沉沦。他们或通宵达旦地上网使身体机能受损，或在长期的高度精神紧张网游之后产生神经性生理障碍，或在无法自拔的网恋中坠入痛苦的深渊……养成健康的网络生活方式，制订有规律的作息计划，享受网络所带来的便利，享受丰富多彩的网络生活，体验网络的乐趣，有利于促进大学生身心健康的发展。

3. 有利于促进大学生形成良性的人际关系

互联网的出现，使现实中的人际交往受到了前所未有的挑战。在虚拟的网络世界，大学生戴着面具、隔着屏幕，在人流如潮的网络大军中，彼此间肆无忌惮、随心所欲地进行着脱离现实世界的交往。这种零限制的隐匿性的交往所带来的负面效应不可估量，尤其是造成了很多大学生在现实交往中的障碍，甚至人性的扭曲，人格的错乱、异化。健康的网络生活方式，可以让大学生在道德准则与法律规范的框架内，在安全的网络模式下，与他人进行交往。网上网下人格的统一、言行的一致，以及积极乐观的处世态度，都可以促进大学生拥有良好的人际关系。

4. 有利于建设和谐的校园

和谐的校园生活是大学生成长成才的必要保证。大学生处于人生发展的特殊阶段，知识能力的高水平与心理的不成熟将他们置于矛盾的境地。一方面，知识的累积使他们高估了自我认知的能力，导致自我定位的偏差，而且个性张扬的他们不愿意采纳他人的建议，固执己见；另一方面，心理发展的不完善，分辨能力的薄弱，给不良文化和不文明生活方式可乘之机。养成健康的网络生活方式、良好的生活习惯，培养高尚的情操，提高分辨是非、善恶、美丑、对错的能力，有助于大学生自觉抵制不良文化的侵蚀，从而有利于建设和谐的校园。

（二）养成健康的网络生活方式与行为习惯的方法

1. 正确认识网络系统

互联网可能会让人们在认识自身情绪方面产生偏差，引发情结障碍。由于在网络上选择空间大，各种诱惑也相对更多，缺乏自我控制机制，很多大学生由于在成长和学习的关键时期，过多接触网络，长此以往容易产生网瘾、网上暴力、情感冷漠等心理问题。因此，我们需要重新认识网络系统，并不是满足需求或者满足欲望的就是好的，更要加入对价值观、人生观的判断，区分好的与不好的内容，在遇到可能造成不良影响的网络内容时能够及时刹车，避开负面信息，多接触正面积极的信息。

2. 区分现实世界和虚拟世界

大学生面临的一个心理发展的重要阶段就是调整好理想自我与现实自我的冲突问

题。而网络正好给理想自我、虚拟自我提供了无限满足的空间，避免了理想自我在现实中遇到挫折和阻碍的机会，这就导致当前很多大学生的理想自我在网络中无限被放大和满足，而与现实自我脱节。因此，大学生需要在接触网络的同时，时常对现实自我进行反思，不忘把理想自我与现实自我良好协调与统一的任务。争取实现个体的理想自我与现实自我的良性互动，使现实人格变得更为丰富和完善。避免将虚拟世界当作避风港，过度依赖网络来回避现实生活中的矛盾，从而加深其对社会的不适应。

3. 增加现实社交活动的时间和途径

网络让现代学生感到孤独，同时也是造成普遍心理问题的重要原因之一。如果在网络上的时间逐渐取代了其他的社交途径，他就容易活在自己的世界中，不去接触和理解现实世界，不去感受和理解他人，可能随之造成较为严重的心理问题。因此，增加与身边朋友、同学、家人等现实生活中的人际互动和交往的途径和时间，尽可能尝试与他人一同进行社交活动，如一起去郊外游玩，一起完成一项任务，一起谈心聊天，或者探讨自己的爱好和兴趣。这些都能够让大学生从网络的世界中摆脱出来，探索自身，了解他人，同时也能够增强自身的心理韧性以及抗挫折能力。当你发现你遇到的问题大家都在遇到的时候，自身可能就不会因此而过分困扰。

4. 正确对待网恋和网友

在网上谈情说爱的人大致有以下五种。

超脱型：在网上可以爱得死去活来，但不必非娶她或嫁他。

超越型：许多理想主义者幻想在网络上能够有超越一切的爱情。

游戏型：追求的只是一种感觉。

实用型：把网络作为一种实用工具。

恶作剧型：当对方爱上自己时，就悄悄地退出。

网上之交，也应该是心灵的碰撞，以真善美相交。要保持清醒的头脑，不要沉溺网上虚拟世界，要合理把握虚幻网络在现实生活中所占的比例，否则期望越大，失望越大。

5. 制订上网计划、制作警醒卡

安装一个定时提醒的小软件，或者在网上设立"限时报警"服务，有效控制上网时间；列出沉迷互联网的害处并制成卡片，随身携带，以便时刻提醒自己；列出因为沉迷互联网而失去的参与一些活动机会的清单。

6. 求助于专业的心理咨询

心理辅导人员要向一些个性内向、孤僻、感情缺失的人提供一些团体活动，使其获得社会支持。大学时代是人生成长历程中的一个重要转折点，合理的、健康的网络生活方式有助于他们的身心健康，有助于网络的和谐发展，更有助于国家社会的良性发展。但是知易行难，大学生不合理的网络生活方式的形成不是一朝一夕的事情，也不是随便就能改变的，这需要学校、家庭、社会多方面的努力。大学生作为走在时代尖端、引领思想的新新人类，应该提高自我约束力，摒弃不合理的网络生活方式，扬互联网之长避其之短，让互联网成为生活中的有效工具，而不要成为它的奴隶，更不要让互联网成为大学生成长成才的羁绊。

① 心理测验

网络成瘾自评量表

该量表是一种自评量表。本测试共有20个项目，在每个测试的项目中选择一个最适合自己的，然后打"√"。

1. 你能发现上网时间常常超出原计划的时间吗？

几乎不会（　）偶尔（　）有时候（　）大多时间（　）总是（　）

2. 你会不顾家事而将时间都用来上网吗？

几乎不会（　）偶尔（　）有时候（　）大多时间（　）总是（　）

3. 你觉得上网时的兴奋更胜于伴侣之间的亲密吗？

几乎不会（　）偶尔（　）有时候（　）大多时间（　）总是（　）

4. 你常会在网上交新朋友吗？

几乎不会（　）偶尔（　）有时候（　）大多时间（　）总是（　）

5. 你会因上网浪费时间而受到他人的抱怨吗？

几乎不会（　）偶尔（　）有时候（　）大多时间（　）总是（　）

6. 你会因上网浪费时间而产生学习和工作的困扰吗？

几乎不会（　）偶尔（　）有时候（　）大多时间（　）总是（　）

7. 你会不由自主地检查电子信箱吗？

几乎不会（　）偶尔（　）有时候（　）大多时间（　）总是（　）

8. 你会因为上网而使工作表现（或成绩）不理想吗？

几乎不会（　）偶尔（　）有时候（　）大多时间（　）总是（　）

9. 当有人问你在网上做什么的时候你会有所防卫或隐藏吗？

几乎不会（　）偶尔（　）有时候（　）大多时间（　）总是（　）

10. 你会因为现实生活纷扰不安而在上网后感到欣慰吗？

几乎不会（　）偶尔（　）有时候（　）大多时间（　）总是（　）

11. 再次上网前，你会迫不及待地想提前上网吗？

几乎不会（　）偶尔（　）有时候（　）大多时间（　）总是（　）

12. 你会觉得"如果没有网络，人生是黑白的"吗？

几乎不会（　）偶尔（　）有时候（　）大多时间（　）总是（　）

13. 当有人在你上网时打扰你，你会叫骂或是感觉受到妨碍吗？

几乎不会（　）偶尔（　）有时候（　）大多时间（　）总是（　）

14. 你会因为上网而占用睡眠时间吗？

几乎不会（　）偶尔（　）有时候（　）大多时间（　）总是（　）

15. 你会在离线时间对网络念念不忘或一上网便充满"遐想"吗？

几乎不会（　）偶尔（　）有时候（　）大多时间（　）总是（　）

16. 你上网时常说"再过几分钟就好了"这句话吗？

几乎不会（　）偶尔（　）有时候（　）大多时间（　）总是（　）

17. 你尝试过减少上网时间却无法办到的体验吗？

几乎不会（　）偶尔（　）有时候（　）大多时间（　）总是（　）

18. 你会试着隐瞒自己的上网时间吗？

几乎不会（　）偶尔（　）有时候（　）大多时间（　）总是（　）

19. 你会选择时间花在网络上而不想与他人出去走走吗？

几乎不会（　）偶尔（　）有时候（　）大多时间（　）总是（　）

20. 你会因为没上网而心情郁闷、易怒、情绪不稳定，而一上网就百病全消了吗？

几乎不会（　）偶尔（　）有时候（　）大多时间（　）总是（　）

评分标准及意义

几乎不会＝1，偶尔＝2，有时候＝3，大多时间＝4，总是＝5，总分越高说明网络成瘾越严重。

0～19分：正常。仅仅将网络视为一种生活工具，不存在网络成瘾的行为。

20～49分：轻度上瘾症状。上网时间略长，但尚可自我调控。

50～79分：中度上瘾症状。你正面临来自网络的问题，正常的生活秩序被打乱，情绪开始不稳定，请转变自己的网络生活方式，多培养自己的兴趣爱好，并参加现实中的活动。

80～100分：重度上瘾症状。你的网络生活方式已经到了严重影响正常生活的程度了，你恐怕需要很强的意志力，甚至需要求助于心理医生才能恢复正常。

心理影院

头号玩家

《头号玩家》是著名导演斯皮尔伯格执导的未来科幻类影片。它讲述了2045年，处于混乱和崩溃边缘的现实世界，人们将救赎的希望寄托于"绿洲"，一个由鬼才詹姆斯·哈利迪一手打造的虚拟游戏宇宙。人们只要戴上VR设备，就可以进入这个与现实形成强烈反差的虚拟世界。在这个世界中，有繁华的都市，形象各异、光彩照人的玩家，而不同次元的影视游戏中的经典角色也可以在这里齐聚。就算你在现实中是一个挣扎在社会边缘的失败者,在"绿洲"里也依然可以成为超级英雄,再遥远的梦想都变得触手可及。哈利迪弥留之际,宣布将巨额财产和"绿洲"的所有权留给第一个能闯过三道谜题,能找出他在游戏中藏匿彩蛋的人,自此引发了一场全世界范围内的竞争。这部影片非常生动而形象地展现了虚拟世界中的全能与美好,以及人们对欲望与各种需求的极大满足,同时也展现了虚拟世界与现实世界的分裂与统一。该影片能够帮助人们重新认识和理解网络。

阅读经典

老人与海

《老人与海》(*The Old Man and the Sea*),是现代美国小说作家海明威创作于1952年的一部中篇小说。故事的背景是在20世纪中叶的古巴。主角人物是一位叫桑地亚哥的老渔夫,配角是一个叫马诺林的小男孩。这位风烛残年的渔夫一连84天都没有钓到一条鱼,几乎都快饿死了;但他仍然不肯认输,而充满着奋斗的精神,终于在第85天钓到一条身长18英尺(1英尺约为0.3米),体重1500磅(1磅约为0.45千克)的大马林鱼。大鱼拖着船往大海走,但老人依然死拉着不放,即使没有水,没有食物,没有武器,没有助手,而且左手抽筋,他也丝毫不灰心。经过两天两夜,他终于杀死大鱼,把它拴在船边。但又有许多鲨鱼立刻前来抢夺他的战利品;他不得不把它们一一杀死,到最后只剩下一支折断的舵柄作为武器。但大马林鱼仍难逃被吃光的命运,最终,老人精疲力竭地拖回一副鱼骨头。他回到家躺在床上,只好从梦中去寻回那往日美好的岁月,以忘却残酷的现实。老渔夫虽然老了,倒霉、失败,但他仍旧坚持努力,而能在失败的风度上赢得胜利。这部小说表现了一种奋斗的人生观,即使面对的是不可征服的大自然,但人仍然可以得到精神上的胜利。也许结果是失败的,但在奋斗的过程中,我们可以看到一个人如何成为一个顶天立地的大丈夫。

参考文献

[1]郭念锋. 心理咨询师(基础知识)[M]. 北京:民族出版社,2015.

[2]李霞,王聪,黄子健. 大学生心理健康教育[M]. 大连:大连理工出版社,2016.

[3]王世杰,王长喜. 大学生心理健康教育[M]. 武汉:武汉理工大学出版社,2016.

[4]王岩,于滢慧. 大学生心理健康教育[M]. 北京:北京邮电大学出版社,2013.

［5］胡济林．大学生健康网络生活方式养成教育探析［J］．通化师范学院学报，2010.

［6］李云先．"90后"大学生健康网络生活方式的养成教育与研究［J］．中国电力教育，2012(34).

［7］梁秀清，徐济陆．大学生心理健康［M］．上海：上海交通大学出版社．2016.

［8］王芳．少年因特之烦恼——青少年网络心理手册［M］．北京：新华出版社，2016.

模块十一　　生命教育

在戈壁滩上，有一种叫依米的小花。花呈四瓣，每瓣自成一色：红、白、黄、蓝。它的独特并不止于此，在那里，根系庞大的植物才能很好地生长，而它的根，却只有一条，蜿蜒盘曲着插入地底深处。通常，它要花费 5 年的时间来完成根茎的穿插工作，然后，一点一点地吸收养分，在第 6 年春天，才在地面吐绿绽翠，开出一朵小小的四色的花。让人惋叹的是，这种极难长成的依米小花，花期并不长，仅仅两天的工夫，它随母株一起香消玉殒。依米小花的生长和蝉的生命历程惊人的相似。它们只是自然万千家族中极为弱小的一员，但是它们却以其独特的生命方式向世人昭告：生命只有一次，美丽只有一次。

学习目标

1. 了解什么是认识生命、尊重生命，珍爱生命与发展生命。理解生命宝贵的原因。

2. 初步掌握、识别与判断心理危机的信号。学会预防和干预心理危机的原则和方法，妥善处理自身或他人的心理危机。

3. 体会生命的独特与可贵，关注和关爱自己和他人的身心健康，热爱生命，尊重生命，呵护生命。

案例导入

2017 年，大学生自杀事件接连出现。1 月 11 日，山东大学一女生被发现在出租屋内上吊自杀，被发现时已身亡四天；2 月 27 日，广西大学一在读研究生烧炭自杀；3 月 4 日，渭南职业技术学院农学院一名大二学生在宿舍内上吊身亡；4 月 11 日，厦门华厦学院大二在校女学生因卷入校园贷而选择自杀。

分析与思考

自杀对很多人来说是一个很沉重、很忌讳的话题，自从人类懂了"生命"与"死亡"的概念之后，就开始有了自杀行为，也有了对这种行为的预防和研究。而今，自杀无论是在全世界范围内还是在中国，都呈现出越来越严重的发展趋势，我们不能一味地回避与忌讳提及。

大学生处于青春期的后期，是一个处世风格和情感倾向最摇摆不定的阶段，处于这个阶段的大学生往往会面临人生中的各种问题，如果处理不当会使大学生产生自杀倾向。

作为一名大学生的你，能分析出当前的自我心理状态如何吗？你对当前的自我是否满意？你对大学生自杀事情是怎么看待的？

小寄语

人生是一次不可逆转的生命之旅，当生命旅途一帆风顺时，我们应该学会珍惜和仰望，当生命旅途坎坷不平时，我们应该学会敬畏和尊重。让我们懂得生命，珍爱生命，为我们生命的每一天加油、喝彩！

任务一　认识生命

暖身活动

头脑风暴

活动目的

让学生迅速投入到活动中，集中自己的注意力。锻炼个人和团队的创造力。

活动过程

用"生"来组词：生命，生活，生存……

活动评价

课堂活动引发学生积极思考，体验兴奋、愉悦等积极情感，引发同学们对生命课题的思考。

情境导入

2015年5月29日，玉林市新民社区泉源街一栋9层正在改建的民宅突然发生火灾。有人被困在 5 楼，情况十分危急。玉林支队调派 16 辆消防车 65 名官兵赶赴现场。杨科璋主动请缨，带领搜救组逐层搜索至 5 楼，找到了受困的母子。3 人被有毒浓烟熏得瘫软在地，2 岁女童一直大哭。浓烟滚滚不断涌来，情势非常危急，众人都面临着死亡的威胁。杨科璋果断行动，抱起女孩开始撤离。浓烟中能见度极低，女童又哭又闹，使劲挣扎，杨科璋抱着她边哄边在黑暗中摸索寻找转移通道。突然，他一脚踏空，掉进了尚未安装电梯的电梯井里，瞬间失去踪影……

凌晨 5 时，大火被扑灭，搜救人员打开一楼的卷闸门发现，杨科璋仰面朝上，口鼻处都是血迹，双臂成环状，紧抱着女童……经紧急抢救，女童得以生还，杨科璋壮烈牺牲。参与抢救的医生说："从本能应急反应来说，意外跌跤都会自然张开双手，寻找支撑保护，但他始终没有松手。如果不是他紧紧抱住女童，并当'保护垫'缓冲，女童绝无生还的可能。"

分析与思考

有的人，把自己的生命视为一支蜡烛，一生为了燃烧自己，照亮别人，常给人以光明，人们感激他；有的人，把自己的生命视为一头奶牛，一生为了多吃草，多耕地，给别人多挤出些牛奶，多创造些丰硕的果实，给人以力气与健康，人们感激他；有的人，把自己的生命视为一本书，一生辛勤耕耘，积累知识，吃尽了苦头，榨干了自己的心血，为的是给别人增加营养和智慧，让别人活得轻松愉快，得以享受，其作用，不仅能教育现在的人，而且还能教育和影响后来的人，拥抱正确的人生，人们记住他。

作为一名大学生的你，是如何看待生命的？你如何理解生命呢？你的生命观又是什么呢？

一、生命的内涵

生命是所有生物体的共有现象，生物体死亡后不可复生，但是生命又有其特殊性，尤其是人类的生命。人是有意识的，与其他生物的生命有着本质的不同，马克思曾指出：动物和它的生命活动是直接同一的。动物不把自己同自己的生命活动区别开来，它就是这种生命活动。人则把自己的生命活动本身变成自己的意志和意识的对象。马克思的论述表明，人知道"我是人"，而动物不知道它是什么，它们不知道生，也不知道死，它们只是凭着激素和神经系统的作用在完成着自然的代谢；只有人类，才具有思维和意识，具有丰富的精神活动。因而，生命是灵与肉的统一，是身心、形神的统一。人不仅仅是生物意义上的"自然人"，而且是具有人文精神的"社会人"。人类生命的本质与高贵正在于其社会性，在于其精神性。因此，人的生命是自然生命、精神生命和社会生命的统一。

古人云：不知生，焉知死。从古至今，人类就十分关注生命，从最初对生命的敬畏到一步步揭开其神秘的面纱，取得生命领域的一个又一个进步，可以说，人们从来没有停止过对生命的探索。不同领域、不同学派、不同时代的人们对生命都有不同的认识。

(一)生物学角度的生命

生命是生物体呈现的包括个体繁衍、成长发育、新陈代谢、遗传变异以及应对外来刺激的反应等多样的复杂现象。

(二)哲学角度的生命

生命是一种关于生存能力与发展的意识，存在于生物的繁殖、代谢、应激、进化、运动等多样的行为中。

(三)心理学角度的生命

生命存在于人的精神世界里，它是一种人生态度。明白自己要什么、知道自己为什么活着的人，会拥有更加强大的力量去直面生活的打击与痛苦，也会更加用心经营生命、不断地追求自我发展与成长。

因此，生命的含义可以从狭义和广义两个方面理解，从广义上理解，我们可以把一切有机体，包括人、动物、植物、微生物都叫生命。从狭义上理解，生命就专指人的生命，即人自出生至终结的全过程。狭义的生命有三个特点：一是与其他个体密切关联，而非独立存在；二是具有一个内在的完整结构，而且这个结构是一个有系统的整体，即一个生物；三是有自我认知，经过不断努力地自我超越，以达到更高形式的自我实现。这三个特质中前两个是一切生命所具有的，第三个是人的生命所特有的。因此，符合这三个特点的生命只有人的生命。本文所指的生命是狭义的生命，即人的生命。

每个生命个体都是独一无二的，都是宇宙中的独特存在。人的生命的有限性使我们意识到生命需要超越才能彰显其意义和价值，使得个体不断成长、完善，同时又客观推动了社会的发展和人类文明的进步。

课堂活动

生命的孕育过程

活动过程

1. 网上探索并观看视频资料《生命的孕育过程》。

2. 每个人说一句话概括观看视频后的感受。

活动评价

生命的诞生过程就是一个神奇之旅。这个活动使学生意识到生命的来之不易，生命的宝贵与唯一，更懂得珍惜生命，活出自我价值。

二、生命的意义

生命的意义是关于生命的积极思考。在心理学领域，很多心理学家对生命的意义进行探讨，意义治疗学派的创立者弗兰克曾经谈道："今天，如此多的人对生活抱怨，因为他们不知道，也感受不到生命的意义究竟是什么，他们缺乏对活着的价值的理解。他们被自己的内在空虚感缠绕，或者说被自己的生存空虚感缠绕。"韦尔特的报告称：1967年，大约有83％的美国大学生把"过有意义的生活"作为他们生活的主要目标；到1984年，大约有47％的美国大学生抱有这样的生活目标。北京大学心理咨询中心称北京大学四成新生得了"空心病"——共同的特点是不知道自我在哪里，不知道自己想要成为什么样的人，其核心问题是"缺乏支撑其意义感和存在感的价值观"。在物质生活极其富足的今天，为什么那么多大学生反倒越来越空虚？韦尔特认为，当人们生活在贫困线时，生存具有重要的意义。但是，当生活富裕时，人们的生活就缺少目标。换句话说，人们对意义的追寻也受到社会生活环境的影响，贫困、困难的生活能够提高人们追寻意义的动力。韦尔特在对2.5万名大学生进行调查研究时发现，大学生缺乏对生命意义的理解主要有三个原因：追求金钱、追求享乐生活和缺乏感恩。

心理学研究表明，缺乏生命意义的理解与心理问题呈正相关，对生命意义的探索与情绪健康呈正相关，对生命意义的认识能减缓消极生活事件对忧郁的影响。但当人们无法确立明确的生命意义时，价值观混乱和矛盾冲突就可能导致各种情绪失调和行为问题，甚至导致心理障碍的发生。大学生自杀的个案中丧失生命意义和希望是他们采取极端行为的主要原因。研究发现，有自杀倾向的人缺乏对生存价值的认识，当遇到较大压力时往往会放弃解决问题的努力和尝试，而选择轻生来逃避问题和痛苦。

生命是最基本的价值，是创造和实现人的其他价值的前提，是实现人生意义、享受美好生活的前提条件。我们人生的过程要自己去奋斗创造，把原本没有价值的生命创造出价值来。关于这样的价值，我们应该如何来衡量呢？

首先，应该拥有正确的世界观、人生观、价值观，让宝贵的生命焕发灿烂的光辉，不断地追求自我发展与自我成长。

其次，应该学会积极的生存、健康的生活与独立的发展，并通过彼此对生命的呵护、记录、感恩和分享，由此获得身体和心灵的和谐、事业的成功、生活的幸福，从而实现自我生命的最大价值。

最后，人生的意义还源于爱，我们要有爱的能力、爱自己、爱他人。只有爱的存在，才能让我们包容、理解、原谅和接纳，并指引我们热情地去帮助他人，同时体验快乐。在如此充满爱的气氛里，才能追求更多的幸福和美好、意义和价值，才可将有限的生命融入无限的生命意义之中。

三、生命观

(一)什么是生命观

所谓生命观，就是人们对于生命的总体认识或看法，包括对生命的起始、过程、终结的全部看法和态度，既包括对"生"的理解，也包括对生命有机体死亡的理解。生命观不仅是对人的生命的单纯的看法，也包括对于他人、对于社会、对于自然的认识。人的生命观受社会政治经济文化的影响，同时生命观也在促进或阻碍社会的发展进步。

1. 中国传统文化的生命观

儒家文化、道家文化对生死问题的看法影响了若干代中国人。儒家崇尚重生恶死，儒家认为，生命源于天地，天属阳，地属阴，天能滋生万物，能使万物兴盛，天道有无穷无尽的创造力和生命力。尊重生命、珍惜生命是儒家对待生命的基本态度。儒家认为，生命固然可贵，但其道德属性更为重要，仁义道德比人的生命更为贵重。强调"仁""义""礼""智""信""舍生取义"。对中国人的生命观影响深远的还有道家。以庄子为代表的道家持生死自然的达观态度，侧重从人与自然的关系来讨论生死问题。他们认为，人不可以违背生命的自然本性，提出重身轻物、淡泊名利等观点，高扬个体生命的价值，追求生命的自由自在。在老子看来，人的生命比功名利禄这类身外之物珍贵很多。《老子》中就有"名与身孰亲？身与货孰多？得与亡孰病"拷问世人的警句。老子把生命与名利、财富做比较，分析得与失的利害关系，目的是为了证明人的生命非常珍贵，希望人们可以珍惜生命。

2. 西方文化的生命观

西方文化有不同于中国的历史基础和传统文化，对于生死的看法主要是从生命终极的角度来看待生命。他们认为人的生命是理性的，是自主的，生命的意义和价值，需要经过彻底的反省才能显现。死亡并不可怕，人们需要面对死亡。生与死是一个问题不可分割的两个方面，每个活着的人都要面对死亡并走向死亡，人的一生有许多不确定的事，唯有死亡是亘古不变的。

3. 大学生的生命观

现实中有许多生命观，有的人以辩证唯物主义观点看待生命问题，其生命观是正确的、积极的，这种观点促使人形成了正确的人生观、世界观、价值观。战争年代，为了崇高的共产主义理想，很多人抛头颅、洒热血，为了正义的事业而献出宝贵的生命。"生命诚可贵，爱情价更高，若为自由故，二者皆可抛。""生当作人杰，死亦为鬼雄。"这些诗句都反映了英雄烈士崇高的生命观。现代社会，有许多人把生命的价值融入社会和集体，为他人谋幸福，助人为乐，无怨无悔，各行各业涌现出许多道德模范。大学生中也有许多感人的事迹。

典型案例

长江大学学生舍己救人

　　面对江水中挣扎求生的 2 名少年，长江大学 15 名大学生吹响了拯救生命的冲锋号。6 名学生奋不顾身跳入水中，9 名不会游泳的学生手拉手结成了伸向江中的"人链"。2 名少年得救了。可是，3 名风华正茂的大学生却将生命永远定格在 2009 年 10 月 24 日。"感动中国"推选委员会委员涂光晋说："3 个年轻生命的逝去和 2 个孩子的生还，并不是简单的生命风险交换，而是在修复和重构着健康社会应有的道德基石。"

　　但是大学生中也有一些片面的、错误的生命观，主要表现为纵欲无度、唯心宿命、悲观恐惧或者愚昧无知等。

(二)认识死亡

　　现代哲学家海德格尔认为，人一生下来就开始走向死亡，但是人只有在面对死亡的时候才能真正领悟生存的意义。他将这种面对死亡的自我领会叫作"向死而生"或者"先行到死中去"。事实上，人只要活着，就得面对生老病死等生命现象。出生、成长、老化、死亡等构成了生命的连续过程。未知生，焉知死，生而有何憾，生是否有质量，值得我们探讨。

　　死亡，是每个人必须面对的宿命，没有人是可以逃脱的。我们怎么来面对它、克服它、战胜它呢？只有把这个问题想清楚了，我们才真正明白我们应该怎么活着。死亡指丧失生命，生命终止，停止生存。死亡是生命（或者事物）系统所有的本来的维持其存在（存活）属性的丧失且不可逆转的永久性的终止。哲学定义人类有意义的生命的消失，就是没有了思想，没有了感觉。

　　死亡这个问题其实很简单，我们所有人都会承认这个事实，人总是要死的，你喜欢也好，不喜欢也好，承认也好，不承认也好。死亡同时又很复杂。我们今天研究死亡的时候，可能很多问题现在还不能解决，但是我们还是要敬畏科学。探索未知是人的本性，因此我们探索死亡的本质也在路上。

任务二 生命困顿——自杀及预防

暖身活动

成长三部曲

活动目的

1. 感受和体验成长是一个困难的过程。

2. 活跃课堂气氛。

活动过程

1. 活动开始时每个人都蹲着，代表鸡蛋，然后两两猜拳，以"石头—剪子—布"定胜负，活动中都只能找同级的人猜拳。胜者由蹲着变成半蹲着，表示由鸡蛋变成了小鸡，输者仍然是鸡蛋。随后同类找同类猜拳，鸡蛋赢了变小鸡，小鸡赢了变大鸡，由半蹲着变成直立并舞动双臂。输者小鸡变成鸡蛋，大鸡变成小鸡，猜拳赢了的大鸡将变成观察员，站在圈外观看。

角色的动作说明：当"鸡蛋"要双脚下蹲，双手下垂贴住身体；当"小鸡"要半蹲，手背放在身后行走；做"大鸡"要双手展开，直立行走，就算是完成，取得胜利。

2. 当还剩下2～3个鸡蛋时叫"停"，随即进行小组成员分享。

(1)当划拳划赢了可以"晋级"的时候，是什么感受？

(2)当划拳屡次受挫，不停地回到"鸡蛋"的位置时，是什么感受？

(3)当已经变成"大鸡"，又不得不变成"鸡蛋"时，是什么感受？

(4)当看见别人都成功地长成"大鸡"，自己还在不停地蹲着划拳时，是什么感受？

活动评价

成长的过程往往都不是一帆风顺的，可能经历许多挫折，但只要坚持不懈，在经历了无数次失败之后，一定可以茁壮成长，取得成功。在这个过程中，积极进取的人更容易获得成长。

情境导入

某高校大二学生，21岁，因迷恋足彩，输光生活费后，开始通过网络借贷买彩票，继而冒用或请求同学帮忙借贷，欠下60多万元巨债，无力偿还。

他在跳楼之前，给46岁的父亲发了一则56个字的短信，文字里透出异常的决绝："我跳了，别给我收尸""来世做牛做马报答你们"。亲属们试图阻止他，无数次拨打他的电话，他只接了一次，嘟囔着说了几句重复的话"不行了，不行了"，然后挂断电话。他的同学说，该生在跳楼前，曾4次自杀。

该生出事之后，他的父亲瘦了10多斤。他头发花白，穿着一双解放鞋，背着军绿色单肩包，肩带一头断了，用一根尼龙绳捆着。该生的母亲至今不知道儿子死了，手术后的她还在家里休养，下楼都喘着粗气。该生的父亲说，这个坎是最难的，他担心虚弱的妻子一病不起。如今该生的骨灰存放在殡仪馆，按照家乡的风俗，死在外面的人不能进屋了。他再也不能回家了。"赌输了，命都没了。"他的父亲边说边哭。

分析与思考

看完这个案例，我们的心情都很沉重，内心充满悲伤和遗憾，自杀者因死亡得到了解脱，而活着的亲人承受着怎样的剧痛？这样的伤痛造成的心理阴影无法估量，甚至会毁灭整个家庭。这个案例告诉我们要用正确的生命观来看待生命。生命不仅仅是"我的"，还是"父母、亲人的"。作为一名大学生，我们应该如何看待死亡？

一、大学生自杀的原因

大学生自杀作为一种特殊的社会现象，包括社会、经济、文化、环境、心理等方面的复杂原因。

(一)精神及心理障碍直接或间接的影响

一些大学生中学时就有精神疾病，家长为了孩子顺利进入大学而隐匿不报，还有发现孩子自杀后家长不承认的。某高校男生在高一时就患有抑郁症，坚持服药直到考入大学。他因担心同学发现自己的病而自行停药，结果抑郁的症状日益加重，最后跳楼自杀。事后学校从亲属那里了解到家长因担心学校知道孩子的病情会劝退就医，所以选择隐瞒。

(二)复杂的家庭状况所导致的巨大心理压力

大部分家庭存在着各种各样的问题和矛盾：一是家庭氛围的恶化，如父母关系不和睦、离异、再婚、突发事故去世等。例如，某高校学生的父母关系紧张，多次闹离婚，该生长期得不到家庭的温暖，自杀前已对人生彻底绝望。二是亲子关系恶劣。例如，某高校学生与父亲关系紧张，在遗书中写道："我非常恨你，从小我就发誓长大后只管妈妈不要你。"三是家庭对孩子的期望值过高，孩子压力非常大。例如，某重点高校学生在中学时是班上的"尖子"，进入大学后，家长希望他能保研，但他成绩达不到，便沉浸在自怨自艾之中，最后选择了自杀。四是家庭经济困难造成的适应问题。例如，某高校学生家庭非常困难，读预科开始即欠学费，升入本科时经"绿色通道"得以报到注册，但他长期承受着家庭的经济压力，走不出贫困的自卑阴影，最后选择了自杀。

(三)性格和人格缺陷所带来的自身困境

现代社会急剧变革,社会压力不断折射到大学校园,大学生的竞争压力、学习压力、经济压力、情感压力与就业压力普遍加大,各种压力长久得不到缓解,随即出现性格和人格缺陷,如失落、自卑、紧张、焦虑、失眠、多梦、记忆力减退,严重者郁闷、惶恐、自我封闭,甚至出现妄想、幻觉,最终以自杀方式寻求解脱。

大学生的常见性格及人格缺陷有如下几种:一是内向、封闭、自卑,视野狭窄。例如,某高校女生失恋后情绪低落,常以身体有病为由拒绝参加集体活动,学习成绩也下降很快,这也使得她更加封闭、自卑,最终选择了跳楼自杀。二是过度自卑。例如,某高校男学生体育成绩不好,性格内向。一天,全班上体育课,老师将他和一名女生排在一组,结果他没有跑赢这名女生,引起在场同学的哄笑。从这以后,该生变得更加沉默和孤僻,最后选择了自杀。三是边缘人格障碍,冲动无控制感,行为不可预测,经常以自杀自伤来威胁控制他人。例如,某高校女生对其男友苛刻,要求除上课外的时间都要陪着她。两人时常为小事争吵,她认为男友不在乎她,曾多次以自杀威胁。其男友提出分手后,她在痛苦与绝望之中再次希望以割腕自杀来挽回,由于情绪激动无法控制,最终从宿舍楼跳下。

(四)社会支持系统缺失所带来的孤独无助

多数自杀的大学生没有可以依靠的社会关系,主观上,大多是由于内向、封闭和胆怯、自卑等,导致不能建立社会关系,也不能主动求助,因此长期的心理问题无法得到缓解。客观上,一些学校的管理工作还存在一定的问题,未能及时发现这些学生,并给予他们及时的支持和帮助。个案中也有寻求过帮助,但未能引起老师足够重视的大学生。例如,某高校男生长期存在心理压力,每次站在窗户边都有跳楼的冲动,曾在与班主任聊天时谈到此情况,但由于班主任对心理学知识掌握有限,没有及时发现问题并指导该生寻求心理医生帮助,最后该生还是跳楼自杀。

(五)长期存在的心理应激因素的综合爆发

自杀大学生主要的应激源有恋爱问题、上网成瘾、学习困难、经济困难、生理缺陷(主要是长相问题,大多是自己认为的)、家庭问题等。应激因素并非独立起作用,而是与大学生的人格偏差、应对策略缺陷与社会支持缺乏等联合起作用的。这几方面很难分清哪些是主原因,哪些是从属原因。它们往往是互相影响的。例如,某高校男生长期与父母关系紧张,恋爱后又因与女友感情纠纷经常吵架,加上几门功课考试挂科,这些负性情绪恶性循环,使他的情绪一步步恶化下去,陷入了抑郁状态。其遗书的字里行间体现了强烈的无奈和挫败感,他已完全看不到解决问题的其他方式,最后只有选择死亡。

（六）不当社会环境影响的推波助澜

当前，我国处在社会转型期，一些大学生面对消极因素和负面影响，会产生巨大的心理反差，愤世嫉俗，充满困惑。一些高校被网吧、歌舞厅、出租屋等包围，少数大学生经不住诱惑，沉迷其中，不能自拔。此外，一些媒体，特别是某些网站和小报，对一些暴力、自杀事件报道简单化，对过程的描述极尽渲染，甚至把自杀"神圣化"，提出"自杀或许是一个解决问题、获得解脱、令冤枉自己的人感到自责和后悔的途径"等观念，给大学生不当的引导。

课堂活动

生命的意义

活动目的

让大学生在认知上改变对生命的态度，不要轻易放弃自己的生命；使大学生学会规划人生，并能用积极的心态来面对人生，让自己的人生更加精彩。

活动过程

欣赏由《跳》改编的 flash。

1. 故事梗概：一个女孩从 11 层楼跳下去，看到了每一层楼的人们都有他们各自的困境，看完他们之后深深地觉得自己其实过得还不错。在她跳下去之前，她以为她是世上最倒霉的人，现在她才知道每个人都有不为人知的困境。

2. 活动指导语：跳下去，一个多么容易的举动。主人公能在跳下去的最后醒悟过来说，其实自己过得还不错。原来"家家都有本难念的经"，每个人都有自己不为人知的困境。只是，她再也没有给自己一次重新选择的机会。在大家惋惜这位小女孩生命的同时，需要给自己更多理性的思考。

3. 学生分组讨论并派代表分享感受。

(1)你觉得女孩解决了她的困境了吗？

(2)你看了这个漫画的感受是什么？

活动评价

学生在活动中进一步思考生命的意义，懂得珍惜生命，热爱生命，同时学会思考人生的目标，做好人生规划。

二、大学生自杀的预防

（一）自杀的征兆识别

自杀并非突发。一般而言，自杀者在自杀前处于想死同时渴望救助的矛盾心态时，从其行为与态度的变化中会看到蛛丝马迹，大约 2/3 的人都有可观察到的征兆。据南京危机中心调查，61 例自杀的大学生中，有 22 人曾明显地流露出各种消极言行以引起周围人的注意。日本心理学家长冈利贞认为，自杀前会有种种信号。

一个人在同一时间内有以下几种表现时，他或她自杀的危险性较高。

①心情忧郁或焦虑。

②近期特别是最近两天，有严重的负性生活事件。

③近一个月生活质量很差。

④长期的生活、学习或心理压力。

⑤既往有自杀行为。

(二)自杀的危机干预

在校园自杀危机的干预中，老师所起的是危机干预咨询师的作用。他们对学生自杀危机进行咨询和干预，帮助当事人摆脱自杀危机。

1. 自杀干预方法

在为自杀当事人咨询时，咨询老师必须耐心倾听当事人诉说，逐步探究哪些抑郁情绪在影响着当事人。咨询老师首先必须排除自己的焦虑，这样才可能有耐心引出当事人所有有关的信息。

咨询老师有必要与当事人一起体验他们的绝望感、失助感、无用感、隔离感、沮丧的哀痛和失败感。咨询老师可能干的最糟糕的事是对当事人保证说：事情并不像他们想象得那么坏，事情会慢慢地好起来，你有充分的理由活下去。尽管从现实角度看，咨询老师这么说没错，但从当事人的角度来看，这些话说明咨询老师并不理解他，更使他感到隔绝于周围世界。为了有效地帮助当事人，咨询老师必须从当事人看不到丝毫希望的冰冷的眼光出发去体验现实。这就意味着咨询老师要甘愿并且能够在某些事情中探寻和体会自己的绝望感和空虚感。

2. 自杀咨询规则

首先，要弄清楚当事人已考虑或筹划用哪种方法自杀，一般来说，方法越具体，离自杀的日期就越近。其次，劝导当事人多看光明面的做法是不值得提倡的，如果当事人能够在情感上接受光明面，他也不至于陷入今天的境地。最后，咨询老师应该始终对自杀抱有高度的警惕。因为当事人大多是性格高度内向者，他可能并未暴露出任何自杀迹象，但只要他具有任何一点自杀的可能，就应千方百计引出他的内心自杀动机。

3. 自杀干预原则

五要：①保持平静、沉稳，对当事人随之而来的暴风雨般的情绪要有心理准备；②给当事人充分的机会倾诉，以便确定危机类型、诱发事件及严重程度，不要试图消解自己被当事人引起的沮丧感；③必要时询问客观问题，只要得当，可有镇静作用；④要直接面对事情，勿涉及深层及潜意识原因（这些留待以后）；⑤可向社区、医务、法律等机构求援。

十不要：①不要对当事人责备或说教；②不要批评当事人或对他的选择、行为提出批评；③不要与其讨论自杀的是非对错；④不要被当事人所告诉你的危机已过去的话误导；⑤不要否定当事人的自杀意念；⑥不要操之过急，要保持冷静；⑦不要分析当事人的行为或对其进行解释；⑧不要让当事人保有自杀的秘密；⑨不要把自杀行为说成是光荣的、浪漫的、神秘的，以防止别人盲目仿效；⑩不要忘记跟踪观察。

4. 大学生自杀心理危机的预防机制

学校可以围绕着五级防护开展工作，具体如下。

一级防护：学生的自我调节（自觉地认识自己、独立地调节各种心理问题）。开展心理健康教育与宣传，提高学生心理素质。

二级防护：学生的朋辈互助（有互帮互助意识和能力，通过互帮互助解决某些心理问题）。指导学生心理协会，培训志愿者开展朋辈互助活动。

三级防护：辅导员、班主任、教师的工作（有发现学生心理问题、帮助学生解决某些心理问题的能力，能及时推荐某些学生去咨询）。建立院系心理健康联系人制度，培训心理辅导员，合作开展重点学生工作。

四级防护：心理咨询中心的工作（负责对大学生提供心理咨询、心理测试、心理训练、心理健康教育等服务）。

五级防护：医院治疗与家庭护理工作（医院能对问题学生心理疾病实施门诊药物治疗或住院治疗。家庭能协助并配合做好当事人心理问题的防护和心理危机的干预工作）。与校医院及校外医疗机构保持紧密联系。

任务三　提升生命质量，开创幸福生活

暖身活动

互敬互爱

活动目的

学生放松身体，感受快乐。

活动过程

1. 小组成员围成一个圈，双手搭在前一个人的肩膀上，捏肩膀、拍后背、敲后背。

2. 向后转，双手搭在前一个人的肩膀上，捏肩膀、拍后背、敲后背。

3. 小组内的成员手牵手围成一圈，用这样的方式做每个同学参与活动的感受：

"和大家在一起我很开心，因为我从大家那里收获了……谢谢大家！"

活动评价

让学生讲一讲这次活动的感受，组长总结。例如，通过身体的接触拉近了心理的距离，使人放松，感受到帮助别人和接受别人的帮助和关爱的快乐。

情境导入

有一个叫黄美廉的女子，从小就患上了脑性麻痹症。这种病的症状十分惊人，因为肢体失去平衡感，手足会时常乱动，口里也会经常念叨着模糊不清的词语，模样十分怪异。医生根据她的情况，判定她活不过 6 岁。在常人看来，她已失去了语言表达能力与正常的生活能力，更别谈什么前途与幸福。但她却坚强地活了下来，而且靠顽强的意志和毅力，考上了美国著名的加州大学，并获得了艺术博士学位。她靠手中的画笔，还有很好的听力，抒发着自己的情感。在一次讲演会上，一位学生贸然地提问："黄博士，你从小就长成这个样子，请问你怎么看你自己？你有过怨恨吗？"在场的人都暗暗责怪这个学生的不敬，但黄美廉却没有半点不高兴，她十分坦然地在黑板上写下了这么几行字：一、我好可爱；二、我的腿很长很美；三、爸爸妈妈那么爱我；四、我会画画，我会写稿；五、我有一只可爱的猫……最后，她以一句话做结论：我只看我所拥有的，不看我所没有的！

分析与思考

读了上面的这个故事，我们都会深深地被黄美廉那种不向命运屈服、热爱生命的精神所感动。要想使自己的人生变得有价值，就必须要经受住磨难的考验；要想使自己活得快乐，就必须要接受和肯定自己。其实，在这个世界上，每个人都有着不同的缺陷或不如意的事情，并非只有你是不幸的，关键是如何看待和对待不幸。无须抱怨命运的不济，不要只看自己没有的，而要多看看自己所拥有的，那样我们就会感到：其实我们很富有。在人生的旅途中，我们都读过很多让我们感动和令我们深省的小故事，这些小故事中蕴含的哲理和智慧，曾经给我们的人生以启迪，曾经给我们的心灵以慰藉或震撼，曾经让我们感动。在每个人的一生中，都需要领悟一些道理，以便使自己变得更加睿智；都需要接受一些感动，以便使生命充满激情。

一、活出生命的质量

(一)树立明确的生活目标

斯大林说："只有伟大的目标，才能产生伟大的毅力。"目标是灯塔，目标是旗帜，一个人如果没有生活的目标，就只能在人生的征途上徘徊，永远达不到理想的彼岸，生活就显得平庸、乏味、无聊，就可能滋生各种有害健康的恶习。人生在世，需要追求的东西很多，但由于受到生活环境层次、社会文化情境层次和个人实际条件等主客观因素的限制，往往是"熊掌和鱼"不可兼得。这就要求我们在现实生活中牢牢把握这样一个原则：要"鱼"，还是要"熊掌"，即明确奋斗目标。如果没有固定的人生追求目标，一会儿要"鱼"，一会儿要"熊掌"，过一会儿"鱼"和"熊掌"都想要，那么生活会十分艰辛，无法干成一件像样的事情。

(二)凡事宽以待人

《心灵导师情绪管理》一书指出：付出，让你更健康。明确目标，追求人生成功，纵然是获得健康的要素，但伸出援助之手，宽以待人，携手共进，却是人永远年轻、健康、快乐的"添加剂"。华德先生是美国最大通信公司的广告和公共关系部门的主管，闲暇时，他为堪萨斯州感化院的"假释犯"当义工，为儿童之家募款，还捐出了14加仑的血液给州立血库，这一切令华德先生觉得："我是个快乐的家伙！"他健康充实的人生说明了"宽以待人，行善乐施"能美化人生，抵抗生活压力。我们知道，心胸宽大的人较快乐。圣经说：播种什么，收割就收获什么。宽宏大量，无私助人，通常会得到一些你意想不到的珍贵的回赠，那就是我们助人时所引发的爱和感谢。爱和压力一样也有积累效果。美国医学家塞尔斯博士说，如果我们能囤积好的感觉，像燕子囤积食物过冬一样，我们也能安全稳妥地度过逆境，这些感觉在一切都不顺利时，提醒自己有良好的前景，从而获得信心和勇气，这样生活就容易多了。

(三)养成良好的生活习惯

我国上古时代的奇书《黄帝内经》上说："上古之人，其知道者，法于阴阳，和于术数，饮食有节，起居有常，不妄作劳，故能形与神俱，而尽终其天年，度百岁乃去。"这里特别强调了饮食有节，起居有常，要求人们养成良好的生活习惯。良好生活习惯会使人终身受益，其中对健康的价值更是不可低估。

(四)有合理的营养构成

大学生正处于身体发育的重要阶段，对各类营养物质都有特殊的要求。这一阶段，一方面由于活动量大，新陈代谢旺盛，学习、生活、劳动、体育锻炼都需要消耗较多的热量，因此，基本饮食需热量高；另一方面，身体生长发育也需要提供额外的"原料"。在身体发育这一重要时期，保证糖、脂肪、蛋白质、矿物质、维生素和纤维素等基本营养的合理供给是十分重要的。合理的饮食应该是每餐八分饱，主、副食各占一半，主食宜粗细粮搭配；副食以一定比例搭配。

(五)保持适当的运动

科学研究证明，运动可以促使头脑清醒，思维敏捷。因为运动能够使大脑获得积极性休息，改善大脑的供血状况，使大脑保持正常的工作能力；运动能够促进血液循环，提高心脏功能，特别是在运动时，冠状动脉的血流量要比安静时高 10 倍。国外一位生物学家实验发现，马拉松运动员的冠状动脉的直径要比一般人长 1～2 倍，这就是运动能预防冠心病的生理依据；运动还能改善呼吸系统的功能，由于肌肉活动时需氧量增加，呼吸加速、加深，这就促进了肺及其周围肌肉、韧带的发展和功能的提高；运动还可以使骨骼、肌肉结实有力。

(六)必不可少的业余爱好

现代生活既紧张又繁忙，我们在繁忙和紧张的学习、工作和生活之余，找一个安静理想之地，从事一些自己感兴趣的事作为业余消遣活动，这对于调养心情、消除疲劳是很有好处的。例如，练练书法、玩玩乐器、画画、集邮、下围棋、象棋、搞点摄影、小制作等，都是增进健康的理想项目，可根据自己的兴趣选择和培养。一旦认定，就要坚持下去，使它成为自己真正的兴趣爱好，并尽可能争取有新造诣。

(七)塑造幽默乐天的性格

"幽默是日常生活愉快的添加剂，幽默是生活波涛中的救生圈"。事实上，能帮你打开紧锁的眉头，松散额上的皱纹，舒张紧缩的心肌，忘却生活中的烦恼，幽默是功不可没的。运用幽默调节身心健康是有其科学依据的。有医生在"无法治疗的病"的研究中发现：幽默和生理状态有很大的关联。幽默引起的大笑会使肌肉乱了步调，与肌肉有关的疼痛就可能在一阵大笑之后随之消失；大笑会刺激大脑分泌一种儿茶酚胺的荷尔蒙，这种荷尔蒙能引发"内啡素"的大量分泌，从而起到自然止痛的效果；幽默地大笑会使全身肌肉舒展，进而舒张血管，使紧张充血的内脏器官得到缓解而有节律的张弛，获得积极的按摩。

二、感受幸福

每个人都关注幸福、追求幸福，那么幸福是什么？有花园式的别墅，有数不完的金钱，有美满的家庭，有健康的身体，有崇高的理想……这些都是人们理解的幸福。幸福的标准自然也各不相同，如同莎翁说的"一千个读者眼中就会有一千个哈姆雷特"一样，不同人眼中的幸福也各不相同。

现代人常常困惑："我们的物质生活越来越丰裕，为什么我们却越来越不开心呢？"当人们的基本物质需要未得到满足时，解释为什么不幸福是非常容易的。但在当今的社会中，大多数人不幸福的原因已经不能用基本物质需要没有得到满足来解释了。积极心理学之父的美国宾夕法尼亚大学心理学博士塞利格曼说过，当一个国家或民族被饥饿和战争困扰时，社会科学和心理学的任务主要是抵御和治疗创伤；

但在没有社会混乱的和平时期，致力于使人们生活得更美好则成为他们的主要使命。由于过分关注人类心理消极的一面，很多心理学家几乎都不知道正常人怎么在良好的条件下获得自己应该有的快乐和幸福。20世纪末，以塞利格曼为首的心理学家将人类的积极品质进行科学研究，积累了大量的科学心理资料，从而诞生了当代积极心理学。这种积极心理学轰动了全世界，积极心理学运动重新唤起了心理学对人类幸福生活与积极品质的关注。

幸福是一种教人过上美好生活的持久智慧。积极心理学家塞利格曼曾提出这样一个幸福公式：

总幸福指数＝先天素质＋后天环境＋你能主动控制的心理力量。

总幸福指数是指较为稳定的幸福感，这不同于暂时的快乐和幸福。稳定的幸福感不是我们生活中一部电影、一顿美餐之后暂时的快乐，而是能够使感动持续、稳定的幸福感觉，是对生存状态和生命质量的全面肯定。这其中，你能主动控制的心理力量是最重量级的一个砝码，它是一个现在时。这是开启幸福大门的金钥匙，也是积极心理学需要发掘的力量，而这个力量对于每个人来说，是持续提升积极的情感力量。

幸福是一种主观感受，是一种个人体验。主观幸福感是以个体主观判断为标准来界定幸福的自我体验，这其中不包括消极情感的存在，而完全是积极情感的体验，这是一个人生活的最高目标。

有心理学家曾做过一个实验：他诱导学生做一个皱眉的表情，然后将电极附在他们身上，学生都感到有一点生气。他用同样的方法诱导学生做出笑的表情，学生们就会报告说感到愉快。同时他发现，相对那些皱眉的学生而言，被诱导去笑的学生感到更愉快，也就是说外在的微笑提升了内部的快乐。因此，幸福是可以习得的，通过努力，我们可以选择幸福的终点站，而不再像以往那样停留在原点。

(一)改变认知，建立积极心态

1. 不抱怨

建立正向思维，在遇到挫折或令自己沮丧的情况时要保持正向思考，使自己不被负面情绪操控。当你抱怨时，幸福已经从你身边匆匆离开了。幸福本来就不易获得，更是容易失去的。有人认为自己很不幸，一个不快乐可以在心里放大十倍，甚至百倍，然后总结说自己原来是这么不幸。其实，谁会没有失意的时候呢？大可不必跟自己过不去，我们与其泪流满面、黯然神伤，倒不如自己放一首柔缓的音乐；飘逸惆怅，有笑有泪，生活含苦，人生不如意十之八九，生活本来就是多味胡豆，酸甜苦辣尽有。这是现实，是普遍规律，我们没有必要感伤和抱怨。境由心生，把自己的心态调节好，加上理性、洒脱和豁达，把幸福变成一种习惯，让它时时光临我们的人生，让幸福的阳光分分秒秒都能照进我们的生活。

小故事

　　一个叫塞尔玛的美国年轻女人随丈夫到沙漠腹地参加军事演习。塞尔玛一个人孤零零地留守在一间集装箱一样的铁皮小屋里，炎热难耐，周围只有墨西哥人与印第安人。因为他们不懂英语，她也无法与他们进行交流。她寂寞无助，烦躁不安，于是写信给她的父母，想离开这地方。

　　父亲的回信只写了一行字："两个人同时从牢房的铁窗口望出去，一个人看到泥土，一个人看到了繁星。"塞尔玛开始没有读懂其中含义，反复几遍后才感到无比惭愧，决定留下来在沙漠中去寻找自己的"繁星"。

　　她一改往日的消沉，积极地面对人生。她与当地人广交朋友，学习他们的语言。她付出了热情，人们也回报了她热情。她非常喜爱当地的陶器与纺织品，于是人们便将舍不得卖给游客的陶器、纺织品送给她作礼物。塞尔玛深受感动。

　　她的求知欲望与日俱增。她十分投入地研究了让人痴迷的仙人掌和许多沙漠植物的生长情况，还掌握了有关土拨鼠的生活习性，观赏沙漠的日出日落，并饶有兴致地寻找海螺壳……她为自己的新发现激动不已。于是她拿起了笔，一本名为《快乐的城堡》的书两年后出版了。

　　塞尔玛最终经过自己的努力看到了"繁星"，因为她用积极的冒险与进取代替了原来的痛苦与沉寂。沙漠没有变，当地的居民没有变，只是塞尔玛对待生活的视角变了。一念之差使她变成了另外一个人。

　　2. 自我接纳

　　自我接纳是指对自己、对现状、对环境的接受，承认它们存在的事实，不否定、不抱怨、无条件地想要去改变。接纳自己就是不管自己是什么样子，不管自己的生活有多么不如意，首先要面对现实，接受现实。接纳自己意味着知道自己的处境，知道自己需要什么，想要什么，知道自己暂时能做什么，不能做什么。接纳自己意味着看到自己的不完善，但是不急不慌乱，对自己有信心，并且有足够的耐心，可以在现实中做出努力。接纳自己意味着重视和珍惜自己所拥有的，意味着尊重自己，也能尊重人，客观地看待别人和自己的差异，理解自己的生命是独一无二的奇迹，就算全天下的人都说自己不好，依然不放弃自己。接纳自己意味着自己犯了错误时知道只是某件事或者某件行为是错的，而不代表你的整个人是不好的，允许自己犯错误，错误也是人生的一部分，让自己在错误中学习。接纳自己意味着接纳生命中所有真实的现象，意味着不主观、不偏执、不卑不亢。接纳自己就能拥有一个平和的心态，你的心中才会有爱，有力量，你把爱传递给别人，别人就会回馈给你双倍的爱，这样生命才会和谐。

　　3. 关注

　　幸福依赖于我们选择关注什么。几乎每一条迎面扑来的信息，都有 AB 两面，选择的"关注点"深深影响着我们。解读比信息更重要。我们不能改变接收的内容，但我们能改变自己的容器形状。难道要向鲁迅笔下的阿Q学习，自我安慰？不是的。我们不是一味"退一步海阔天空"，而是将注意力逐渐转移到积极的方面，当这种思维方式成为习惯，成为那条主导的河流，哪怕我们处于和以前同样的状况，也会迎来完全不同的心情。例如，你是一个在医院的清扫工，如果你整日觉得在为了一口饭起早摸黑，一定工作得不快乐，但如果换一个角度，这个医院因为有你而洁净舒适，而且你在工作的过程中又很好地锻炼了身体，是不是完全不一样了？既然你不能改变做清扫工这个现实，就要努力去寻找清扫工的积极方面。只是不知何时，这种积极思维的"乐观模式"被冠以"盲目"，和浅薄等词混在了一起。但是我们不能被这股消极的河流冲走，要去欣赏积极的部分，并让这部分增值。关注有两个意思，一个是欣赏，另一个是增值。当你欣赏一个人的品德或某些方面时，它们会增值。相反，把好的东西看作理所当然，它们就会贬值。人的潜力就像种子，给点阳光和雨露才会生长发芽。不论处于什么情况，尽量让自己成为"主动者"。自怜和抱怨只能造成愤怒和沮丧，还是想办法打开另一个世界吧。

课后阅读

幸福生活的密码——哈佛《幸福课》笔记分享

以为听了幸福课或看了我这篇文章就能幸福的人，请停止妄念。你以为我们坐下来好好谈谈，然后就能过上幸福快乐的生活了吗？道理"听听都懂"，甚至可以说是老生常谈，但你有真正尝试过"那些建议"吗？没错，我们容易陷于"没有行动"的泥潭，一再抱怨生活的寡淡，情绪的低落，百无聊赖地刷着微博和朋友圈，却不肯抽出半小时去运动，不愿抽15分钟去书写值得感恩的事。我们用不屑一顾的眼神看着世界，仿佛这才是成熟世界的通行证。我们怀揣各自的幽怨，觉得生活本该如此，谁不是一样？完美主义经受着自我的折磨，拖延症反复质疑自己，焦虑的人夜不能寐。塔尔教授就是一个典型的完美主义者，大学时代的他表面上拥有了一切，但他不解，为什么不快乐？要如何变得更快乐？于是他开始研究"积极心理学"，不断尝试其中的方法，用自身的转变来验证，得出一个较为完整的科学体系，分享给世界各地的人。毕竟，生命的最终目标是快乐。

(二)建立积极健康人格

判断一个人是否幸福，可以从他的性格特征看：是否有良好的人际关系，是否能够获得社会支持；是否有明确的人生目的和信仰，是否对生活充满希望。幸福的人格有几个特征：首先，有较高的自尊，他们往往对自己多持肯定的态度；其次，幸福的人自制力很高，克服困境的能力也较大；再次，幸福的人很乐观，对生活所求甚少，所以常有意外的惊喜；最后，幸福的人多外向，易与他人共处，有较好的人际关系，而良好的人际关系是幸福生活的一个标志。

积极人格不是先天就有的，而是一点一滴积累而成的。对于普通人来说，先天的气质特点是一个人后天人格形成的基础，某一种气质总是更有利于与其相对应的人格特征的形成。人格的形成主要依赖人后天的社会生活经验，正是因为有着不同的后天社会生活经验，人与人之间才出现了人格面貌的不同。因此，积极心理学把增进个体的积极体验和培养个体的自尊作为建立积极人格的最主要途径。

自尊是对能力、身份、成就、价值的自我评判。自尊分为三种：依赖性自尊、独立性自尊和无条件自尊。依赖性自尊由他人决定，能力感来自与其他人的比较，需要外界的认同和赞美来获得自尊，这种自尊的提升是暂时的，一旦赞美变少，马上陷入自卑的旋涡，否定自己。这种自尊极不稳定，趋于敌对。独立性自尊由自己决定，跟之前的自己做比较，即使没有赞美也知道自己很棒。这种自尊更为稳定，趋于仁慈。无条件自尊是有充分的自信，从别人的幸福中一样获得愉悦感。它不意味着冷漠，或者回避他人情感，事实上更加关心他人了，更有同情心了。我们让自己远离嫉妒、高傲、自卑和攀比。我们和他人融为一体，如同看电影般看着他们，自我不受威胁。我们或多或少都有依赖性自尊，关键是不能让依赖性自尊成为主导。我们也很难做到无条件自尊，所以我们的目标是独立性自尊。你独自来到这个世界，也将独自离开，你必须对自己负责。为了幸福你必须提高自尊，因为高自尊隐含了一个概念：我值得拥有幸福。

心理学家研究发现，高自尊的人，也就是说正确欣赏自己的人比低自尊的人更加幸福。这与传统观念中的"枪打出头鸟""木秀于林风必摧之"等主张低调做人的消极观念有所区别。在经济短缺的时代，"你输我赢，你好我不好"的竞争规范更符合适者生存的价值观，然而积极心理学适用于富庶的经济环境，强调"双赢、共好"的价值观念。因此，高自尊的人不仅有较高的道德水准，还具有良好的自我效能感，当遇到特殊任务时，会主动采取行动，而不是逃避。提高自尊的方法有：①正直，言行一致；②自我察觉，自我了解；③承担责任，只有靠你创造生活；④自我接纳；⑤要有主见。简单说来，提高自尊就是让自己看得起自己。能力感和价值感组成了意识的免疫系统，让你更能够感受到积极的力量。

拥有积极健康人格的大学生心胸开阔，善解人意，尊重自己也尊重他人。相反，人格品质出现偏差者，往往在与人相处时，多持悲观、怀疑等消极态度。就积极心理学而言，健康的人格是培养的基础，也是个体生活的人格优势，它将对个体产生长期的影响。人本主义心理学家罗杰斯认为，具有积极健康的人格，是一个"机能充分发挥型的人"：能接受自身体验的意愿，对自我的信任，作为人而继续成长的意愿。我国有学者认为，积极健康的人格特点是：内部心理和谐发展，能够正确处理人际关系，能把自己的智慧和能力有效地运用到能获得成功的工作和事业上。

人格优化要从每一件眼前的事情做起。如果说童年的人格雏形主要受家庭环境的影响，那么大学生人格的稳定和成熟应该主要靠自己的修养。如果在小事情上对自己不负责任，在关键事情上又怎么能保证自己的独立和坚强呢？有的大学生认为"偶尔逃一次课无关紧要""偶尔挂科不是什么大不了的事""作业抄抄就可以"，碰到任何困难首先想到逃避和拒绝。古人云："勿以善小而不为，勿以恶小而为之。"忽视平时良好习惯的养成，而想拥有良好的人格，无异于空想。一个人的一言一行往往是其人格的外化，同样地，一个人日常言行的积淀成为习惯就是人格。一位知识渊博的学者，会自觉地以谦卑谨慎示人，时刻注意自己的一言一行，这就是他自身的人格素养。

(三)延伸积极关系

1. 积极爱

爱自己的人才会更好地爱别人。自我是个永久的话题，只要身体和意识存在，自我就值得用一生去关注和不断提升。当我们每时每刻都关注自己，并悦纳自己、喜欢自己和欣赏自己时，这份积极的能量就被激发出来，自我效能就获得提升。当面临挑战性任务时，我们就能够表现出更强的毅力，从而增加了成功的可能性。

自我效能高的大学生，对学业期望较高，成功动机强。因此，我们要不断关注自己内在的这份能量，不断对照自己的过去审视自己，以把握当下的自己，做好未来的自己。

爱作为一种积极情感和关系，对于人生的丰富和心理健康具有重要意义。一项调查发现，处于幸福感前10%的人都有一个相知相爱的伴侣，在已婚成年人的调查中，40%的人回答说自己的生活很幸福，而没结婚的成年人说自己很幸福的仅为23%。令人满意的爱，在幸福因素的排列中，比工作、职业和金钱更为重要和有价值。

有人说爱是一种能力，爱是一种美德、一种人格力量。一个在感情上出问题的人，一定是在某些方面先出了问题，而并非感情本身或者机遇不好。

20世纪心理学的一个重要发现是：童年时的亲子关系影响人格形成，良好的亲子关系是健康人格的发源地，童年时期安全的依恋关系使个体在成年后能够建立基本的信任感和安全感。这样的人才具有爱别人的能力，才具有形成积极健康爱情关系的能力。

有学者指出，爱情的一个基本特征就是，所有焦虑不安的情绪都烟消云散了。健康的爱包括了接受与欣赏对方的缺点和不足，因为爱一个人爱的是对方的整体，缺点也是这种整体的一个组成部分。积极的人敢恨敢爱，善于体验爱的快乐，他们的心灵总是能捕捉到爱情的愉悦方面，总是能从仁慈、建设、关心、幽默、天真等方面体验爱情的美好，乐观地相信对方是爱自己的，未来是美好的，要珍惜现在的每一天，尽情地享受每一天，相爱的每一天都是宝贵的，都是有意义的。

2. 感激

"感激"是我们必须用心挖掘的一条最重要的"渠道"，因为人倾向于对自己已经拥有的事物麻木不仁。还有的人喜欢攀比，更是将目光对准了自己没到手的东西，于是他们看不到自己的所得，也就感受不到幸福和满足。培养感激需要一次又一次的练习，直到变成习惯，变成其性格的一部分。不要等到悲剧来临才知感恩。例如，每天写五条值得感激的事，尽量不重复，尽量多元化，这样有助于让你看到更多值得感恩的事。你可能会觉得这么做很幼稚，就像小学生写流水账。但是，只有写下来，才能慢慢建造渠道，而且，你会有意识地开始在每天寻找值得感恩的事，用心思考我们拥有的美好事物。这么做从本质上创造了一个新的现实，一个被我们忽视的现实。偶尔的感激只是泥地里的脚印，大雨一来，便被冲得面目全非。你也可以选择写感谢信，然后登门拜访，读出信的内容，虽然这个有点难为情，但效果非常好。这周打电话，下周拜访，再下周写信，让感激变成一种仪式，仪式是唯一的真正持久的改变。

课堂活动

幸福账本

活动目的

1. 通过活动引导学生了解自己的幸福感受，学会体验并记录自己的积极情绪。

2. 通过活动引导学生观察生活中的细节，了解"日常生活中处处存在着幸福"，从而提升主观幸福感。

活动过程

(一)我的幸福有几分

1. 老师发给每个学生一张"幸福账本"，上面印有十颗幸福之星，请每位同学用自己手中的彩笔，将代表自己幸福感受的星星涂上颜色。

2. 分享我们的幸福。

(1)学生思考每一颗被涂上颜色的星星代表什么含义，没有被涂上颜色的星星表明自己在哪些方面不够幸福。

(2)每组交流各自的幸福账本。

(3)请每组有代表性的学生发表自己的看法。

(二)别人眼中的幸福

老师通过图片呈现一些生活中简单幸福的小事。例如，幸福是一个微笑，幸福是一个玩具，幸福是听老师讲故事，幸福是妈妈的怀抱。

(三)感受生活中的幸福

1. 老师引导学生分享生活中的美好时刻。

2. 学生讨论听到分享后的感受。

3. 全班分享交流。

活动评价

愿每个同学用眼睛、耳朵、心灵去发现、感受、体验我们身边的幸福，记录生活的点点滴滴，做一个幸福快乐的人！

3. 助他人为自己乐

帮助他人就是帮助自己，两件事结合成为一个上升螺旋（良性循环）。快乐不是恒量的，而是会互相感染的。如果我更快乐，我就更可能感染身边的人，让快乐的总量变大，所以让自己更快乐从个体上看是自私的，从长远来看却不是自私的行为。快乐是道德的！一根蜡烛可以点燃一千根蜡烛，蜡烛不会因此缩短寿命，快乐也一样，不会因为分享而变少。笑也会传染，假设你传染了三个人，然后这三个人又分别传染了三个人，那么整个世界都会因你的笑而变得不同。千万不要吝啬分享，众乐远比独乐来的更有存在感。怕吃亏只会不断失去，越分享拥有越多！

一项针对金钱与快乐之间的关系而进行的心理学调查，发现了一个有趣的现象，即金钱与快乐之间并不完全成正比，而是呈一个倒"U"型的曲线，也就是说，很有钱的人往往快乐指数是下降的，更多的金钱并不能给人们带来更多的快乐。所以说，拥有并不一定能带来快乐。那么，什么样的人最快乐呢？

美国一家心理学杂志进行了一项大型的调查，发现那些经常帮助别人的人比不乐于助人的人有更多的快乐感受，他们的生活指数和生活满意度比后者要高出24%。此外，这些人患各种心理疾病如忧郁症等的概率也远远低于后者。

知识链接

我的幸福我做主

心理学家对"主观幸福"的研究提出：幸福不分性别，不依赖于年龄。按照美国心理学家哈里·克塞克的说法，幸福意味着生活在一种"沉醉"的状态中，他提出感受幸福的9个步骤。

1. 换一种心情看生活，把孩子的微笑当成珠宝，在帮助朋友中得到满足感，与好书里的人物共欢乐。

2. 控制你的时间。一天写300页书是很难的事，然而一天写两页书则是很容易办到的。这样坚持150天你就可以写成一本书。这个原则可以应用于任何工作。

3. 增强积极情绪积累。积极的情绪催人奋进。幸福的人做的每一件事都是努力消除消极情绪的过程。

4. 优待身边的人。要学会很好地对待朋友、配偶。能够一下数出5个好朋友的名字，有60%的人比不能数出任何名字的人更感到幸福。

5. 面带幸福感。实践表明，面带幸福感的人会感到更幸福。经常欢笑能在大脑中引发幸福感。

6. 不要无所事事。不要把自己困在电视机前、手机里，要沉浸于能用你所学的技能做的事情中去。

7. 多参加室外活动是对付压力和焦虑的良方妙药。

8. 好好休息。幸福的人精力充沛，但他们绝对会留出一定的时间睡眠和享受孤独。

9. 有信仰的人更幸福。

1 心理测验

总体幸福感量表(GWB)

以下问卷涉及你在过去的一个月里对生活的感受与看法，无好坏之分，根据自己的现实情况和切身体验来回答，并请你仔细阅读每道题目，在相应的答案代码上打"√"即可。

	1	2	3	4	5	6
*1 你的总体感觉怎样？	好极了	精神很好	精神不错	精神时好时坏	精神不好	精神很不好
2. 你是否为自己的神经质或"神经病"感到烦恼？	极端烦恼	相当烦恼	有些烦恼	很少烦恼	一点也不烦恼	
*3. 你是否一直牢牢地控制着自己的行为、思维、情感或感觉？	绝对的	大部分是的	一般来说是的	控制得不太好	有些混乱	非常混乱
4. 你是否由于悲哀、失去信心、失望或有许多麻烦而怀疑没有任何事情值得去做？	极端怀疑	非常怀疑	相当怀疑	略微怀疑	一点也不怀疑	
5. 你是否正在受到或曾经受到任何约束、刺激或压力？	相当多	不少	有些	不多	没有	
*6. 你的生活是否幸福、满足或愉快？	非常幸福	相当幸福	满足	略有些不满足	非常不满足	
*7. 你是否有理由怀疑自己曾经失去理智，或对行为、谈话、思维或记忆失去控制？	一点也没有	只有一点点	有些，不严重	有些，相当严重	是的，非常严重	
8. 你是否感到焦虑、担心或不安？	极端严重	非常严重	相当严重	有些	很少	无
*9. 你睡醒之后是否感到头脑清晰和精力充沛？	天天如此	几乎天天	相当频繁	不多	很少	无

续表

	1	2	3	4	5	6
10. 你是否因为疾病、身体的不适、疼痛或对患病的恐惧而烦恼？	所有的时间	大部分时间	很多时间	有时	偶尔	无
*11. 你每天的生活是否充满了让你感兴趣的事情？	所有的时间	大部分时间	很多时间	有时	偶尔	无
12. 你是否感到沮丧和忧郁？	所有的时间	大部分时间	很多时间	有时	偶尔	无
*13. 你是否情绪稳定并能把握住自己？	所有的时间	大部分时间	很多时间	有时	偶尔	无
14. 你是否感到疲劳、过累、无力或精疲力竭？	所有的时间	大部分时间	很多时间	有时	偶尔	无
*15. 你对自己的健康关心或担忧的程度如何？	不关心━━━━━━━━━━━━━━━━━━→非常关心 0　1　2　3　4　5　6　7　8　9　10					
*16. 你感到放松或紧张的程度如何？	松弛━━━━━━━━━━━━━━━━━━━→紧张 0　1　2　3　4　5　6　7　8　9　10					
17. 你感觉自己的精力、精神和活力如何？	无精打采━━━━━━━━━━━━━━→精力充沛 0　1　2　3　4　5　6　7　8　9　10					
18. 你忧郁或快乐的程度如何？	非常忧郁━━━━━━━━━━━━━━→非常快乐 0　1　2　3　4　5　6　7　8　9　10					

　　说明：总体幸福感量表（General well-being schedule，GWB；Fazio，1977）是由美国国立统计中心制定的，共 33 个题目。本量表采用国内段建华对该量表的修订，即采用该量表的前 18 项对被试进行施测。

　　记分：按选项 0～10 累积相加，其中带 * 号的题目为反向题。全国常模得分男性为 75 分，女性为 71 分，得分越高，主观幸福感越强烈。

心理影院

父后七日

　　本片描述女主角阿梅在父亲过世的七天内，回到了台湾中部的农村里，重新面对父亲成长乡里的世事人情，其中有传统葬仪的庸俗烦琐、匪夷所思的迷信风俗，更有台湾质朴率真的浓厚人情味。葬礼结束后，阿梅将丧父的伤逝打包封存，独自回到了光鲜的城市里继续工作，却在某次过境香港机场时，对父亲的思念竟突然如排山倒海而来。《父后七日》改编自当今台湾奖金最高的文学奖（林荣三文学奖）2006年的首奖作品，并由原著作者刘梓洁及资深影像工作者王育麟联合编导，兼具了优雅感人与豪迈奔放的影像风格，爆笑中哀恸隐现，豪情中真情浮现，更是一部深具台湾本土人文特质的温馨喜趣电影。

阅读经典

假如给我三天光明

小说主要写了小海伦因生病变成聋盲人后的生活，她以一个身残志坚的柔弱女子的视角，告诫身体健全的人们应珍惜生命，珍惜造物主赐予的一切。

刚开始的海伦对于生活是失望的，她用消极的思想去面对生活，情绪非常暴躁，常常发脾气，她感觉现实生活没有了希望，她是多么期待能重新得到光明。她父母百般寻求，帮海伦找到了一位老师——安妮·莎莉文，这位老师成了海伦新生活的引导者，使海伦对生活重新有了希望，有了向往。

在莎莉文老师耐心的指导下，海伦学会了阅读，认识了许多的字，也感受到了身边无处不在的爱。随着时间的推移，海伦在老师和亲人的陪同下，体会到了许多"新鲜"事物，和家人一起过圣诞节、拥抱海洋、"欣赏"四季……海伦渐渐长大了，在她的求学生涯中，虽然遇到了许多的困难，但同时她也结识了许多的朋友。正由于她那种不屈不挠的精神，她慢慢地学会了说话、写作。

虽然在这一过程中海伦遇到了一些不开心的事情，但她并没有放弃。终于，她的努力得到了回报，用自己的汗水实现了大学梦想，进入了哈佛大学。因为生理上有缺陷，所以繁重的功课使她非常吃力，在老师的帮助和她的努力下，最终她以优异的成绩大学毕业，还掌握了英、法、德、拉丁和希腊五种文字。但大学毕业后她却遇到了悲伤的事——慈母的去世。书中还介绍后来海伦在生活中遇到的一些伟人，马克·吐温同时也介绍她体会不同的丰富多彩的生活以及她的慈善。

1+1 参考文献

[1]叶华松.大学生生命教育[M].杭州：浙江大学出版社，2011.

[2]李芳.大学生生命观教育研究[M].北京：光明日报出版社，2013.

[3]熊建圩，潘华.大学生心理健康教育[M].北京：北京理工大学出版社，2015.

[4]兰瑞侠.心理健康教育[M].北京：中国传媒大学出版社，2007.

[5]张汉芳，金琼.大学生心理健康[M].广州：世界图书出版广东有限公司，2014.

[6]王菁华，翟常秀.大学生心理健康教育教程[M].青岛：中国海洋大学出版社，2012.

[7]张艳，王妍.幸福心理学[M].重庆：重庆大学出版社，2016.

[8]阳志平.积极心理学团体活动课操作指南[M].北京：机械工业出版社，2010.